Exploitation pétrolière et mutations spatio-économiques dans le Logone oriental (Tchad)

Collection « Études africaines »

dirigée par Denis Pryen et son équipe

Forte de plus de mille titres publiés à ce jour, la collection « Études africaines » fait peau neuve. Elle présentera toujours les essais généraux qui ont fait son succès, mais se déclinera désormais également par séries thématiques : droit, économie, politique, sociologie, etc.

Dernières parutions

Martin Fortuné MUKENDJI MBANDAKULU, *Introduction à la bio-éco-philosophie, De la philosophie brune à la philosophie verte*, 2017.
Sidy TOUNKARA, *La multifonctionnalité de l'agriculture « péri-urbaine » au Sénégal, Intégrer les déchets organiques dans le système productif maraîcher,* 2017.
Guy Noël KOUARATA, *Manuel de phonologie des langues bantoues du Congo*, 2017.
Abdourahamane OUMAROU LY, *Partis politiques, démocratie et État de droit en Afrique : l'exemple du Niger*, 2017.
Désiré BALABALA, *Le mariage coutumier chez les Budu en République Démocratique du Congo*, 2017.
Ibrahima TRAORÉ, *L'État de droit dans les Républiques du Mali et du Sénégal*, 2017.
Nathalie VUMILIA NAKABANDA, *La protection de la veuve en République Démocratique du Congo, Quelle effectivité ?*, 2017.
Zoumana DIARRA, *Les mutations de la haute fonction publique au Mali, Une contribution à l'étude de la réforme de l'Etat, 2017.*
Issa Makan KEITA, *La responsabilité pénale des personnes morales en droit malien à la lumière du droit comparé*, 2017.
Mahamat Nasser HASSANE, *Dispositions et normes environnementales des lois pétrolières en Afrique centrale. Projets d'exportation du brut tchadien et du pipeline Tchad-Cameroun*, 2017.
Romaric Franck QUENTIN DE MONGARYAS, *L'école secondaire au Gabon, Analyse sociologique des jugements professoraux*, 2017.
Minette TOMEDI EYANGO TABI, *Bassin versant du Nkam-Wouri. Prototype de la biodiversité des zones humides du Cameroun*, 2017.
Herman Blaise NGAMENI, *La diffusion du droit international pénal dans les ordres juridiques africains,* 2017.

Vincent MOUTEDE-MADJI

EXPLOITATION PETROLIERE ET MUTATIONS SPATIO-ECONOMIQUES DANS LE LOGONE ORIENTAL (TCHAD)

Préface de Géraud Magrin

L'Harmattan

5-7, rue de l'École-Polytechnique ; 75005 Paris
http://www.editions-harmattan.fr
ISBN : 978-2-343-08658-3
EAN : 9782343086583

DEDICACE

- *A la mémoire de notre père Marc Tatoloumal MADJIYAM. Toi qui, malgré l'insécurité qui sévissait dans les années quatre-vingt au sud du Tchad entraînant la fermeture des écoles dans les villages, as pris le risque et le soin de nous envoyer à Doba continuer nos études. Ce travail est donc le produit des graines que tu as semées et de la persévérance que tu nous as tant demandée. Nous sommes reconnaissants pour tout ce que tu as fait pour nous ;*

- *A mes enfants et mon épouse qui ont été privés de ma présence pendant de longues périodes lors de ce travail ;*

- *A toute la communauté locale de la zone productrice qui, en dépit de l'importance de ses richesses naturelles, demeure l'une des régions les plus pauvres du Tchad.*

SIGLES ET ABREVIATIONS

ACODE: Action et Coopération pour le Développement
ADICAM: Association pour le Développement Intégral du Canton Miandoum
ADH : Associations des Droits de l'Homme
ACT: Assemblées Chrétiennes au Tchad
AEF : Afrique Equatoriale Française
AFDI : Agriculteurs Français et Développement International
AFRICARE : Une ONG caritative américaine spécialisée dans l'aide humanitaire
AMGI : Agence Multilatérale de Garantie des Investissements
APLFT : Association pour la Promotion des Libertés Fondamentales au Tchad
ASDEC : Association pour le Développement des Caisses pour l'Epargne et le Crédit
ASSAILD: Association d'Appuis aux Initiatives Locales de Développement
ATADER : Association Tchadienne des Acteurs du Développement Rural
ATNV : Association Tchadienne pour la Non-Violence
ATPDH : Association Tchadienne pour la Défense et la Promotion des Droits de l'Homme
AOF : Afrique Occidentale Française
AV: Associations Villageoises
BAD : Banque Africaine de Développement
BAOBAB : Bureau d'Appui aux Organisations de Base
BDPA : Bureau pour le Développement de la Production Agricole
BELACD: Bureau d'Etude et de Liaison pour les Actions Caritatives, au Développement
BCR: Bureau Central du Recensement
BIRD : Banque Internationale pour la Reconstruction et le Développement
B.R.G.M : Bureau de Recherches Géologiques et Minières
BRP : Bureau de Recherches Pétrolières
CCL : Cellules de Coordination Locale
CDE : Centre de Développement des Entreprises
CEFOD: Centre d'Etude et de Formation pour le Développement
CEPED: Centre Population et Développement
CERMRA : Centre d'Etudes et de Recherches sur les Mutations en Milieu Rural et sur les Risques en Agriculture
CIMA: Conférence Interafricaine des Marchés d'Assurances
CIRAD: Centre de Coopération Internationale en Recherche Agronomique pour le Développement
CNAR: Centre National d'Appui à la Recherche
CNODC: China National Oil and Gas Exploration and Development Corporation (Compagnie Nationale Chinoise pour l'Exploration et le Développement du Pétrole et du Gaz)

CRRA/ZS : Centre Régional de Recherche Agronomique pour la Zone Soudanienne
CNPC: China National Petroleum Corporation (Compagnie Nationale Pétrolière Chinoise)
CPGRP: Comité Provisoire de Gestion des Revenus Pétroliers
CCSRP: Collège de Contrôle et de Surveillance des Revenus Pétroliers
CONOCO : Continental Oil Company (Compagnie Pétrolière Américaine)
COTCO : Cameroon Oil Transportation Company (Compagnie Camerounaise de Transport du Brut)
CPPL: Commission Permanente Pétrole Locale
CPPN: Commission Permanente Pétrole de N'Djaména
CTNSC: Comité Technique National du Suivi et de Contrôle des Aspects Environnementaux
DEA : Diplôme d'Etudes Approfondies
DESS : Diplôme d'Etudes Supérieures Spécialisées
DG: Direction Générale
DREM: Direction des Ressources en Eau et de la Météorologie
DSA : Division de la Statistique Agricole
DSIS : Division du Système d'Information Sanitaire
SIM : Système d'Information sur les Marchés
DT: David Terrassement
ECMG : External and Control Monitoring Group (Groupe Externe de Suivi et de Contrôle)
ECOSIT2: Deuxième Enquête sur la Consommation et le Secteur Informel au Tchad
EER : Evaluation Environnementale Régionale
EIE : Etude d'Impact Environnemental
EMP : Esso Manager Program (Programme de Gestion Environnementale de Esso)
EPE : Groupe des Experts et Professionnels en Environnement de la Banque Mondiale
EPOZOP: Entente des Populations de la Zone Pétrolière
EEPCI: Esso Exploration and Production Chad Inc. (Compagnie Américaine Chargée d'Exploration et de Production Pétrolière)
FAD: Fonds Africain de Développement
FAN : Force Armée du Nord
FAO: Food and Agriculture Organisation (Organisation Mondiale pour l'Alimentation et l'Agriculture)
FACIL: Fonds d'Actions Concertées d'Initiative Locale
FCFA: Franc de la Communauté Financière d'Afrique
FIDH: Fédération Internationale des Droits de l'Homme
FIT : Front Intertropical
GER: Groupement d'Entretien Routier
GIC : Groupe International Consultatif

GRAMP/TC : Groupe de Recherches Alternatives et de Monitoring du Projet Pétrole Tchad-Cameroun
GPS: Système de Positionnement Global
HSE : Health, Security and Environment (Santé, Sécurité et Environnement)
IDA : International Development Association (Association pour le Développement international)
IGN : Institut Géographique National
INSEED : Institut National de la Statistique, des Etudes Economiques et Démographiques
IRCT : Institut de Recherches Cotonnière du Tchad
IRD : Institut de Recherches pour le Développement
INRA : Institut National de Recherches Agronomiques
IRPEF : Initiative de Renforcement des Capacités des Femmes Entrepreneuses
ITRAD : Institut Tchadien de Recherche Agronomique pour le Développement
LARDYMES : Laboratoire de Recherches sur la Dynamique des Milieux et des Sociétés
LTDH: Ligue Tchadienne des Droits de l'Homme
LUMAP : Land Use Mitigation Plan (Plan de Gestion des Terres Utilisées)
MCT : Manufacture des Cigarettes du Tchad
MEE : Ministère de l'Environnement et de l'Eau
MPZS: Mouvement Paysan de la Zone Soudanienne
OFDA : Oil Field Development Area (Zone de développement des champs pétrolifères)
OMVSD : Office de Mise en valeur de Sategui Deressia
ONAPE : Office National pour la Promotion de l'Emploi
ONDR : Office National de Développement Rural
ONG : Organisations Non Gouvernementales
OPIC : Overseas Private Investment Corporation (Societé Privée d'Investissement Exterieur)
ORSTOM : Office de la Recherche Scientifique et Technique d'Outre-Mer
PDL : Plan de Développement Local
PGE: Plan de Gestion de l'Environnement
PDR: Plan de Développement Régional
PIB: Produit Intérieur Brut
PM: Premier Ministre
PNB: Produit National Brut
PNUD: Programme des Nations Unies pour le Développement
PSAOP : Programme des Services Agricoles et aux Organisations des Producteurs
PR: Présidence de la République
RCA : République Centrafricaine
RESAP-MC: Réseau du Suivi des Activités du Projet Pétrole pour le Moyen Chari

RGPH 2: Deuxième Recensement Général de la Population et de l'Habitat
ROSOC: Réseau des Organisations de la Société Civile du Logone Oriental
SFI : Société Financière Internationale
SHT : Société des Hydrocarbures du Tchad
SNH : Société Nationale d'Hydrocarbures du Cameroun
SONATRACH : Société Nationale de Transport et de Commercialisation d'Hydrocarbures d'Algérie ;
SPIC : Société Nationale des Pétroles du Congo
SP : Station de Pompage
SWISSAID: Une ONG Suisse
TCC: Tchad Cameroon Constructors, (Entreprise chargée des travaux de construction des installations de surface du projet pétrole Tchad-Cameroun)
TETIS : Territoires, Environnement, Télédétection et Information Spatiale
TOTCO : Tchad Oil Transportation Company (Compagnie Tchadienne de Transport du Brut)
UIBE : University for International Business and Economics (Université pour le commerce international et de l'économie)
UCT : Unité Centrale de Traitement
UMR : Unité Mixte de Recherches
UNB : Université du Bénin (Cotonou)

REMERCIEMENTS

Au terme de la rédaction de cette Thèse de doctorat en Géographie Humaine, nous tenons à remercier, tous ceux qui ont contribué à sa concrétisation.

- Nos remerciements vont à notre Directeur de Thèse, Professeur Koffi A. AKIBODE qui, en dépit de ses nombreuses occupations, a accepté d'encadrer ce travail ;
- Au Maître de Conférences Géraud MAGRIN, qui a accepté de préfacer cet ouvrage ;
- Nos remerciements vont également à l'endroit de l'équipe de LARDYMES. Nous sommes particulièrement reconnaissants aux Maîtres Assistants Edinam KOLA et Yves K. SOKEMAWU pour leurs conseils et appuis techniques ;
- Nos reconnaissances vont à notre ami et frère Beltolna MBAINDOH, auprès de qui nous avons passé ensemble de bons et de mauvais moments tout au long de nos études. Tu nous as toujours encouragés à poursuivre ce travail ;
- Nos remerciements vont particulièrement à l'endroit de notre grande sœur Rahila MADJIDENE qui a passé tout son temps à fabriquer et vendre de beignets, à commercialiser les céréales pour nous appuyer pendant nos études ;
- En fin, nos reconnaissances vont à l'endroit de tous ceux qui ont contribué d'une manière ou d'une autre à la réalisation de cet ouvrage.

Résumé : D'une superficie de 28 035 km², le Logone Oriental est situé au sud du Tchad et dispose encore des conditions naturelles favorables à l'agriculture qui occupent plus de 80% de la population. La terre est considérée dans cette région comme un bien communautaire qui se transmet par héritage. La vente ou la location n'était pas connue. Mais, avec la croissance démographique et l'exploitation pétrolière, les données ont changé. L'agriculture et le pétrole se disputent les terres. En outre, l'exploitation pétrolière a donné une valeur marchande aux ressources foncières. La terre peut désormais être louée ou achetée. De plus, le nombre de puits et de champs pétroliers prévus est multiplié par quatre, entraînant des mutations spatio-économiques inattendues, en l'absence d'un mécanisme de contrôle environnemental. Les terres cultivables sont occupées par les infrastructures pétrolières, réduisant ainsi l'espace vital de la population, en particulier dans les « *villages enclavés* ». Il en résulte des conflits fonciers entre les différents acteurs. Les compensations et les 5% des revenus pétroliers alloués à la région productrice n'ont pas permis d'atténuer la situation. Au contraire, ils ont contribué à accroître ces conflits fonciers. La situation appelle une réflexion approfondie et exige un nouveau plan de gestion pour être viable dans l'avenir.
Mots clefs : Logone Oriental, exploitation pétrolière, mutations spatiales, mutations socio-économiques, compensation, foncier, environnement.
Summary: Located in the South of Chad with 28,035 square km of area, Logone Oriental is one of the few Chadian's regions that keep their natural favorable conditions of practicing agricultural activities which occupy over 80% of the population. The land is considered in this region as a community asset that is transmitted from a generation to another by inheritance. The sale or lease of the land was not known. But nowadays, with the growth of population and the development of oil industry in this region, many things have changed. Agriculture and oil compete on the land. The oil has given a merchant value to land, sustainable livelihoods of the people. The land can now be rented or purchased. Also, the previously wells and oil fields sets are multiplied by four causing unexpected spatial and economic mutations in the absence of a mechanism for environmental control. Arable land is occupied by the oil infrastructures, reducing the fundamental land of the population, especially in "remote-villages". This causes land conflicts between the different actors. The compensation and 5% of oil incomes allocated to Logone Oriental failed to alleviate the situation. Instead, they have helped increasing land disputes. The situation requires careful thought and a new management plan to be viable in the future.
Keywords: Logone Oriental, oil exploitation, spatial mutations, socioeconomic mutations, compensation, land, environment.

PREFACE

L'ouvrage de M. Vincent MOUTEDE-MADJI correspond pour l'essentiel au texte d'un doctorat de géographie soutenu à l'université de Lomé en 2012 sous la direction du professeur Koffi A. Akibodé. Cette brève présentation commencera par situer la présente étude dans son contexte scientifique, avant de donner un aperçu sur son contenu et son originalité.

Au sein de la vaste littérature traitant d'une manière ou d'une autre de la « *malédiction des ressources naturelles* » (voir Rosser, 2006 ; Ross, 2012), le Tchad occupe une place singulière. Alors que ce pays pauvre situé au carrefour du Sahel et de l'Afrique centrale a vu la mise en production d'un des premiers champs de pétrole *on-shore* d'Afrique sub-saharienne[1], au tournant de l'an 2000, le pays a donné lieu à une abondante production de textes scientifiques ou de littérature grise[2], et a nourri des débats animés. Cet intérêt doit beaucoup à l'originalité de ce projet pétrolier, réalisé par un consortium dirigé par Exxon. Le projet a en effet été rendu possible par la caution de Banque mondiale, qui lui a apporté une participation financièrement symbolique mais essentielle : une garantie géopolitique cruciale dans un pays à risque. La Banque, par sa présence seule, a conféré à ce projet dès le début une charge quasi passionnelle, attisant comme un chiffon rouge, la mobilisation de nombreuses organisations de la société civile internationale réticentes à l'idée de voir le financement public de l'aide faciliter ainsi le développement de grandes multinationales occidentales. Cet élan a ensuite facilité l'organisation et l'émergence d'une société civile tchadienne qui s'est progressivement spécialisée sur le plaidoyer pétrolier. La Banque mondiale a notamment conditionné sa participation à l'adoption par le Parlement tchadien d'une loi très originale, la loi n°001 de 1999, pré-affectant l'essentiel des revenus pétroliers en faveur de secteurs prioritaires du développement. Cette loi a été accompagnée de la mise en place de mécanismes de contrôle internes et externes. La Banque a également financé des projets de mise à niveau de l'administration tchadienne à la gestion financière et environnementale de la manne pétrolière.

C'est donc sans surprise que l'intérêt médiatique et scientifique s'est largement focalisé sur les enjeux de gouvernance et de transparence de la rente pétrolière, à partir d'une perspective d'économie politique, de sciences politiques et même de géopolitique (Tulipe, 2004 ; Behrends, 2008 ; Maoundonodji, 2009 ; Hicks, 2015), questionnant d'abord le « modèle » puis son éventuel échec (Peggs, 2009). Quand un nouvel acteur chinois s'installa

---

[1] Seul le Soudan a commencé plus tôt ce type d'exploitation, à la fin des années 1990.

[2] Nous citons seulement quelques références (non exhaustives) de textes académiques ou scientifiques. L'abondante production de rapports des ONG, du consortium et des bailleurs fournit par ailleurs au chercheur une matière première précieuse que nous ne pouvons que signaler ici.

sur la scène pétrolière tchadienne (2009-2011), on s'intéressa, du point de vue de l'entreprise China National Petroleum Company, aux interactions avec le milieu hôte (Etat et sociétés riveraines) liées au processus de régulation environnementale (van Vliet, Magrin, 2012). Enfin, Donner (2011 et 2014), dans sa réflexion de géographie politique de la mondialisation, accorde aux enclaves et archipels pétroliers ancrés au Tchad une place centrale.

Les impacts locaux du projet pétrolier tchadien de Doba ont également suscité une littérature significative, quoiqu'un peu moins fournie, et c'est ici que s'inscrit le présent ouvrage. De nombreux auteurs, surtout tchadiens, ont abordé la question pétrolière au Tchad du point de vue de l'impact de l'exploitation pétrolière sur les sociétés et les territoires, autant pour des raisons pratiques d'accès à l'information que parce que le système pétrolier faisait littéralement irruption dans leur champ de recherche ou de travail – quand ils travaillaient dans des projets ou ONG de développement.

Au tout début du chantier de construction des infrastructures (2000-2003), ma thèse[3] interrogeait les transformations de l'économie régionale du sud du Tchad sous l'effet de l'intrusion de ce corps étranger qu'est un système pétrolier dans des savanes cotonnières. Ces interrogations étaient prolongées en 2005 dans un article qui proposait des pistes de réflexion sur les liens des enclaves pétrolières avec leur milieu d'accueil et les dynamiques du système urbain sous influence pétrolière (Magrin, van Vliet, 2005). Après le doctorat de géographie de Robert MADJIGOTO (2007)[4], qui portait sur l'« *Evolution socio-économique et environnementale du Logone oriental* », documentant principalement les impacts du projet pétrolier à l'échelle du Logone oriental durant le chantier de construction de l'infrastructure (2000-2003) et au tout début de l'ère pétrolière (2003-2006), deux thèses ont été menées plus ou moins parallèlement et soutenues[5] après dix ans d'ère pétrolière : celles de Vincent MOUTEDE-MADJI et celle de Remadji Hoinaty, « *Pétrole et changement social* », publiée aux éditions Karthala en 2014. Cet anthropologue met l'accent sur la monétarisation des relations sociales accélérée par les dynamiques de l'économie pétrolière, dont le système de compensation des terres accroit les processus de marchandisation foncière déjà engagés sous l'effet de l'économie cotonnière et de la pression démographique. L'ouvrage de MOUTEDE-MADJI est celui d'un géographe : son objectif est d'analyser « *le contact entre un système pétrolier on-shore et son espace dans le contexte tchadien* ». Il mobilise la télédétection, l'analyse spatiale et l'approche de la géographie humaine pour analyser « *la spatialité du système pétrolier on-shore du sud du Tchad et ses transformations foncières* ». Ces différents outils ont été utilisés depuis une position de recherche action. L'auteur ayant occupé depuis de nombreuses

---

[3] Soutenue en 2000, publiée en 2001.

[4] Soutenue à l'EPHE en 2007 sous la direction de Marie-Françoise Courel.

[5] Toutes deux en 2012.

années les fonctions de chargé d'étude au sein du Groupe de recherches alternatives et de monotoring du projet pétrole Tchad Cameroun (GRAMP/TC). Le GRAMP/TC, institution tchadienne mise en place peu après le début du projet Doba en 2001, est une organisation originale, à mi-chemin entre une ONG de plaidoyer et un think tank. L'auteur y est notamment chargé de la gestion du Système d'information géographique (SIG). Un de ses enjeux clés est d'assurer le suivi environnemental sous l'angle des impacts socio-économiques croissants des prises de terres réalisées pour satisfaire les besoins de l'exploitation pétrolière, au détriment des paysans riverains.

Cette position d'observation conduit Vincent MOUTEDE-MADJI à s'intéresser prioritairement aux incidences socio-économiques ainsi qu'aux tensions et conflits associés à l'expansion spatiale de l'industrie pétrolière. Les conflits sont traités comme formes d'interaction permettant de lire les tensions et les transformations nées de la mise en relation de deux systèmes : celui des sociétés rurales du sud du Tchad, appréhendées dans leur dynamique historique et à travers les tensions déjà existantes (crises cotonnières, tensions foncières, troubles politico-militaires puis intercommunautaires), celui du déploiement de l'industrie pétrolière. Le système pétrolier, dont la description fine des différents éléments est relativement originale ici et centrale pour comprendre la nature de ses impacts, s'implante sur un espace en voie de saturation dans ses modes d'exploitation actuels, dont les populations vivent encore très largement des ressources naturelles qu'elles exploitent pour l'agriculture ou l'élevage. En analysant la cohabitation difficile entre la spatialité pétrolière et celle des sociétés rurales du Tchad méridional, MOUTEDE-MADJI pointe aussi un choc des temporalités : le rythme des sociétés paysannes et du développement régional n'est pas celui de l'économie spasmodique, à l'efficacité redoutable, d'Exxon-Mobil, une des plus grandes entreprises du monde. Là réside sans doute une des plus profondes causes de conflit entre ces deux systèmes priés de cohabiter.

Des enquêtes importantes menées auprès de 400 personnes dans 40 villages alimentent la réflexion de l'auteur, menée à trois échelles principales : d'abord celle de la région du Logone oriental dans son ensemble. Ici, Vincent MOUTEDE-MADJI aborde notamment les insuffisances de la décentralisation et les dysfonctionnements de l'Etat tchadien, à travers la question de l'utilisation des 5% des revenus directs censés être gérés par des collectivités locales élues mais contrôlés de fait par des délégations nommées, à forte influence politique nationale, du fait des retards accusés dans la mise en place de la décentralisation. Ensuite, l'échelle des cantons concernés par l'activité pétrolière (puits et infrastructures de production, stockage et transport), y compris ceux ne bénéficiant pas de retombées financières car, n'étant pas jugés assez directement impactés. L'échelle, enfin, des « *villages enclavés* », une notion géographique intéressante qui désigne des villages pris dans les rets d'un système technologique pétrolier forcé de se densifier progressivement sous l'effet de contraintes techniques – les gisements s'étant révélés plus dispersés que prévu. Ces villages auraient dû être déplacés si l'Etude d'impact environnementale initiale avait anticipé correctement les développements ultérieurs. Or, les habitants concernés ont simplement été « *compensés* » (ils ont reçu des compensations individuelles ou collectives) puis abandonnés à la dégradation progressive de la viabilité de leur environnement. Ces compensations, à travers les modalités de leur distribution et de leur gestion, alimentent le sentiment d'injustice, et l'ouvrage de MOUTEDE-MADJI est riche en informations de première main illustrant l'asymétrie de relations et les injustices dont ont été victimes des paysans de la région pétrolière. Le problème de la temporalité surgit à nouveau : le suivi et l'accompagnement environnemental par le consortium, la Banque mondiale et l'Etat ont été les plus stricts au début du projet, malgré les insuffisances. Puis le système de la régulation s'est délité avec le retrait de la Banque mondiale, la fragilisation du système étatique de suivi environnemental, alors qu'augmentaient des impacts liés au vieillissement des infrastructures et surtout à leur densification. L'ouvrage retrace bien cette histoire pétrolière depuis que les grands travaux ont commencé (2000-2012), les conflits résultant mécaniquement du croisement de la courbe des impacts avec celle de la qualité des régulations.

Par l'intérêt de la réflexion géographique proposée, l'importance des données de terrain mobilisées et la connaissance intime de l'auteur des interactions entre le système pétrolier de Doba et son milieu d'accueil, cet ouvrage engagé constitue donc un document très utile qui vient enrichir l'histoire (et la géographie), en cours d'écriture, du Tchad pétrolier contemporain.

Géraud Magrin
Professeur à l'université Paris 1 Panthéon-Sorbonne

Références de la préface

Behrends A., 2008. “Fighting for oil when there is no oil yet: The Darfur-Chad border”, *European Journal of Anthropology* 52 (2008) : 39-56.

Donner N., 2011. , « Notes sur la dimension immunitaire des enclaves pétrolières », *EchoGéo* [En ligne], numéro 17 | 2011, mis en ligne le 27 septembre 2011, consulté le 29 octobre 2011. URL : http://echogeo.revues.org/12555

Donner N., 2014. *La clé des champs : enclavement et immunité territoriale de l'exploitation pétrolière en Afrique centrale (Tchad, Guinée Equatoriale, Sao Tome et Principe)*, thèse de doctorat en géographie, université Paris 1 Panthéon-Sorbonne, 412p.

Hicks C., 2015. *Africa's New Oil. Power, Pipelines and Future Fortunes*, Zed Books Radical International Publishing, 256p.

Hoinathy R., 2013. *Pétrole et changement social au Tchad. Rente pétrolière et monétarisation des relations économiques et sociales dans la zone pétrolière de Doba*, Paris, Karthala, 281p.

Madjigoto R., 2007. *Evolution socioéconomique et environnementale du Logone Oriental*, thèse de doctorat de géographie, Université Paris 1 Panthéon-Sorbonne, 405p.

Magrin G, van Vliet G., 2005. « *Greffe pétrolière et dynamiques territoriales : l'exemple de l'on shore tchadien* », *Afrique contemporaine*, n°216 : 87-105.

Magrin G., 2001. *Le sud du Tchad en mutation. Des champs de coton aux sirènes de l'or noir*, Paris, Sepia, Cirad, 427.

Maoundonodji G., 2009. *Les enjeux géopolitiques et géostratégiques de l'exploitation du pétrole au Tchad*, thèse de doctorat en sciences politiques et sociales, Université catholique de Louvain, janvier, 2009, 505p.

Pegg S., 2009. “*Chronicle of a death foretold : the collapse of the Chad-Cameroon Pipeline Project*”, African Affairs 108/432 : 311-320.

Ross M., 2012. *The Oil Curse : How Petroleum Wealth Shapes the Development of Nations*, Princeton, Princeton University Press, 296p.

Rosser A., 2006. *The Political Economy of the Resource Curse: A Literature Survey*, IDS Working paper n°268, Centre for the Future State, 34p.

Tulipe S., 2004. « Le bassin tchadien à l'épreuve de l'or noir : réflexions sur la nouvelle donne pétro-politique en Afrique centrale », *Politique africaine* n°94, juin 2004 : 59-81.

Van Vliet G., Magrin G. (dir.), 2012. *Une compagnie pétrolière chinoise face à l'enjeu environnemental au Tchad*, Paris, AFD, Focales n°9, 252p.

INTRODUCTION

L'Afrique a été pendant longtemps un continent sous-peuplé. La traite négrière, les pandémies, les famines et les multiples guerres qu'elle a connues sont des facteurs qui ont très fortement influencé sa croissance démographique. La population africaine restera stagnante sur une longue période rendant peu perceptibles les problèmes fonciers dus à l'exploitation des ressources naturelles. Avec l'explosion démographique du XXème siècle, le continent va connaître une croissance galopante et impressionnante. De cent trente-trois (133) millions d'habitants en 1900 (8% de la population mondiale), la population africaine s'est accrue pour atteindre deux cent vingt-cinq (225) millions en 1950 (8,8%), puis sept cent soixante-sept (767) millions en 1999 (12,8%) et enfin un milliard en 2009 (14%). Cette explosion démographique est loin d'être finie, car l'Afrique connaît encore la plus forte fécondité au monde avec 4,6 enfants par femme contre 2,5 au niveau mondial (INED, 2008)[6]. Cet accroissement rapide de la population a pour conséquence l'augmentation et la diversification des besoins des personnes. Dans la quête de satisfaction de leurs besoins devenus de plus en plus nombreux, ces dernières vont se ruer vers les ressources naturelles de base. Celles-ci sont, elles aussi, sujettes à une dégradation accrue due aux différents facteurs naturels défavorables entraînant des disparités par région et par zone, comme l'a souligné AKIBODE A. K. (1998) : « *Les problèmes relatifs à la dégradation de l'environnement écologique existent dans presque toutes les régions de la planète ; mais ils ont généralement des origines différentes et ne se manifestent pas toujours de la même façon…* ».

Cette disparité corroborée par l'insuffisance des ressources naturelles est d'autant plus vraie que nous assistons à une compétition pour les ressources naturelles dans certaines zones comme le Sahel. Ce phénomène est particulièrement développé dans les zones urbaines et périurbaines. Sous l'effet de la croissance démographique, l'évolution récente en matière foncière montre des pratiques non encadrées ou prévues par la loi dans les zones particulièrement convoitées comme la périphérie des villes, les zones humides ou irrigables, ou des terres de décrue ou des zones de fortes pressions démographiques (Rwanda, Burundi, Ouest du Burkina) où des processus de marchandisation (vente et location) des terres se mettent en place. Tel est aussi le cas du Tchad.

En effet, un des pays les plus vastes d'Afrique, le Tchad est traversé au Nord par le Sahara. Il est caractérisé par sa continentalité, sa vaste superficie

---

[6] INED est l'Institut national des études démographiques. Pour plus d'information, consulter http : //www.ined.fr

de 1 284 000 km², sa fragilité politique et économique et la croissance plus ou moins rapide de sa population (le taux d'accroissement est d'environ 3% par an). Les résultats globaux du RGPH2[7] (2009) ont donné un effectif de 11 175 915 d'habitants pour le Tchad dont 5 509 522 d'hommes (49,3 %) et 5 666 393 femmes (50,7 %). Cette population est essentiellement sédentaire, 10 788 100 d'habitants (96,5 %), et majoritairement rurale. Celle-ci représente environ 78% de la population totale. La densité de la population est passée de 4,9 habitants au km² en 1993 à 8,7 habitants au km² en 2009. Cette densité varie de moins de 1 habitant au km² dans la zone septentrionale pour atteindre, voire dépasser, localement, les 100 habitants au km² dans la zone soudanienne.

Le Tchad est l'un des pays les plus pauvres du monde. Il a été classé 171e sur 177 pays au monde (PNUD, 2008). La pauvreté touche plus de 55% de la population dont 87% se trouvent en milieu rural (Agro-pasteurs travaillant avec des outils rudimentaires, ECOSIT 2, 2007)[8]. C'est donc pour faire face à la pauvreté dans laquelle vit cette population que le gouvernement a entrepris l'exploitation des gisements de pétrole localisés au Sud du pays, dans la zone soudanienne très peuplée, favorable aux activités agropastorales.

C'est dans cet espace déjà sous pression (SAMA O., 2008) ou en voie de l'être que se développent les activités pétrolières qui ont réellement démarré en 2000 avec les travaux de construction réalisés grâce aux financements du Groupe de la Banque mondiale et ceux du consortium pétrolier constitué d'Exxon Mobil, de Chevron et du Pétronas. Un système pétrolier, composé de centres des opérations, de puits pétroliers, de collecteurs, de bases vie et d'espaces de stationnement, de pistes d'accès, etc. est développé, pour permettre l'extraction du pétrole. Par ailleurs, compte tenu de la continentalité du Tchad, un pipeline long de 1070 km a été construit pour assurer le transport du pétrole brut des champs pétrolifères de Komé, de Bolobo et de Miandoum dans le Logone oriental, à l'extrême Sud du Tchad (Carte n°1) jusqu'à la frontière maritime camerounaise de Kribi. Ces infrastructures vont également servir par la suite au transport du pétrole brut des autres champs pétrolifères.

---

[7] Deuxième recensement général de la population et de l'habitat. Les résultats détaillés ne sont pas encore donnés.

[8] Deuxième enquête sur la consommation du secteur informel au Tchad

Carte n°1 : Localisation du Logone oriental au Tchad

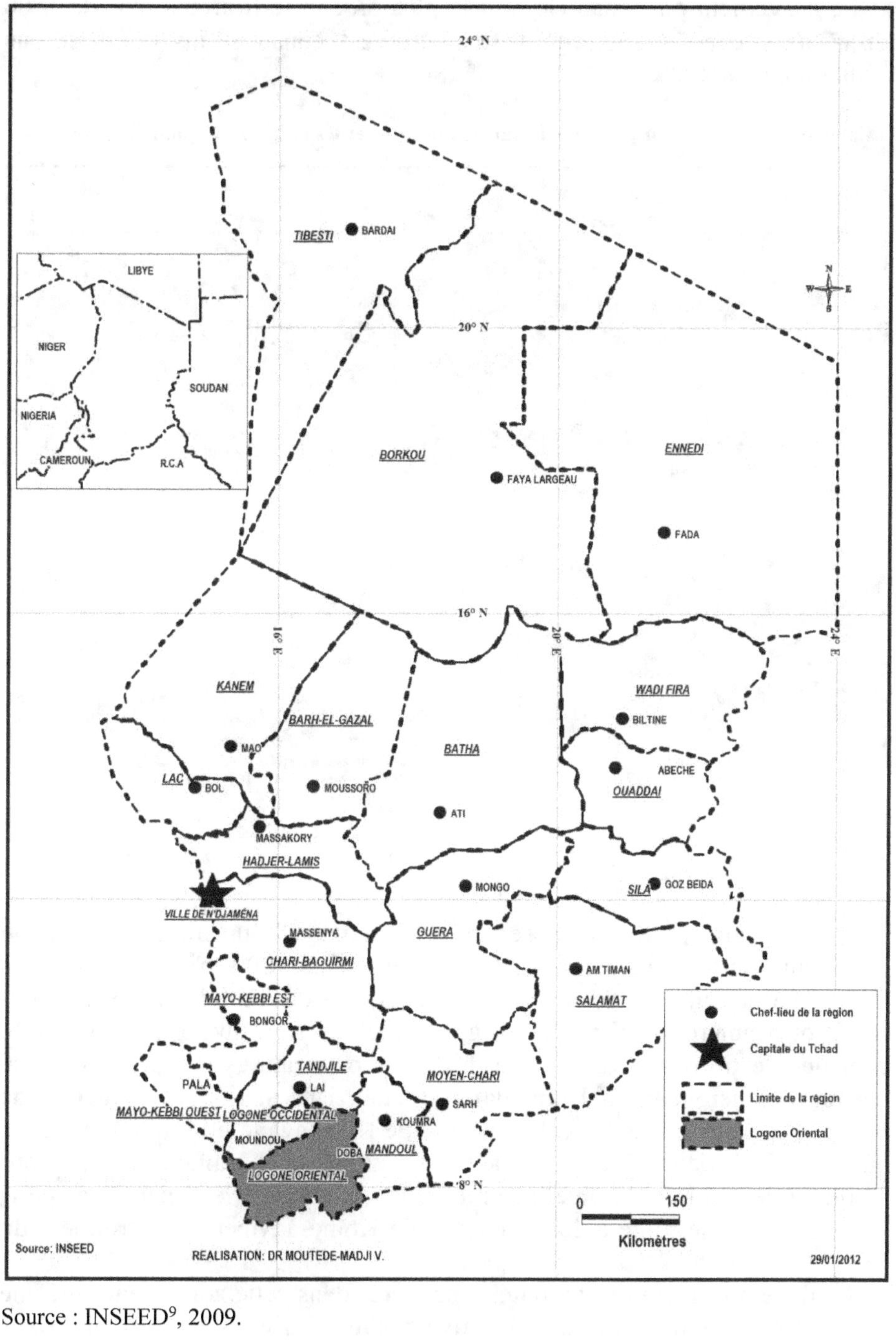

Source : INSEED[9], 2009.

[9] Institut national de la statistique, des études économiques et démographiques

La carte n°1 localise la région parmi les autres régions du Tchad. A cause de l'enclavement du Tchad (le port le plus proche se trouve à plus de 1500 km), un pipeline de 30 cm de diamètre est construit jusqu'à Kribi au Cameroun (Carte n°2).

Carte n°2 : Le tracé du pipeline Tchad-Cameroun et les stations de pompage du brut

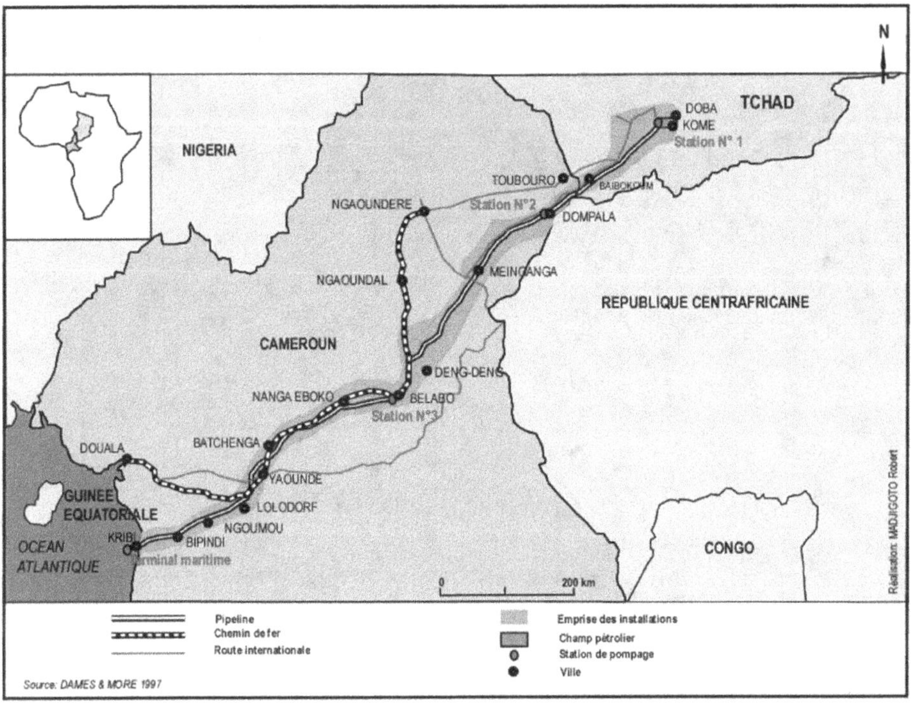

Source : Dames et More, 1997.

Comme nous pouvons l'observer sur la carte n°2, un important tronçon du pipeline se trouve sur le territoire camerounais (900 km) et 170 km dans le Logone oriental au Tchad. De Komé au Sud du Tchad à Kribi au Sud-Ouest du Cameroun, il y a, le long du pipeline, trois stations de pompage dont une se trouve à Komé au Tchad. Les deux autres se trouvent sur le territoire camerounais, à Dompala et Belabo. Une station de réduction de pression se trouve dans la partie onshore de Kribi avant le terminal maritime qui est situé dans l'océan Atlantique sur la côte camerounaise. Pour permettre le contrôle du pipeline et le transport du matériel à partir des ports camerounais, une route a été aménagée de Komé à Mberé à la frontière du Cameroun.

Le développement des activités pétrolières dans cette zone a entraîné une immobilisation temporaire ou définitive des terres à vocation agricole. Dans les anciens champs pétrolifères (de Komé, Bolobo et Miandoum), certaines populations autochtones ont été déplacées et réinstallées du fait de la proximité de leurs habitations avec les différentes plates-formes pétrolières et les infrasturctures de transport (oléoduc, route, ligne à haute tension, etc.). L'expropriation et l'immobilisation des terres pour des causes d'utilité publique ont entraîné la dépossession des producteurs de leur droit coutumier sur ce principal moyen de production par les autorités. Ces personnes déplacées ou dépossédées de leurs parcelles et des ligneux fruitiers sauvages, ont été indemnisées sur la base d'une grille de compensation élaborée par Esso, leader du consortium, avec la participation des organisations de la société civile.

Ces activités pétrolières ont requis de larges espaces et ont induit par ailleurs un afflux de migrants vers ces bassins pétrolifères, à la recherche d'opportunités de tout genre (affaires, emploi, etc.). Ces immigrants ont créé des villages spontanés et exploitent également les terres cultivables qui se révèlent déjà limitées pour les communautés autochtones, accentuant ainsi la pression sur les ressources naturelles de base, en particulier sur les ressources ligneuses transformées en charbon pour des besoins énergétiques et de construction. Ces actions ont pour effet l'exposition des sols déjà fragiles aux agents de dégradation et la raréfaction des terres fertiles.

Par ailleurs, dans l'optique de profiter du marché des emplois du projet et des compensations, les éleveurs ont également implanté des ferricks[10], dans la zone des champs pétrolifères de Komé et le long de la route Komé-Mberé devant servir au transport du matériel nécessaire aux activités pétrolières et au contrôle du pipeline.

Ainsi, le développement des activités pétrolières dans la zone d'étude a contribué non seulement à accroître la pression sur les ressources foncières par l'immobilisation des terres, mais a aussi augmenté la valeur marchande des terres rurales, occasionnant des spéculations préjudiciables à la population rurale, vulnérable. Dans ce contexte, exacerbés par l'inadaptation du cadre législatif régissant le foncier, les conflits sont de plus en plus récurrents et tendent, en conséquence, à menacer la paix sociale déjà fragilisée par de longues années de conflits militaires et de sécheresses récurrentes.

Il s'agit donc dans cette étude d'analyser le contact entre un système pétrolier onshore[11] et son espace dans le contexte tchadien : « ***Exploitation pétrolière et mutations spatio-économiques dans le Logone oriental au Tchad*** ». Un tel sujet présente à notre avis un intérêt certain pour une étude géographique.

---

[10] Les ferricks sont des campements d'éleveurs

[11] L'exploitation du pétrole qui a lieu « onshore » fait référence à l'exploitation à travers différentes couches de la surface terrestre afin d'atteindre les hydrocarbures qui y sont enfouis, contrairement à la production « offshore » qui, elle fait référence à l'exploitation dans l'océan.

L'INTÉRÊT DE L'ÉTUDE

L'importance de la région du Logone oriental dans l'économie, la société et la politique du Tchad en général, justifie l'objet et le choix du thème. En effet, le Logone oriental est devenu le « *poumon économique* » du Tchad. En effet, en 2007, les revenus pétroliers de la région du Logone oriental ont contribué à plus de 50% du budget de l'Etat tchadien. Il est donc nécessaire, à notre avis, de mener des études approfondies sur cette région. Le pétrole constitue une ressource naturelle non renouvelable, précieuse, géostratégique, géopolitique et a un coût d'exploitation relativement élevé. Au regard de son utilité pour la société et l'économie, il fait l'objet de convoitises et détermine même le devenir des pays producteurs. Le regain d'intérêt soudain porté aux activités pétrolières semble reléguer àl'arrière plan les activités agropastorales du Logone oriental qui soutiennent depuis toujours l'essentiel de l'économie du pays. Des études menées dans ce domaine ont montré que la mise en œuvre du projet pétrole de Doba, au lieu d'être un levier de développement des activités agropastorales, présente plutôt des risques pour la destruction de l'environnement. L'exploitation d'une ressource tarissable (pétrole) peut mettre en péril celle pérenne (foncier). C'est l'une des raisons qui justifie notre étude. Elle vise à compléter les réflexions menées sur l'exploitation du pétrole en vue d'apporter notre contribution pour des actions concertées. Ces dernières prennent en compte la nécessité de soutenir la croissance économique actuelle du Tchad à travers l'exploitation du pétrole sans compromettre la sauvegarde de ses ressources pérennes.

En outre, la mise en valeur des gisements pétroliers du Logone oriental mérite une attention particulière de tous les acteurs de développement. Ce souci est plus grand avec l'extension et la densification des travaux dans les anciens champs et l'ouverture de nouveaux projets pétroliers au Tchad, notamment dans les bassins de Bongor (régions du Chari-Baguirmi et Hadjer-Lamis), de Dosséo (Moyen-Chari et Mandoul) et du Lac (Région du Lac). Cette étude permet, après une dizaine d'années de recherche sur le pétrole au Tchad, de tirer les enseignements sur les impacts de ce projet pétrole de Doba, considéré comme modèle[12] par la Banque mondiale, pour les projets à venir.

Enfin, il faut noter que l'Etude d'impact environnemental (EIE) du projet de Doba a sous-estimé les effets de ce projet sur les terres agricoles, en particulier dans les champs pétrolifères. L'extension des champs pétrolifères et la densification des puits non prévus, en l'absence d'un organe de suivi étatique et de la Banque mondiale au profit des seules entreprises

---

[12] C'est le premier projet pétrolier qui voit la participation de la Banque mondiale, des gouvernements et des compagnies pétrolières. Il prévoit un mécanisme de gestion des ressources pour lutter contre la pauvreté, tout en prévoyant une partie des fonds pour la génération future. Mais le fonds des générations futures a été supprimé par la loi n°002 de 2006, portant gestion des revenus pétroliers.

commerciales, exigent en soi une étude scientifique indépendante afin de proposer des solutions aux acteurs et décideurs pour des actions à entreprendre.

Cette étude vient s'ajouter aux travaux de thèse de MAGRIN G. (2000) et MADJIGOTO R. (2007) sur le Sud du Tchad. Il s'agira de décrire et d'analyser la spatialité du système pétrolier onshore au Sud du Tchad et ses transformations foncières. Nous abordons la même question dans une approche pluridisciplinaire qui combine la géographie, l'analyse spatiale, la télédétection, l'anthropologie, l'agronomie, la sociologie et l'économie rurale. Elle permet donc de mettre en exergue les facteurs de mutation des systèmes fonciers ainsi que leurs transformations par les activités pétrolières.

PROBLÉMATIQUE

La question foncière constitue aujourd'hui l'une des préoccupations majeures tant en milieu rural que dans les centres urbains. La nature des problèmes fonciers varie d'un pays à un autre ou d'une région à une autre. Pour PELISSIER P. et Le ROY E. (1995), beaucoup d'auteurs notent qu'il y a en Afrique des espaces fonciers modernes, plus particulièrement dans les centres urbains ; des espaces régis par les règles coutumières reconnues par les textes législatifs des Etats indépendants qui reconnaissent l'autorité de l'Etat et du pouvoir traditionnel (Sultanats, chefs de terre, etc.) sur des terres. Les habitants sont des usufruitiers et non des propriétaires des terres, considérées comme appartenant à la communauté. La définition du concept de foncier est proposée par plusieurs auteurs selon les disciplines (juristes, anthropologues, géographes, économistes, etc.) et les types de sociétés étudiées. LAVIGNE D. (1996) définit le foncier comme étant : « *Le rapport entre les hommes, définissant les règles d'accès et de contrôle de la terre et des ressources naturelles* ». Pour PELISSIER P. (1995), « *le foncier est constitué à la fois de la terre et des ressources naturelles qui y sont directement attachées (pâturages, eaux, arbres), et de l'ensemble des éléments entre individus et groupes pour l'appropriation et l'utilisation de ces ressources. Ces relations englobent à la fois des règles ou principes de maîtrise, d'appropriation et d'usage de la terre et les contextes institutionnels et relationnels qui déterminent la mise en œuvre pratique de ces principes* ». En définitive, le foncier désigne l'ensemble des relations que les individus et les groupes d'individus entretiennent avec l'espace physique et plus particulièrement avec la terre considérée comme facteur de travail. Il prend en compte l'organisation des activités qui se déroulent sur la terre, notamment celles ayant trait à l'agriculture, à la forêt, à la faune, aux parcs et réserves, à la gestion de l'eau, à l'habitat, etc.

Analysant la question foncière en Afrique, PELISSIER P. (1995) souligne qu'avec l'explosion démographique contemporaine, la fin des terres vacantes est proche et que l'espace est fini, ou près de l'être, et qu'en conséquence, le principe de « *la terre appartient à qui l'a défrichée* » est désormais, ou à court terme, caduc. C'est une prise de conscience qui ne fait qu'accélérer davantage la course à la terre et qui la valorise. Selon LE ROY E. (1991), les recherches abordant le thème de la sécurisation foncière aboutissent à trois conclusions essentielles : la pluralité des modes d'appropriation des acteurs africains, le dualisme des droits fonciers et la gestion patrimoniale, proposée par les études foncières récentes.

La problématique foncière au Tchad n'est pas très différente de celle des autres pays d'Afrique situés au Sud du Sahara. Les textes qui régissent le foncier ont peu évolué. Ce sont les dispositions des lois de 1967 portant statut des biens domaniaux, limitation des droits fonciers et régime de la propriété foncière et des droits coutumiers et leurs textes d'application qui font, de l'Etat, le propriétaire de toutes les terres dites vacantes. Par ces lois, l'Etat tchadien régule l'accession des individus et collectivités à la terre et dispose du pouvoir d'exproprier tout propriétaire pour cause d'utilité publique.

La conclusion d'une étude récente menée par ABLAYE R. T. (2008) confirme bien cette assertion : « *Au Tchad, il y a une dualité dans la pratique de l'accès à la terre. Une juxtaposition de deux systèmes juridiques avec, d'un côté, le droit coutumier qui fait de la résistance et, de l'autre, le droit moderne mal connu des citoyens. Les nombreux conflits fonciers qui opposent les citoyens s'expliquent par la dimension productive de la terre sur ses différents aspects et sa marchandisation croissante. Les conflits sont accentués par la démographie (...) et la mobilité des populations* ». Il faut ajouter que, dans certaines parties du centre et du Nord du Tchad, il y a également le droit islamique et les problèmes fonciers deviennent plus complexes dans les zones où se développent les activités pétrolières ayant pour conséquences l'immigration et l'occupation des terres.

Le Logone oriental, espace agropastoral, est une région constituée d'un ensemble de bas plateaux appelés « Koro », recouverts d'une végétation de savane arborée ou de forêt claire jouissant d'un climat soudanien à deux saisons alternées. Les systèmes de culture pluviale et itinérante sur brûlis permettaient à la population d'assurer l'essentiel de ses besoins. Le recensement de 2009 évalue la population de cette région à 796 453 habitants, dont 702 885 vivent en milieu rural (RGPH2, 2009)[13]. La superficie du Logone oriental est de 28 035 km², soit une densité moyenne de 28,5 hab. /km². Cette densité est plus faible au Sud de la région mais atteint les 60 hab. /km² dans la partie centrale et dépasse 100 hab. /km² dans la partie Nord, à l'Est et dans les espaces environnants de Moundou, ville frontalière avec la région du Logone oriental. Cette dynamique démographique n'est pas sans effets sur les ressources naturelles.

Par ailleurs, les crises qu'a connues le Tchad (sécheresses, rébellions, guerre, etc.), ont un effet sur le foncier dans le Logone oriental. Les crises

---

[13] RGPH2, 2009

d'ordre climatique ont entraîné un mouvement des éleveurs transhumants, qui se sont sédentarisés dans le Logone oriental à cause de ses potentialités en ressources foncières. Les conflits militaires, qu'a connus le Logone oriental dans les années 80, ont aussi accentué la pression sur les ressources foncières. Car, pendant la période trouble, certains habitants ont quitté les villages pour s'installer en pleine brousse, créant ainsi de nouveaux villages. Des villages deviennent de plus en plus rapprochés et des conflits fonciers sont présents à cause de la concurrence pour le contrôle et l'accès à la terre. Cependant, des mécanismes légaux, coutumiers et communautaires de gestion de ces conflits existent et permettent de les régler ou de les atténuer.

Mais, enfin, le phénomène nouveau et récurrent, qui influence les ressources foncières, moyens d'existence durables des populations du Logone oriental, est l'exploitation pétrolière. En effet, la dynamique des activités pétrolières, c'est-à-dire l'évolution de ces activités en cours dans la région, a commencé dans les années 1970. Cependant, les travaux ont été interrompus par la suite pour des questions d'enclavement, de politique et de sécurité. La phase de construction a réellement débuté en 2000 avec l'approbation de la Banque mondiale qui a constitué à la fois une caution morale, financière et politique de ce projet. L'exploitation pétrolière onshore[14] dans le Logone oriental, qui a coûté plus de quatre milliards et demi de dollars (Esso, 2007), est originale en Afrique subsaharienne de par son montage et sa dimension spatiale qui touche deux pays. Le montage institutionnel du projet a vu la participation de deux gouvernements, de la Banque mondiale et du consortium chargé des activités, dirigé par ExxonMobil (40% des actions), avec ses partenaires, Petronas (la Société nationale pétrolière malaisienne avec 35%) et Chevron (25%). Selon la Banque mondiale et ses partenaires, l'objectif du projet pétrole de Doba est de réduire la pauvreté au Tchad et au Cameroun à travers l'exploitation et la commercialisation des 300 puits de pétrole logés dans les trois champs pétrolifères de Komé, Miandoum et Bolobo[15] dans le Logone oriental. Mais aujourd'hui, le constat sur le terrain montre la mise en valeur de plus de 1000 puits pétroliers et une extension des champs pétrolifères, entraînant des mutations spatio-économiques inattendues.

Le développement des activités pétrolières, onshore surtout, a nécessité une immobilisation temporaire ou définitive (25-50 ans) des terres entraînant souvent la perte par les populations riveraines, au profit des compagnies pétrolières, des ressources foncières, seuls moyens d'existence durables de ces populations. L'avènement de l'ère pétrolière dans le Logone oriental, a entraîné le développement des activités d'exploration, de construction d'infrastructures et d'exploitation du pétrole. Ainsi, dans les anciens bassins pétrolifères, les besoins en terres des compagnies pétrolières ont entraîné des

[14] Les activités pétrolières se développent sur le continent, contrairement à l'offshore où elles se passent dans les mers et océans.

[15] Pour plus d'information, lire projet d'exportation tchadien

déplacements et réinstallations de ménages dont le nombre passe de 150 prévus en 2000 à 450 en 2010 (GRAMP/TC, 2010). L'expropriation et l'immobilisation des terres par la puissance publique au profit des compagnies pétrolières entraînent la dépossession des producteurs de leurs droits coutumiers. L'exploitation du pétrole vient accentuer ainsi les problèmes fonciers déjà présents dans le Logone oriental.

Pour atténuer les effets de cette occupation des terres par les compagnies pétrolières, des compensations en espèces et en nature ont été versées aux personnes et communautés victimes de ces expropriations, par Esso. Ces compensations individuelles et communautaires, consécutives à l'immobilisation plus ou moins durable des terres, la destruction du couvert végétal et la pollution de certains points d'eau et de l'air, ont largement contribué, à modifier les relations de ces populations avec les ressources naturelles mais également les équilibres dans les rapports sociaux qui permettaient un consensus intercommunautaire autour de ces ressources. Les compensations ont également contribué à l'apparition de problématiques nouvelles de gestion du terroir mais également de nouveaux modes d'exploitation et d'appropriation des ressources foncières. Le contrôle du terroir, dans la perspective d'accéder à la compensation auprès des pétroliers, devient alors un enjeu pour les populations de ces zones.

En outre, les activités pétrolières ont induit un afflux migratoire des personnes venues des régions voisines et des pays voisins du Tchad vers ces bassins pétrolifères, à la recherche d'emploi et d'autres opportunités, accentuant ainsi la pression sur les ressources naturelles de base, dont la terre et les ressources ligneuses. Ces activités pétrolières n'ont pas seulement contribué à accroître la pression sur les ressources foncières par l'immobilisation des terres, mais ont également participé à l'accroissement de la valeur marchande des terres et des arbres dans le Logone oriental. L'exploitation pétrolière dans le Logone oriental a aussi des effets sur les activités économiques de la population.

L'insertion des activités pétrolières, dans une région à vocation agropastorale, a suscité d'énormes espoirs mais aussi de nombreuses inquiétudes. De nombreux ouvrages et études ont montré que les industries extractives ont rarement contribué de façon positive au développement durable et à la protection de l'environnement (Kounou, 2006 ; KOKUVI M. L. (2007) ; MAGRIN G., 2000). L'industrie pétrolière est considérée par de nombreuses associations et organisations de la société civile comme ayant contribué à la corruption, à la pollution et à l'agitation sociale (Nigéria, Angola, Congo, Soudan, etc.). KOUNOU M., (2006) a souligné que les industries pétrolières, gazières et minières n'ont pas contribué à l'amélioration des conditions de vie des populations des pays en voie de développement, mais qu'elles les ont davantage appauvries. De nombreuses études récentes (MAOUNDONODJI G, 2009), et surtout celles menées par la Banque mondiale ont confirmé cette thèse, selon laquelle les pays, dont les économies reposent essentiellement sur les industries extractives, souffrent souvent de niveaux de pauvreté élevés par rapport à ceux qui n'exploitent pas ces ressources. Quel est le cas du Logone oriental ?

Pour VAN V. et MAGRIN G. (2001), l'introduction du système pétrolier dans le Logone oriental apparaît comme un corps étranger dans une zone que CABOT J. (1960) qualifie de saturer ou en voie de l'être. CABOT J. (1960) estime le seuil de saturation de notre zone d'étude à 18 hbts/km². Par contre, World Vision l'évalue en 2000 à 30 hbts/km². A en croire ces sources, c'est donc dans cet espace, où le seuil de saturation est soit dépassé, soit en cours de l'être, que se développent les activités pétrolières. Ces activités pétrolières ont besoin d'espace pour les infrastructures temporaires et permanentes, et il convient d'étudier leurs influences spatio-économiques.

Le système pétrolier[16] est composé de puits, de pipelines, de plates-formes et unités de collecte, de routes, de lignes électriques à haute tension, de bases vie, etc. Les terres sont occupées par ces infrastructures. La connaissance de l'emprise, c'est-à-dire de l'espace occupé par ces installations, est nécessaire. De 2000 à 2003, la période de chantier, le projet a incité une migration des personnes et des compagnies pétrolières qui ont besoin des terres pour leur implantation (MOUTEDE-MADJI V., 2001). Les installations occupent à la fois des exploitations agricoles et des personnes ont été également déplacées et réinstallées dans d'autres sites. Certains villages très proches des installations, vivant dans l'ombre des torches et pratiquement entourés par ces installations pétrolières, sont appelés « *villages enclavés* ». Une réflexion sur la situation foncière de ces villages par rapport aux autres situés en dehors de la zone d'influence de ce projet pétrolier s'impose.

Il faut noter que, pour l'exploitation pétrolière du Logone oriental, des mécanismes nationaux et internationaux de gestion de l'environnement ont été mis en place. C'est le cas du Comité technique national de suivi des aspects environnementaux (CTNSC)[17], seule structure nationale chargée de gérer les problèmes environnementaux et sociaux de l'exploitation pétrolière du Logone oriental, et qui n'est plus opérationnelle depuis 2005. Sur le plan international, il y a des organes indépendants de suivi comme le Groupe international consultatif (GIC)[18] et le Groupe externe de suivi et du contrôle (ECMG) qui ne fonctionnent plus avec le retrait de la Banque mondiale du projet pétrole de Doba. Bref, l'ensemble de ces mécanismes de contrôle environnementaux sont aujourd'hui en panne. Les seules structures de contrôles environnementaux et socio-économiques qui existent sur le terrain sont celles de l'opérateur Esso et les Organisations de la société civile (OSC)

---

[16] Désigne un ensemble des infrastructures pétrolières interconnectées les unes aux autres.

[17] CTNSC est le Comité technique national de suivi et de contrôle des aspects environnementaux du projet pétrole de Doba. Il a été mis en place pour garantir la conformité environnementale du projet pétrole de Doba. Mais il ne fonctionne pas depuis 2005.

[18] GIC est le Groupe internatinal consultatif, un organe indépendant de suivi du projet pour la Banque mondiale

tchadienne organisées en réseau pétrole mais disposant des moyens humains, matériels et techniques limités. C'est dans ce contexte que nous assistons, de plus, à l'extension des champs pétrolifères et à la densification des puits pétroliers dans les anciens champs. L'emprise des activités pétrolières concerne neuf cantons du Logone oriental (MOUTEDE-MADJI V. 2002) et est répartie dans trois départements sur les six que compte la région. Cet espace semble être sous-évalué car, les travaux pétroliers s'étendent sur le terrain au-dèlà de l'espace prévu. En effet, à partir de 2004, il y a l'extension du projet pétrole de Doba, avec la création de nouveaux champs connexes appelés « *champs satellites* » (Carte n°3).

Carte n°3 : Champs et pipeline du bassin pétrolifère de Doba

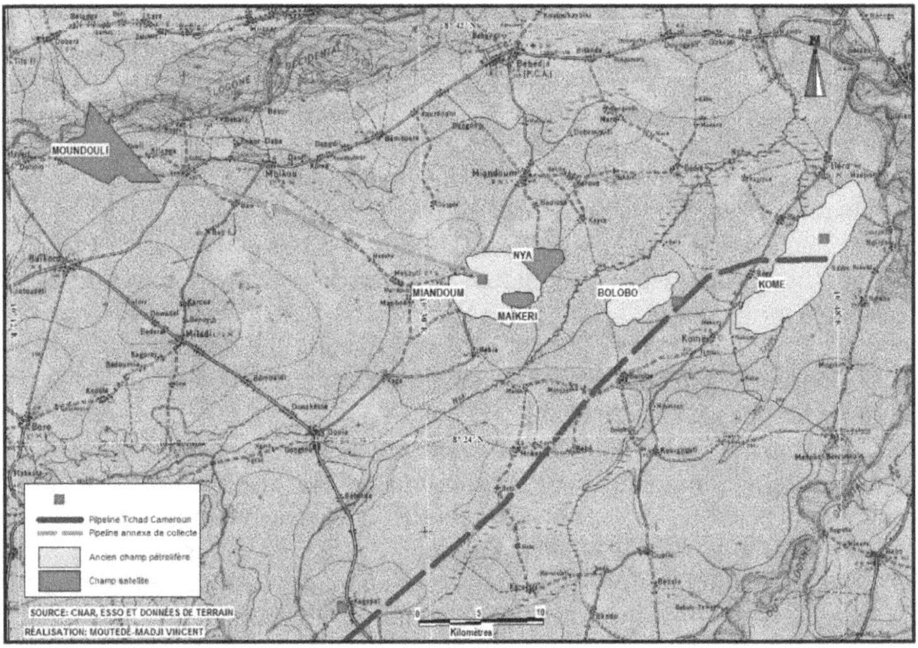

Source : CNAR, ESSO et données de terrain, 2009.

La carte n°3 localise les anciens et les nouveaux champs pétrolifères dans le Logone oriental. Elle montre également le milieu d'accueil des activités pétrolières. Les nouveaux champs pétrolifères mis en exploitation dans le Logone oriental de 2005 à 2007 sont : Nya, Moundouli, Maïnkeri-Pouteguem et, en 2009, le champ Timbert. Ils sont mis en exploitation, concomitamment avec la poursuite des explorations, contribuant à accroître l'emprise physique du projet et son impact sur les ressources naturelles. De même, l'augmentation du nombre des puits à partir de 2008, au sein des trois anciens champs de Komé, Bolobo et Miandoum déjà productifs, obéit à la même logique. L'occupation excessive des terres agricoles est relevée dans les situations de non-conformité au Plan de gestion de l'environnement

(PGE). « *Depuis le commencement de la construction en 2000 jusqu'en 2007, le projet a dédommagé environ 12 900 occupants de terrains individuels de 7 100 hectares de terre dans 375 villages tout au long du tracé du pipeline de Komé au Tchad à Kribi au Cameroun* » (ESSO, 2007). Les surfaces prévues pour la construction du projet pétrole de Doba seraient largement dépassées, étant donné que le nombre de puits prévus initialement, de 300 est passé à plus de 850, voire 1000, selon les sources. De plus, l'exploration et le forage de nouveaux puits se poursuivent sur le terrain, occasionnant une densification croissante des puits pétroliers sur les terroirs des communautés locales autrefois consacrés aux activités agropastorales. Il en résulte une pression foncière accrue sur les terroirs villageois. Des nouveaux modes d'accès aux ressources foncières et de nouvelles stratégies des acteurs et des conflits apparaissent. En même temps, Esso, leader du consortium qui exploite le pétrole de Doba, est en quête de terres cultivables pour les mettre à la disposition des paysans qui ont perdu totalement leurs terres par le fait des activités d'exploitation pétrolière.

Depuis l'avènement de l'ère pétrolière dans cette région, en particulier pendant la période des travaux de construction, et de la densification des puits, les problèmes liés à la question foncière prennent une nouvelle ampleur. La terre qui, par le passé, était inaliénable et qui pouvait se prêter facilement (même aux immigrants) sans aucune contrepartie dans cette zone est devenue aujourd'hui un bien économique.

En outre, les réclamations des terres prêtées depuis des dizaines d'années par les grands-parents semblent se multiplier, ceci, dans l'espoir d'être « *impactés* » par le projet et de bénéficier de compensations puisque Esso, leader du consortium, compense les investissements consentis sur la terre et non la terre elle-même. Cela fait naître de multiples conflits entre les habitants, entre les villages et les exploitants et Esso, comme l'a constaté GIC[19]: « *Malgré les précautions prises par l'opérateur pétrolier pour évaluer les pertes subies par les populations et un système de compensation précis prévu, dans le PGE, à l'exécution, de nombreux litiges entre opérateurs du projet pétrolier de Doba et la population (appuyée par les ONG) apparurent. Les problèmes les plus récurrents portent sur les désaccords quant à l'évaluation des dommages…* » (GIC. 2009). Les compensations communautaires sont concentrées dans douze cantons et des communes directement concernés par l'emprise pétrolière (Carte n°4), pour accompagner la mise en place du projet.

L'émergence de la question foncière pour les paysans ayant perdu toutes ou presque toutes leurs terres a amené Esso à mettre en place une politique qui consiste à former des paysans, victimes des expropriations de terres, à divers métiers. Une gamme de formation a été proposée à ces paysans « *sans terre* ». Le constat général est que ces personnes, une fois formées par Esso à des métiers alternatifs (couture, soudure, boucherie, teinture, etc.), ne

---

[19] Groupe international consultatif

mettent pas en pratique leurs nouveaux métiers de retour dans le village mais retournent aux métiers d'origine, l'agriculture. Ces différents constats nous amènent à poser une question principale : quelle est l'influence de l'exploitation du pétrole sur le système foncier et la vie socio-économique du Logone oriental ?

D'autres questions subsidiaires viennent se greffer à cette question fondamentale.

- Comment fonctionne l'espace dans le Logone oriental où se superposent les activités agricoles et pétrolières ?
- Quelle est l'emprise des infrastructures pétrolières et ses conséquences sur les systèmes fonciers ?
- En quoi la participation des différents acteurs a joué sur la spatialité pétrolière et quels en sont les effets sur l'environnement ?
- Quelles sont les mutations socio-économiques de la région du Logone oriental en général et plus particulièrement dans le monde rural, liées au développement des activités pétrolières ?
- En quoi ces transformations sont différentes de ce qui se passe dans les villes et campagnes non perturbées par le système pétrolier ?

Carte n°4 : Zone pétrolière du Logone oriental

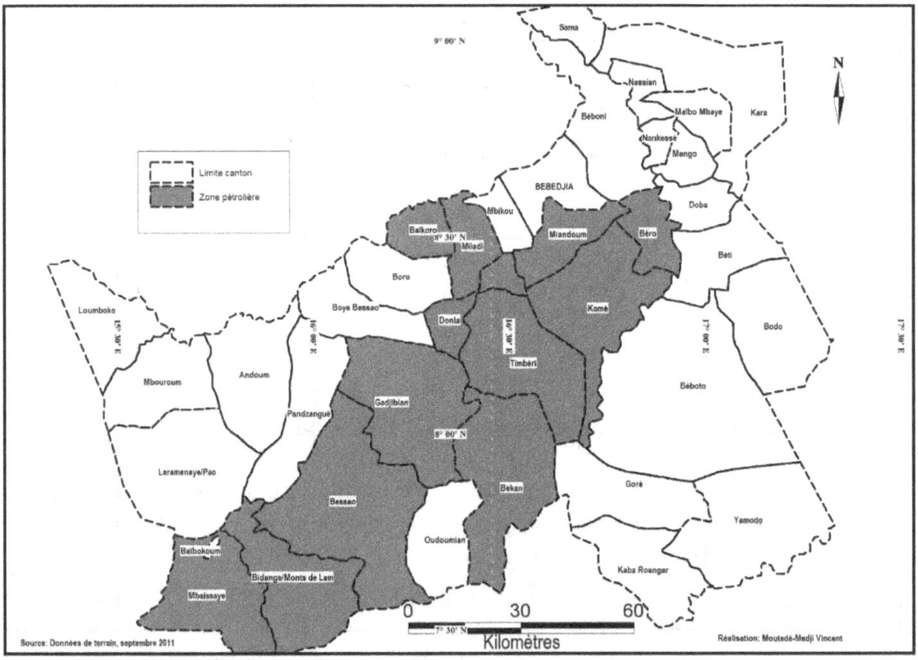

Source : Données de terrain, 2011.

La carte n°4 localise la zone pétrolière du Logone oriental. Elle présente les cantons touchés par les activités pétrolières et qui ont été visités pendant nos différentes enquêtes sur le terrain. Nous pouvons également lire sur cette carte les zones du Logone oriental qui ne sont pas affectées par les activités pétrolières (fond blanc).

Il s'agit, pour ce travail, d'analyser le contact entre un système pétrolier onshore et l'espace dans le contexte tchadien. Notre étude vise donc à comprendre l'influence de l'exploitation pétrolière sur les systèmes fonciers et la vie socio-économique de la Région du Logone oriental.

Pour bien conduire cette étude, nous avons fixé un objectif général et des objectifs spécifiques.

OBJECTIFS DE L'ÉTUDE

L'objectif général de cette étude est d'analyser les mutations foncières et socio-économiques liées à l'exploitation pétrolière dans le Logone oriental. De cet objectif général découlent les objectifs spécifiques qui sont :

- étudier le fonctionnement de l'espace et l'organisation spatiale des activités agricoles et pétrolières dans le Logone oriental ;
- étudier l'impact des activités pétrolières sur les ressources foncières et les modes d'accès à celles-ci ;
- analyser l'influence de l'exploitation pétrolière sur les activités socio-économiques de la population ;
- analyser le rôle des différents acteurs sur la spatialité pétrolière ainsi que les conséquences sur les ressources foncières ;
- étudier les conflits fonciers et les stratégies des acteurs liées au développement de ces activités pétrolières.

Pour chercher à atteindre nos objectifs, nous avons formulé des hypothèses.

HYPOTHÈSES DE RECHERCHES

Nous avons formulé une hypothèse principale et des hypothèses secondaires.

Hypothèse principale

L'exploitation pétrolière dans le Logone oriental est source de profondes mutations spatio-économiques et de transformation des systèmes fonciers.

Hypothèses secondaires

- le Tchad regorge d'importantes potentialités pétrolières. Le développement des activités pétrolières dans les anciens et les nouveaux bassins pétrolifères dans le Logone oriental fait apparaître

de nouveaux modes d'appropriation, de gestion et d'exploitation du foncier.
- les activités pétrolières ont produit des effets inattendus à travers l'extension des champs pétrolifères, la densification des puits et l'accroissement de l'emprise foncière qui influencent négativement les moyens d'existence de la population à court et moyen terme. Ces effets sont variables dans le temps et dans l'espace géographique.
- les activités pétrolières, à travers les compensations, ont donné une valeur monétaire à la terre et aux arbres, sources de multiples conflits fonciers.
- l'exploitation pétrolière a des effets socio-économiques positifs limités sur le milieu rural, elle est à l'origine de migrations, d'implantation de villages spontanés et de destruction des ressources foncières dans les champs pétrolifères.
- la diversité des acteurs impliqués dans le projet a contribué à limiter les effets négatifs de cette spatialité pétrolière.

Pour nous permettre de mieux cerner la question, nous avons consulté les travaux antérieurs liés à notre thème.

REVUE DE LA LITTÉRATURE

La revue de la littérature existante nous a permis de constater que, malgré l'abondance des documents écrits sur l'Afrique au Sud du Sahara, les recherches scientifiques menées actuellement au Tchad sont très peu orientées vers les mutations spatio-économiques liées à l'exploitation des ressources naturelles. Avant de faire la revue de la documentation sur l'exploitation pétrolière et ses effets, il sera intéressant de parcourir très rapidement quelques documents existants sur les mutations des ressources foncières et de l'environnement en Afrique.

Dans sa thèse intitulée « Le Bassin du Moyen Logone », CABOT J. (1965) a fait une étude régionale d'un vaste bassin drainé par le Logone et ses affluents. A travers cette étude descriptive, il aborde les aspects physiques et humains du bassin. CABOT J. (1965) note que le coton est une culture commerciale, introduite par la colonisation. Cette culture s'est heurtée à des difficultés d'ordre sociologique. Enfin, l'auteur n'a pas manqué de relever qu'à la veille des indépendances, de grands travaux modernes ont été lancés par les colonisateurs dans le Nord du bassin mais ils ont échoué. La thèse de CABOT J. (1965) est importante pour notre étude dans la mesure où elle couvre entièrement notre cadre de recherche. Elle nous permet de comparer la situation observée en 1965 et celle de 2010. L'analyse de la dynamique de l'environnement a fait l'objet du travail de MARCHAL J. Y. (1981) : « L'option pour l'extensif de l'agriculture Mossi : Cas de Yatenga au Burkina Faso ». L'auteur souligne qu'une dynamique entre les composantes physique, agronomique, démographique, sociale et économique du milieu est à l'œuvre de longue date, à Yatenga. Les interactions entre ces phénomènes géographiques aboutissent à un resserrement des contraintes de production. Face à ce défi, les stratégies d'adaptation paysanne paraissent d'une efficacité contradictoire. Le milieu se dégrade de façon irréversible et cela se constate à travers l'érosion des sols, la baisse de la fertilité, la modification du paysage, avec une disparition des terres organisées autrefois en trois auréoles concentriques. Pour MARCHAL J. Y. (1981), ce phénomène résulte de la croissance démographique élevée de Yatenga qui a pour conséquence une forte pression foncière. Cependant, les évolutions climatiques renforcent de manière immédiate ce processus physique de dégradation. Les conséquences sont multiples dont les conflits fonciers entre les acteurs, en concurrence pour l'espace.

LE ROY E. (1991), dans « L'appropriation de la terre en Afrique noire », aborde la question foncière en Afrique face aux nécessités du développement. Cet article fait le point des différentes approches scientifiques du foncier et entreprend de définir les rapports entre les différents concepts utilisés en matière de foncier (propriété et usage). Ce travail s'étend aux divers aspects du foncier : fonciers rural, urbain, minier, industriel...En outre, les acteurs présentent les méthodes d'analyse scientifique de la question foncière et les instruments de la gestion foncière. BLANC-PAMMARD, Ch., CAMBREZY L. (1995) dans « Terre, terroir, territoire : les tensions foncières » analysent la dynamique des systèmes agraires. Pour eux, le développement rural ne se fait pas sans une organisation foncière appropriée aux moyens de production. Pour progresser, la question foncière doit être précisée de façon à nuancer et à en traduire toute la diversité. C'est là la richesse et l'intérêt de cette question qui est devenue un enjeu majeur pour les acteurs du développement rural. Analysant la question foncière en Afrique, PELISSIER P. (1995) note quatre facteurs explicatifs de l'émergence et de l'escalade des problèmes fonciers dans la plupart des territoires ruraux : la pression démographique, le développement du marché de la terre, des politiques nationales de "domanialisation" de la terre et la conjoncture économique. L'auteur a également souligné que la plupart des milieux ruraux africains sont menacés par la bourgeoisie dont l'intérêt pour les investissements fonciers dans la périphérie des villes est très élevé. Il a fait remarquer par ailleurs que l'entreprise du marché foncier sur le milieu rural conduit à la caducité des droits coutumiers et à la victoire de l'argent sur la tradition. Il en résulte une compétition pour l'accès à la terre et cela ne garantit pas le transfert intergénérationnel des terres. L'insécurité foncière apparaît donc comme un problème majeur en Afrique et plus particulièrement dans les pays sahéliens comme au Burkina Faso par exemple où « la terre est finie », ajoute-t-il. Pour KOUASSIGAN G. A. (1996) dans « L'Homme et la terre : droits fonciers coutumiers et droits de propriété en Afrique occidentale », le régime juridique de la terre est un rapport entre les hommes et les choses dont ils ont l'usage. Les droits fonciers des collectivités découlent de la première occupation et les villages portent le nom de leur fondateur. La terre constitue un bien collectif qui appartient à la communauté. En raison de son caractère sacré, la terre est inaliénable. Pour lui, le développement de la culture des produits d'exportation, en favorisant l'individualisation, a provoqué l'éclatement des groupes sociaux. La terre, maintenant source de richesse, devient un bien patrimonial sur lequel l'individu tend à nier les droits des collectivités.

AKIBODE A. K. (1998) dans « L'environnement et le développement, un couple a priori paradoxal » a montré que la protection de l'environnement couplée avec les projets de développement est considérée comme l'un des défis majeurs de notre planète. En effet, selon lui, les problèmes de la dégradation de l'environnement existent dans presque toutes les régions du monde. Mais ils ont des origines différentes et ne se manifestent pas de la même façon dans les pays du tiers- monde et les pays développés. AKIBODE A. K. (1998) note que les sécheresses et les inondations sont des phénomènes climatiques qui ont toujours existé dans l'histoire. Ils ont aujourd'hui des effets dramatiques sur l'environnement à cause de l'intervention des sociétés humaines. Dans les pays d'Afrique au Sud du Sahara, la croissance démographique, les techniques agricoles et pastorales, la pauvreté et les projets de développement mal conçus sont responsables de la dégradation de l'environnement. Pour finir, il propose des solutions pour la promotion de systèmes de production équilibrés et protecteurs. Ce travail est d'un intérêt certain pour notre étude. Il nous servira de guide. Quel sera le cas du Logone oriental où les activités agricoles, pastorales et pétrolières sont superposées ? La gestion de l'espace rural et ses mutations ont fait également l'objet d'étude d'ABOTCHI T. A., AKIBODE A. K., DODJI A. A. (1999) ont dans un article titré « La crise d'espace agricole et développement rural au Togo : cas du canton Kpékplémé ». En effet, Kpékplémé est une région orientale du Togo, de faible densité, offrant de grandes disponibilités en terres cultivables. Les auteurs soulignent que ce canton constitue un exemple unique de surcharge des terres. Cette crise que connaît la région est due à une sévère pénurie de terres et un appauvrissement des sols. Pour d'ABOTCHI T. A et al. (1999), cette crise se manifeste sous différentes formes : d'abord par une micro-parcellisation remarquable émanant de la croissance démographique. La terre est devenue un facteur de production très rare, suite aux partages successifs des patrimoines ancestraux. Il en résulte une « promiscuité spatiale », suite à une évolution du régime foncier et les conflits sont nombreux avec de multiples conséquences. Selon ces auteurs, cette crise a des répercussions sur le développement régional. Pour sa résolution, ABOTCHI et al. (1999) suggèrent la remise en valeur de terres prises en otage par les palmerais et une définition des systèmes appropriés, puis la promotion des vivriers à travers un soutien technique et financier. La lecture de l'article nous a permis de découvrir l'exemple d'une mutation rurale en région de savane togolaise.

QUESNEL A. (2001), dans un ouvrage titré « peuplement rural, dynamique agricole et régimes fonciers », souligne que la dynamique de peuplement des espaces ruraux est instable, structurée par les marchés et caractérisée, à la fois, par une polarisation rurale et urbaine de la population et une dispersion en petits noyaux de peuplement. CEFOD et Observatoire du foncier au Tchad (2004), dans « la question foncière au Tchad », analysent la question de l'exploitation des ressources naturelles au Tchad. Selon les actes d'un colloque organisé à N'Djaména par ces derniers, il ressort que la terre est, depuis toujours, une question vitale pour toute société. Les textes et les lois qui règlementent la gestion de la terre au Tchad datent des années 60 et n'ont pas évolué. Aujourd'hui, l'accès à la terre se pose au Tchad avec une urgence nouvelle à cause de l'accroissement de la population, du bétail et de l'avènement du pétrole entraînant de nombreux conflits. VÉRON J.-B. (2009), dans « Editorial » de la revue Afrique contemporaine, a analysé la question de la pauvreté et du développement basé sur les ressources minières. Pour lui, d'un côté, comment aider les populations des pays du Sud à sortir de la pauvreté ? De l'autre, et simultanément, de quelle manière satisfaire la faim du monde en matière de ressources naturelles, en particulier minières, sans que cela ait pour conséquence d'entraver ou de pervertir le développement des pays producteurs des ressources en question ?

LQUESNEL A. (2001), dans un ouvrage titré « peuplement rural, dynamique agricole et régimes fonciers », souligne que la dynamique de peuplement des espaces ruraux est instable, structurée par les marchés et caractérisée, à la fois, par une polarisation rurale et urbaine de la population et une dispersion en petits noyaux de peuplement.

L'exploitation pétrolière et son impact sur l'environnement et l'économie des pays africains ont fait l'objet de nombreuses réflexions. IGUE O. J. (1985), dans « Rente pétrolière et commerce des produits agricoles à la périphérie du Nigeria : les cas du Bénin et du Nigeria », met en exergue les facteurs qui expliquent le développement des échanges entre le Nigeria et ses voisins, le Bénin et le Niger. Ces facteurs sont d'ordre historique et économique. L'agriculture était à la base de l'économie nigériane mais le boom pétrolier de 1973- 1974 a renforcé les recettes de l'Etat au détriment de l'agriculture. Celle-ci est devenue, selon l'auteur, une activité secondaire dans la préoccupation du développement. Les conséquences sont nombreuses : le bas niveau de vie, l'inflation, les importations des produits agricoles, la migration. Dans sa thèse titrée « Le Sud du Tchad en mutation : des champs de coton aux sirènes de l'or noir », MAGRIN G. (2000) a montré que des germes de changement et des éléments mutants existaient déjà depuis longtemps dans les sociétés rurales du Sud du Tchad. Il a aussi souligné que le Sud du Tchad subissait une transformation spatiale, économique, sociale et politique sous l'effet du pétrole. Par ailleur, il souligne l'existence des tensions spatiales et des enjeux politiques et géostratégiques de ce pétrole. Car, a-t-il dit, *« en Afrique comme partout ailleurs dans les pays sous-développés, le pétrole apparaît comme un facteur de guerres et de destruction de l'environnement* ». Le problème de la « malédiction de l'or noir en Afrique » a fait l'objet de la réflexion de MAGRIN G. (2001), dans un article intitulé « les enjeux d'un enrichissement pétrolier en Afrique centrale : cas du Tchad ». Il souligne qu'en Afrique comme partout ailleurs, le pétrole constitue un substratum géopolitique très inflammable. L'or noir apparaît partout en Afrique non pas comme une matière première providentielle permettant la sortie du sous-développement mais, au contraire, comme un facteur essentiel de distorsion économique, de pollution de l'environnement, d'instabilité et de guerre. La problématique pétrole et développement socio-économique a fait aussi l'objet de la réflexion de BERILENGAR D. A. (2002), dans un article intitulé « Le pétrole et le développement économique et social durable ». L'auteur a relevé que le gouvernement du Tchad et la Banque mondiale voient dans la réalisation du projet pétrolier de Doba l'unique opportunité pour le développement socio-économique du Tchad, pays enclavé. Sans toutefois nier cet espoir, qui conduit à lier intimement pétrole et développement au Tchad, il souligne que, seules, les ressources pétrolières ne suffisent pas pour promouvoir un développement économique et social durable. L'auteur, de dire, qu'il faut l'élargissement des opportunités économiques à tous et l'accès aux services sociaux de base. Dans un ouvrage titré « Le pétrole tchadien : miracle ou mirage ? Suivre l'argent au dernier-né des pétro-Etats d'Afrique », IAN G. et NIKKI R. (2004) analysent la question de la malédiction de l'or noir au Tchad et en Afrique. Pour eux, l'exemple du Nigeria illustre peut-être le mieux le « paradoxe d'abondance », c'est-à-dire le fait que les pays riches en ressources naturelles ont un niveau de vie plus bas, une croissance plus lente et qu'ils sont plus susceptibles d'être déchirés par des conflits que les pays pauvres en ressources naturelles. C'est ainsi que 35 ans d'exportation pétrolière au Nigeria n'ont pas contribué à améliorer le niveau de vie de la population. Malgré ses richesses pétrolières, le revenu par habitant au Nigeria est toujours inférieur à 1$ par jour et le niveau de vie reste inférieur à la moyenne de l'Afrique subsaharienne.

La question des enjeux politiques et socio-économiques de l'exploitation pétrolière au Tchad a été analysée par CAMAN B. O. (2004) dans « Le culte du pétrole ». Dans cet article, l'auteur aborde la question du culte du pétrole avant de suggérer quelques pistes de solution au regard des faiblesses du Tchad face à ses partenaires. Il a fait l'histoire du pétrole tchadien avant de montrer, à l'aide d'exemples précis, que le projet pétrole de Doba a profité plus aux Camerounais et au consortium qu'aux Tchadiens. CTNSC (2005), dans son rapport intitulé : « Le Plan de développement régional », fait le diagnostic régional et la vision des populations de la zone pétrolière sur l'avenir de leur rrégion, les choix stratégiques qui en découlent et une réflexion sur les enjeux régionaux de moyen à long terme. Il fait des propositions d'action organisées en composantes et sous-composantes et propose un schéma de mise en œuvre, de financement et de suivi. GEERT V.

V., et MAGRIN G., (2005), dans : « Greffe pétrolière et dynamique des territoires : l'exemple de l'onshore tchadien », abordent le contact entre un système pétrolier et son milieu d'accueil. Les auteurs ont d'abord présenté l'insertion du système pétrolier dans les savanes soudaniennes du Tchad et son originalité, avant de s'intéresser à ses effets locaux et régionaux. Enfin, ils ont proposé un modèle d'analyse sur leur évolution prévisible. Les relations entre pétrole et la situation socio-économique, en particulier la pauvreté, ont fait également l'objet de la réflexion de KOUNOU M. (2006). Dans son ouvrage intitulé « Pétrole et pauvreté au Sud du Sahara », l'auteur a montré le paradoxe qu'il y a entre la pauvreté des pays producteurs de pétrole d'Afrique au Sud du Sahara et l'abondance des ressources naturelles. Il a cherché à expliquer comment la rente pétrolière profite aux compagnies pétrolières au détriment des gouvernements africains en général et de ceux du golfe de Guinée en particulier. Il a par ailleurs démontré comment les communautés locales ne profitent pas nécessairement des revenus issus de l'exploitation des ressources pétrolières. Les cas du Nigeria et de l'Angola ont été étudiés par KOKUVI M. L. (2007). Dans un ouvrage intitulé « Impacts des multinationales de pétrole sur l'économie du Nigeria », l'auteur a démontré, que selon le classement des Nations unies, le Nigeria et l'Angola, les deux principaux producteurs africains de pétrole se trouvent actuellement au rang des nations les plus pauvres, les plus appauvries par trois décennies d'exploitation pétrolière. Au Nigeria, le PNB par habitant était de 1000$ en 1970. Il n'était plus que de 320$ en 1996. Pour cet auteur, les multinationales n'appliquent aucun des standards requis dans les pays industrialisés quant aux technologies utilisées et aux mesures d'impact sur l'environnement. Il a relevé que, dans la région du delta de Niger, les terrains ne sont plus fertiles, ni cultivables. Les mutations socio-économiques environnementales liées au pétrole ainsi que la gestion des revenus pétroliers de Doba ont été analysées par MADJIGOTO R. (2007) dans sa thèse de doctorat intitulée : « Evolution socio-économique et environnementale du Logone oriental ». L'auteur a fait une analyse des potentialités naturelles dont dispose cette région du Sud du Tchad avant de relever que les terroirs villageois, à l'exemple de celui de Maïnkeri qui a fait l'objet de son étude de cas, sont, en effet, loin d'être saturés. Il s'inquiète cependant de la forte croissance démographique liée à l'arrivée des migrants et du problème de gestion de la manne pétrolière qui aurait pu servir à initier et réaliser des actions de développement.

LIEUGOMG M. et SAMA O. (2007) ont abordé les problèmes de pression et conflits liés à l'exploitation des ressources naturelles par les acteurs dans un article titré « Bébédjia au Sud du Tchad, un espace sous pression ». Ces auteurs ont analysé la pression spatiale à Bébédjia, ville située dans l'extrême Sud du Tchad et jouissant des conditions naturelles (climat et végétation) favorables aux activités agropastorales. Pour eux, ce milieu naturel attire les éleveurs nomades des zones sahélienne et saharienne, menacés par de mauvaises conditions de production et l'instabilité politico-militaire. Contraints de se fixer dans cette région et de pratiquer l'agriculture en plus de leur activité traditionnelle, ces pasteurs nomades se retrouvent opposés aux agriculteurs autochtones dans le cadre de conflits fonciers de plus en plus importants, compte tenu de la pression sur l'espace agropastoral, renforcée par le projet pétrolier de Doba.

L'analyse des enjeux écologiques du foncier liés aux activités pétrolières a fait l'objet du travail de YOMBATINA B. S. (2008). Dans un article titré « les enjeux écologiques du foncier liés au développement des activités pétrolières au Tchad », l'auteur relève qu'avec l'exploitation pétrolière, il y a une destruction excessive des ressources biologiques et l'appel migratoire, accentuant la pression sur les ressources naturelles. Il propose la négociation « patrimoniale », comme instrument de prévention et de gestion des conflits liés à l'exploitation du pétrole. GRAMPTC (2009) : « La question foncière liée aux activités et perspectives pétrolières au Tchad ». L'auteur note que l'avènement de l'ère pétrolière a entraîné le développement des activités d'exploration et de construction d'infrastructures dans plusieurs régions du Tchad.

La malédiction des ressources extractives et les enjeux pétroliers ont fait l'objet de la thèse de MAOUNDONODJI G. (2009). Titrée « Les enjeux géopolitiques et géostratégiques de l'exploitation du pétrole au Tchad », la thèse aborde la « malédiction des ressources » ou le « paradoxe de l'abondance ». Il en résulte, outre la permanence de la conflictualité, un triple impact systémique : économique, social et politique. Selon l'auteur, il a été démontré qu'entre 1970 et 1993, les pays pauvres en ressources (sans pétrole) se sont développés quatre fois plus rapidement que ceux riches en ressources (avec pétrole), et cela en dépit du fait qu'ils avaient un taux d'épargne moitié moindre. Ainsi, plus la dépendance envers le pétrole et les ressources minières est grande, pires sont les résultats macroéconomiques. Il relève aussi que les revenus pétroliers du Tchad ont plus servi à l'acquisition de matériel militaire avant de conclure que malgré l'importance des ressources pétrolières reçues qui ont fait passer le taux de croissance économique du Tchad de 1% à 15%, l'exploitation du pétrole ne s'est guère traduite jusqu'à présent dans le quotidien de la population tchadienne. Quelle est donc la situation particulière de la région productrice de ce pétrole tchadien ? Dans une étude titrée « Pour une utilisation efficiente des 5% des revenus pétroliers », DJERALAR M. (2010) présente les principes fondateurs des 5% des revenus pétroliers après avoir retracé le contexte national et présenté la région productrice. Il a mis en exergue les constats en ce qui concerne le respect des principes fondateurs et par domaine et par secteur d'activité ayant bénéficié des investissements issus des 5% des revenus pétroliers. Malgré la mise en œuvre d'énormes ressources issues des 5% des revenus pétroliers depuis 2005, le Logone oriental est placé troisième des régions les plus pauvres au Tchad, a-t-il conclu.

MADJIOUDOU L. (2008) : Les stratégies de prévention et de gestion des conflits fonciers en zone pétrolière. L'occupation de l'espace actuel hormis pour cause d'utilité publique, relève de la spéculation foncière dont les principales victimes sont les populations rurales. Il propose qu'une législation plus adaptée et soucieuse de concilier les attentes de tous soit adoptée et mise en application. L'Etat doit céder certaines prérogatives à des structures locales de gestion et veiller à ce que les puissances de l'argent n'occultent pas les intérêts des plus faibles. KIMITENE E. V. (2009), dans : « Stratégies paysannes en zone cotonnière au Tchad. Discours, représentations et actions des habitants de Komé », étudie les stratégies paysannes dans les zones cotonnières à la lumière des discours, des représentations et des actions quotidiennes des populations de Komé en zone pétrolière. Pour l'auteur, le coton est en crise et, avec l'exploitation du pétrole de Doba en 2000, les paysans développent diverses stratégies pour survivre. Ce travail a l'avantage d'aborder une partie de notre secteur d'étude et les effets de l'avènement du pétrole sur le secteur coton, mais ne traite pas les mutations spatio-économiques liées à l'exploitation du pétrole que notre étude se propose d'analyser. DJEMON M. (2009), dans « Evaluation des conséquences socio-économiques et environnementales de l'exploitation du pétrole de Doba : cas des villages de Moundouli et de Ngalaba », aborde les mutations socio-économiques et environnementales liéees à l'exploitation du pétrole de Doba. Il a conclu que, malgré l'espoir de la population, l'exploitation pétrolière de Doba n'a apporté que l'expérience pour l'exploitation future d'autres gisements. CIRAD, GRAMP/TC et UIBE (2012), dans un ouvrage récent titré : Une compagnie pétrolière chinoise face à l'enjeu environnemental au Tchad, ils abordent les facteurs qui influencent la gestion environnementale de la CNPC, lorsqu'elle opère au Tchad, pays pauvre. Dans un contexte pétrolier marqué par le projet Exxon à Doba, le projet chinois Rônier, initié en 2007, vise, selon eux, à raffiner sur place une partie du pétrole extrait et de transporter le reste via un itinéraire qui empruntera probablement l'oléoduc du projet Exxon Doba. Le document nous aidera à comprendre comment Exxon et CNPC gèrent l'environnement. Quel est le cadre théorique global dans lequel s'insère notre étude ?

CADRE THÉORIQUE

Notre travail s'inscrit dans un cadre théorique global, la théorie de la « malédiction des ressources naturelles » ou de « l'abondance des ressources naturelles ». Cette théorie a fait l'objet de travaux de nombreux chercheurs dont ceux de Géraud M. (2001); Geert V. B. et Géraud M. (2005) ; Kounou M. (2006); Maoundonodji G. (2009). Selon ces auteurs, les industries extractives ont rarement contribué au développement durable et à la protection de l'environnement dans les pays en voie de développement. L'exploitation des ressources extractives, en particulier le pétrole et les ressources minières, est considérée comme facteur de destruction de l'environnement, de guerres, de corruption et de pollution dans plusieurs pays d'Afrique. « Non seulement les industries pétrolières, gazières et minières n'ont pas aidé les populations les plus pauvres des pays producteurs d'Afrique mais elles les ont appauvries davantage ».

Pour mener cette étude, nous avons adopté une méthodologie, appliquée pour la collecte et le traitement des données. Mais, avant de présenter la méthodologie, il vaut mieux définir les concepts utilisés.

DÉFINITION DES CONCEPTS ET TERMES UTILISÉS

Un mot peut être employé ou compris de plusieurs façons. C'est pourquoi, pour une bonne lecture et compréhension de notre document, il est important de définir quelques concepts utilisés.

Activités pétrolières : elles sont organisées autour de quatre grandes phases successives qui définissent un premier grand découpage chronologique (Dureau et Flórez, 2000). La première phase, dite d'exploration, consiste à réaliser des études de faisabilité par l'appréciation des réserves de pétrole et des bénéfices financiers potentiels. La deuxième phase vise à effectuer de nombreux travaux, c'est la phase de construction des installations de surface. Il s'agit d'une période d'emploi intense de travailleurs qualifiés et non qualifiés pour construire les routes, les ponts, les puits, les oléoducs, les bases-vie, etc. La troisième phase est celle du pompage puis du transport du pétrole brut qui nécessite beaucoup moins de personnes. C'est la phase d'extraction et d'acheminement du brut sur le marché. Une quatrième phase peut être identifiée : celle du raffinage et de la fabrication de produits dérivés avant l'exportation. Mais elle ne s'applique pas dans le cas de Doba puisque le pétrole est acheminé brut par oléoduc jusqu'à la côte atlantique de Kribi, avant d'être exporté. La diversification des activités industrielles locales en est d'autant plus réduite. La durée de chacune de ces quatre grandes phases peut être très variable, elle peut s'étendre sur plusieurs mois, voire sur plusieurs années. Il existe de nombreux décalages temporels d'un gisement à un autre qui s'expliquent notamment par la rotation des compagnies spécialisées dans une tâche particulière.

Champ pétrolifère : est réservé à l'espace qui contient des réserves pétrolières, des puits pétroliers ainsi que des centres de traitement. On distingue des anciens et des nouveaux champs pétrolifères dans le Logone oriental. Les anciens champs pétrolifères sont ceux de Komé, Miandoum et Bolobo. Les nouveaux champs pétrolifères sont ceux de Moundouli, Nya, Maïnkeri-Pouteguem et Timber. Les nouveaux champs pétrolifères sont aussi appelés des champs « satellites », du fait qu'ils sont connectés aux infrastructures d'exploitation des anciens champs pétrolifères. Dans ce document, le terme champ sera utilisé pour désigner le champ pétrolifère.

Compensation communautaire : consiste à construire des infrastructures pour les villages affectés par des installations permanentes du projet pétrole.

Ces infrastructures sont choisies par les villages affectés, sur la base d'un catalogue des infrastructures, proposé par Esso.

Compensation individuelle : C'est l'argent ou du materiel donné par les entreprises pétrolières à l'exploitant agricole, en contrepartie du travail investi sur la terre, occupée par les infrastructures pétrolières (jachère de trois ans ou moins, la perte des récoltes, des arbres fruitiers et des installations). Les compensations individuelles sont versées directement aux individus qui ont subi une perte.

Eligible : est éligible toute personne physique ayant perdu une bonne partie de sa terre cultivable (plus de 2/3) du fait du projet pétrole de Doba, qui a reçu une compensation individuelle et qui bénéficie (ou doit bénéficier) d'une formation à un autre métier à Esso.

Espace : lieu plus ou moins bien délimité où peuvent se situer des objets ou phénomènes géographiques. Ces objets ont des relations entre eux et avec des acteurs sociaux localisés.

Exploitation pétrolière : est employée dans le document pour désigner l'ensemble des étapes allant de la recherche pétrolière à l'extraction du pétrole et son transport vers le marché grâce aux infrastructures pétrolières.

Infrastructures pétrolières : nous utilisons ce terme pour désigner les installations de surface du projet pétrole (centre de traitement, tracé du pipeline, routes, puits pétrolier, ligne à haute tension, aéroport, base-vie, etc.) nécessaires aux travaux de construction et d'exploitation du pétrole.

Mutation spatiale : évolution importante et peu réversible des composantes de l'espace. Cette évolution peut être brutale ou progressive sur l'espace physique et humain c'est-à-dire l'environnement.

Mutation socio-économique : Changement important et peu réversible des composantes socio-économiques de l'espace. Il s'agit de l'organisation économique, sociale, politique à travers l'exploitation et l'utilisation des ressources naturelles.

Opérations pétrolières : Toutes les opérations de recherches, d'évaluation, de développement, d'exploitation, de séparation, de traitement, de stockage, de transport et de commercialisation des hydrocarbures jusqu'au point de livraison, de remise en état des sites (Opérations RES) effectuées par le contractant dans le cadre d'un contrat pétrolier, y compris le traitement du gaz naturel, mais à l'exclusion du raffinage et de la distribution de produits pétroliers.

Opérateur : La société chargée de la conduite et de la réalisation des opérations pétrolières. Il s'agit de Esso (ou Exxon), dans ce document.

Pétrole brut : Huile minérale brute, asphalte, ozokérite et tous les autres hydrocarbures solides, semi-solides ou liquides à l'état naturel ou obtenu du gaz naturel par condensation ou extraction, y compris les condensats obtenus par détente de gaz naturel. Retenons, dans le cadre de ce travail, que le pétrole est de l'huile minérale naturelle formée d'hydrocarbures. Ce liquide huileux est constitué de divers composants organiques. Il se trouve sous la terre et est utilisé comme combustible ou matériau de base dans l'industrie chimique. Le terme pétrole sera utilisé dans ce document pour désigner le pétrole brut.

Région productrice : désigne la région administrative du Logone oriental qui produit le pétrole et bénéficie d'un pourcentage de 5% sur les revenus pétroliers du Tchad.

Spatialité pétrolière : est utilisée dans ce document pour désigner l'étendue, la répartition et l'emprise spatiale des infrastructures pétrolières.

Système pétrolier : Nous utilisons ce terme pour désigner un ensemble constitué non seulement d'infrastructures pétrolières mais aussi les mécanismes mis en place dans le cadre du projet pétrolier de Doba, faisant intervenir plusieurs acteurs.

Zone pétrolière : La zone pétrolière est l'espace concerné par les activités pétrolières et les infrastructures de transport. La zone pétrolière de Doba est constituée des champs pétrolifères où se trouvent les puits et l'espace traversé par l'oléoduc.

Maintenant que les concepts sont définis, il reste donc à présenter la méthodologie utilisée pour ce travail.

MÉTHODOLOGIE

Les paragraphes suivants sont consacrés aux démarches méthodologiques de l'étude, organisées en plusieurs étapes, allant de la recherche documentaire au traitement des données en passant par la collecte des données sur le terrain.

La recherche documentaire

Nous avons consulté les données du CEFOD (Centre de formation pour le développement), au Centre de documentation de l'Université de N'Djaména et au GRAMP/TC, le Groupe de recherches alternatives et de monitoring du projet pétrole Tchad-Cameroun, à l'Institut tchadien de recherche agronomique pour le développement (ITRAD) à Bébédja et le Centre international de recherches pour le développement (CIRAD) à Montpellier (France), la bibliothèque de l'Université de Lomé (Togo) ainsi que celle de l'Université de Cotonou (Benin). Ces données nous ont permis de faire un état des lieux des recherches sur la question et de mieux orienter notre réflexion. L'Institut national de statistique, des études économiques et démographiques (INSEED) et le Centre national d'appui à la recherches (CNAR) ont été des sources précieuses pour nous en termes de données géographiques. L'INSEED a organisé deux recensements généraux de la population et de l'habitat du Tchad en 1993 et 2009. Ces données ont permis d'analyser la dynamique démographique de notre secteur. Pour les données météorologiques, nos sources ont été la Direction des ressources en eau et météorologie et le CIRAD de Bébédja. Nos informations sur les activités pétrolières proviennent essentiellement des documents d'Esso Tchad, du GRAMP/TC ainsi que des observations sur le terrain.

La collecte des données sur le terrain

Avant la collecte des données sur le terrain, nous avons élaboré des outils de collecte (Annexe 2),_identifié notre population cible et déterminé l'échantillon.

Un échantillon déterminé à l'aide d'un choix raisonné

L'étude consiste à analyser la spatialité pétrolière et le fonctionnement du milieu d'accueil pour dégager les changements induits par les activités pétrolières sur les systèmes fonciers ainsi que les facteurs de cette mutation. A cet effet, deux grandes périodes ont été observées : la période d'avant 2 000, et celle de l'ère pétrolière (après 2000). Pendant l'ère pétrolière, deux périodes sont distinguées pour mieux analyser les effets de ces activités pétrolières : la période de construction des infrastructures et celle d'exploitation, d'extension et de densification des puits. Au total, 40 villages d'enquête répartis dans 13 cantons et cinq départements (Tableau n°1), ont été retenus à l'aide d'un choix raisonné, c'est-à-dire en tenant compte du fait qu'ils sont dans la zone pétrolière (sur les champs anciens et nouveaux ou le long du tracé du pipeline) ou à l'écart des zones perturbées par les activités pétrolières (villages d'observation témoins). Ceci pour permettre, d'une part, de voir le rayon d'influence du projet pétrolier de Doba et, d'autre part, de comparer les facteurs de changement dans les pratiques foncières dans ces villages témoins avec ceux de la zone pétrolière. L'ensemble des villages choisis (tableau n°1) regroupe 42 675 habitants en 2009, répartis dans 7 621 ménages. C'est parmis ces 7 621 ménages que nous avons choisi les 400 personnes enquêtées.

Tableau n°1 : Villages et cantons d'étude par département du Logone oriental

Villages choisis	Nbre de villages	Cantons	Nbre de Cantons	Départe-ments	Nbre de Pers. enquêtées
Atan ; Bela ; Bemou ; Komé ; Mouarom ; Madana Nadpeur ; Danmadja ; Maïnani ; Bégada ;	9	Komé	3	La Nya	200
Bero2 ; Madjo ; Dildo ; Dokaïdilti ; Mbanga ;	5	Bero			
Mermeouel ; Ngalaba ; Maïnkeri ; Bendoh ; Pouteguem, Dogoï[20] ;	6	Miandoum			
Moundouli ; Maïkiro, Béguirakoel	3	Miladi	5	Monts de Lam	120
Gadjibian ; Kouloulou	2	Gadjibian			
Bembar ; Bekao II	2	Bessao			
Diba ; Lima ;	2	Mont de Lam			
Mbaïssaye ; Mbitoye I ; Mbitoye II	3	Mbaissaye			
Kagpal ; Wao ; Koudja II	3	Timberi	2	La Nyan/Pendé	40
Bémoulati[21]	1	Békan			
Gouri	1	Nankessé	2	La Pendé[22]	20
Beraba	1	Doba rural			
Kouh Mouabé ; Mogo III	2	Bédjo	1	Kouh Est[23]	20
Total	**40**		**13**	**5**	**400**

Source : Données de terrain, 2009

La lecture du tableau n°1 nous permet de savoir qu'au total, nous avons travaillé dans quarante villages répartis dans treize cantons et cinq départements du Logone oriental. Dans le département de la Nya, où est concentré l'essentiel des installations de surface, nous avons choisi vingt villages dans trois cantons, Komé, Miandoum et Béro. Dans le département des Monts de Lam qui est affecté non seulement par le forage des puits pétroliers (canton Miladi) mais aussi par les infrastructures de transport (cantons Gadjibian, Bessao, Mont de Lam, et Mbaissaye), le choix a porté sur douze villages dans cinq cantons. Le nombre élevé des villages choisis (40) s'explique, d'une part, par les différentes réalités liées aux activités pétrolières que nous voulons présenter et d'autre part, par le fait que le choix de l'échantillon obéit également à un certain nombre de critères géographiques (villages « enclavés » ou villages situés dans les champs

[20] L'appartenance cantonale de ce village est disputée entre Miandoum et Bébédjia, depuis le forage des 4 premiers puits dans cette localité qui est une zone pionnière pour les agriculteurs de Bébédjia

[21] C'est le seul village du canton Békan touché par les activités pétrolières

[22] Département non affecté directement par les installations de surface

[23] Idem

pétrolifères, villages touchés par le pipeline, les routes, etc.) et administratifs. La carte n°5 présente les villages, cantons, départements et villes d'étude par rapport aux champs pétrolifères et aux pipelines.

Cependant, nous n'avons pas perdu de vue « les cautions quantitatives auxquelles n'échappent que rarement les chercheurs en science humaine » (MAGRIN G. 2001). Ainsi, nous avons enquêté au total 400 chefs d'exploitations répartis dans les quarante villages et cinq ferricks. A l'intérieur de chaque village, nous faisons le choix des enquêtés en scindant le village en trois blocs et chaque personne enquête à l'intérieur de son bloc en moyenne trois à quatre chefs d'exploitation, hommes et femmes confondus, tout en évitant d'enquêter deux ménages voisins. Ces enquêtes ont été réalisées à l'aide des différents questionnaires que nous avons administrés aux chefs d'exploitation (cf. Annexe 2.2, p., 395). Etant donné que nous étions aidé par deux autres enquêteurs, un nombre de neuf à douze chefs d'exploitation en moyenne par village a été enquêté. Il faut souligner que, pendant l'enquête, nous avons été assistés d'enquêteurs ayant le niveau de maîtrise que nous avons recrutés. Les données ainsi collectées ont été traitées et saisies à l'aide du logiciel de gestion de la base de données Access. Les requêtes ont été faites et analysées pour la rédaction de cette thèse.

Une longue observation à l'aide des entretiens et des enquêtes auprès de la population cible

Ce travail est donc le résultat d'une longue observation réalisée suite à plusieurs missions de terrain que nous avons effectuées de 2001 à 2011, soit dans le cadre de nos mémoires de maîtrise et de DEA, soit dans le cadre de nos activités professionnelles au sein du GRAMP/TC. Cependant, les données qui ont servi directement à ce travail concernent surtout les quatre derniers séjours d'environ trois semaines chacun sur le terrain. Nous avons priorisé une approche qualitative basée sur les entretiens libres, individuels ou collectifs pour mieux apprécier les changements constatés ces dernières années.

Carte n°5 : Localisation des villages et villes échantillonnés pour l'étude

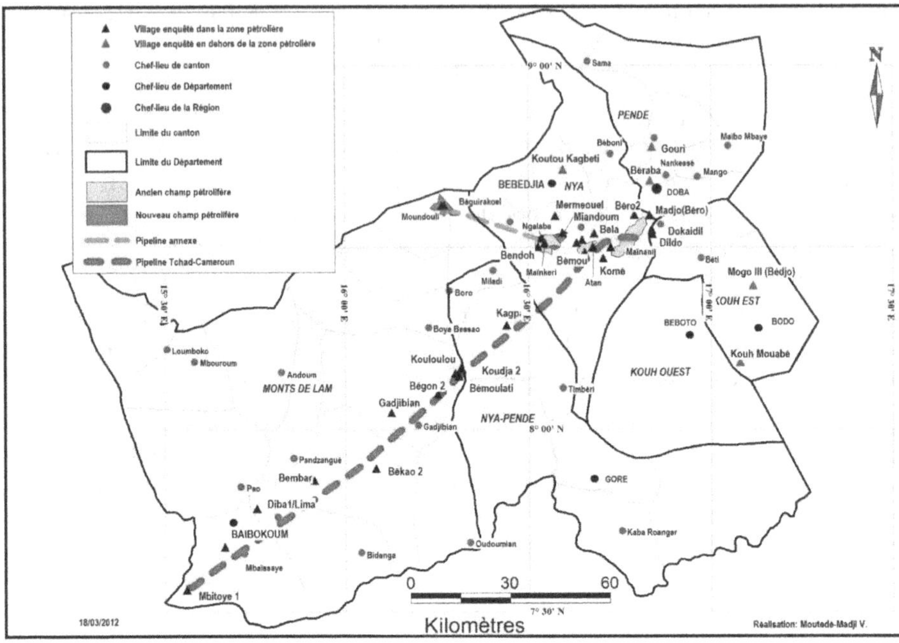

Source : Données de terrain et INSEED, 2009

La carte n°5 localise les villages et villes enquêtés pendant l'étude. Trois catégories de villages sont distinguées sur la carte : les villages des champs pétrolifères, les villages implantés le long du tracé du pipeline et les villages se trouvant en dehors de la zone pétrolière, servant de témoins.

Au total, nous avons réalisé environ 250 entretiens individuels et collectifs dans la zone d'étude auprès de la population cible (les catégories d'individus qui composent notre population d'étude). Il s'agit des leaders d'opinion, des agents fonciers, des chefs coutumiers, des responsables techniques des services déconcentrés de l'Etat et de ceux du projet pétrole, des responsables des ONG, des enseignants, des chefs religieux, etc. qui ont une bonne connaissance des problèmes que nous abordons. Ces derniers nous ont fourni des informations fiables, notamment sur l'étendue des installations de surface du projet pétrole, sur les règles qui régissent les ressources foncières et pétrolières, les effets de celles-ci sur le milieu spatio-économique. Certains disposent des documents et des statistiques qu'ils ont mis à notre disposition.

Sur le terrain, nous avons recueilli les données sur les pratiques des divers acteurs, leurs stratégies, la disponibilité des ressources foncières et les modes d'accès à celles-ci, les activités pétrolières en cours sur le terroir, les compensations individuelles, communautaires, etc. à l'aide d'un questionnaire prévu à cet effet. Les questions ont été posées aux chefs d'exploitation échantillonnés dans les villages de manière rationnelle en fonction des critères ci-dessus évoqués. Nous avons complété nos informations par des entretiens avec les acteurs et les chefs de service concernés ainsi qu'avec les recherches documentaires.

Par ailleurs, certains phénomènes (marquage des terrains, infrastructures pétrolières, les champs, etc.) ont été directement observés pendant les séjours sur le terrain. Nos observations ont été essentiellement orientées vers le milieu rural. Cependant, pour mieux apprécier les effets du projet et savoir jusqu'à quel niveau il a d'influence, nous avons également visité les villes principales de la zone pétrolière. L'utilisation d'un GPS pendant les enquêtes de terrain nous a permis de lever les coordonnées des villages d'enquête, les sites des travaux et les infrastructures pétrolières. Nos cartes ont été élaborées avec les logiciels Mapinfo après superposition des données GPS avec les fonds de cartes scannés ou téléchargés et numérisés. Le logiciel Adobe Illustrator a également servi à la conception des cartes participatives.

Des difficultés méthodologiques qui n'empêchent pas la collecte des données

Pour élaborer la carte d'occupation du sol, il est indispensable de disposer des images satellitaires à haute résolution pouvant permettre de différencier les diverses unités du paysage et l'emprise des installations pétrolières. Le meilleur moyen serait d'avoir une image satellite genre Spot de résolution spatiale 20 m. Mais les scènes SPOT coûtent cher et nous n'avons pas de moyens pour les acquérir. Comme nous ne disposons pas de ces images, l'une des solutions a consisté à relever par GPS sur le terrain les coordonnées pour réaliser une carte détaillée de l'occupation du sol. Mais là, également, la méthode de lever de terrain est coûteuse en temps et en moyens matériel et financier.

Il s'agit de relever chaque contour de chaque unité de paysage, le saisir et le reporter sur la carte. Une fiche de collecte permettant de renseigner les unités de paysage a été élaborée à cet effet. Mais comme le levé de terrain est une activité qui doit combiner divers moyens de transport, en particulier le véhicule et la marche, et étant donné que nous n'avons ni les moyens, ni le temps nécessaire, nous sommes obligé de relever les coordonnées des villages et des infrastructures remarquables sur le terrain pour fixer sur la carte et mesurer quelques plates-formes et estimer leur emprise. Nos données collectées sont complétées par des documents cartographiques existants. Ces difficultés expliquent également le fait que la carte d'occupation du sol n'est réalisée que pour les champs pétrolifères.

Une autre difficulté rencontrée pendant la collecte des données sur le terrain est liée à l'accès sur les sites des installations pétrolières. Cela nécessite une autorisation préalable du gouverneur de la région et de l'opérateur principal, Esso. D'ailleurs, même si cette autorisation est accordée, il est interdit de se rapprocher à moins de 500 m des installations.

La principale raison évoquée est d'ordre sécuritaire. Ainsi, des agents de sécurité sont positionnés à côté de chaque infrastructure pétrolière.

Traitement des données

En dépit de toutes ces difficultés, nous avons pu collecter les données sur le terrain et nous les avons croisées avec les recherches documentaires qui ont permis de rédiger cette thèse. Les entretiens enregistrés ont été transcrits et saisis à l'aide du logiciel Word. Par contre, les données d'enquête par questionnaire sont saisies dans Access, logiciel de gestion de bases de données, et extraites au fur et à mesure pour la rédaction de ce document.

Les données géographiques collectées à l'aide d'un GPS ont été transférées dans le logiciel MapInfo. Ce qui a servi à l'élaboration de nos cartes. Nous avons par ailleurs téléchargé l'image de la zone des champs pétrolifères grâce à Google Earth puis, la superposée à ces données GPS pour la conception des cartes. L'image Google Earth a donc permis d'avoir une vue globale de l'occupation du sol de notre zone d'étude et du paysage. Les illustrations ont été aussi possibles grâce à l'appareil photo numérique que nous avons acquis.

Le résultat de notre travail est organisé en trois parties comportant chacune trois chapitres.

La première partie est intitulée le Logone oriental et l'exploitation pétrolière : un mariage aux antipodes de la réalité. Le premier chapitre de cette partie présente le Logone oriental, son milieu physique qui est propice aux activités du secteur primaire. Le deuxième aborde le milieu humain et ses mutations sous l'effet des activités pétrolières. Le troisième chapitre traite des activités de production du Logone oriental qui sont dominées par l'agriculture. Il analyse ses mutations sous l'effet de l'exploitation pétrolière.

La deuxième partie est titrée Exploitation pétrolière, source d'importantes mutations spatiales. Elle traite d'abord de l'avènement du pétrole au Tchad et au Logone oriental ainsi que des acteurs de l'exploitation pétrolière. Ensuite, elle analyse, au chapitre 5, la spatialisation pétrolière et ses effets sur l'espace et les exploitations agricoles. Enfin, au chapitre 6, elle étudie les activités pétrolières qui sont sources d'importantes mutations spatiales et environnementales.

La dernière partie est intitulée : Un projet pétrolier aux impacts socio-économiques positifs limités sur le milieu rural. Elle analyse au chapitre 7 les compensations qui sont des facteurs de transformation des systèmes fonciers dans la zone pétrolière. Au chapitre 8, elle examine l'impact de l'emploi et des revenus pétroliers sur la population rurale du Logone oriental. Enfin, le chapitre 9 analyse les mutations socio-économiques des « villages enclavés » dans les champs pétrolifères.

PREMIÈRE PARTIE

LE LOGONE ORIENTAL ET L'EXPLOITATION PÉTROLIÈRE : UN MARIAGE AUX ANTIPODES DE LA RÉALITÉ

Cette partie est consacrée à l'étude du milieu physique du Logone oriental, propice au développement des activités du secteur primaire, et à l'analyse de la dynamique du milieu humain et économique de cette région avant et à l'ère pétrolière. En effet, les atouts économiques d'une localité dépendent essentiellement de ses caractéristiques orographiques, climatiques mais aussi du savoir-faire des peuples qui l'occupent. C'est pourquoi, il est important de présenter au préalable pour, toute étude géographique, le cadre physique et humain où s'insèrent les activités pétrolières.

CHAPITRE 1

Le Logone oriental : un milieu physique propice aux activités du secteur primaire

Le premier chapitre est consacré à la description du milieu physique du Logone oriental ayant accueilli le système pétrolier de Doba. Il cherche à mettre en exergue les potentialités physiques de la région ainsi que les modes d'accès aux ressources qui ont favorisé le développement des activités du secteur primaire (agriculture, pêche, chasse) et l'exploitation pétrolière. Mais, avant cela, il est nécessaire de présenter la zone soudanienne à laquelle appartient notre secteur d'étude.

1.1. PRÉSENTATION DE LA ZONE SOUDANIENNE ET DU LOGONE ORIENTAL

Située au Sud du Tchad, la zone soudanienne (carte n°6) couvre les régions administratives du Logone oriental, du Logone Occidental, du Mayo Kebbi Ouest, du Mayo Kebbi Est, de la Tandjilé Est, de la Tandjilé Ouest, du Moyen-Chari et du Mandoul. Cette zone géographique ne représente que 10% du territoire national de la République du Tchad, mais elle est peuplée d'environ la moitié de la population tchadienne qui s'élève à 11 175 915 d'habitants. Ce sous-chapitre est consacré à la présentation des potentialités naturelles et humaines de cette zone ainsi que celles de notre zone d'étude.

1.1.1. La zone soudanienne, un espace à fortes potentialités agro-pastorales

La zone soudanienne est caractérisée par des systèmes de production diversifiés, associant les cultures de céréales, de légumineuses, d'oléagineux, de tubercules et de coton à un élevage transhumant, tendant à la sédentarisation de plus en plus marquée de nos jours. Dans cette zone, le coton jouait (et continue de jouer encore dans certaines régions) un rôle important dans la stratégie traditionnelle de sécurité alimentaire des producteurs. Cette stratégie, basée sur l'utilisation des revenus issus de la vente du coton pour acquérir les denrées alimentaires et assurer certaines dépenses non alimentaires, permettant de sécuriser ces denrées, est mise à mal ces dernières années par la crise que connaît la filière cotonnière.

Avec une superficie de 127 000 km^2, la zone soudanienne héberge plus de 40% de la population tchadienne. Au recensement de 2009, cette zone compte une population de ménages ordinaires évaluée à 4 415 627 sur le total du Tchad qui est de 10 837 532 d'habitants. Avec la tendance à la sédentarisation des éleveurs venus de la zone sahélienne pour le besoin d'espace pastoral, la pression humaine sur cette entité géographique s'accroît.

Carte n°6 : Zone bioclimatique du Tchad

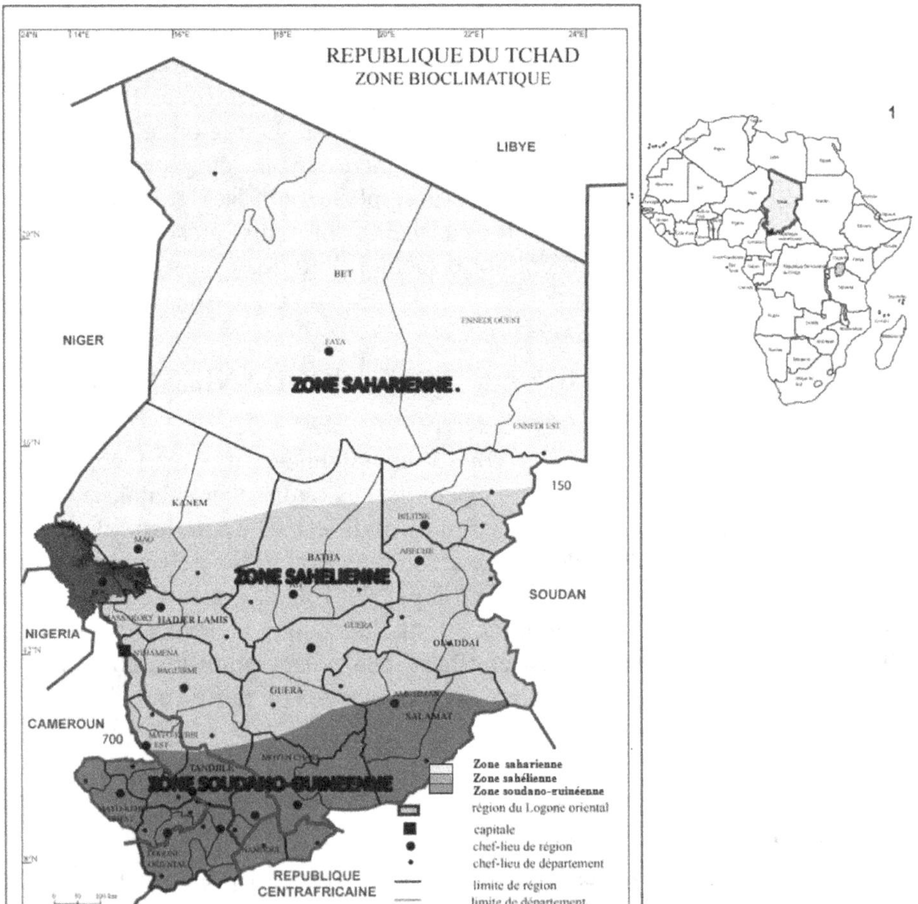

Source : CNAR, 2011

La carte n°6 présente les ressources bioclimatiques du Tchad où nous pouvons identifier, à l'extrême Sud, la zone soudanienne à l'intérieur de laquelle est situé notre secteur d'étude. En outre, la baisse de la fertilité des sols et de production du coton oblige les agriculteurs à défricher davantage et à étendre les superficies, afin d'accroître leur production. Des conflits entre les éleveurs et les agriculteurs naissent et deviennent de plus en plus forts, occasionnant parfois des dégâts humains et matériels importants.

L'agriculture et l'élevage constituent, jusqu'à un passé récent, les deux principales activités de production pour le pays en général et la zone soudanienne en particulier. Toute l'économie du pays était basée sur ces deux secteurs qui sont tributaires de la pluviosité et de divers aléas. Ces deux activités sont menées essentiellement dans la zone soudanienne qui est un espace pratiquement saturé avec une densité de population atteignant, voire dépassant, 100 hab/km^2 par endroits et des sols fragiles pouvant manifester des phénomènes de baisse de la fertilité dès la troisième année de mise en culture. En zone soudanienne, nous trouvons les sols ferralitiques et ferrugineux tropicaux à cuirasse et profonds, des sols hydromorphes, des sols rocheux et des sols d'érosion à l'Ouest dans la région de Léré et à l'extrême Sud dans la région de Baibokoum, au Logone oriental.

Cet espace présente donc des potentialités importantes en ressources naturelles, le foncier en particulier. Cette importance a permis, à l'époque coloniale, « l'expression malheureuse de Tchad utile » (MAGRIN G. 2000), employée souvent pour désigner le Sud du Tchad. Au sein d'une Afrique centrale sous-peuplée, au climat trop sec pour l'agriculture (Sahara, Sahel) ou trop humide (zone équatoriale), les savanes soudaniennes du Tchad apparaissaient comme un espace favorable à une agriculture de rente (le coton), orientée vers les besoins de la métropole.

Dans ce contexte de pays sahélien (au centre) et saharien (au Nord) caractérisé par un climat aride, la pluviométrie abondante de la zone soudanienne, comprise entre 800 et 1400 mm en moyenne du Nord au Sud dans cette zone et surtout relativement régulière, constitue un avantage considérable par rapport aux autres zones géographiques du Tchad (situées au centre et au Nord), du point de vue de l'agriculture et de l'élevage.

1.1.2. Le Logone oriental en zone soudanienne

L'une des 22 régions administratives administratives du Tchad, le Logone oriental, est localisé en zone soudanienne. Il est limité au Nord par le Logone Occidental et la Tandjilé, à l'Est par le Mandoul, à l'Ouest par la République du Cameroun et au Sud par la République centrafricaine. Il est situé entre le 7°20' et le 9°10' de latitude Nord et entre le 15°20 et 17°15 de longitude Est et s'étend sur une superficie de 28 035 km^2. La région du Logone oriental occupe 2,2% de la superficie totale du territoire national du Tchad et est scindée en six départements. Le tableau n°2 présente la répartition des sous-préfectures et départements de la région.

Tableau n°2 : Répartition des sous-préfectures par ddépartement dans le Logone oriental

Région	Départements	Sous-préfectures
Logone oriental	Pendé	Doba, Kara, Madana
	Nya	Bébedjia, Komé, Bikou, Miandoum, Beboni
	Nya-Pendé	Goré, Donia, Yamodo, Bekan
	Monts des Lam	Baïbokoum, Bessao, Baikoro, Mbitoye, Larmanaye
	Kou-Est	Bodo, Bedjio, Beti
	Kou-Ouest	Beboto, Baké, Dobiti

Source : Ministère de l'Intérieur, 2008.

Il ressort du tableau n°2 que Le Logone oriental comprend les six départements suivants : la PENDE (Doba), la NYA (Bébédjia), les MONTS de LAM (Baibokoum), la NYA-PENDE (Goré), le KOU-EST (Bodo) et KOUH-OUEST (Béboto) (Carte n°7). Doba est le chef-lieu de la région. Le Logone oriental compte 1027 villages, 42 cantons, 23 sous-préfectures répartis dans les six Départements. Les sous-préfectures sont divisées en 42 cantons. Les cantons sont scindés en villages (1027). L'administrateur principal est le gouverneur, secondé respectivement du Secrétaire général, des préfets, des sous-préfets, des chefs de canton.

La région du Logone oriental était, jusqu'en 2000, avant le démarrage des travaux pétroliers, en grande partie enclavée au cœur des savanes soudaniennes du Sud du Tchad, malgré la route en latérite la reliant à Moundou et à Sarh, situé plus vers le Sud-Est. La construction de la route Bébédjia-Komé-Mbéré et du pont sur la rivière Mbéré à la frontière camerounaise en 2000, pour le transport du matériel nécessaire aux travaux de construction et pour le contrôle du pipeline, a contribué à désenclaver la région. La ville de Doba, chef-lieu de la Région du Logone oriental, est reliée à la capitale N'Djaména par une voie bitumée, sur une distance de 500 km. Par ailleurs, le bitumage de la route Touboro (Cameroun)-Moundou en 2007, Moundou-Doba en 2009 et Doba-Koumra 2010 facilicite davantage la circulation des hommes et des biens, tant à l'intérieur qu'à l'extérieur du pays.

Carte n°7 : La Région du Logone oriental

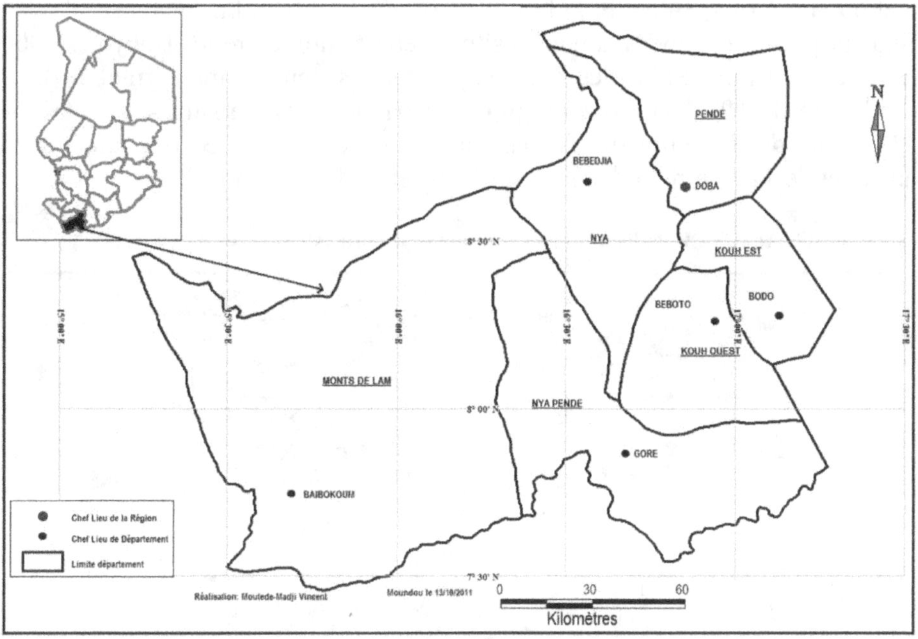

Source : Ministère de l'Intérieur, 2008

La carte n°7 présente la région du Logone oriental à travers ses départements. Pour nos analyses, nous allons considérer les anciens cantons pour le besoin de comparaison des données du recensement de 1993 avec celles de 2009.

La carte n°8 présente les cantons du Logone oriental touchés par les infrastructures pétrolières (pipeline, puits de pétrole, routes, etc.).

1.2. LE LOGONE ORIENTAL, UNE RÉGION AUX POTENTIALITÉS NATURELLES MULTIPLES

Le Logone oriental possède un climat favorable aux activités agricoles, un relief de plaine où dominent les sols ferralitiques et ferrugineux et un réseau hydrographique dense et tributaire du climat.

1.2.1. Un climat soudanien favorable aux formations végétales et au développement des activités agricoles

Selon les travaux de CABOT J. (1965), repris par MADJIGOTO R. (2007), le Logone oriental bénéficie d'un climat soudanien caractérisé par deux saisons alternées, l'une sèche et l'autre pluvieuse, avec des influences guinéennes dans le Sud et sahéliennes dans le Nord. C'est l'une des régions les plus arrosées du pays. L'analyse des moyennes pluviométriques des stations de Doba, Bébédjia, Goré et celle de Baibokoum, localisée plus au Sud sur plusieurs années, amène à situer cette région entre les isohyètes 1000 mm et 1350 mm. Selon les données contenues dans la monographie de la préfecture de 1975, la moyenne pluviométrique de Doba sur 24 ans était de 1148 mm, de Bébedjia sur 31 ans était de 1136 mm, de Baibokoum sur 25 ans était de 1293 mm et de Goré sur 8 ans était de 1342 mm.

Carte n°8 : Localisation des cantons et les infrastructures pétrolières

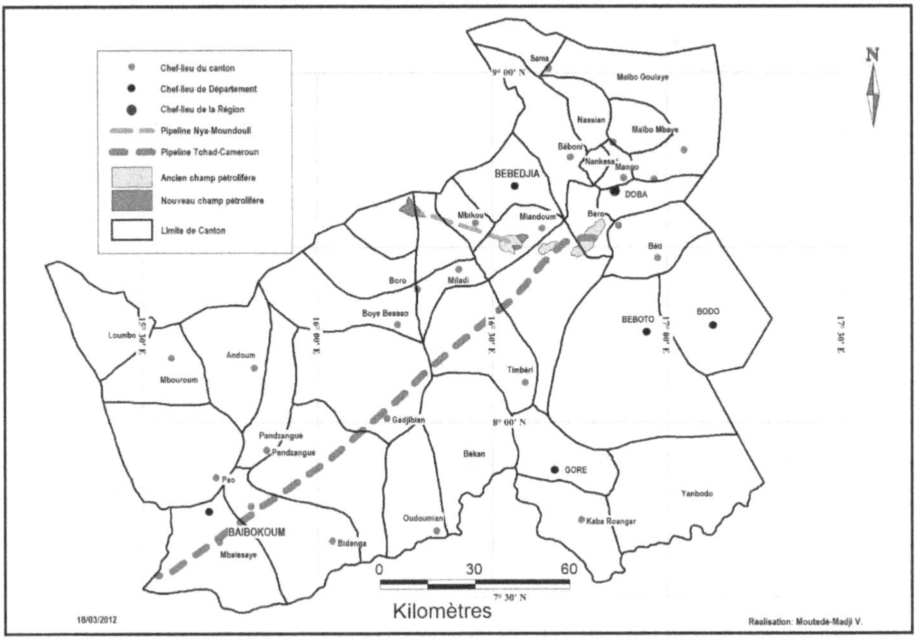

Source : GRAMP/TC, 2010

La carte n°8 localise les cantons traversés par le pipeline. Elle présente également les champs pétrolifères ainsi que les puits pétroliers du champ de Komé.

La dégradation du régime pluviométrique observée pour l'ensemble du pays depuis les années 50 et qui s'est accentuée dans les années 70 n'épargne pas cette région. L'observation de la station de Doba de ces 30 dernières années montre clairement ces tendances. Ainsi, les précipitations annuelles de Doba sont comprises entre 800 et 1400 mm comme le montre le graphique n°1. Nous constatons que les précipitations sont aussi inégalement réparties dans le temps et dans l'espace. Les variations annuelles sont fortes d'une année sur l'autre. Ainsi à Doba, il est tombé 740,1 mm de pluie en 1985, 1 005,6 mm en 1986, 1 077 mm en 1988 et 1 456,6 mm en 2009. A Bébedjia, pour les mêmes années, il est tombé respectivement 908,1 mm, 1 104,7 mm, 954,4 mm et 1 019,8 en 2009.

Par rapport à la pluviométrie, les mois les plus pluvieux sont juillet, août et septembre. A Bébedjia, ces mois concentrent 66% des précipitations de 1986 et 70% en 1988.

Graphique n°1 : Pluviométrie annuelle de la station de Doba de 1980 à 2009

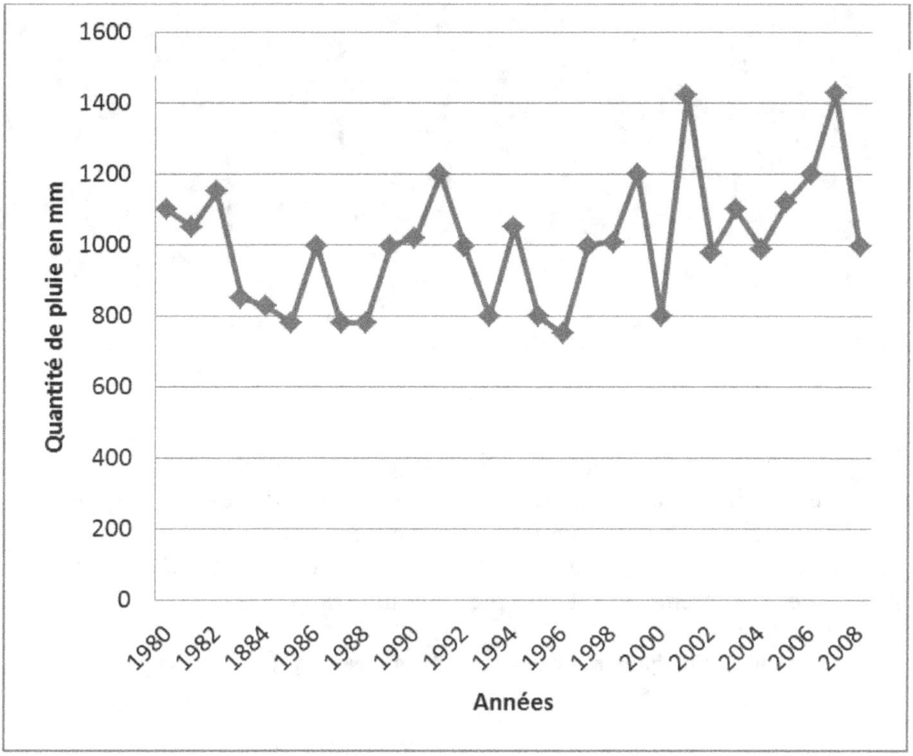

Source : ITRAD, 2009

Comme nous pouvons l'observer sur le graphique n°1, les précipitations annuelles varient globalement entre 800 et 1400 mm. Cependant, ces précipitations sont concentrées entre 900 et 1200 mm. Seule l'année 1996 a enregistré les quantités les plus faibles de la région, 738,5 mm. La saison de pluie dure 6 à 7 mois et commence en avril pour finir en octobre (Graphique n°2).

Graphique n°2 : Précipitations moyennes mensuelles de la station de Doba (1975 -2004)

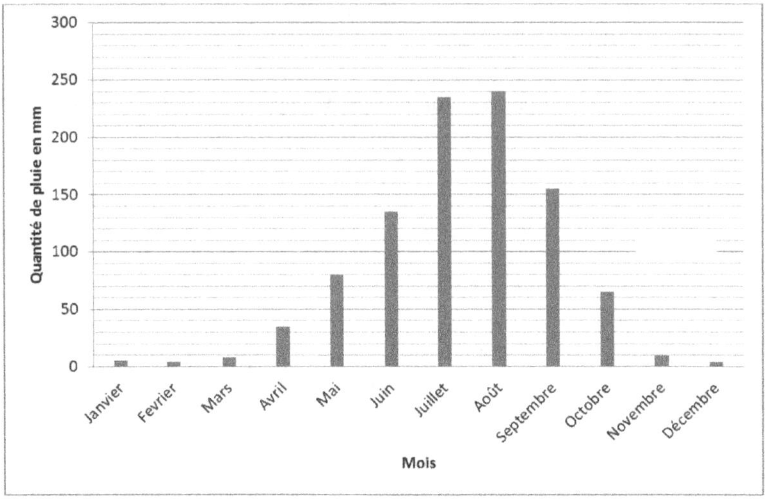

Source : DREM[24].

Le graphique n°2 montre clairement que les pluies débutent dans le secteur en avril et s'achèvent en octobre. Les mois de juillet et d'août sont les plus pluvieux. La pluviométrie décadaire permet de mieux se rendre compte de la durée des pluies qui va d'avril à octobre et de sa concentration entre juillet et septembre, avec un pic en août (graphique n°3).

Graphique n°3 : Pluviométries décadaires des années 1993, 2008 et 2009 à Bébédjia

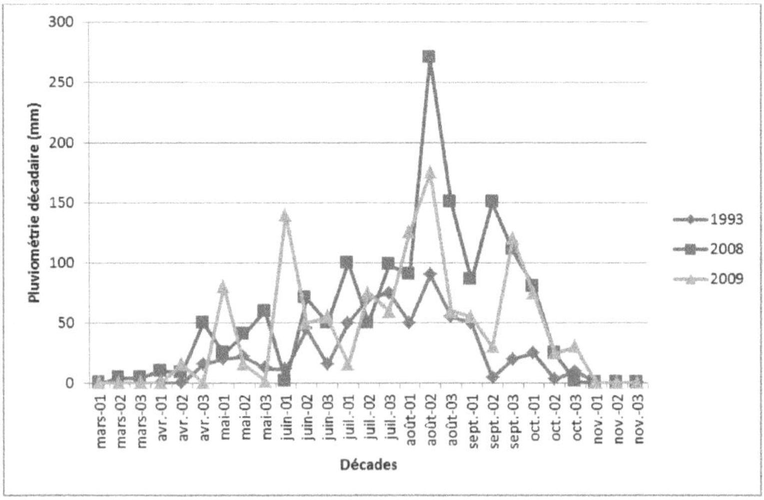

Source : ITRAD[25], 2010

[24] Direction des ressources en eau et météorologie

Le graphique n°3 présente sur l'axe des abscisses les décades et sur l'axe des ordonnées les quantités des pluies décadaires. Il ressort de ce graphique que les pluies débutent à la seconde décade d'avril. Le pic des quantités mensuelles de pluie est observé sur ce graphique en août. Les années 2008 et 2009 ont été plus pluvieuses que l'année 1993. Les pluies commencent avec l'arrivée de la mousson, une masse d'air maritime en provenance du golfe de Guinée qui pénètre au Tchad par le Logone oriental. Dans sa progression vers le Nord, en contact avec la masse d'air continentale, l'harmattan, la rencontre provoque les premières pluies en avril. Ces pluies sont d'abord irrégulières au départ puis deviennent abondantes avec le renforcement de la masse épaisse du flux de mousson. Du climat, dépend étroitement l'évolution des activités agricoles qui débutent avec l'arrivée de la mousson qui apporte les pluies dans le Logone oriental.

Le phénomène inverse débute en novembre, la masse d'air continentale, c'est-à-dire l'harmattan, s'installe dans la région du Logone oriental. C'est le début de la saison sèche. Cette masse d'air est dominante dans la région de novembre à avril. Elle dessèche l'atmosphère et provoque l'évaporation sur les terres inondées. Cette évaporation varie de 1500 mm à 2000 mm par an. La température moyenne annuelle tourne autour de 28°C. Le minima moyen mensuel varie de 16°C à 24°C entre décembre et janvier et le maxima varie de 30°C à 38°C entre mars et avril. Les amplitudes thermiques sont assez élevées. Malgré ces variations et cette répartition inégale des précipitations, le climat offre des conditions favorables au développement des activités agricoles encore dépendantes du climat et plus particulièrement des précipitations. C'est également le climat qui conditionne le développement des ressources pédologiques et même géologiques.

1.2.2. La géologie et le relief de plaine et de « Koro »

CABOT J. (1965) et MADJIGOTO R. (2007) ont décrit la région du Logone oriental comme étant une vaste plaine sédimentaire. La partie occidentale s'étendant depuis Moundou jusqu'en République centrafricaine est une fosse profonde. La fosse de Doba est la plus déprimée, puisque les sondages électroniques entrepris dans le but d'évaluer la profondeur des sédiments crétacés sous le continental terminal ont détecté le socle à 3500 m sous les sables et grés paléotchadiens, les marnes crétacées et le continental intercalaire. J. Mermillod[1] évalue ainsi les épaisseurs respectives de ces couches près de Doba :

- Continental terminal : de 0 à 700 m ;
- Marnes crétacées : de 700 à 1500 m ;
- Continental intercalaire : de 1500 à 3500 m.

---

[25] Institut tchadien de recherche agronomique pour le développement

[1] Cité par CABOT J. 1965, pp. 52-53.

La présence de pointement des grès siliceux à Bébo pouvant être rattachée au Continental Intercalaire attesterait l'existence d'un dépôt continental au-dessus d'une surface anté-Karro très développée. C'est sur la même surface peut-être déjà déformée, que la transgression de la Bénoué aurait lieu d'Ouest en Est jusqu'à la zone déprimée qui commençait à fonctionner dans la région de Doba.

La fosse de Doba est traversée en diagonale du Sud-Ouest au Nord-Est par un accident tectonique, l'accident de Bébo, qui peut être lié aux phénomènes volcaniques du Cameroun. Cet accident semble être le prolongement, sous la couverture sédimentaire tchadienne, d'un ensemble de fractures (faille de la Mbéré) auxquelles sont liées des intrusions basaltiques.

La présence de ce profond bassin sédimentaire et d'une roche piège, l'accident tectonique de Bébo, sont les deux conditions réunies pour la formation du pétrole dans le bassin. Il résulte de ces conditions géologiques d'importantes ressources minières et pétrolières en exploitation ou non à travers le Tchad (Carte n°9). Les seuls accidents de terrain que nous y trouvons (Photo n°1) sont les Monts de Lam (1 163 m), prolongement de l'Adamaoua, et les grès de Bébo. C'est une zone de bas plateaux sablo-argileux très mollement ondulés MADJIGOTO R. (2005), appelés « Koro ».

Photo n°1 : Monts de Lam, vue à l'entrée de Baibokoum

Source : Cliché Moutedé-Madji V., vue prise en avril 2009.

La photo n°1 présente un flanc des Monts de Lam vu à l'entrée de Baiboukoum. Ces monts constituent les seules parties les plus accidentées du Logone oriental où les sommets atteignent plus de 1 000 m.

Carte n°9 : Ressources minérales et pétrolières du Tchad

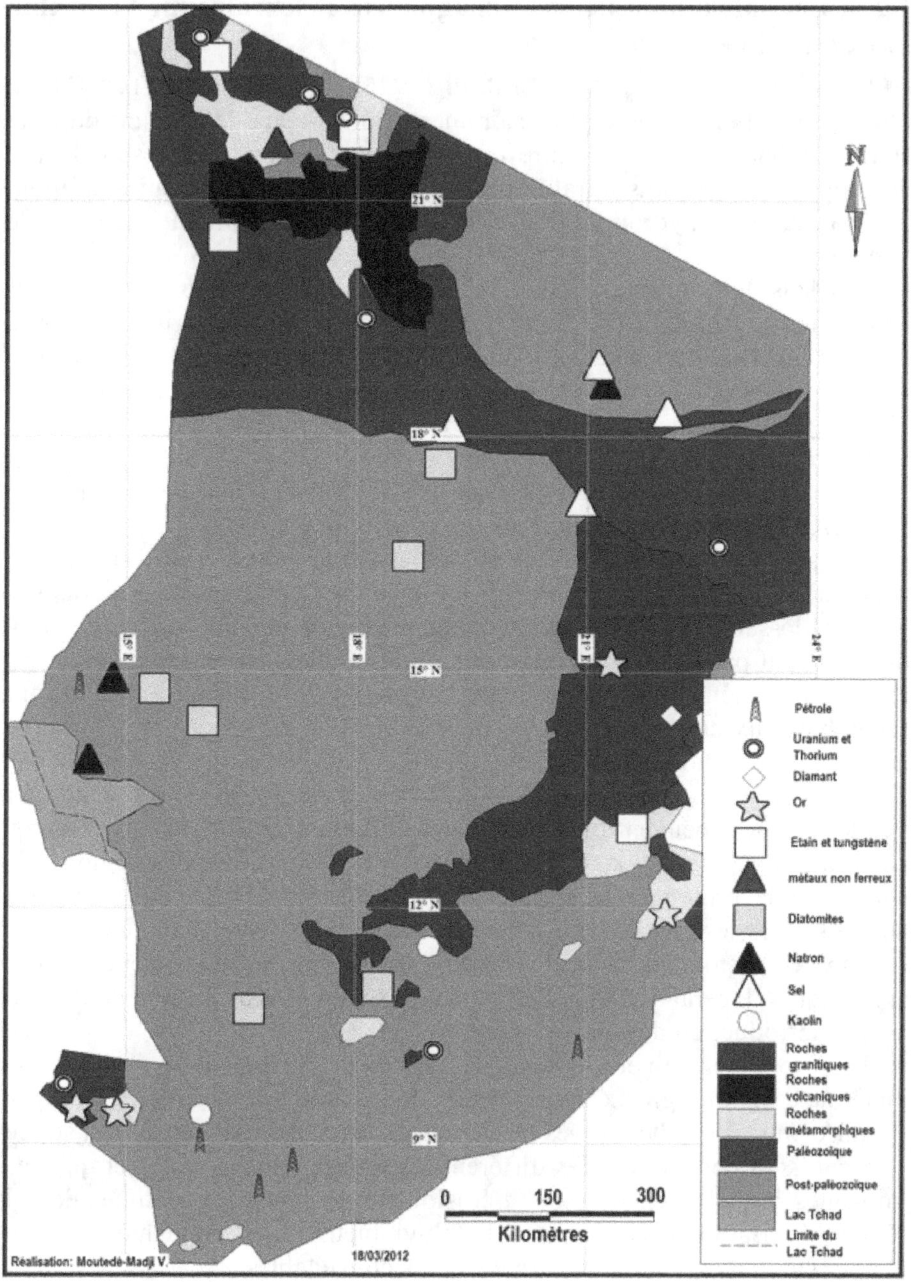

Source : Chad Mining Service, 2011.

La carte n°9 présente les ressources minières et pétrolières du Tchad. Hormis le pétrole, le Tchad dispose également de ressources minières comme le natron, l'or, l'uranium, le diamant, les diatomites, etc.

1.2.3. Les sols à dominance ferrugineuse et ferralitique favorables aux activités agricoles

Selon les travaux de BOULER P. (1975), cité par MBAITOUDJI M. (2007), pour l'ensemble de l'encadrement montagneux des bassins du Chari et du Logone, le calcul montre que 80% de la surface correspondent au développement des sols ferralitiques, 12% aux ferrugineux tropicaux, moins de 3% aux sols hydromorphes et moins de 1% à l'aire d'extension des vertisols.

Les sols ferrallitiques (43%) sont encore prédominants au niveau du continental terminal et des formations remaniées qui en dérivent, mais les sols ferrugineux tropicaux (32%) et les sols hydromorphes (21%) deviennent importants. Associés aux vertisols (25%), les sols ferrugineux tropicaux (34%) et les sols hydromorphes (29%) sont les mieux représentés sur les formations alluviales quaternaires.

Les sols du Logone oriental ont fait l'objet d'une description par MADJIGOTO R. (2007). Selon ses travaux, on distingue :

Les sols hydromorphes dans les vallées de la Pendé et du Logone. Les zones d'inondation temporaire sont le domaine des vertisols. Ces sols sont tous argilo-sableux à argileux et contiennent des nodules calcaires. Ils se différencient par leur régime hydrique selon la durée de leur inondation, par leur granulométrie et leur structure, mais ils sont riches en fertilisants favorables aux cultures de décrue ou à la riziculture. Ils ont fait, autour de Doba, l'objet d'un aménagement appelé casier C où le riz est cultivé. D'autres vallées agricoles se rencontrent autour de Goré et tout le long de la Pendé. Ces sols peuvent bien se prêter à la culture du sorgho de décrue qui permettra l'augmentation de la production céréalière dans la région. Elle permettra de prolonger la période active de la population qui se termine aussitôt après les récoltes. Le revers de cette culture sera l'empiètement sur les espaces pastoraux, cause de conflits permanents entre les éleveurs et les agriculteurs. Il serait judicieux de penser aux solutions de gestion de l'espace avant l'introduction de cette culture.

Les sols ferrugineux tropicaux lessivés faiblement dessaturés sur matériaux sablo-argileux représentent la majorité des sols et occupent l'espace entre les vallées et les parties supérieures des plateaux. C'est sur ces sols que sont concentrées les différentes exploitations agricoles et que sont implantés les villages. Les sols d'érosion sur les roches cristallines dans la région de Baïbokoum. Lorsque la pluviométrie est abondante, ces sols permettent une agriculture aux rendements convenables.

Les parties supérieures des plateaux, appelées « Koros », sont sableuses et parfois indurées en cuirasse latéritique. La région des Koros se présente sous la forme d'un plateau découpé par des vallées. L'altitude des reliefs peut dépasser 450 m et même 500 m avec un sommet à 567 m. La carte n°10 présente l'esquisse morphologique et les potentialités des sols.

Carte n°10 : Esquisse morphologique et potentialités des sols du Logone oriental

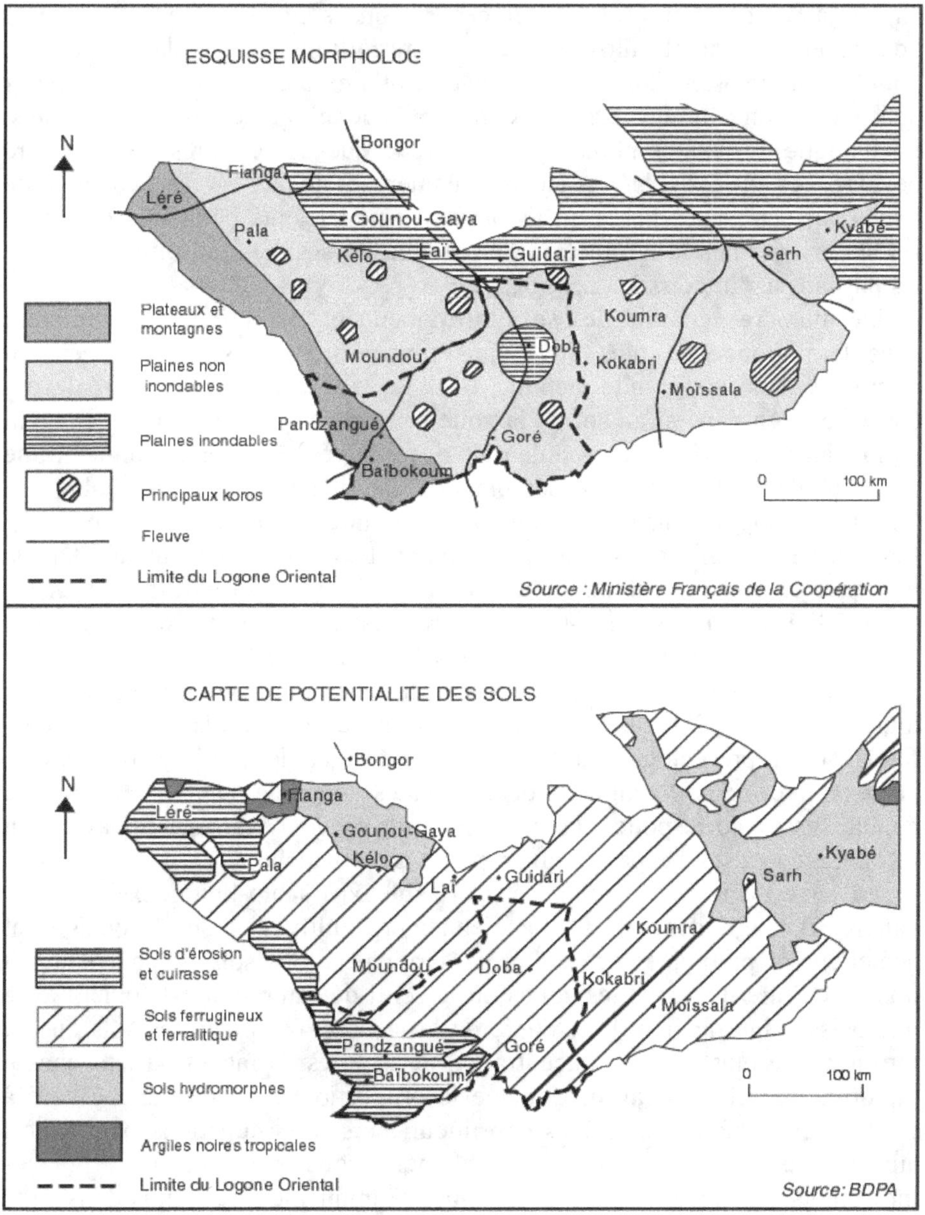

Source : BDPA.

La carte n°10 montre l'esquisse morphologique et les potentialités des sols du Logone oriental en zone soudanienne du Tchad. A la lecture de cette carte, ressort clairement la dominance des sols ferrugineux et ferralitiques dans le Logone oriental.

Les Koros sont séparés par des cours d'eau permanents situés entre 100 et 150 mètres en contre bas. Leur réserve chimique est faible et, faute de matière organique pouvant servir de colloïde, ils sont sans structure. La nappe phréatique est profonde et ces régions sont demeurées longtemps boisées et faiblement cultivées. Les sols ferrallitiques issus de ces régions ont été élaborés sans doute sous climat très humide et sous couvert forestier dense, riche en pâturage. Ceci les expose à la concurrence des deux activités. Le manque de nappes phréatiques empêche que des cultures puissent être développées sur ces sols. Les éleveurs également ne passent pas beaucoup de temps sur cet espace parce qu'ils doivent amener leurs bêtes très loin pour les abreuver. Mais la diminution de potentialité des sols ferralitiques oblige les paysans à s'intéresser à ces sols.

De manière générale, les sols ferrugineux et ferralitiques prédominent dans la région avec plus 80% mais plusieurs variétés de sols peuvent s'observer sur une grande étendue. Malgré cette classification globale qui correspond en général au sol de la zone soudanienne, les variations existent au niveau local. Ainsi, les populations des villages enquêtés distinguent une diversité des sols. Dans l'ensemble de ces villages ayant fait l'objet de l'étude, les populations locales ont une très bonne connaissance de leurs sols. Leur classification est basée sur les éléments texturaux et la couleur. Dans la pratique, la couleur est un indicateur du type (textural) de sol et de sa potentialité. Ainsi, distingue-t-on : la terre blanche ; la terre rouge ; la terre noire ; l'argile ; la terre de bas-fond ; le sable et la cuirasse.

Au cours de nos observations sur le terrain, nous avons remarqué que toutes ces terres, à l'exception de l'argile et de la terre blanche et de bas-fonds, sont représentées dans tous les villages d'étude. A Mogo III (Bédjo), par exemple, nous distinguons deux grandes zones de sols : « Manga » ou « nang kassi » correspond à la zone des terres rouges. Alors que « Kawa » ou « Nang Nda » est un espace couvert par la terre blanche.

La terre blanche correspond au sol sableux à sablo-limoneux lessivé et pauvre. Il s'agit des sols très anciennement cultivés et sur lesquels sont actuellement pratiquées des cultures marginales. Ces sols ne sont souvent mis en culture que dans les zones où le seuil de saturation est franchi avec une baisse significative de la durée de la jachère. C'est sur ces sols que se retrouve une plus grande concentration de galeries de rats et où leur chasse est organisée en mars/avril. Lorsque la proportion de terre blanche tend à croître, les populations locales expriment leurs préoccupations par rapport aux possibilités de survie. L'ensablement constitue avec le striga les indicateurs de pauvreté des sols les plus communément reconnus dans cette zone.

La terre rouge au sol ferralitique profond est favorable au développement des cultures intermédiaires comme le pénicillaire et le niébé. Dans certains cas, des cultures stratégiques comme l'arachide, le manioc et le coton y sont pratiquées. A Kouh Mouabé et à Komé par exemple, nous observons essentiellement ces terres rouges. Les zones d'affleurement de cuirasse sont appelées « cuirasses » dans la classification locale des sols. Ce sont des terres abandonnées avec une végétation constituée essentiellement de graminées à cycle court et de quelques rares arbustes.

La terre noire correspond au sol limoneux, le plus souvent ayant une teneur relativement élevée en matière organique. C'est sur ce type de sol que se développent en priorité les cultures stratégiques. Ces types de sols ne sont presque jamais attribués aux allochtones contrairement à la terre blanche et à la terre rouge. Cependant, ces sols peuvent être loués de nos jours par des personnes qui ont de l'argent.

L'argile correspond au sol lourd, argileux à argilo-sableux sur lequel se développe la culture de sorgho, de berbéré ou dans certains cas du riz et du coton. Ce sont des sols réputés être de bonne potentialité mais difficiles à travailler lorsqu'ils sont mouillés.

La terre de bas-fond correspond aux sols argilo-limoneux à limoneux du bas de toposéquence en zone d'inondation. Le dépôt de sédiments entraînés par les eaux de ruissellement sur ces sols en fait une zone souvent très fertile où se développent le maraîchage et la culture du riz. Ces sols qui restent le plus longtemps humides du fait de la faible profondeur de la nappe constituent le pôle d'attraction des éleveurs et, de ce fait, sont fréquemment sujets de dispute entre les deux communautés. C'est précisément la situation actuelle de la vallée du Mandoul.

En dehors de la terre de bas-fond, la plupart des terres identifiées dans la zone manifestent des baisses rapides de fertilité après leur mise en culture. D'après les populations rencontrées, cette baisse de fertilité les oblige à laisser les parcelles au repos après trois à quatre années de culture. La durée de mise en culture est encore plus faible (2 à 3 ans) lorsqu'il s'agit d'une terre laissée en jachère. Cette situation est très importante et doit être prise en compte dans l'appréciation des réserves de terres disponibles dans chaque village.

L'installation des villages de plus en plus nombreux dans cette zone et la déforestation accélérée augmentent la menace d'une érosion de ces sols fragilisés par le raccourcissement constant de la durée de jachère sous l'effet de la pression démographique. En raison de leur structure, les sols de la région se dégradent rapidement.

Il faut noter qu'en dehors des zones des « Koros », où la pression démographique ancienne a conduit à l'épuisement des sols sableux et à l'appauvrissement de la végétation, les terres sont relativement fertiles et les ressources végétales de la savane arborée diversifiées. Ces sols du Logone sont propices à l'agriculture sous pluies. Cependant, leurs structures sablo-argileuses les prédestinent au lessivage et à l'érosion pluviale et éolienne s'ils ne sont pas protégés par une couverture végétale dense. C'est ce qui se remarque dans les zones de culture de coton où les coupes rases des ligneux occasionnent, dans les zones densément peuplées, des zones occupées de plus en plus par du sable. Pour s'en rendre compte, il suffit de se promener sur des anciennes routes qui mènent aux champs ou dans des jeunes jachères autour des villages. Nous pouvons parler d'un phénomène de sahélisation autour des grandes agglomérations comme Bébédjia, Doba, Miandoum, Bodo où la destruction des ressources végétales est accélérée. Cette tendance à l'appauvrissement des sols s'observe aussi autour des gros villages et est à l'origine de la migration des jeunes vers des fronts pionniers situés plus vers le Sud-Ouest du Logone oriental. La fertilité de ces sols est étroitement liée à la quantité de matière organique issue du couvert végétal. Au risque de se retrouver avec des sols incultes, il est impérieux de pratiquer l'agroforesterie en utilisant les légumineuses fixatrices d'azote pour la fertilisation de ces sols. Au mieux, il serait préférable d'utiliser les déjections animales pour restaurer ces sols, bien desservis par un réseau hydrographique dense.

1.2.4. Un réseau hydrographique dense, soumis aux aléas climatiques et menacé par les activités pétrolières

Les ressources en eau de surface sont importantes dans la région du Logone oriental, à travers le dense réseau des cours d'eau (appelés « Kou » et « Nya » en Ngambaye) du bassin du Logone et ses plaines inondables en aval (Carte n°11). Notre zone d'étude se trouve en grande partie dans l'interfleuve constitué par le Logone Occidental et le Logone oriental (ou la Pendé), globalement situé au Sud-Est et à l'Est de la ville de Moundou.

Carte n°11 : Le réseau hydrographique du Logone oriental

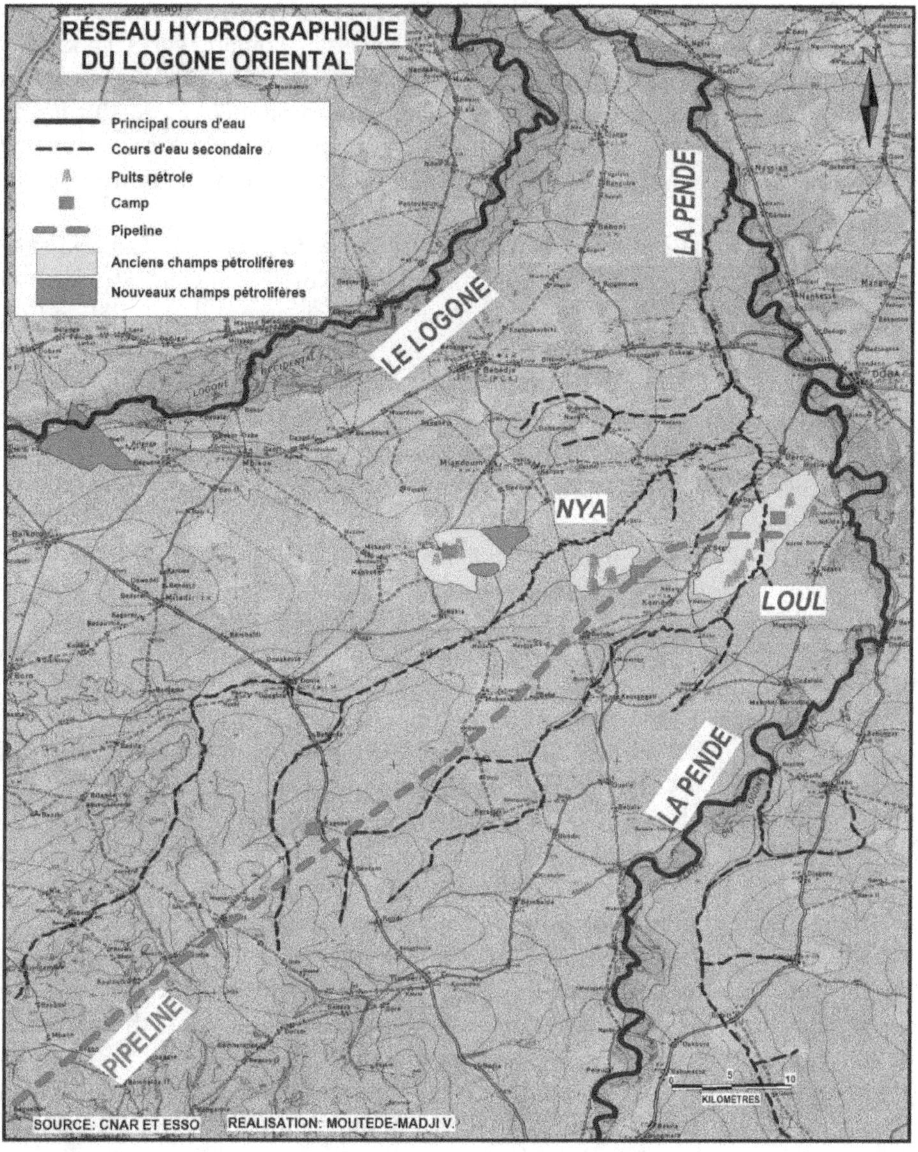

Source : CABOT J. 1965.

Comme nous pouvons le lire sur la carte n°11, la région du Logone oriental est desservie par deux principaux cours d'eau et leurs affluents : le Logone et la Pendé.

Le Logone, long de 1000 km, est formé par la réunion de la Vina (prenant sa source dans le massif de l'Adamaoua au Cameroun à 1 435 m d'altitude) et de la M'Béré, alimentée par le N'Gou (principal affluent de la rive droite de la M'Béré). A partir de la confluence des sources à 10 km en amont de

Baibokoum, le Logone entre en territoire tchadien dans la région du Logone oriental en recevant sur sa rive droite à 15 km, son premier affluent la Lim. Le dernier affluent de la rive gauche est la Nya, coulant sur 104 km en provenance de la frontière camerounaise pour se jeter dans le Logone à mi-chemin entre Pandzangué et Moundou. Son apport annuel est de l'ordre de 800 millions de m^3. Le second cours d'eau important est la Pendé, appelée aussi le Logone oriental, d'où on tire l'origine du nom de notre secteur d'étude.

La Pendé est issue des monts Yadé, est grossie de la Nya, la Bakassi et la Loul. Elle coule sur une distance de 436 km du Nord de la Centrafrique à la confluence avec le Logone à une trentaine de km en amont de la ville de Laï, située au Nord de notre secteur d'étude. La Nya et la Loul drainent l'espace concerné par les champs pétrolifères de Doba et la Pendé détermine la limite Ouest du champ pétrolifère de Komé. La Lim, rivière située dans le département des Monts de Lam, a été traversée par le pipeline.

La région des « Koros » en général possède une nappe phréatique recelée principalement dans les formations du continental terminal. Cette nappe est drainée dans les fonds de vallées par les cours d'eau. Il s'ensuit que la profondeur de la surface est minimale (moins de 10 mètres) dans les plaines alluviales et qu'elle augmente quand on s'éloigne des vallées pour aller vers le sommet des Koros. Les ouvrages peuvent alors dépasser 60 et même 80 mètres de profondeur.

Ces différents cours d'eau de la région créent des possibilités pastorales qui attirent chaque année de nombreux troupeaux des pasteurs qui se sont sédentarisés dans les champs pétrolifères et le long du tracé du pipeline. Par ailleurs, ces cours d'eau déversent annuellement leurs eaux dans la plaine de la Nya-Pendé et permettent ainsi le renouvellement des aptitudes agricoles des sols. Dans les bas-fonds inondables de ces cours d'eau, les populations riveraines les exploitent pour la culture du riz, comme le cas de la Nya-Mboh.

Vu l'importance de ces cours d'eau pour les activités agropastorales, il est important de les protéger contre les risques de pollution divers, étant donné que ces cours d'eau sont concentrés dans les champs pétrolifères et communiquent avec l'ensemble du réseau hydrographique du Sud du Tchad. Un cas de déversement du brut dans ces eaux risque d'affecter l'ensemble des cours d'eau du Sud du Tchad.

Par ailleurs, il faut noter que le développement des activités pétrolières, avec son corrollaire la construction des infrastructures routières et le prélèvement des eaux, rend difficile le drainage des eaux. En effet, la pose de petites buses empêche un écoulement normal des eaux. Conséquence, les eaux stagnent pendant toute l'année par endroits. Elles seraient à l'origine de la mort des espèces ligneuses, en particulier les *Daniella Oliveri*, dans les bas-fonds de la Nya (photo n°2). Le périssement des arbres dans la vallée de la Nya pourrait aussi s'expliquer par la pollution des eaux comme le laisse entendre la population locale. Mais, à notre avis, une étude approfondie nous aidera à mieux comprendre la cause du périssement des arbres sur une quinzaine de km.

Photo n°2 : Engorgement et mort systématique des arbres dans la Nya

Source Cliché Moutedé-Madji V., vue prise en décembre 2010.

La photo n°2 présente des arbres de la vallée de la Nya qui périssent sur environ 20 km, sous l'effet de l'exploitation pétrolière.

1.2.5. Une formation végétale de savane et de forêt

La région du Logone oriental est située dans la zone soudanienne avec une pluviométrie annuelle variant entre 800 et 1200 mm. Elle est marquée par un paysage de savanes arborées et de forêts claires avec certaines zones inondées en saison des pluies. La végétation est abondante et variée. Des inventaires, effectués en 2006 par l'équipe du GRAMP/TC[26] dans quelques villages situés dans les champs pétrolifères de Miandoum et Komé, donnent des informations précieuses sur les ressources végétales. Les mensurations ont été effectuées sur des sujets de plus de 10 cm de diamètre. Il ressort de cette étude que, dans la savane, la composition floristique est riche, donnant

[26] Un inventaire des ressources dans les nouveaux bassins pétrolifères a été réalisé par le GRAMP/TC en 2006 et 2007 et a fait l'objet d'une publication qu'il faut consulter pour plus d'informations.

une forte densité d'arbres alors que, dans les champs ou dans les jachères, elle est moins riche et ne renferme en général que des arbres fruitiers sauvages, en l'occurrence *Vitellaria paradoxa*, *Prosopis africana* et *Parkia biglobosa, Detarium microcarpum.* Ces arbres protégés par la population jouent un rôle très important dans le régime alimentaire de cette dernière. Dans l'ensemble des villages enquêtés, la cueillette est pratiquée. Ces nombreuses espèces fruitières sauvages servent d'appoints alimentaires aux populations, surtout en période de disette ou de soudure. La même étude estime les productions de quelques espèces d'arbres fruitiers naturels et domestiques comme suit :

- *Vitellaria paradoxa (*Karité*) :* 4,5 à 10 sacs de noix/ arbre/ an ;
- *Parkia biglobosa (Néré)* : 1 à 5,5 sacs de graines / arbre/ an ;
- *Tetrapleura andongensis (Men)*: 2,5 à 4,5 sacs de graines / arbre / an ;
- *Detarium microcarpum* (*Kutu)*: 2 sacs de fruits / arbre / an ;
- *Mangifera Indica* (Manguier) : 10 à 30 sacs de fruits/ arbre / an ;
- *Citrus Lemon* (Citronnier) : 2 à 8 sacs de fruits/ arbre/ an ;
- *Psidium Goyava* (Goyavier) : 2 à 3 sacs de fruits/ arbre/ an ;
- Pamplemoussier : 3 à 8 sacs de fruits / arbre/ an.

Dans l'extrême Sud existe une forêt claire à légumineuses et combrétacées dominantes sur sols ferralitiques rouges. Les savanes boisées à légumineuses dominantes et combrétacées occupent les sols ferrugineux. La savane, présente dans le Logone oriental, peut être qualifiée de savane arborée forestière du fait de l'aspect forestier de certains arbres. Cependant, cette savane boisée est soit mise en culture, soit occupée par les installations pétrolières (Photo n°3). La savane herbeuse n'occupe que les plaines inondables des fleuves et rivières. Les espèces les plus fréquentes sont : *Daniella olivieri, Butyrospermum parkii, Parkia biglobosa, Prosopis africana, Burkea africana, Isoberlinia doka, Khaya senegalensis, Anogeissus leiocarpus, Afrormosia laxiflora, Erythropheum sp.* Le sous-bois est bien fourni et constitué d'arbustes comme *Anona senegalensis, Bauhenia reticulata* (qui se présentent sous forme de grands arbres en certains endroits), *Bridelia ferrugina, Combretum* sp. *Gardenia* sp., *Grewia mollis, Guieria senegalensis Hymenocardia acida, Poupartia birrea, Parinari, Securidaca longipedonculata, Strychnos* sp., *Terminalia.* La strate herbacée est constituée habituellement d'*Andropogon* et d'*Hyparrhenia* qui dominent.

Photo n°3 : Une savane boisée, occupée par les exploitations agricoles et pétrolières

Source : Cliché MOUTEDE-MADJI V., vue prise en 2010.

La photo n°3 présente un espace de savane boisée (en arrière-plan), occupé par une exploitation agricole et une tête de puits qui se disputent l'espace.

Le Logone oriental renferme donc toutes les espèces des zones de savanes. Mais les peuplements homogènes sont assez rares vers ses parties Nord et Est à cause de la forte poussée démographique et des pratiques généralisées de l'agriculture itinérante. Cependant, nous notons l'existence de quelques galeries forestières luxuriantes avec un potentiel biologique très varié. A l'extrême Sud de la région, dans les cantons Timbéri, Yabodo, Békan et Béboto, nous rencontrons encore des espaces forestiers peu perturbés mais qui attirent de plus en plus des populations de la partie Nord de la région du Logone oriental. Ces espaces constituent des fronts pionniers pour les agriculteurs en quête de nouvelles terres. La croissance des villes de la zone exerce des pressions croissantes sur l'environnement, notamment sur les ressources ligneuses, pour l'approvisionnement des citadins en bois, source d'énergie et matériau de construction. Ces pressions sont amplifiées par la construction des nouveaux axes goudronnés (N'Djaména-Moundou-Doba, et Moundou-Ngaoundéré) ainsi que des routes latéritiques construites essentiellement pour le projet d'exportation tchadien. C'est le cas de la route Bébédja- Komé-Mbéré à la frontière centrafricano-camerounaise, construite en 2000 et qui traverse du Nord au Sud le Logone oriental.

1.3. IMPORTANCE DES RESSOURCES NATURELLES DANS LA VIE DES POPULATIONS

Au Tchad en général, et plus particulièrement dans le Logone oriental, les ressources naturelles jouent un rôle très important dans la vie des populations. C'est pourquoi, certains arbres sont protégés. Des arbres comme le néré, le karité et le tamarinier jouent un rôle important dans le complément alimentaire de la population, en particulier pendant les périodes de soudure. Ils sont même des sources de revenus de certaines catégories de la population. A cet effet, ils sont protégés contre les exploitations agricoles et pétrolières.

1.3.1. Le rôle des ressources naturelles dans la vie de la population du Logone oriental

La flore de notre secteur d'étude se caractérise par son extrême richesse et sa très grande diversité. Elle recèle plusieurs dizaines de milliers d'espèces végétales dont l'intérêt pour la population et plus généralement pour l'écosystème est manifeste. Outre l'équilibre écologique, la forêt offre à l'homme des ressources naturelles pour le présent et pour l'avenir. Les populations qui vivent dans ce milieu ont su exploiter ces ressources avec une sagesse intuitive et empirique remarquable pendant de très longs siècles. La forêt est traditionnellement perçue comme un lieu sacré, imprégné de mystères et de forces dont il convient de respecter scrupuleusement l'harmonie et l'équilibre internes à tout moment.

Les rapports que les peuples entretiennent avec ce milieu sont multiples et complexes et des plantes étaient d'une nécessité absolue. Il fallait, en outre, apprendre à se protéger des forces et êtres surnaturels qui, selon les croyances locales, peuplent les végétaux, les rivières et les ruisseaux, les chutes et autres lieux spécifiques. Toute exploitation sauvage d'un tel environnement était, dans une perspective culturelle traditionnelle du moins, simplement impensable parce que contraire à la nature des choses. Lorsque l'homme était amené à entrer dans ce lieu pour chasser ou pêcher, pour cultiver ou encore pour cueillir quelques feuilles censées soigner ses maux, il était tenu d'accomplir des gestes rituels afin d'apaiser les esprits et les génies du lieu. Ces actes étaient l'expression d'une déférence profonde à l'égard de cet univers qui le transcendait et lui offrait ses richesses. C'est ainsi qu'au fil des siècles s'est constitué, grâce à l'interaction intensive entre les Africains et la forêt, un savoir empirique immense du milieu forestier. Ce savoir concerne bien évidemment les repères physiques, les changements dus aux variations saisonnières mais aussi tout ce que la forêt offre d'utilisable (fruits, feuilles, écorces, racines, sèves, bois, etc.) ainsi que l'exploitation de tous ces éléments pour l'alimentation, la médecine, les pratiques rituelles, la chasse et la pêche, la construction des cases et la fabrication d'objets, et bien d'autres domaines encore. Il nécessite un long apprentissage.

Ainsi, la vie de l'homme du Logone oriental est intimement liée à l'exploitation des ressources naturelles. La destruction de l'environnement n'est pas sans conséquence sur ces ressources et la culture de la société. La culture est définie par BURNETT E. T. (1871), cité par Madjigoto (2007), comme « *ce tout complexe qui englobe les connaissances, les croyances, l'art, la morale, la loi, la tradition et toutes autres dispositions et habitudes acquises par l'homme en tant que membre d'une société* ». La culture est ici envisagée comme regroupant tous les traits humains qui peuvent être transmis socialement et mentalement. Dans les sociétés traditionnelles, la distinction entre le sacré et le profane s'abolit. Toute activité sociale ou économique est soumise à un rite. Pour l'homme du Logone oriental, Dieu vit en chaque être. Au centre de la religion se trouve le concept de force vitale, d'énergie universelle autour de laquelle s'ordonnent toute pensée et toute vie. Le Logonais s'est ainsi créé une image explicative du monde à partir de son univers écrasé par les forces naturelles. La nature s'exprime à travers les forces qui l'animent. Il existe un lien étroit entre l'Homme et la nature qui participent à la même force vitale. L'Homme est tout à la fois intégré dans la nature et écrasé par elle.

1.3.2. Les arbres fruitiers sauvages, une ressource protégée dans le Logone oriental

La flore de la région reste mal connue et les études portant sur l'importance des arbres dans le système agricole au Tchad sont très rares et anciennes. Sont prévues comme les plus importantes, commercialisables, les quatre espèces suivantes :

- *Parkia biglobosa (*néré)*;*
- *Vitellaria paradoxa (*karité)*;*
- *Tamarindus indica (*tamarinier)*;*
- *Borassus aethiopum* (rônier).

  A ces arbres, il faut ajouter : *Cordia africana* « *kaja* » *; Tetrapleura andongensis* « *Mèn* »; *Prosopis africana* « *Sam* »*; Lophira lanceolata* « *Koyo* »*; Detarium microcarpum*« *Kutu* ».
- Parmi tous ces arbres, le *Parkia biglobosa (*néré)*,* (photo n°4) et le *Vitellaria paradoxa (*karité)*;* sont les mieux connus avec des descriptions des rendements, analyses des produits, etc. Pour les autres, les données sont beaucoup plus difficiles à trouver.

Photo n°4 : Les arbres à néré protégés par les exploitations agricoles et pétrolières

Source : Cliché MOUTEDE-MADJI V., vue prise en décembre 2010.

Dans le langage populaire tchadien, certaines plantes indigènes telles que le karité, le néré, sont qualifiées de « sauvages », contrairement aux citronniers, goyaviers, etc. préparés en pépinière par leurs propriétaires. Cela n'est pas une terminologie exacte, parce qu'il y a une catégorie d'arbres sur le terroir du village avec des propriétaires au niveau du foyer ou individuel. Ces propriétaires font des investissements de travail, surtout en les protégeant du feu ou en émondant les branches pour encourager la production de fruits. Ces pratiques sont nettement différentes pour les arbres en dehors des fermes qui sont exploitées par n'importe qui et qui ne sont pas protégées du tout. Cependant, appartenir à un individu est une condition nécessaire mais insuffisante, puisque tous les arbres d'exploitation entrent dans cette catégorie. Le nombre d'arbres à fruits comestibles est grand. Pour qu'ils entrent dans le champ de compensation, ils doivent de plus entrer dans le commerce à longue distance, et les gens doivent investir en transformant les produits et en estimant les rendements, poids ou volumes des exportations. Tels arbres seront nommés, protégés ; cette définition sera utilisée dans ce rapport, pour les distinguer des autres arbres fruitiers de la brousse.

Il faut souligner que la distinction entre 'arbre fruitier' et 'arbre utile' est très fine. Le caïlcédrat, par exemple, produit des fruits non comestibles. Mais ceux-ci sont recherchés à cause de leur huile très importante dans les préparations médicales. En même temps, l'arbre sauvage d'une région devient arbre protégé ailleurs. Le *Detarium microcarpum*, qui entre dans le commerce autour de Mbaibokoum, n'a rien de spécial autour de Doba. D'une part, nous trouvons des différences entre arbre rentable et arbre à fruits comestibles ; d'autre part, tous les arbres ont une valeur mais sans produire des profits exceptionnels. A l'Ouest de Mbaibokoum, les fruits de

Detarium microcarpum sont vendus en petits tas pour cinquante F CFA sans distinction d'espèce mais la cueillette se fait un peu au hasard. En principe, la compensation pour les propriétaires individuels doit être versée, seulement là où les arbres sont protégés dans le but de la commercialisation des fruits.

Comme nous venons de le démontrer, le Logone oriental dispose de potentialités naturelles importantes allant des sols plus ou moins fertiles, mais qui restent encore disponibles selon les endroits ; des formations géologiques caractéristiques des bassins pétrolifères et miniers ; des précipitations qui favorisent le développement de la formation végétale de savane et de forêt, a un réseau hydrographique dense, facteur attractif des éleveurs transhumants qui y trouvent le pâturage en toute saison. L'importance de ces ressources naturelles justifie la multiplication des activités agricoles et pétrolières qui se marient aux antipodes de la réalité. Les activités pétrolières sont source d'accroissement de la population et d'exploitation des ressources naturelles, moyens d'existences durables de la population humaine et animale devenue de plus en plus nombreuse.

CHAPITRE 2

Un milieu humain dynamique sous l'effet des activités pétrolières

Le deuxième chapitre cherche à analyser les caractéristiques démographiques de la population, sa répartition dans le temps et dans l'espace et tente d'identifier les facteurs explicatifs des densités de la population et son évolution à l'ère pétrolière. Il aborde également le contexte historique et les groupes ethniques de la population du secteur d'étude. Enfin, le chapitre traite de l'organisation administrative et de la dynamique migratoire de la population du Logone oriental.

2.1. LES CARACTÉRISTIQUES DÉMOGRAPHIQUES DU LOGONE ORIENTAL

Le Logone oriental est caractérisé par l'importance de sa population par rapport aux autres régions du Tchad, la répartition inégale de cette population dans le temps et dans l'espace géographique et la croissance rapide de celle-ci sous l'effet de l'exploitation pétrolière et la jeunesse de cette population plus ou moins homogène. Ce sous-chapitre traite des indicateurs démographiques du Logone oriental, par rapport à ceux des autres régions du Tchad, pour montrer son importance démographique.

2.1.1. Le poids démographique du Logone oriental par rapport à la population nationale

Les données du Recensement général de la population et de l'habitat (RGPH1) de 1993 et celles de 2009 permettent une bonne analyse de la population tchadienne. En 1993, la population tchadienne a été dénombrée à 6,28 millions d'habitants avec un taux d'accroissement naturel de 2,5% l'an. Les résultats provisoires du RGPH2 (2009) ont évalué l'effectif de la population à 11 175 915 d'habitants dont 5 509 522 d'hommes (49,3 %) et 5 666 393 de femmes (50,7 %). Cette population est essentiellement sédentaire, 10 788 100 (96,5 %). Les nomades sont dénombrés à 387 815 personnes, soit 3,5 %. Elle comprend également 291 233 réfugiés venant des pays voisins et vivant généralement dans des camps. La population est majoritairement rurale, puisque représentant 78% de la population totale du pays. La population urbaine (vivant dans les chefs-lieux des départements et à N'Djaména) est de 2 423 048 d'habitants et représente environ 22 %. Quant à la densité de population, elle est ainsi passée de 4,9 habitants au km² en 1993 à 8,7 hab. /km² en 2009.

Le Logone oriental a un poids démographique remarquable. Selon les résultats du dernier recensement, notre zone d'étude est la première région administrative la plus peuplée, en dehors de la ville de N'Djaména (Carte n°12). Sur une population tchadienne évaluée à 11 175 915 en 2009, le Logone oriental compte 796 453 soit 7,12% de la population totale.

Carte n°12 : Répartition de la population tchadienne en 2009

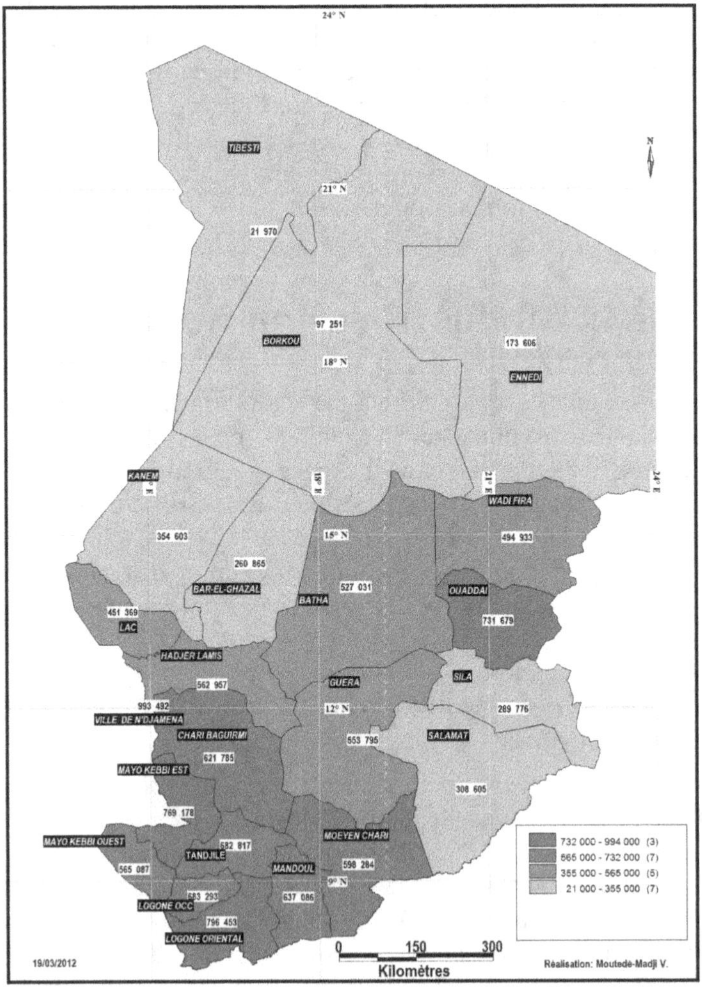

Source : RGPH2, 2009.

La carte n°12 présente la répartition de la population tchadienne par région administrative. La lecture de cette carte permet de savoir que la population du Logone oriental est la plus élevée par rapport aux autres régions du Tchad. Le Logone oriental compte, au RGPH 2[27], une population de 796 453 habitants. La population tchadienne est en général inégalement répartie dans l'espace géographique. Contrairement aux régions du Nord et du Centre peu peuplées, celles du Sud sont densément peuplées. Les trois régions de Borkou, d'Ennedi et de Tibesti, localisées dans la zone désertique au Nord et qui couvrent la moitié du territoire national, abritent moins de 300 000 habitants. Alors que la seule région du Logone oriental située dans la zone soudanienne compte un effectif de population qui dépasse plus de deux fois celui de ces trois régions réunies. La population est concentrée au Sud en raison des conditions naturelles favorables aux activités agropastorales et au développement des activités pétrolières. La région du Ouaddaï, située plus à l'Est, a vu sa population augmenter sous l'effet de l'arrivée des réfugiés et des agences humanitaires ainsi que de la création des universités et instituts universitaires qui attirent des étudiants. Les régions du Centre ont, en moyenne, une densité faible.

Le tableau des indicateurs de la population tchadienne (cf. Annexe 3, p. 404) montre que la population du Tchad en général augmente très rapidement avec un taux moyen annuel d'accroissement de 3,6 %. La taille moyenne des ménages est de 5,4 personnes avec une forte proportion féminine de la population, soit 51%. La population tchadienne est majoritairement rurale car 78,2% vivent dans la campagne.

[27] Deuxième recensement général de la population et de l'habitat.

Tableau n°3 : Répartition de la population totale du Tchad par sexe selon la région de recensement (RGPH2)

Région de recensement	Masculin	Féminin	Total	Poids démo-graphique	Rapport de masculinité	% Femmes
Batha	253 706	273 325	527 031	4,7	93	51,9
Borkou	51 892	45 359	97 251	0,9	114	46,6
Chari Baguirmi	309 019	312 766	621 785	5,6	99	50,3
Guera	267 032	286 763	553 795	5,0	93	51,8
Hadjer Lamis	281 119	281 838	562 957	5,0	100	50,1
Kanem	172 172	182 431	354 603	3,2	94	51,4
Lac	227 290	224 079	451 369	4,0	101	49,6
Logone occidental	331 545	351 748	683 293	6,1	94	51,5
Logone oriental	388 031	408 422	796 453	7,1	95	51,3
Mandoul	308 671	328 415	637 086	5,7	94	51,5
Mayo Kebbi Est	367 655	401 523	769 178	6,9	92	52,2
Mayo Kebbi Ouest	273 300	291 787	565 087	5,1	94	51,6
Moyen Chari	295 940	302 344	598 284	5,4	98	50,5
Ouaddai	353 168	378 511	731 679	6,5	93	51,7
Salamat	149 885	158 720	308 605	2,8	94	51,4
Tandjile	323 550	359 267	682 817	6,1	90	52,6
Wadi Fira	237 735	257 198	494 933	4,4	92	51,9
Ville de N'Djaména	527 415	466 077	993 492	8,9	113	46,9
Barh El Gazel	140 128	120 737	260 865	2,3	116	46,3
Ennedi	95 172	78 434	173 606	1,6	121	45,2
Sila	143 144	146 632	289 776	2,6	98	50,6
Tibesti	11 953	10 017	21 970	0,2	119	45,6
Tchad	**5 509 522**	**5 666 393**	**11 175 915**	**100**	97	**50,7**

Source : RGPH2, 2009.

Tout comme au niveau national, les femmes (50,7 %), sont plus nombreuses dans la plupart des régions du pays à l'exception de N'Djaména, Barh-El-Gazel, Borkou, d'Ennedi et de Tibesti et, dans une moindre mesure, du Lac (Tableau n°3). La situation est pratiquement identique à celle observée en 1993. Dans le Logone oriental, les femmes représentent 51,3%.

La population du Tchad est composée majoritairement de ménages ordinaires. Au RGPH2, 97 % de la population (10 837 532) vivent dans des ménages ordinaires. Le tableau n°4 montre les ménages ordinaires par sexe et taille moyenne de ménages.

Tableau n°4 : Répartition de la population des ménages ordinaires par sexe et taille moyenne des ménages selon la région de recensement (RGPH2)

Régions de recensement	Masculin	Féminin	Total	Taille moyenne des ménages	Nombre de ménages
Batha	252 937	273 071	526 008	5,1	103 261
Borkou	51 157	45 302	96 459	6,0	16 191
Chari Baguirmi	307 733	312 393	620 126	5,4	115 118
Guera	266 026	286 352	552 378	5,2	106 348
Hadjer Lamis	277 773	281 566	559 339	5,1	110 170
Kanem	171 768	182 239	354 007	4,5	78 145
Lac	226 499	223 925	450 424	4,6	97 140
Logone occidental	331 002	351 233	682 235	5,2	132 349
Logone oriental	377 050	396 980	774 030	5,3	144 857
Mandoul	307 709	327 973	635 682	5,6	113 467
Mayo Kebbi Est	366 728	401 006	767 734	5,9	131 174
Mayo Kebbi Ouest	272 782	291 458	564 240	6,5	86 922
Moyen-Chari	287 908	294 952	582 860	5,7	102 245
Ouaddai	305 722	333 336	639 058	4,9	129 214
Salamat	147 928	157 977	305 905	5,3	58 097
Tandjile	322 768	358 860	681 628	5,7	120 171
Wadi Fira	182 970	198 859	381 829	5,1	74 448
Ville de N'Djaména	520 093	465 160	985 253	5,3	186 959
Barh El Gazel	138 202	119 602	257 804	5,9	43 478
Ennedi	80 869	66 044	146 913	5,9	24 784
Sila	123 695	128 884	252 579	5,4	47 204
Tibesti	11 051	9 990	21 041	5,9	3 591
Tchad	**5 330 370**	**5 507 162**	**10837 532**	**5,4**	**2 025 333**

Source : RGPH2, 2009.

Le tableau n°4 montre que la taille moyenne des ménages au Tchad est de 5,4. Le nombre total est de 2 025 333. Les tailles moyennes les plus faibles sont rencontrées dans les régions du Kanem (4,5), le Lac (4,6) et le Ouaddaï (4,9). Les tailles moyennes les plus élevées des ménages sont rencontrées dans les régions du Borkou (6,0), le Mayo Kebbi Ouest (6,5). En général, les femmes sont plus nombreuses que les hommes. Au Logone oriental, la taille moyenne des ménages est de 5,3.

2.2. UNE POPULATION CARACTÉRISÉE PAR UNE CROISSANCE RAPIDE SOUS L'EFFET DU PÉTROLE

La population du Logone oriental est caractérisée par son évolution rapide ces dernières années, par sa répartition inégale dans le temps et dans l'espace et par sa jeunesse. La croissance accélérée de cette population tranche nettement avec la période de développement des activités pétrolières. Ainsi, la région du Logone oriental connaît une forte croissance démographique depuis le démarrage des activités d'exploration et d'exploitation du pétrole.

2.2.1. Répartition spatiale de la population du Logone oriental

A l'image du Tchad tout entier, la répartition spatiale de la population du Logone oriental est inégale. Les résultats provisoires du recensement de 2009[28] présentés dans le tableau n°5 permettent de se rendre compte de l'inégalité de la répartition de la population dans ce secteur.

Tableau n°5 : Répartition des populations du Logone oriental par canton et par commune, selon la population estimée et dénombrée en 2009

Canton/commune	Population estimée par cartographie	Population dénombrée en 2009
Pendé		
Commune de Doba	64 549	18 154
Commune de Kara	2 958	-
Commune de Madana	4 133	1 121
Canton de Doba	19 468	10 522
Canton de Koutoutou	21 339	18 675
Maïbogoulaye/Kara	30 702	22 598
Maïbombaye	43 904	26 695
Mango	12 090	8 558
Nangkessé	8 219	4 868
Nassian	15 061	11 190
Sama	14 340	8 693
Total	**236 763**	**131 074**
Kouh-Est		
Bédjo	9 371	11 204
Békonda	9 066	6 540
Bémbaïtadi	19 028	10 015
Bépara	6 990	5 948
Béti	39 500	19 072
Bodo	20 380	13 176
Commune de Bédjo	8 055	-
Commune de Béti	7 096	2 993
Commune de Bodo	10 085	5 999
Takapti	11 292	8 545
Total	**140 863**	**83 492**
Kouh-Ouest		
Baké	14 313	11 000
Béboto	29 334	18 793
Commune de Baké	7 768	5 074
Commune de Béboto	6 004	4 103
Commune de Dobiti	2 537	2 447
Dobiti	6 993	5 916
Total	**66 949**	**47 333**
La Nya		
Bébédjia	19 352	15 420
Béboni	23 199	19 746

[28] Seuls les résultats globaux ont été publiés. Nous avons compilé les données des villages qui ont servi aux résultats globaux mais certains chiffres manquent et l'écart entre les données publiées et nos compilations est d'environ 100 000 habitants.

Béro	16 147	12 225
Commune de Bébédjia	38 116	27 713
Commune de Béboni	3 262	-
Commune de Komé	7 933	-
Commune de Mbikou	15 043	1 340
Commune de Miandoum	5 121	-
Komé Ndolébé	25 613	23 024
Mbikou	14 319	16 265
Miandoum	21 993	15 705
Total	**190 098**	**131 438**
La Nya-Pendé		
Commune de Békan	1 868	1 164
Commune de Donia	5 588	4 834
Commune de Goré	21 226	16 345
Commune de Yamodo	6 264	2 360
Canton de Békan	23 162	14 475
Canton de Goré	11 771	6 883
Canton Kaba-Roangar	9 153	5 206
Canton de Timbéri	23 064	17 782
Canton de Yamodo	9 147	7 374
Canton de Donia	8 752	9 985
Total	**119 995**	**86 408**
Monts de Lam		
Canton d'Adoum	25 201	23 663
Canton de Bessao	42 558	30 880
Canton de Boro	23 802	20 185
Canton de Boybessao	17 074	10 219
Commune de Bessao	11 987	8 281
Commune de Laramanaye	5 657	4 652
Commune de Baïbokoum	13 675	8 328
Commune de Baïkoro	0	2 925
Commune de Mbitoye	3 108	2 134
Commune de Pandzagué	0	877
Canton Mbitoye	11 031	8 653
Caton de Gadjibian	27 999	21 339
Canton de Baïkoro	12 533	9 508
Canton de Mbaïssaye	11 395	9 560
Canton de Mbouroum	8 775	4 776
Canton de Miladi	21 295	17 230
Canton d'Oudoumian	5 577	2 971
Canton de Pandzangué	16 593	12 742
Canton de Pao	11 444	11 044
Total	**269 704**	**209 967**
Logone oriental	**1024 372**	**689 712**

Source : Compilation Moutedé-Madji, sur la base des données brutes du RGPH2, 2009.

L'analyse du tableau n°5 montre que les départements de Kouh-Ouest et de la Nya-pendé sont les moins peuplés avec comme effectif respectivement 47 333 et 86 408 habitants. Les départements des Monts de Lam et de la Nya sont les plus peuplés avec 209 967 habitants et 131 438 habitants respectivement. Quant aux Départements de Kouh-Est et de la Pendé, ils comptent respectivement 83 492 habitants et 131 074 habitants. Cette répartition inégale de la population s'observe également d'un canton à un autre. C'est ainsi que le canton de Bessao situé au Sud-Ouest compte 30 880 habitants et que celui de Komé Ndolebé en plein champ pétrolifère a un effectif de 23 024 habitants en 2009, alors que celui de Nangkessé situé plus au Nord ne compte que 4 868 habitants et celui de Yamodo 7 374 habitants. Une analyse de la densité de la population nous aidera à mieux comprendre la concentration humaine de la région.

2.2.2. Répartition de la population du Logone oriental par groupe, sexe et rapport de masculinité

En l'absence des résultats détaillés du deuxième recensement, plus récents, les résultats du recensement de 1993 restent les seules sources précieuses qui fournissent des informations sur la population du Logone oriental en fonction des tranches d'âge, par sexe, et les ratios (tableau n°6).

Tableau n°6 : Répartition de la population du Logone oriental par groupe, sexe et rapport de masculinité

Groupes d'âge	Hommes	Femmes	Total	Pourcentage	Ratio Homme/femme
0-4	34677	34133	68810	19,29	102
5-9	32731	31659	64390	18,05	103
10-14	24406	21303	45709	12,81	115
15-19	18579	19297	37876	10,61	96
20-24	12079	14595	26674	7,47	83
25-29	11301	14208	25509	7,15	79
30-34	8693	10173	18866	5,28	85
35-39	7639	9063	16702	4,68	84
40-44	5032	6719	11751	3,29	75
35-49	4129	5925	10054	2,81	70
50-54	3504	5043	85457	2,39	69
55-59	2512	3370	5882	1,64	74
60-64	2516	3203	5719	1,60	79
65-69	1551	1819	3370	0,94	85
70-74	1443	1517	2960	0,82	95
75-7ç	663	593	1256	0,35	112
80 et +	1031	757	1788	0,50	136
Non déclaré	315	528	843	0,22	60
Total %	**172801 48,4**	**183905 51,6**	**356706 100**	**100**	**94**

Source : BCR, 1993.

Il ressort du tableau n°6 que la population du Logone oriental est composée majoritairement de jeunes (plus de 50 % de moins de 15 ans). Les adultes (15-59 ans) représentent 46,4 % et les vieux (plus de 60 ans), 5,5 %.

L'âge moyen de la population du Logone oriental est de 20,4 ans et varie de 19,5 ans chez les hommes à 21,2 ans chez les femmes.

2.3. UNE POPULATION À ÉVOLUTION DYNAMIQUE

La comparaison des données de la population du Logone oriental de 1968 avec celles de 1993 puis de 2009 montre que la population de notre secteur d'étude évolue très rapidement (Tableau n°7). Cette croissance rapide de la population trouve son explication non seulement dans le recul de la mortalité au profit de la natalité mais aussi et surtout par un appel migratoire de la population en quête d'emploi et des opportunités liées à l'exploitation du pétrole.

Tableau n°7 : Evolution de la population et des densités du Logone oriental de 1968 à 2009

Années	1968	1993	2005	2009
Population	236 180	441 064	620 000	796 453
Densité	8,4	15,7	22,1	28,5

Source : Compilation de RGPH1, RGPH2 et enquête démographique.

La population du Logone oriental évolue très rapidement, passant de 236 180 (à l'enquête démographique de 1968) à 441 064 habitants (en 1993) et 796 453 (en 2009). La densité a plus que triplé pendant la période allant de 1968 à 2009, passant de 8,4 ha/km² à 28 ha/km². L'augmentation de la population entre les deux dates a donc permis une occupation relativement importante de l'espace régional. Mais, la recherche de la satisfaction des besoins croissants de la population peut avoir également des effets négatifs sur l'environnement.

2.4. DES DENSITÉS DE POPULATION À LA FOIS CROISSANTES ET CONTRASTÉES

Les dynamiques démographiques des dernières décennies aboutissent à une forte augmentation de la population régionale, et donc à des densités élevées. Ces densités présentent également des contrastes selon les zones. En effet, de 8,4 hab. /km² en 1968 et 15,7 hab./km² en 1993, la densité de la population du Logone oriental a évolué de manière exponentielle les dix dernières années, passant de 22,1 hab./km² en 2005 à 28 hab./km² en 2009 (RGPH2, 2009). Cette densité a brutalement augmenté entre 1993 et 2005, période durant laquelle les activités de construction ont eu lieu. Cette densité est plus de trois fois au-dessus de la moyenne nationale qui est de 8,1 hab./km². Il existe des disparités locales (carte n°13). Ainsi, nous rencontrons, dans le Logone oriental, des zones de fortes densités. Ces zones très peuplées sont confrontées souvent à des problèmes structurels d'érosion, de dégradation, de fertilité des sols et de pression sur les ressources naturelles, notamment végétales[29].

L'analyse de la carte n°13 des densités de la population du Logone oriental de 2009 par département montre des zones de faibles densités, entre 20 et 30 hab./km², situées à l'Ouest du Logone oriental, (Monts de Lam) et au Sud encore peu exploité (Kouh Ouest, Nya-Pendé). Les départements de fortes densités sont la Pendé et le Kouh-Est avec plus de 65 hab./km². Entre ces deux zones, se trouvent des zones de densités moyennes, entre 30 et 65 hab./km², constituées du département de la Nya où sont localisés les champs pétrolifères. Globalement, le Logone oriental est saturé (Pendé, Kouh-Est, La Nya) ou en voie de l'être (Kouh Ouest, Nya-pendé, Monts de Lam). Car une étude récente menée par le CIRAD a évalué la densité moyenne acceptable à 30 hab./km² dans ce secteur. Au-delà, c'est la saturation. CABOT J. (1965) a estimé ce seuil à 15 hbt/km².

Selon les travaux de MADJIGOTO R. (2007), l'analyse de la densité de 1993 basée sur le découpage par canton fait apparaître :

- La zone 1 : elle comprend des cantons qui ont une densité comprise entre 3 et 10 habitants au km². Cette zone n'est constituée que de 7 cantons alors qu'elle en comportait 14 en 1968. Il s'agit des cantons de Loumbogo, de Yamodo, d'Oudoumian, de Kaba Roangar, des Monts de Lam, de Laramanaye et de Bouroum.
- La zone 2 : est composée des cantons dont la densité varie de 10 à 20 hab./km². Dix cantons constituent cette zone. Elle comportait 13 cantons en 1968. Les cantons qui la composent sont : Mbaïssaye, Békan, Timbéri, Komé, Gadjibian, Béboto, Goré, Pandzangué, Boye Bessao, Béboni.
- La zone 3 : composée des 20 cantons restants. La densité est comprise entre 20 et 98 hab./km². Il s'agit des cantons d'Andoum, de Béro, de Boro, de Kara, de Nassian, de Donia, de Sama, de Baïkoro, de Nankessé, de Miladi, de Bébédjia, de Béti, de Bodo, de Mango, de Maybo-Mbaye, de Mbikou, de Miandoum, de Bessao, de Baïbokoum et de Doba.

[29] PDR : Plan de développement régional

Carte n°13 : Densités des populations du Logone oriental selon les départements

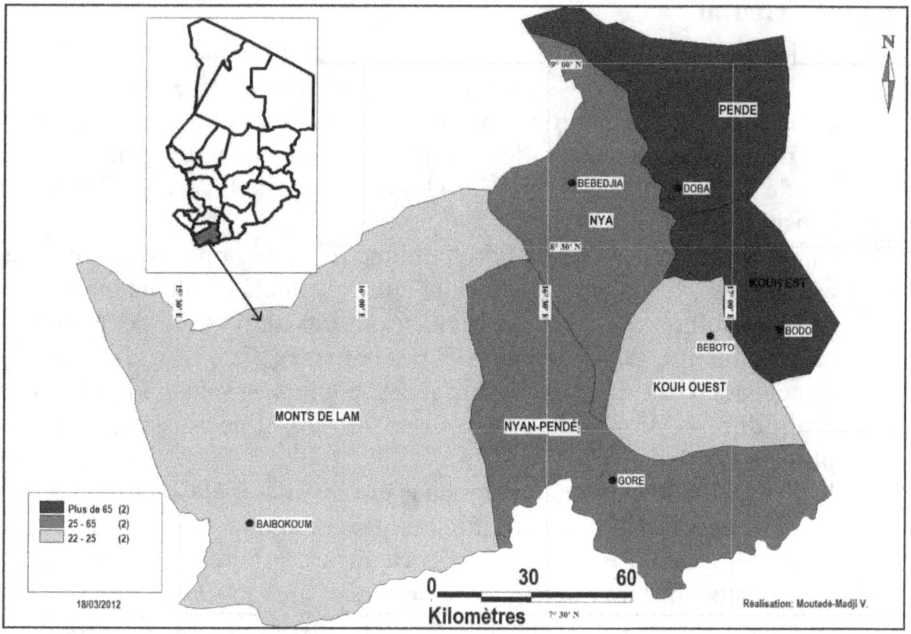

Source : RGPH2, 2009.

La carte n°13, qui montre les densités par département, peut masquer les disparités locales. C'est pourquoi l'analyse des densités par canton nous permettra de mettre en évidence ces différentes disparités. Mais, il faut souligner que, compte tenu du manque des données démographiques détaillées récentes, nous allons nous contenter de celles du recensement de 1993.

Les densités de population du Logone oriental en 1993 sont inégales. Nous pouvons trouver des zones de très fortes densités (cantons de Doba, Mango) avec des densités qui varient entre 80 et 100 hab./km² ; des zones de fortes densités (cantons de Nankessé et Mayombaye) avec des densités entre 60 et 80 habitants au km² ; des zones de densités moyennes (cantons de Bodo, Béro, Bébédjia, Mbikou) avec 40 à 60 hab./km² et des zones de faibles densités (les cantons situés au Sud et à l'Est du Logone oriental).

La comparaison des cartes de densités de 1993 avec celle de 2009, puis la projection pour 2025 permettent de mieux apprécier l'évolution des densités dans le Logone oriental. Les cartes n°14 et n°15 de densités par canton, respectivement en 1993 et 2009, permettent d'identifier clairement ces différentes zones observées pendant les années 1968 et 1993, mais avec des densités plus élevées en 2009.

Qu'est-ce qui explique cette augmentation rapide des densités ? Quelle est la répercussion de celle-ci sur les exploitations agricoles ?

2.4.1. Les facteurs explicatifs des fortes et faibles densités dans le Logone oriental

Parmi les facteurs explicatifs de la forte densité, il faut noter :

- la richesse de certains sols argileux et argilo-limoneux qui facilite le développement des cultures, avec souvent des hauts rendements en sorgho. L'élargissement des fonds de la vallée du Logone et de la Pendé met en contact les terres limoneuses qui favorisent les fortes densités ;
- l'importance du réseau hydrographique de la région : la bordure des cours d'eau, le Logone et la Pendé ainsi que leurs affluents qui offrent des possibilités de pêches fructueuses, de cultures et de pâturages attirent à la fois des sédentaires et des nomades ;
- l'occupation du sol par des groupes ethniques sains, vigoureux et prolifiques (CABOT J. 1965), avec un taux d'accroissement élevé, plus de 3% l'an ;
- la disparition des foyers de glossines qui favorise l'élevage bovin ;
- le développement des activités pétrolières qui demande une main-d'œuvre rentable et crée des opportunités d'affaires. En général, les terres de la bordure montagneuse du Sud et du Sud-Ouest sont très peu peuplées. A tous ces facteurs naturels favorables ou défavorables, l'histoire tumultueuse des royaumes noirs a ajouté son apport.

L'analyse de la carte n°15 permet de savoir que la situation de 2009 montre les cantons situés au Nord de la région ayant de très fortes densités dépassant les 100 habitants au km². Ce sont les cantons de Doba, Mango, Mbikou, Bébédjia et Nankessé. Par contre, les cantons situés au centre et au Sud qui avaient des densités moyennes, variant entre 20 et 40 hab./km² en 1993, ont vu leurs densités augmenter jusqu'à plus de 50 hab./km². Quelles seront les densités des cantons de la région du Logone oriental d'ici à 2025, c'est-à-dire à la fin de l'exploitation pétrolière ?

Sur la base du taux d'accroissement moyen de la population de 2,5% par an, nous pouvons projeter les densités de la population du Logone oriental en 2025. La carte n°16 présente la densité de la population projetée en 2025. Elle montre une évolution progressive des densités des populations des cantons du Logone oriental. La carte 16 présente donc la situation probable des densités des cantons du Logone oriental à la fin du projet pétrolier de Doba.

Il est aussi important de voir l'évolution dans le temps et dans l'espace des populations des villages enquêtés lors de cette étude.

Carte n°14 : Densité des populations du Logone oriental par canton en 1993

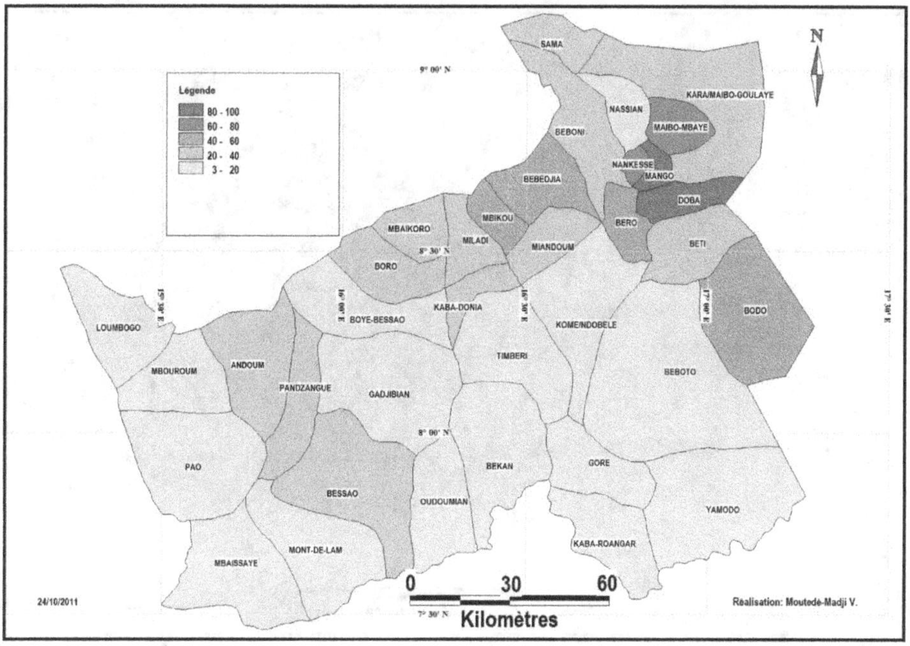

Source : INSEED, 1993.

Carte n°15 : Densité des populations du Logone oriental par canton en 2009

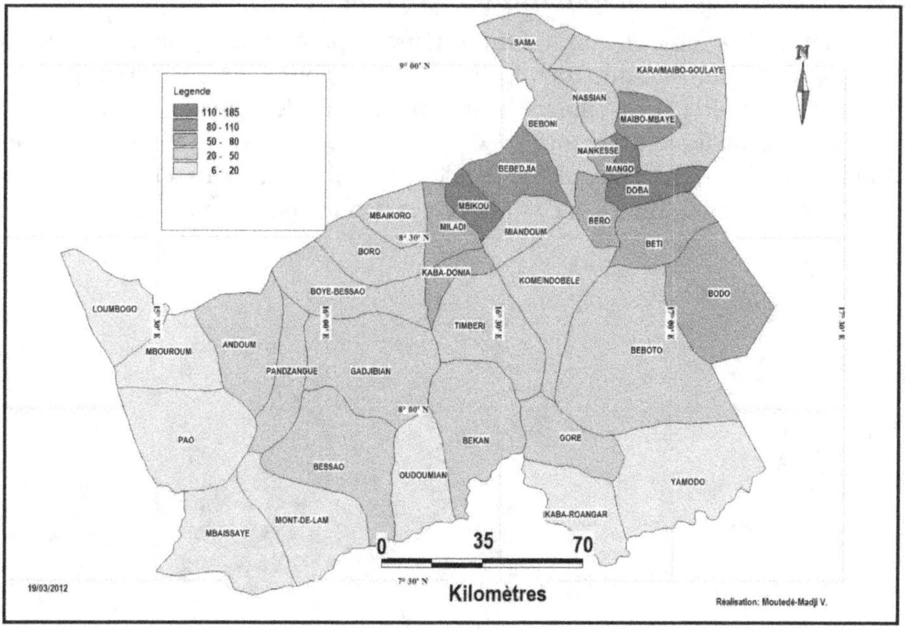

Source : RGPH 2, 2009.

Carte n°16 : Densité des populations du Logone oriental par canton en 2025

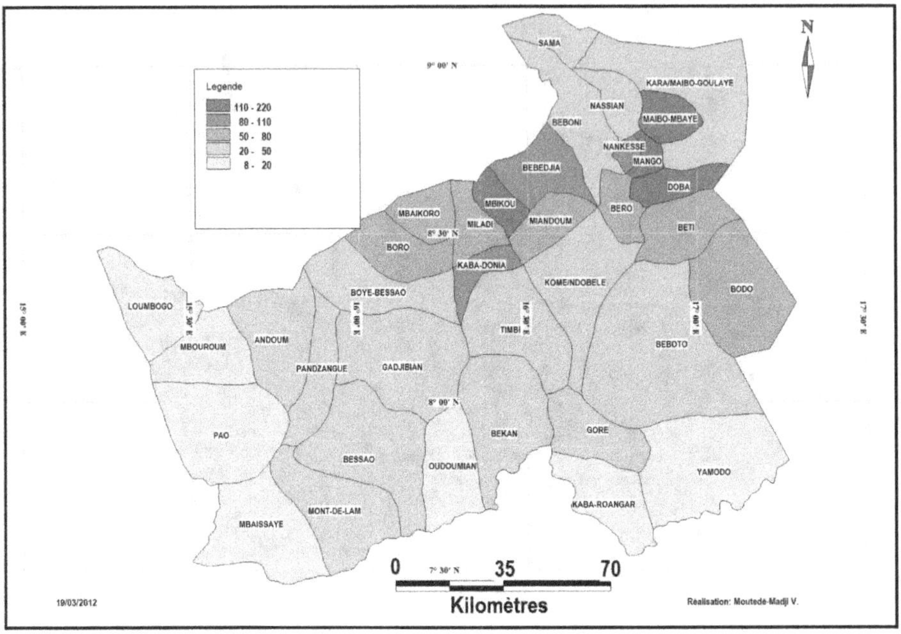

Source : Projection à partir des données du RGPH 2, 2009.

2.4.2. Evolution des populations des villages enquêtés

Le tableau n°8 montre l'évolution démographique des villages enquêtés. Il ressort de ce tableau que tous les villages ont connu une évolution plus ou moins substantielle. Les villages situés sur le site des travaux pétroliers ont augmenté brutalement entre 1993 et 2003. Certains villages (Atan, Moudadogne) et ferricks, qui n'existaient pas en 1993, naissent sous l'effet du chantier (2000-2003), de l'arrivée massive des personnes en quête d'emploi.

Tableau n°8 : Evolution des villages enquêtés entre 1993 et 2009

Cantons	Villages/Ferricks	Population en 1993	Population en 2003	Population en 2009
Komé	Komé Ndolebé	444	1 406	
	Mouarom	240	1 198	504
	Quartier Atan (Komé Base)	0	2 913	2 367
	Bégada	592	1 160	1 663
	Béla	330		954
	Maïnani	226	535	962
	Ferrick Ambassatna	0		206
	Danmadja	206	479	581
Béro	Dildo	734	1 348	1 070
	Dokaïdilti	198	607	726
	Béro II	854	2 266	1 372
	Madjo	342	482	421
	Ferrick Béro II	0		140
	Mbanga	543	1 561	1 598
	Moudagogne (Komé V)	0	311	
Miandoum	Ngalaba	834	1 638	1 746
	Bendoh	403	674	1 541
	Pouteguem	135		574
	Miandoum II	1 223	2 506	1 678
	Maïnkeri	483		1 075
	Mermeouel	350		710
Timbéri	Kagpal	276	631	575
	Koudja II	625		1 025
	Ferrick Kagpal	0		87
Békan	Bémoulati	415		775
Gadjibian	Gadjibian	712	1 374	1 815
	Guel-koué	75	284	373
	Kouloulou	496	835	1 150
Bessao	Bam	982	1 806	1 799
Monts de Lam	Diba	269	363	634
	Lima	241	219	393
Mbaissaye	Mbitoye 1	466	1 460	3 108
	Mbaissaye			
Miladi	Moundouli			393
	Maïnkiro			994
	Béguirakoel			759
	Koutou Kagbéti	346		739
Nankessé	Gouri	537	777	973
Maibo Mbaye	Gongti	1 311		2 461
Doba rural	Béraba	526		2 406
	Ferrick Nana	375		1 000
Bodo	Mogo III (Bédjo)	215		350
	Kouh Mouabé	380		978

Source : Compilation Moutedé-Madji V., RGPH1et 2 ; Etude socio-économique du projet et enquête de terrain.

Il ressort du tableau n°8 que les villages, les chefs-lieux de canton (Béro, Komé, Miandoum), les sites des travaux le long du tracé du pipeline et de la route (Kagpal, Gadjibian, Bam et Mbitoye 1 et Atan), ont également vu leur population augmenter rapidement pendant la même période de construction avant de diminuer ou de se stabiliser entre 2003 et 2009. Pendant la période d'intenses activités, les ressortissants de ces localités qui vivaient en ville ont regagné leurs villages pour chercher de l'emploi puisque, lors de la campagne de sensibilisation, les responsables du projet ont informé la population qu'il y aurait beaucoup d'emplois qui seraient réservés exclusivement aux populations locales. En même temps, les immigrants d'autres régions du Tchad, et même au-delà, se sont rapprochés des sites pour mieux profiter des opportunités de ce projet. L'augmentation rapide de la population de Mbitoye1 pendant cette période s'explique aussi, en partie, par le fait qu'il a accueilli les réfugiés.

Le village, situé à proximité du centre urbain (Béraba), a vu multiplier par quatre sa population, passant de 526 habitants en 2003 à 2406 en 2009. Ce village est phagocyté par l'extension périurbaine de la ville de Doba, suite à l'exploitation pétrolière. Des travaux de construction de la ville (Hôpital, université, école normale, usine de jus, aéroport, etc.) sont étendus dans ce secteur au détriment des activités agricoles. Des employés installés à Doba ont acquis et construit des maisons ; des immigrants et des ressortissants de la région sont également revenus investir à la périphérie de cette ville, entraînant de multiples mutations foncières.

Pendant la période du chantier pétrolier, la population des villages enquêtés en dehors de la zone du projet, peu perturbée par le système pétrolier, a également connu une évolution dynamique. C'est le cas du village de Gouri dans le canton de Nankessé qui est passé de 537 P à 937 personnes ; de Kouh-Mouabé, village attractif du canton de Bodo de par ses ressources en terres encore disponibles ; celui de Gongti, passant de 1311 à 2461habitants.

Il faut retenir que l'accroissement de la population du Logone oriental ne résulte pas seulement de l'accroissement naturel de la population mais aussi et surtout du phénomène migratoire lié au développement des activités pétrolières ainsi que des réfugiés. Cette dynamique démographique n'est pas sans conséquences sur les ressources foncières ainsi que sur les pratiques culturelles de la population.

2.5. QUELQUES CONSIDÉRATIONS HISTORIQUES ET ETHNIQUES DE LA POPULATION

Ce sous-chapitre aborde la question de l'origine de la population du Logone oriental, qui reste encore mal connue.

2.5.1. Une population ayant une origine encore mal connue

L'origine des populations du Logone oriental reste encore très mal connue à cause de l'inexistence de documents écrits, de témoignages préhistoriques et archéologiques. Comme l'a si bien souligné CABOT J. (1965) : *« Les populations du bassin du Logone n'ont pas d'histoire officielle »*. L'histoire des royaumes du Bornou (au Nord), du Baguirmi (au Nord-Est), des sultanats Foulbé (à l'Ouest) et de l'éphémère empire de Rabah est mieux connue que celle des « Sara ». Ces derniers étaient réfractaires à l'islam. Cependant, selon la monographie de cette région, les auteurs qui tentent d'expliquer l'origine des Sara défendent deux thèses, dont la première rattache leur origine aux régions qu'ils occupent actuellement et la seconde à la vallée du Nil.

Pour la thèse de l'autochtonie, les Sara ont toujours vécu dans leur espace géographique actuel. Leurs indications se trouvent dans quelques rares rapports coloniaux. Mais, cette autochtonie repose beaucoup plus sur des assertions que sur des témoignages vérifiables (Division de la population, 1999). Selon cet auteur, la tradition orale recueillie par M. KONKOGAR G., cité dans la Monographie du Logone oriental de 1999, auprès des intéressés, confirme cette autochtonie. Selon ce dernier, lorsqu'ils n'indiquent pas l'Est ou le Nord-Est comme point de départ de leurs migrations, les Sara se disent originaires de la région qu'ils occupent actuellement et précisent que leurs ancêtres ont toujours habité le pays. Ces mythes, que certains évoquent, font sortir leur ancêtre de la terre avec, dans une main, un panier de mil et, dans l'autre, un bracelet magique pour faire tomber la pluie. Ces mythes laissent croire que les Sara ont toujours été des agriculteurs.

Les défenseurs de l'origine nilotique Sara s'appuient sur des études linguistiques et anthropologiques pour situer l'habitat primitif des populations Sara dans le bassin du Haut-Nil, dans le Barh-El-Ghazal soudanais, rapporte Kokongar G, cité par Division de la population, (1999). D'autres recherches, à cause des analogies linguistiques avec certaines populations du Tchad (Baguirmi, Kenga, Kouka, Médogo, Boulala), situent leur origine au Nord-Est du pays. D'après ces éléments linguistiques qui restent à vérifier (MAGRIN G. 2000), les Sara seraient originaires de l'actuel Ouaddaï, voire le Soudan, d'où ils auraient commencé dans l'espace actuel à partir du XVème ou XVIème siècle, par vagues successives. « Les faits linguistiques observés semblent confirmer que les Sara seraient originaires des environs du Ouaddai » (MAGRIN G. 2000). S'appuyant sur les écrits des administrateurs coloniaux, des prêtres et des chercheurs relatifs à l'histoire des Sara, ceux-ci s'accordent à dire que les Sara sont d'anciennes populations de chasseurs qui auraient conquis les régions qu'elles occupent actuellement, soumettant à leur pouvoir des populations plus anciennes d'agriculteurs dont rien ne nous est parvenu.

Ces écrits, qui indiquent que les Sara sont d'anciennes populations de chasseurs, sont en contradiction avec les mythes des intéressés évoqués plus haut. Des doutes subsistent sur l'origine des populations Sara. Des études préhistoriques et archéologiques permettront de la connaître un jour. A part les Sara, il y a d'autres groupes ethniques venus du Nord du pays et des préfectures voisines. Les originaires du Nord sont essentiellement des commerçants, des éleveurs ou des militaires. Avec le développement des activités pétrolières dans la région, divers groupes ethniques sont venus peupler la région.

2.5.2. Une région au passé très mouvementé

La région du Logone oriental est l'une des régions du pays qui ont plus connu la guerre. En effet, les conséquences des événements malheureux de 1979[30] ont entraîné la partition du Tchad en deux. De mars 1979 à septembre 1982, certains officiers du Sud entrés en dissidence contre le pouvoir de N'Djaména, avaient regroupé une partie de l'armée autour d'eux et avaient contrôlé le Sud du Tchad. La taxe civique et d'autres impôts y furent prélevés (MAGRIN G. 2001) et la production cotonnière était directement exportée. A la faveur de ces événements, le pouvoir bascule entre les mains des ressortissants du Nord. Les rescapés du Sud comme du Nord s'enfuient pour échapper à ces pogromes (MADJIGOTO R. 2007). Les Sudistes regagnent le Sud et les Nordistes le Nord. Les forces du Nord sont arrivées à bout de la résistance des Sudistes dont certains des leaders ont choisi le chemin de l'exil. Il s'ensuit une répression de la population du Sud qui a choisi en général des zones de forêt pour s'y réfugier. Ces événements ont eu par la suite des conséquences sur l'exploitation des ressources naturelles (nous y reviendrons).

A partir des années 1982 à 1990, les relations, entre le Sud et l'Etat contrôlé par les hommes du Nord, se caractérisent par une perpétuation d'une situation d'insécurité et d'instabilité récurrentes, voire de guerres larvées. Pendant cette période, plusieurs groupes militaires, appelés « Codos », se sont organisés pour faire face au déferlement des Forces armées du Nord (FAN) qui brûlaient des cases, des récoltes et tuaient des hommes sur leur passage. En 1993, en pleine conférence nationale, en dépit des appels à la paix des différents acteurs de la vie politique du pays, une centaine d'habitants de Bodo furent rassemblés et massacrés par les forces gouvernementales à Kouh, un village pionnier. Ces événements ont d'ailleurs empêché la réalisation du 1er recensement dans une bonne partie du Logone oriental, notamment à Bodo, Béboto, Békan, Yanbodo, etc., où les agents recenseurs déployés dans les chefs-lieux ne pouvaient plus aller dans les villages à cause de l'insécurité.

Ces événements, qui se sont multipliés partout dans la région, ont motivé les jeunes élèves et paysans à s'engager au sein des « Codos rouges », ensuite « Codos verts », etc. Ces groupes militaires se sont succédé dans le Logone oriental jusqu'après 1990, l'année marquée par l'avènement de la démocratie au Tchad. Ces différents « Codos » se sont tour à tour ralliés au

---

[30] Il y a eu la guerre civile après l'assassinat du premier Président Tombalbaye.

pouvoir sans l'avoir renversé, faute d'une base arrière solide et du manque d'appui extérieur.

Le dernier chef rebelle du Logone oriental à se rallier au pouvoir de IDRIS Déby est le colonel MBAILEMAL Michel qui a cherché en vain le soutien des pays voisins. Ce dernier a pris position à la frontière tchado-camerouno-centrafricaine pour menacer les installations pétrolières mais, en vain.

Pendant ces troubles militaires, des paysans se sont déplacés pour s'installer dans les zones forestières plus ou moins denses pour être à l'abri des forces gouvernementales. Des nouveaux villages sont ainsi nés, entraînant l'arrivée de nouvelles personnes et une exploitation accrue des ressources. En 1984, sous l'effet de la famine couplée avec les menaces des militaires[31], la population de Mogo III (Bédjo) s'est réfugiée à Manga, à environ 7 km du village, dans les espaces agricoles pionniers. Madjiyam Tatoloumal Marc, appuyé par la population de Bédjo et des villages environnants (Békoye, Béhonmon et Béda), a creusé un puits d'eau de plus de 50 m de profondeur mais n'a pas pu trouver de l'eau sous la terre rouge où la nappe phréatique est profonde. L'idée était d'installer un nouveau village au milieu de leurs champs agricoles. L'échec de cette deuxième tentative de réaliser le puits et le ralliement des « Codos » ont permis le retour des populations dans les villages. C'est ainsi que certains villages sont nés, augmentant l'emprise de l'homme sur les ressources naturelles, sources de vie des groupes ruraux. Les villages nés sont créés par ceux qui ont quitté d'autres localités, entraînant une pression supplémentaire sur les ressources.

2.5.3. Une population presque homogène, dominée par les Ngambaye et les Gor

La population du Logone oriental est presque homogène, de par sa composition ethnique (Carte n°17). Car il est peuplé essentiellement par le grand groupe Sara qui constitue plus de 95% de sa population. Au recensement de 1993, le groupe Ngambaye, représentant 54,6% de la population de la préfecture, est le plus nombreux. Les Ngambaye partagent plusieurs régions administratives avec le Logone oriental. Nous les rencontrons aussi dans le Logone occidental, dans la Tandjilé Ouest et la Tandjilé Est, dans le Mayo Kebbi Ouest. Ils sont suivis par le groupe Gor (25,3%). Il est à signaler que les données du recensement général de la population et de l'habitat de 1993 ne permettent pas de connaître le poids réel des Gor dans la mesure où les cantons de Bodo et de Béboto, fiefs de ceux-ci, n'ont pas été recensés, à cause des troubles militaires. Les groupes Ngambaye et Gor forment presque 80% de la population recensée du Logone

[31] A Béngabian dans le canton de Bédjo, les militaires ont attaché des cordes aux cous d'une cinquantaine de personnes avant de tirer sur elles. Une seule personne, un ancien de l'église, a survécu à ce drame.

oriental. Le groupe Ngambaye est majoritaire dans les sous-préfectures de Bébedjia (86,4%), de Goré (82,7%) et de Baïbokoum (66,2%) tandis que le groupe Gor est majoritaire dans la sous-préfecture de Doba (66,5%). Les deux autres ethnies importantes du Logone oriental sont les Mboum (7,7%) et les Goulaye (6,4%). Les premiers se trouvent dans la sous-préfecture de Baïbokoum (27,0%) et les seconds, dans celle de Doba (20,0%). Contrairement à la monographie de 1975 qui fait ressortir les Mbaye Doba comme la deuxième ethnie de la préfecture après les Ngambaye en les assimilant aux Gor, Mouroum, Goulaye et Mongo au Mbaye. Les données du recensement de 1993 distinguent les différentes composantes qui constituaient les Mbaye Doba à l'époque (Mbaye Doba, Gor, Mouroum, Goulaye, Mongo, etc.).

Carte n°17 : Esquisse ethnographique de la zone soudanienne

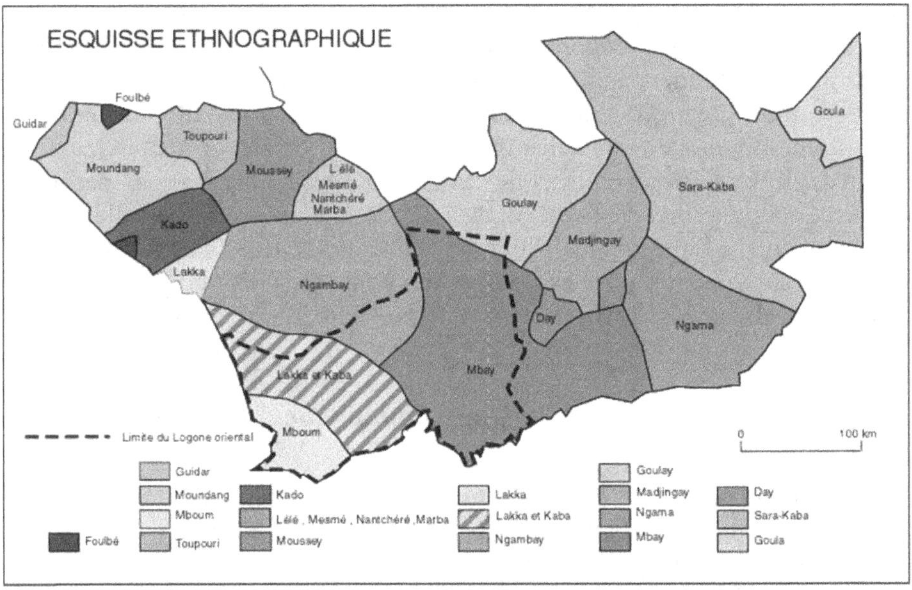

Source : MADJIGOTO R. (2007).

La carte n°17 présente les groupes ethniques de la zone soudanienne en général, voisins des groupes ethniques du Logone oriental.

2.6. ORGANISATION SOCIALE ET ADMINISTRATIVE DYNAMIQUE

Nous traitons ici de l'organisation sociale et culturelle de la population du Logone oriental avant le pétrole. Ensuite, nous tenterons de démontrer comment celle-ci est menacée par l'exploitation pétrolière. Enfin, nous aborderons la dynamique administrative du Logone oriental.

2.6.1. Organisation sociale et culturelle de la population menacée par les nouvelles pratiques (le non-respect du chef, la tendance à la disparition de l'initiation, etc.)

La population du Logone oriental s'organise par village. Au sein du village, la famille constitue une institution fondamentale au sein de laquelle s'organise la vie sociale et culturelle. Les campagnes de cette zone, comme toutes les autres campagnes, ont une organisation sociale traditionnelle. Elle est basée principalement sur les liens qui existent entre les habitants. La reconnaissance des liens de sang et des liens de mariage confère à chaque individu des droits, devoirs et obligations envers les autres membres de la communauté. Ainsi, chaque personne, par son appartenance à un groupe de parenté et à un groupe d'âge, se voit obligée d'entretenir certains sentiments à l'endroit de diverses personnes, de marquer plus de respect pour certaines personnes que pour d'autres, d'aider certaines dans une plus grande mesure que d'autres, etc. En cas de besoin, le Ngambaye ou le Gor a toujours quelqu'un sur qui compter. L'entraide, l'assistance, bref, ce que DURKHEIM appelle la *« solidarité mécanique » (*NADJIRAMBAYE N. et al. 2009) est de mise dans ces campagnes.

La mission première du chef de village ou de la famille dans les campagnes est d'assurer le bien-être de la société en maintenant l'harmonie et en renforçant la fraternité entre ses membres. Il est entouré, dans l'exercice de ses fonctions, de sages à qui la société a confié certaines responsabilités qui sont parfois sacrées : chef de terre, chef de l'eau, chef de forêt, etc. Aussi, pour sauvegarder et assurer la pérennité de ce système de valeurs, chaque personne devra subir les « *rites de passage* » (VAN GENNEP A.1909, cité par MADJIGOTO R. 2007), de l'adolescence à l'âge adulte. Le but de cette pratique initiatique est d'inculquer à chaque membre de la communauté des valeurs qui lui confèrent son statut d'homme ou de femme responsable sur qui toute la société peut compter en cas de difficulté que peut rencontrer la communauté.

La population est entièrement rurale et composée de paysans sédentaires. La plus petite unité de la société demeure la famille. Cette dernière repose sur un système patrilinéaire, c'est-à-dire que la lignée repose sur le père. Les enfants du couple ou des couples appartiennent au père, contrairement au système matrilinéaire. L'autorité du chef de famille est reconnue. C'est à lui qu'incombent le contrôle et la gestion des ressources de la famille.

Dans les localités visitées, nous avons rencontré des chefs de famille polygames. Aussi, les multiples rébellions et les périodes de sécheresse, avec leurs corollaires des maladies, ont permis la présence de familles monoparentales. En fait, il s'agit d'hommes et de femmes chefs de ménage qui vivent seuls avec leurs enfants dont ils ont la charge.

L'initiation, connue sous le nom de « *Lao* » et « *Ndo* » chez le peuple autour de Doba (les Ngambaye, les Kaba et les Laka) et « *Beel* » chez les Gor, se pratique à l'âge adulte. Ce sont les hommes adultes qui constituent l'élément responsable du groupe. Ils ne peuvent assumer cette qualité qu'après avoir reçu de leurs aînés le capital d'expérience et de pouvoir des générations précédentes. Ils y parviennent après un passage dénommé « Ndo », qui consiste à passer un à trois mois dans le « bois sacré », à endurer les épreuves en vie collective et à rompre avec l'habitude d'enfants pour passer à la phase d'adulte. Le but de cette éducation était d'assurer au groupe une meilleure cohésion sociale, des connaissances religieuses, un état d'esprit, grâce auxquels ils pourraient mieux exercer leur responsabilité[32]. Ces pratiques sont de moins en moins organisées sous l'effet de l'éducation occidentale. Elles tendent à disparaître dans les champs pétrolifères où les forêts et savanes boisées destinées à ces pratiques sont totalement occupées par les installations pétrolières, comme le cas de Ngalaba et Maïnkeri.

2.6.2. Une évolution administrative en perpétuelle réorganisation

L'organisation administrative du Tchad est en perpétuelle réorganisation du fait de l'instabilité politique et des calculs électoralistes des responsables du pays, au détriment des facteurs historiques, géographiques et économiques. En effet, comme le Tchad entier, le Logone oriental a connu plusieurs réformes dont résulte la configuration actuelle. Il est issu de la création, en 1903, du cercle du Logone devenu circonscription du Logone par un arrêté de 1910 (MADJIGOTO R. 2007). La circonscription comprenait les préfectures du Logone oriental et de la Tandjilé. L'appellation Moyen Logone est utilisée pour désigner cette circonscription. La circonscription du Moyen Logone est ensuite rattachée à la colonie de l'Oubangui-Chari par arrêté du 31 décembre 1925. Le département du Moyen Logone est rattaché à nouveau au Tchad par arrêté du 29 avril 1936 à compter du 1er juillet 1936. Du 1er janvier 1935 au 30 juin 1936 il comprenait le Mayo-Kebbi, situé un peu plus au Sud-Ouest.

A l'indépendance, par ordonnance du 29 janvier 1962, le Département du Moyen Logone, qui regroupait les trois préfectures ; formait le Logone géographique, caractérisé plus ou moins par son unité physique, humaine et économique, et scindé en trois : la préfecture du Logone oriental, du Logone occidental et de la Tandjilé. De 1962 à 1999, il ne connaît aucune réforme jusqu'au décret du 1er septembre 1999, qui subdivise la préfecture du Logone oriental en deux départements : le département du Logone oriental et le département des Monts de Lam. Le 17 septembre 2002, une autre réforme administrative a créé un troisième département (Nya-Pendé) dans l'ancienne préfecture du Logone et l'érige en région. Un autre décret du 10 mai 2004 fait, de la sous-préfecture de Bébédjia un département dénommé département de la Nya. Un dernier acte administratif a créé les départements de Kouh-Est et Kouh-Ouest. La région du Logone oriental comprend à la

[32] Pour plus d'informations, consulter MADJIGOTO R. (2007)

date d'aujourd'hui six départements. De nouvelles sous-préfectures sont créées, dont certaines ont des limites encore non déterminées. D'autres sous-préfectures sont détachées d'un département pour être rattachées à un autre.

Notons que ces différentes subdivisions ne sont pas basées sur des considérations géographiques[33], historiques et des relations économiques des groupes de la population mais plutôt sur des intérêts électoralistes des leaders locaux et nationaux, entraînant de multiples conflits encore latents, qui risquent d'exploser un jour comme c'est le cas des autres régions du pays, si rien n'est fait.

La multiplication des circonscriptions administratives obéit plus ou moins à une logique politique. Elle vise, en particulier, l'augmentation du nombre des députés dans des régions favorables. Ce qui fait passer, de 155 à 188, le nombre des députés pour la 3ème législature en cours (Cf. Annexe 3.2, p.405). Ces circonscriptions administratives ne disposent d'aucune structure socio-économique qui les accompagne.

2.7. UNE DYNAMIQUE MIGRATOIRE CONTRAIRE À LA TRADITION, DESTRUCTRICE DE L'ESPACE

Les phénomènes migratoires sont difficiles à apprécier. Il est souvent difficile de distinguer migrations et mobilité qui se différencient souvent par la durée. Par ailleurs, le recensement de 1993 était fragmentaire pour la région du Logone oriental. En l'absence des résultats du dernier recensement, celui de 1993 offre l'opportunité de faire l'étude sur les mouvements migratoires. En effet, ce recensement a retenu cinq variables pour l'étude des migrations : situation de résidence, lieu de résidence à la date du recensement, lieu de naissance, lieu de résidence antérieur et durée de résidence. La migration a été définie comme un changement du lieu de résidence des individus résidant au Tchad, d'une sous-préfecture à une autre ou un changement du lieu de résidence de l'extérieur vers le Tchad (rapport migration-urbanisation). Deux types de migrations ont été étudiées : migration durée de vie et migration subsistance ou dernière migration. La migration durée de vie est celle qui est étudiée par rapport au lieu de naissance tandis que la migration subsistance se réfère au lieu de résidence antérieur.

2.7.1. Le Logone oriental comme région d'émigration avant le projet pétrole

Au Tchad, dans les années 1950-60, on assistait principalement à un mouvement du Sud vers le Nord. Ces mouvements s'expliquent par la mise

---

[33] Même si les dégions et départements portent souvent le nom d'un cours d'eau, d'un relief, etc.

en place d'un personnel administratif originaire en majorité du Sud du pays. Mais, dans les années 1970-1990, il y a un renversement des flux migratoires. Cela s'explique par les cycles de sécheresse particulièrement marquée dans la bande sahélienne qui poussent commerçants ruinés et éleveurs en quête d'eau et de pâturage vers le Sud. Ces groupes de commerçants sont originaires des régions du Ouaddaï, du Kanem et du Baguirmi. Ces tendances, qui ont été perturbées par les événements de 1979, se sont accentuées ces dernières années sous l'effet du développement des activités pétrolières et à la faveur du calme précaire lié à la démocratisation du pays et à la disparition des « *Codos* » au Sud.

L'analyse de la migration inter-préfectorale durée de vie permet de savoir qu'avant le projet pétrole, la population du Logone oriental se déplace en général pour s'installer dans d'autres régions du pays. L'apport par immigration inter-préfectorale représente 5,0% de sa population résidante sédentaire. Le solde migratoire est déficitaire de -8,4% en 1993. Parmi ces immigrations inter-préfectorales, 46,2% ont été recensées dans les centres urbains et 53,8% en milieu rural. Les immigrants au Logone oriental s'installent dans une proportion plus importante en campagne.

2.7.2. Une migration de proximité

Dans le Logone oriental, on peut distinguer des migrations vers les villes et des migrations rurales. Les premières sont encore relativement limitées malgré la croissance rapide des centres urbains. Les secondes traduisent en grande partie des gradients en termes de densités démographiques : elles constituent des soupapes pour les zones à fortes densités, aux sols appauvris et à l'insécurité alimentaire précaire, qui dessinent une diagonale Nord-Ouest et Sud-Est dépassant l'axe Kélo-Doba, vers des zones plus productives encore peu denses, situées plus au Sud.

Quand on considère l'origine de ces immigrants, 39,1% sont nés au Logone occidental, 15,8% au Moyen-Chari, 9,2% dans la Tandjilé et 12,2% sont nés à N'Djaména. 64,1% de ces immigrants sont nés dans les préfectures voisines. Il s'agit beaucoup plus de migration de proximité qui concerne les paysans originaires des préfectures voisines qui s'installent dans les villages du Logone oriental, à la recherche des ressources naturelles encore disponibles dans ce secteur. A l'intérieur de la préfecture, l'attractivité des sous-préfectures sur ces immigrations est favorable à la sous-préfecture de Doba (36,4%) et de Goré (23,0%). Baïbokoum et Bébedjia, quant à eux, représentent respectivement 20,9% et 19,6%. La sous-préfecture de Doba reçoit majoritairement les immigrants en provenance de toutes les préfectures sauf ceux en provenance du Batha, du Logone occidental et de l'extérieur qui s'installent pour la plupart respectivement à Bébedjia (41,9%), à Goré (39,9%) et à Baïbokoum (54,4%). Doba étant le chef-lieu de la préfecture du Logone oriental, il possède un certain nombre d'infrastructures socio-économiques qui peuvent faire la différence avec les autres sous-préfectures. C'est ce qui peut expliquer cette attractivité. Ceux qui viennent de l'extérieur s'installent dans les sous-préfectures qui ont des frontières internationales. C'est le cas de la sous-préfecture de Baïbokoum située à la frontière à la fois du Cameroun et de la RCA et la sous-préfecture de Goré qui est à la frontière de la RCA.

2.8. L'IMPACT DE LA DYNAMIQUE DÉMOGRAPHIQUE SUR LES ACTIVITÉS ÉCONOMIQUES

La population du Logone oriental est passée de 236 180 habitants à l'enquête démographique de 1964 à 441 064 habitants au recensement de 1993 puis à environ 800 000 habitants en 2009. Dans la même période, la densité a augmenté de 8,4 hab/km² à 15,7 hab/km² puis 28hab/km². Cette augmentation de la population s'est traduite par une demande supplémentaire en terres cultivables. Cela a dû entraîner une augmentation de la production. L'accroissement de la population s'est traduit également par un morcellement des exploitations. Il en résulte également une réduction de la période de jachère entraînant un appauvrissement des sols. Par ailleurs, la satisfaction des besoins en énergie domestique a entraîné un déboisement autour des sites de concentrations humaines. Un observateur qui a sillonné la région il y a une vingtaine d'années se rendra compte de ce changement du couvert végétal lié à l'action de l'homme. Car les espaces, autrefois courverts par la forêt, sont dégagés à cause du défrichage et de l'exploitation pétrolière. L'augmentation de la population a imposé des besoins supplémentaires en terres cultivables, en bois de chauffe et en bois pour la construction des habitations. Ce qui accentuera la dégradation de l'écosystème et de la biodiversité. Cette dynamique déjà en cours est accentuée par l'exploitation du pétrole qui a des conséquences négatives sur l'environnement en général (déplacement des populations, destruction des forêts primaires, risque de pollution des nappes phréatiques).

La satisfaction des besoins alimentaires d'une population qui connaît un taux de croissance de plus de 3 % par an et qui va donc doubler dans les 25 prochaines années pose problème. Certains spécialistes estiment qu'il faudrait multiplier par 2,3 les rendements et par 3,1 la productivité du travail pour pouvoir nourrir cette population. Or, pour le cas de la zone, les taux de croissance sont bien supérieurs. Par exemple, le village d'Atan comportait 28 personnes actives en 1999, 1717 personnes en 2002, puis 2913 personnes en 2003.

2.9. LES MODES D'ACCÈS AUX RESSOURCES PROPICES À SON EXPLOITATION

Les principaux modes d'accès aux ressources foncières sont l'héritage, l'octroi ou le partage et le défrichage. Mais, de plus en plus, naissent aujourd'hui de nouveaux modes d'accès aux ressources foncières, la marchandisation (location et achat), dans les zones à fortes densités et plus particulièrement dans la zone pétrolière.

2.9.1. L'héritage comme mode habituel d'accès aux ressources en terres

Au plan des règles d'accès aux ressources naturelles de base, la situation est différente selon qu'il s'agit d'un autochtone ou d'un allochtone. Pour les autochtones, la terre se transmet de père à fils en vertu du droit reconnu à la communauté sur cette terre. La règle en vigueur est donc l'héritage. Ainsi, sur 400 chefs d'exploitation enquêtés, 278 ont obtenu par héritage la terre qu'ils exploitent. Cela représente 68,75%. Néanmoins, compte tenu du fait que la communauté ne reconnaît la propriété de tierce personne sur la terre que lorsque celle-ci l'a marquée d'impact, certaines familles n'ayant pas, par le passé, la capacité de défricher et mettre en culture des surfaces plus importantes sont aujourd'hui réduites à gérer et transmettre de petites surfaces à cause de la situation de saturation que connaissent certains villages actuellement. Dans ces conditions, et contrairement aux pratiques d'usage dans cette région, certains autochtones commencent à louer les terres, surtout dans les zones rizicoles et les jachères de longue durée.

L'accès à l'eau et à la forêt (jachère de plus de 10 ans) pour la cueillette est libre pour tout autochtone. L'exception concerne les cours d'eau appartenant à certaines lignées et dans lesquels se pratique la pêche collective. Quant à la jachère de moins de 10 ans, l'accès se fait après accord du propriétaire de la parcelle ou par location.

Pour les allochtones, l'accès à la terre se fait après avis favorable du chef de village ou, dans certains cas, du chef de canton. Dans d'autres cas, c'est par le biais de la location. Dans ces cas de figure, il n'est pas permis à l'allochtone d'y planter des arbres ou d'y faire des ouvrages durables. Pour ce qui est de l'eau, l'accès est conditionné par l'avis du chef de village ou du chef de l'eau jouant le rôle de prêtre. Des cas de location ne sont pas signalés dans ce domaine. L'accès à la forêt est également conditionné par l'accord préalable du chef de village ou, dans certains cas, du chef de canton. Pour ce qui est de la jachère, le règlement se fait entre le propriétaire et l'allochtone en fonction du lien qui les unit. Certains allochtones sont des parents ou des personnes ayant des coutumes semblables qui ont migré des villages voisins. Dans ces cas, l'accès à la jachère ou à la forêt peut être autorisé après un simple accord. Pour les autres, et dans le cas particulier de la jachère, c'est le principe de la location qui prédomine. Théoriquement, les allochtones n'ont pas le droit de léguer les parcelles qu'ils exploitent à leur progéniture. Néanmoins, lorsque ces derniers s'installent durablement dans le village, ils finissent par être assimilés aux autochtones, et se voient appliquer les mêmes règles que ces derniers.

2.9.2. Le régime foncier des arbres

Le régime foncier des arbres au Tchad a été rarement étudié, mais les principes semblent être à peu près les mêmes à travers les régions. Le propriétaire de la terre, soit un individu, soit un foyer, est également propriétaire des arbres qui y poussent. Si la terre est cultivée, ce droit est rarement disputé. En principe, ledit propriétaire possède aussi les arbres sur les terres en jachère. Un tel droit est discuté si la terre est restée longtemps sans être cultivée et quelquefois le chef ou une autre autorité peut attribuer le terroir à quelqu'un qui vient le lui demander. Si une terre est louée ou empruntée à quelqu'un, les droits sur les arbres fruitiers ne sont pas transférés. Ceux-ci appartiennent au premier propriétaire. Chaque société signale les espèces d'arbres qui entrent dans ces catégories. Des arbres fruitiers sans valeur marchande sont laissés à ceux qui cultivent la terre.

Dans le Logone oriental, pour des raisons démographiques, l'emprunt de terre pour l'agriculture est rare et même absent dans la zone pétrolière à cause de l'introduction de la compensation. Les arbres indigènes restent la propriété du foyer, et ils sont hérités par les fils de la même façon que la terre elle-même. Le chef de ménage ou d'exploitation n'a pas le droit de vendre l'arbre sans l'accord de la famille plus large. Chez les Sar, une femme peut être propriétaire de ce qu'elle hérite ou défriche, si elle est veuve ou s'il n'y a que des filles à la mort du père de famille. Les Mboum considèrent qu'une femme devenue veuve doit rentrer chez ses parents et ne garde pas ces droits ni sur la terre, ni sur les arbres. Pour ces raisons, il est normal que le propriétaire d'un arbre soit également le propriétaire de la ferme où il se trouve.

2.9.3. Des jachères de plus en plus courtes et des mutations des modes d'accès aux ressources foncières

Dans les villages de la région du Logone oriental ayant fait l'objet de notre étude, la durée moyenne de la jachère est de trois ans avec des écarts variant de 2 ans à 10 ans. En général, les terres sont faiblement disponibles eu égard à la densité des populations et à l'emprise des activités pétrolières. Cependant, à Poutegeum où elle est encore très disponible, la durée moyenne de la jachère est de 6 ans. Il en est de même pour des villages pionniers et encore peu peuplés comme Kouh Mouabé (Bodo), Kagpal et Bémoulati (Goré) avec une durée de jachère de 6 à 10 ans. Ce paradoxe apparent s'explique par le fait que la plupart des jachères de longue durée sont effectuées sur les sols sablonneux et pauvres. Les populations de Mbanga, Madjo, Béro dans le canton Béro, celle de Bégada, Mouarom dans le canton de Komé et celles de Maïnkeri, Ngalaba dans le canton de Miandoum estiment que la terre est faiblement disponible à cause de la situation d'immobilisation tacite des terres de la plaine, en allant vers le cours d'eau, par les éleveurs et leurs troupeaux et surtout par les infrastructures pétrolières, notamment la base de Komé 5, l'aéroport et les puits pétroliers de plus en plus denses.

Dans ces villages de la zone d'étude, le seuil d'équilibre est franchi (une étude du CIRAD a montré que, dans la savane, une densité de plus de 30 hab./km^2 ne peut être supportée par la méthode traditionnelle de production agricole) et la tendance vers la saturation semble irréversible. Cette situation semble agir sur le comportement de la population vis-à-vis des règles d'accès à la terre. L'accès à la terre se fait essentiellement par héritage pour les autochtones et par location ou cession par le propriétaire aux allochtones. Il apparaît en conséquence que, dans les situations proches de la saturation, le rôle du Chef de village dans l'attribution de la terre peut s'effondrer progressivement au profit de celui des propriétaires. Ainsi, ce n'est qu'à Poutegeum, Kagpal, Bémoulati et Kouh- Mouabé que la terre est encore disponible et que l'accès pour les allochtones se fait après avis du chef de village.

En définitive, la croissance rapide de la population du Logone oriental a des conséquences sur les systèmes fonciers, à travers l'accroissement des densités de la population et l'accroissement des besoins en ressources foncières, en particulier la terre. Celle-ci est de plus en plus morcellée et prend ainsi de la valeur marchande. Il en résulte la remise en cause des modes traditionnels d'accès aux ressources naturelles. Ainsi, dans la zone de développement des champs pétrolifères, les activités pétrolières ayant pour conséquences une immobilisation des terres et un appel migratoire de la population, les nouveaux modes d'accès aux ressources naturelles naissent. Il s'agit de la marchandisation des terres avec l'avènement du pétrole qui se dispute les terres avec l'agriculture, elle-même en mutation sous l'effet de ce dernier.

CHAPITRE 3

Des activités de production dominées par l'agriculture en mutation sous l'effet de l'exploitation pétrolière

Avant l'insertion du système pétrolier dans les savanes soudaniennes du Logone oriental, l'activité économique du Logone oriental était peu variée. En 1993, l'activité économique de cette région était dominée par l'agriculture qui absorbe 89% de la population active (Division de la Population, 1999). Selon cette même source, le commerce de gros et de détail et les réparations de toutes sortes occupent 5,4% de la population active. Aucune autre branche d'activité n'utilise 2% des travailleurs. Les activités économiques dans la région comme celles des autres régions de la zone soudanienne sont dominées par l'agriculture. Les principales cultures pratiquées sont d'abord les céréales, cultures de subsistance de la population qui continuent à être pratiquées à l'ombre des derricks, ensuite, les cultures commerciales qui tendent à disparaître dans la zone pétrolière au profit de l'arachide ou l'emploi au projet pétrole, plus rentable.

3.1. L'AGRICULTURE, UNE ACTIVITÉ À LA FOIS DOMINANTE ET DIVERSIFIÉE DANS LE LOGONE ORIENTAL

Dans le Logone oriental, comme dans d'autres régions de la zone soudanienne, les conditions naturelles permettent le développement d'une agriculture commerciale et vivrière à la fois variée et dominante sur les autres secteurs de la production. Les catégories socioprofessionnelles suivantes ont été enquêtées (Tableau n°9)

Tableau n°9 : Catégories socioprofessionnelles interrogées

Catégories socioprofessionnelles	**Nombre**	**%**
Cultivateurs (Hommes)	301	75,25
Femmes	19	4,75
Etudiant / Elève	12	3
Sans emploi	21	5,25
Pêcheur	5	1,25
Fonctionnaire	3	0,75
Employé projet pétrole	9	2,25
Petit(e) commerçant(e)	11	2,75
Autres professions	19	4,75
Total	**400**	**100**

Source : Données de terrain, 2010.

Il ressort du tableau n°9 obtenu après dépouillement de nos enquêtes par questionnaire que 75,25% des personnes enquêtées sont des cultivateurs. Cette catégorie est suivie respectivement par les personnes sans emploi (5,25%), les femmes et autres professions (artisan, maçon, menuisier, prostituée, etc.). Les employés du projet ne représentent que 2% des 400 personnes enquêtées. Le faible pourcentage des femmes interrogées trouve sa raison dans le fait que peu de femmes sont des chefs d'exploitation dans notre zone d'étude.

3.1.1. De multiples atouts naturels et humains favorables aux activités agricoles dominées par les cultures vivrières (le mil, le sorgho) et les cultures de rente (le coton, l'arachide)

Les précipitations moyennes annuelles comprises entre 900 mm et 1300 mm, la disponibilité des sols plus ou moins fertiles, l'introduction de la culture attelée, l'organisation des paysans et l'existence de marchés de consommation des produits agricoles, constituent autant de facteurs favorables au développement de l'agriculture dans le Logone oriental. Le système de production agricole est fondé sur la rotation des cultures de rente/céréales avec rarement une jachère en troisième année. Sous l'effet des crises intrinsèques (mauvaise gestion de la filière, retard de paiement aux producteurs, déclassement du coton, etc.) et extrinsèques (baisse du prix du coton sur le marché international, concurrence, etc.) que traverse le coton, principale culture de rente de la zone soudanienne, ce produit est absent aujourd'hui dans les champs pétrolifères. Cependant, il reste présent en dehors de la zone pétrolière. L'arachide tend à occuper cette place des cultures de rente alors qu'à un moment récent, elle était considérée comme une culture vivrière. Le mil et le sorgho, quant à eux, constituent l'essentiel des cultures vivrières, base de l'alimentation de la population du Logone oriental. Ces principales cultures vivrières (mils et sorgho) et les cultures de rente (coton et arachide) constituent les principales occupations de la population et représentent l'essentiel des surfaces cultivées dans le Logone oriental. Selon l'enquête que nous avons réalisée sur le terrain, 82% de la population pratiquent l'agriculture. Ce pourcentage augmente lorsque nous sommes dans la zone du tracé du pipeline (89%). Il baisse dans les champs pétrolifères où 72% de la population continuent à pratiquer l'agriculture. Dans les villages d'observation témoins, 95% de nos enquêtés continuent de pratiquer l'agriculture. Au total, 75% des 400 personnes interrogées cultivent les céréales et l'arachide. Toutefois, d'autres cultures contribuent fortement à l'organisation spatiale et à l'identité de la zone soudanienne (MAGRIN G. 2001). Par contre, les cultures de riz, de niébé, d'igname, de sésame, de fonio, etc., restent marginales jusqu'à une date récente où les pouvoirs publics, dans une démarche volontariste, ont initié à la diversification des cultures (N'GAMINE J. 2006). A cela s'ajoutent les cultures fruitières (mangues, agrumes, bananes, etc.). Ces activités économiques dominées par l'agriculture sont en mutation sous l'effet des facteurs naturels (appauvrissement de certains sols), démographiques (accroissement de la population et des densités), et économiques (exploitation du pétrole).

3.1.2. Organisation spatiale des activités agricoles : du nomadisme spatial à la sédentarisation des champs

En général, le paysage rural de la zone soudanienne comme celui des autres régions d'Afrique est structuré en auréole (MADJIGOTO R. 2007). Pour une utilisation rationnelle du milieu naturel, les paysans ont construit un paysage nouveau. Partout, mais avec beaucoup de nuances, on retrouve trois zones d'exploitation différentes :

- la première zone, la plus restreinte, correspond à la zone des jardins, jouxtant les maisons. Ces zones qui bénéficient des déchets de l'élevage et des ménages sont souvent riches et utilisées par les paysans pour les cultures précoces devant aider à faire face aux périodes de soudure. La zone des jardins de case correspond à une forme d'agriculture intensive à haut niveau de productivité. Le maïs et le sorgho précoce associés à l'oseille et au gombo, nécessaires à l'alimentation en période de soudure, se partagent le domaine des jardins de case. Cependant, la présence de bœufs de trait, de moutons, de chèvres ou de porcs empêche certains villages de pratiquer ces cultures ;
- la deuxième, plus ou moins occupée, est l'auréole des cultures proches des villages. Cette auréole intermédiaire correspond à une agriculture élaborée mais encore étroitement soumise aux conditions du milieu (MONNIER P., 1990)[34]. Certaines parties de cette auréole mises en

[34] Cité par MADJIGOTO R. (2007) : Evolution de l'environnement dans le Logone oriental.

jachère sont exploitées pour le pâturage qui enrichit le sol. En général, les jachères de cette auréole ne durent pas plus de trois ans ;
- enfin, la troisième, inculte, est vouée à une exploitation extensive. Cette partie est souvent occupée par des champs pionniers, isolés dans la savane ou la forêt, exposés aux éleveurs. Cette zone la plus éloignée correspond à une forme d'économie primitive à productivité très faible. Cette structuration, qui peut facilement s'observer sur une photographie aérienne ou une image satellite des années avant 1960 et même quelques années après, a subi une profonde modification sous l'effet de l'introduction du coton, de la culture attelée, de la sédentarisation des éleveurs et des installations pétrolières. L'utilisation de l'engrais chimique permet de cultiver plusieurs années sur le même terrain. Les terrains situés sur les sites d'anciens villages sont cultivés de manière intensive sans jachère ou avec des jachères de courte durée. Ainsi, les systèmes culturaux autrefois « nomades » se « sédentarisent » sous l'effet de ces facteurs.

Les systèmes de production dans le Logone oriental sont diversifiés, associant les cultures de céréales, de légumineuses, d'oléagineux, de tubercules et de coton à un élevage transhumant, avec cependant une tendance à la sédentarisation de plus en plus marquée. Au niveau spatial, selon les observations sur le terrain, les entretiens réalisés et la synthèse bibliographique, la situation n'est pas identique selon les départements.

Dans les départements de Kouh-Est, Kouh-Ouest et de la Nya-Pendé, situés plus au Sud de Doba, malgré la grande percée du coton ces dernières années et une pression démographique moyenne à forte, la production céréalière reste très importante, mais commercialisée très tôt sur les marchés hebdomadaires de Bodo, Béboto, Bédjo, Bégada, Béti, Goré, etc., ou évacuée sur Doba par charrette. Cette zone trouve également un marché de consommation extérieur vers la Centrafrique, en particulier pour l'arachide. Elle ne met pas les populations à l'abri des pénuries qui s'installent dès le mois de mai ou juin. Les paysans vendent précocement et à bas prix leurs récoltes. Le développement de la culture des plantes à racines et à tubercule, notamment dans la région de Goré vers Yamodo, constitue une alternative non négligeable, malgré la pression liée aux animaux transhumants, très peu intégrés à l'agriculture.

Le département de la Pendé constitué par la zone Nord de Doba et qui s'étend à l'Est jusqu'à la zone située au Nord de la région du Moyen-Chari, est marqué par une forte érosion et un ensablement notable. Les sols connaissent une dégradation très avancée, les productions cotonnière et céréalière sont devenues presque marginales. La fermeture de l'usine de Guidari, la faiblesse des activités économiques dans la zone, et l'enclavement lié au faible entretien de la route Doba-Laï et Koumra-Laï, offrent très peu d'espoir aux jeunes des deux sexes (de la région), qui optent pour l'exode vers N'Djaména, où ils sont employés comme domestiques et connus sous l'appellation d'« *universitaires de la rue 40* » (N'GAMINE J. 2006) ou des « *fonctionnaires de la rue 40* ». Ce flux des bras valides vers la capitale est plutôt préjudiciable pour les activités de production agricole et risque, à terme, d'entraîner la région dans un cycle plus complexe d'insécurité alimentaire. Il est donc souhaitable de prendre des mesures appropriées pour les maintenir dans leurs terroirs. C'est l'un des objectifs auquel s'attèlent le BELACD[35] de Doba et AFDI,[36] depuis plus d'une dizaine d'années sans inverser la tendance.

Le Département des Monts de Lam : les systèmes de production de cette zone montagneuse à érosion ravinaire sont caractérisés par l'apparition du tabac comme culture de rente en plus du coton. Très cultivé dans certains cantons comme Padzangué, Gadjibian et Békan, le tabac est collecté par la Manufacture des cigarettes du Tchad (MCT), mais aussi vendu sur le marché frontalier de Mbaïmboum. La proximité avec la frontière camerounaise et la qualité moyenne des sols ont favorisé le développement de la culture du maïs sur les grandes surfaces. Les plantes à racines et tubercule, surtout le manioc, longtemps connues dans cette région, restent développées malgré la pression croissante par endroits des animaux d'élevage transhumant. Même si la production est très largement suffisante, la proximité des marchés frontaliers permet d'écouler tôt ces produits. La construction de la route Komé-Mbéré constitue une opportunité d'ouverture de l'agriculture de cette zone. Cependant, les pistes d'accès dans les grandes agglomérations manquent.

Dans le Département de la Nya, densément peuplé et situé plus à proximité des villes de Doba et de Moundou dans le Logone occidental, les systèmes de production autrefois basés sur les céréales et le coton sont profondément influencés par le démarrage des activités d'exploration et d'exportation du bassin pétrolier de Doba. Pendant les travaux de construction des infrastructures pétrolières, les producteurs se sont tournés vers la recherche d'emploi. Ensuite, organisés en groupements ou non, ils se sont tournés vers les cultures à forte valeur marchande, notamment les cultures maraîchères. Un nombre de plus en plus croissant de vergers se trouvent ainsi implantés surtout autour des grands centres urbains et à proximité des axes principaux.

3.1.3. Caractéristiques des exploitations

Selon l'enquête réalisée sur le terrain, les exploitants du Logone oriental exploitent en moyenne entre 3 à 3,5 ha par personne et par an. Cette moyenne varie selon les Départements mais aussi les cantons. Les principales cultures sont : le sorgho, l'arachide et le pénicillaire, avec des rendements moyens pratiquement similaires dans les départements, à

---

[35] BELACD : Bureau de Liaison des Actions Caritatives pour le Développement.

[36] AFDI est une Association d'Appui pour la Formation et le Développement Integré.

l'exception de l'arachide qui a un rendement plus faible dans le département des Monts De Lam, mais plus fort au Sud de Doba. Les producteurs expliquent ce faible rendement par la pression des rongeurs en phase de maturation des gousses.

Pour les deux départements (Monts De Lam et Nya), les rendements moyens pour le sorgho varient de 560 à 600 kg/ha, selon les résultats des enquêtes sur le terrain ; ceux pour le pénicillaire également varient de 550 à 650 kg/ha tandis que, pour l'arachide, ils varient de 550 à 700 kg/ha. Dans les autres départements situés un peu plus au Sud, des rendements sont légèrement élevés. Ces moyennes, selon les acteurs, en comparaison avec celles de l'ITRAD[37] pour les mêmes cultures pendant les douze dernières années, sont proches, à l'exception de l'arachide. En effet, le rendement moyen de la campagne 1993/1994 à la campagne 2004/2005 est de 684 kg/ha pour le sorgho, 597 kg/ha pour le pénicillaire et 909 kg/ha pour l'arachide.

Dans l'ensemble, la superficie du sorgho est plus élevée dans la région du Logone oriental, suivie de celle de l'arachide et du pénicillaire. Cette situation se confirme bien dans les villages ayant fait l'objet de notre étude. Les trois autres cultures sont suivies par endroits. Il s'agit du coton, du riz et des courges.

Dans les villages où les bas-fonds sont disponibles, la culture du riz, bien que sur des surfaces plus réduites, devient, pour les exploitations, une culture stratégique à cause de la forte possibilité d'écoulement locale et de sa valeur marchande. Dans la zone pétrolière, il ressort de nos entretiens que le coton, connu pour son importance prépondérante dans les systèmes de production en zone soudanienne, n'est cité que dans quelques villages dans l'ensemble des départements de la Nya et des Monts de Lam. Les seules crises internes et externes de la filière coton n'expliqueraient pas, à elles seules, cette situation. En effet, l'apparition de nouvelles activités génératrices de revenus, en particulier l'extraction et la vente de pierres et de graviers dans cette zone « industrialisée », les rémunérations liées aux emplois temporaires et les compensations individuelles ont détrôné, dans cette zone pétrolière, le coton dans son rôle de garant de liquidité à une période donnée de l'année.

3.1.4. Les productions agricoles en mutation sous l'effet de multiples facteurs

Les conditions climatiques, les ressources en terres, les ressources humaines et surtout l'exploitation du pétrole sont les principaux facteurs qui ont induit la mutation des productions agricoles dans notre secteur d'étude. En effet, dans le Logone oriental comme partout ailleurs au Sud du Tchad, les productions agricoles dépendent d'une pluviométrie abondante et bien

---

[37] Institut tchadien de recherches agronomiques pour le développement

répartie dans le temps et dans l'espace, de la fertilité des sols et de leur disponibilité, d'une main-d'œuvre laborieuse mais aussi des conditions nécessaires à la protection des récoltes. Etant donné que ces conditions ne sont pas toujours toutes réunies d'une année à une autre et d'un espace géographique à un autre, les productions suivent également ces rythmes et varient en fonction des cultures.

3.1.4.1. Les productions céréalières variables selon les aléas

Le tableau n°10 présente les estimations des productions de céréales (sorgho, penicillaire, maïs et riz) pour la campagne 2009 dans le secteur de Doba qui regroupe quatre départements : Kouh-Est, Kouh-Ouest, Pendé et Nya. Les deux autres départements, celui de la Nya-Pendé et des Monts de Lam, relèvent d'un autre secteur. Le secteur de Doba compte 14 sous-préfectures, 22 cantons et 580 villages. Il couvre une superficie de 8851 km^2 (ONDR, 2009) [38] et a une population d'environ 382189 habitants. Les nombreuses variétés de mil cultivées au Sud du Tchad sont regroupées en quatre principales : le sorgho rouge (*Sorghum caudatum*), le sorgho blanc (*Sorghum durra*), le petit mil (*Pennisetum thyphoideum*) et les sorghos de décrue (*Sorghum durra, Sorghum caudatum*). Le sorghum caudatum est une variété précoce, appelée localement « Godji » chez les Gor et Lakka ; « Kouna » chez les Ngambaye. Les variétés à long cycle, le mil rouge est appelé localement « Wa Kas » et le mil blanc « Wa Nda ». La photo n°5 montre un mariage difficile entre exploitation céréalière et exploitation pétrolière.

Tableau n°10 : Tableau d'estimation des rendements et des productions de céréales (en tonnes)

Sous-secteur		Céréales				Total
		Sorgho	Pénicillaire	Maïs	Riz	
Bédjo	Sr	491,5	460,5	0	0	952
	R	803	448	0	0	
	P	395	206	0	0	601
Bodo	Sr	7 493	2 642	260	767	11 162
	R	681	506	530	1 020	
	P	5 103	1 637	138	782	7 660
Baké	Sr	2 540	735	186	7	3 468
	R	862	524	700	1 100	
	P	2 189	385	130	8	2 712
Béboto	Sr	3 313	618	285	143	4 359
	R	1 061	590	800	1 600	
	P	3 515	365	228	229	4 337
Dobiti	Sr	2 062	745,5	0	0	2 807,5
	R	938	600	0	0	
	P	1 934	447	0	0	2381
Béti	Sr	2 173	119	281	1 092	3 665
	R	945	506	758	1 280	

[38] Office national de développement rural

	P	2 053	60	213	1 398	3 724
Doba	Sr	7 437	1 616	1 577	4 589	
	R	730	500	1 000	1 748	
	P	5 429	808	1 577	8 022	15 836
Kara	Sr	2 585	1 012	0	986	4 583
	R	750	450	0	700	
	P	1 939	455	0	690	3 084
Madana	Sr	1 232,50	1 371	324	102	3 029,5
	R	765	436	750	700	
	P	943	598	243	71	1 855
Béboni	Sr	1 856	860	144	661	3 521
	R	863	350	600	1 600	
	P	1 602	301	86	1 058	3 047
Bébedjia	Sr	1 948	742	166	605	3 461
	R	900	447	800	1 800	
	P	1 753	332	133	1 089	3 307
Mbikou	Sr	1 386	566	151	477.5	2 580,5
	R	876	406	700	1 150	
	P	1 214	230	106	549	2 099
Miandoum	Sr	5 166	1 229,5	372	808,5	7 576
	R	878	489	619	1 200	
	P	4 536	601	230	970	6 337
Komé Nord	Sr	2 451	1 222	0	412	4 085
	R	700	450	0	1 200	
	P	1 716	550	0	494	2 760
Total secteur	Sr	42 176	14 128	4 880	10 770	71 954
	R	863	494	632	1 426	
	P	34 321	6 975	3 084	15 360	59 740

Source : ONDR, 2009. P = production ; Sr = surface ; R = rendement

L'analyse du tableau n°10 montre que le sorgho occupe une place prépondérante, de par les superficies cultivées, les productions et les rendements. Le total de la production du sorgho pour l'année 2009 au niveau du secteur est de 34 321 t, alors que celle de la pénicillaire est de 6 975 t, celles du maïs 3 084 t et du riz 15 360 t, montrant ainsi l'importance du sorgho par rapport aux autres cultures céréalières. La production totale du secteur pour l'ensemble de ces céréales est de 59 740 t. Par sous-secteur, celui de Doba est venu en tête avec 15 836 t suivi de Bodo avec 7 660 t. L'on peut aussi noter que le maïs et le riz ne sont pas cultivés dans le sous-secteur de Bédjo. Cette production trouve son explication aussi bien dans l'augmentation des surfaces cultivées que dans l'accroissement de la productivité.

Photo n°5 : Mariage difficile entre les plantes céréalières et les installations pétrolières

Source : Cliché MOUTEDE-MADJI V., vue prise en août 2010.

Nous pouvons identifier sur la photo n°5 les installations pétrolières qui s'entremêlent avec une exploitation de céréales. Bien que partageant le même espace sur cette photo, ces deux activités sont opposées. D'une part, les activités agricoles sont pratiquées par des petits exploitants utilisant des moyens plus ou moins rudimentaires. Et, d'autre part, les activités pétrolières sont menées par des multinationales, utilisant un matériel sophistiqué et travaillant jour et nuit. Elles sont donc diamétralement opposées.

En termes d'occupation des terres, ce sont 133 116, 5 ha qui ont été utilisés en cultures vivrières et 10 619,5 ha en culture cotonnière, soit, au total, 143 736 ha, alors que les surfaces cultivées n'étaient que de 121 136,5, soit un accroissement de 18,66% par rapport à l'année 2008. Les surfaces totales exploitées en céréales et coton sont donc passées de 133 484 ha à 143 736. Le graphique n°4 montre l'évolution des principales cultures, à savoir le sorgho, l'arachide et la pénicillaire.

Graphique n°4 : Evolution des surfaces de sorgho, d'arachide et de pénicillaire dans la région du Logone oriental de 1993 à 2005

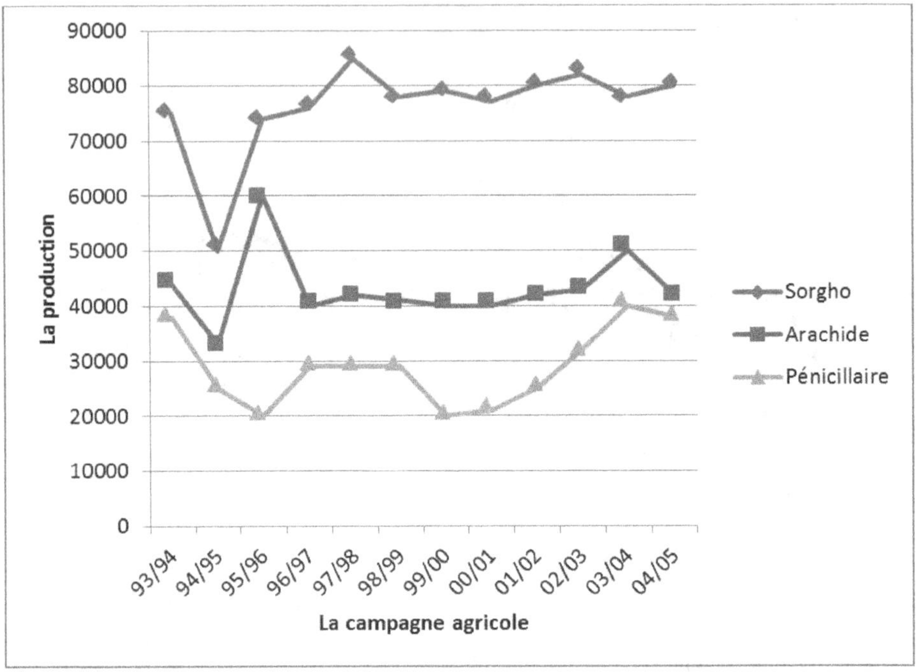

Source : ONDR, 2006.

La lecture du graphique n°4 montre que le sorgho est très cultivé. Les surfaces consacrées au sorgho sont plus élevées que celles exploitées en arachide et pénicillaire. Les surfaces cultivées en sorgho ont baissé jusqu'à 50 000 ha en 1994/95, année de mauvaise pluviométrie. Elles atteignent 85 000 ha en 1997/1998, année de bonne pluviométrie. La surface cultivée en sorgho a baissé ensuite à moins de 80 000 ha de 2000 à 2003, période correspondant au chantier pétrolier, avant de remonter pour atteindre son niveau de 85 000 ha en 2004/2005. Pendant les mêmes périodes, les surfaces cultivées en arachide sont passées d'environ 38 000 ha à 45 000 ha puis ont baissé pendant les travaux de construction à 40 000 ha avant de remonter jusqu'à 50 000 ha. Les surfaces cultivées en pénicillaire, quant à elles, ont suivi également la même logique. De 25 000 ha en 94/95, elles sont passées à 30 000 ha en 97/98 ; 20 000 ha de 2000 à 2003 avant de remonter avec la fin du chantier pétrolier pour atteindre 40 000 ha en 2004/2005.

Cette dynamique de la production et des surfaces cultivées des principaux produits de consommation de la population du Logone oriental a des conséquences sur les ressources forestières qui sont détruites de plus en plus pour laisser l'espace à l'agriculture et à la jachère.

Par rapport au riz, l'Etat, dès les indépendances, dans sa politique de grands projets rizicoles avec maîtrise de l'eau, a entrepris des travaux d'aménagement à environ 15 km à l'Ouest de Doba pour la culture du riz. Cet espace dénommé casier C, de dimension plus modeste que les casiers A et B aménagés respectivement dans la Tandjilé et le Mayo Kebbi, (carte n°1), a pour vocation la production mécanisée dans la plaine de la Nya et de la Pendé. Le casier a été opérationnel pendant les années 1970. Mais les troubles qu'a connus le pays depuis 1979 ont entraîné le départ des expatriés et une désorganisation du casier C, arrêtant ainsi son exploitation. La mission chinoise entretenait les digues, labourait les rizières, fournissait les semences. L'OMVSD[39] disposait du monopole de l'achat du paddy dont il assure l'usinage et la commercialisation. A partir de 1990, sous l'encadrement de l'ONDR, les activités ont repris. Les réseaux d'irrigation et de drainage, jadis sommaires, ont été réaménagés, les stations de pompage mises en service. Les superficies cultivées, de l'ordre de 30 ha en 1998, croissent jusqu'à 201 ha en 2004. Tous les blocs du périmètre ont été repris, de sorte qu'à cette date, la ferme dispose de 500 ha de rizière à maîtrise totale d'eau cultivable deux fois par an. Avec l'appui d'AFRICARE, une ONG américaine, d'autres rizières peuvent être étendues ailleurs. L'espoir de la population riveraine est désormais porté sur les revenus pétroliers devant servir en partie aux relances des activités du casier C pour produire de manière intensive pour le besoin de la population en croissance rapide dans le Logone oriental. Mais cet espoir a été transformé en rêve.

3.1.4.2. Les oléagineux : de la culture vivrière à la culture de rente

Dans un passé récent où la culture du coton constituait encore une source de revenu monétaire pour les paysans et face aux divers besoins de la population, les cultures oléagineuses (arachide et sésame) étaient considérées essentiellement comme des cultures vivrières. Mais, avec la crise du coton ces dernières années, ces cultures sont devenues cultures de rente, malgré l'absence d'un marché organisé.

3.1.4.2.1. Les productions arachidières comme alternatives au coton

L'arachide est l'une des cultures du Logone oriental où son exploitation, du défrichage à la récolte, nécessite une main-d'œuvre constituée du chef d'exploitation, de sa ou ses femmes, des enfants et des proches parents. Le travail se fait souvent en équipe comme le montre la photo n°6.

[39] Office de mise en valeur de Satégui-Déressia basé à Laï

Photo n°6 : Nettoyage collectif d'une exploitation arachidière à Bébédjia

Source : Cliché MOUTEDE-MADJI V., vue prise en juillet 2010.

La photo n°6 présente une équipe de plusieurs composée d'hommes et femmes, en train de labourer dans une exploitation agricole à Bébédjia.

La production d'arachide est essentiellement comprise entre 150 000 et 200 000 t par année avec des exceptions en 1998/1999, 2000/2001 et 2001/2002. Cette culture apparaît de plus en plus comme une culture de rente et vue par les producteurs comme une alternative au coton qui est en crise. Les productions sont vendues sur les marchés hebdomadaires et les grands centres urbains de la région. Au marché hebdomadaire de Bodo, par exemple, à partir de la période de récolte des arachides (septembre) et du sésame (novembre), entre 20 et 30 véhicules arrivent chaque vendredi et samedi sur le marché pour acheter des arachides et les acheminer vers les grands centres urbains du Tchad et même les exporter vers Bangui (RCA) et Brazzaville (Congo-Brazzaville). Comme la filière n'est pas organisée, le prix n'est pas garanti en toute période, ce qui limite encore son véritable essor, tel est le cas au Sénégal.

3.1.4.2.2. Le sésame, une culture en promotion

La production de sésame est très irrégulière malgré les efforts consentis ces dernières années par le BELACD de Moundou pour son développement. Généralement placée en tête d'assolement ou pratiquée sur des sols marginaux à faibles potentialités, la culture de sésame est essentiellement limitée par l'exigence du marché extérieur qui a une préférence pour les variétés à graines blanches. Néanmoins, la demande intérieure reste très importante, surtout en saison des pluies. Malheureusement, la conservation de cette denrée jusqu'en saison des pluies n'est pas maîtrisée par les producteurs, obligeant ces derniers à écouler plus tôt leur production.

Le tableau n°11 présente les productions, les rendements et les surfaces exploitées en oléagineux, tubercules et légumineuses en 2009 par sous-secteurs.

Tableau n°11 : Productions, rendements et surfaces cultivées des oléagineux, tubercules et légumineuses en 2009 dans le secteur de la Péndé

Sous-secteur		Oléagineux		Total	Tubercule	Légumineuses
		Arachide	Sésame		Manioc	Niébé
Bédjo	Sr	451,5	532	983,5	0	499,5
	R	960	310		0	350
	P	453	165	598	0	175
Bodo	Sr	7 528	2 589	10 117	93	2 865
	R	1 559	472		8 000	350
	P	11 424	1 222	12 646	744	1 003
Baké	Sr	713	372	1 085	73	279
	R	1 450	420		1 500	350
	P	1 034	156	1 190	790 5	98
Béboto	Sr	1 773	998	2 771	27	667
	R	1 475	415		9 000	350
	P	2 615	414	3 029	855	233
Dobiti	Sr	648	912	1 560	47	703
	R	1 250	418		8 500	350
	P	810	381	1 191	399,5	246
Béti	Sr	708	325	1 033	895	587
	R	870	432		8 000	350
	P	616	140	756	7 160	205
Doba	Sr	5 564	170	5 734	930	1 834
	R	900	300		8 470	350
	P	5 008	51	5 059	7 877	642
Kara	Sr	542	89	631	0	274
	R	900	300		0	350
	P	488	27	515	0	96
Madana	Sr	1 476	23	1 499	615	1 584
	R	840	300		8 000	350
	P	1 240	7	1 247	4 920	554
Béboni	Sr	491	185	676	159	287
	R	960	300		8 000	350
	P	471	56	527	1 272	100
Bébedjia	Sr	1 435	271	1 706	131	121
	R	987	350		9 000	350
	P	1 416	95	1 511	1 179	42
Mbikou	Sr	1 866	799,5	2665,5	0	330
	R	1 018	415		0	350
	P	1 900	323	2 223	0	116
Miandoum	Sr	3 514,5	2 807	6 321,5	131	543
	R	742	389		9 250	350
	P	2 608	1 092	3 700	1 212	190
Komé Nord	Sr	673,5	349	1 022,5	285	205
	R	742	400		8 000	350
	P	500	140	640	2 280	78
Total secteur	Sr	27 890	10 407		3 406	10 379
	R	1 096	410		8 423	364
	P	30 560	4 269	34 832	28 689	3 778

Source : ONDR, 2009. Sr = surface récoltée ; R = rendement et P = production.

La lecture du tableau n°11 montre que l'arachide est très cultivée dans l'ensemble de ces sous-secteurs. Le sous-secteur de Bodo est le plus grand producteur d'arachide avec 7 528 ha de surfaces récoltées. La surface totale exploitée en arachide est de 27 890 ha contre 10 407 ha pour le sésame, 10 379 ha pour le niebé et 3 406 ha pour le manioc en 2009. En termes de production, ces sous-secteurs produisent 30 560 t d'arachide la même année. Le sous-secteur de Bodo apparaît comme grand producteur d'oléagineux avec une production totale de 12 646 t.

3.1.4.3. Le manioc, une culture menacée de disparition

La production du manioc est très instable et très variable d'une année à une autre, essentiellement à cause de la pression de l'élevage transhumant et de la pluviométrie. Néanmoins, cette culture est maintenue dans certaines zones comme Miandoum (photo n°7) à cause de son rôle important en période de famine et de son rendement élevé. La culture du manioc est en voie de disparition à cause des éleveurs transhumants qui détruisent cette plante qui se développe pendant la saison sèche, période de séjour de nombreux éleveurs au Sud du Tchad. Comme nous pouvons voir sur le tableau ci-dessous, cette plante est en voie de disparition dans les cantons (Bédjo ; Mbikou ; Kara ; etc.) et villages. A Mogo III (Bédjo) par exemple, le manioc est cultivé depuis plusieurs années comme une culture pouvant mieux produire sur un sol qui amorce un degré d'appauvrissement. Ainsi, dans ce village qui a des cultures à « Manga », sur un sol rouge, la rotation de cultures se fait de la manière suivante :

- première année : le mil rouge ou le sésame ;
- deuxième année : la pénicillaire ;
- troisième année : le coton ;
- quatrième année : l'arachide ;
- cinquième année : le manioc et la terre est mise en jachère. Mais à cause de la destruction des éleveurs, le manioc est supprimé dans ce système de rotation vers les années 1990, années correspondant au changement de pouvoir au Tchad et au retour des nouveaux éleveurs[40] plus véreux.

[40] Les nouveaux éleveurs sont des chefs de brigade et hauts cadres du pays qui disposent d'un capital de troupeaux qu'ils confient à un éleveur, souvent doté d'une arme à feu. Pour plus d'information, lire SAMA O. (2003).

Photo n°7 : Une exploitation de manioc à Miandoum

Source : Cliché MOUTEDE-MADJI V., vue prise en août 2010.

La photo n°7 présente une exploitation de manioc sur le terroir de Miandoum, dans le département de la Nya. Cette culture est mise à mal sous l'effet de la pression des éleveurs au point de ne subsister que dans quelques terroirs. Malgré cette menace des troupeaux de bovins qui divaguent dans les exploitations (photo n°8), ces dernières années, on remarque la percée de la culture du manioc de bouche, sous forme de jardins entourés de haies mortes le long des berges de certains cours d'eau, destinée à alimenter les grandes agglomérations. Ce manioc, vendu cru par les femmes, permet aux ménages qui le cultivent de disposer de liquidités pour faire face à certains besoins.

Photo n°8 : Divagation des bovins dans les exploitations agricoles

Source : Cliché Moutedé-Madji V., vue prise en août 2010.

La photo n°8 montre un troupeau de bœufs en divagation. Ces bœufs en pâturage sans la conduite des éleveurs constituent une menace pour les cultures en général et plus particulièrement le manioc qui se développe pendant la saison sèche.

3.1.4.4. La production de niébé

La culture du niébé, bien qu'ancienne, est en extension en zone soudanienne du Tchad. Bien que variant d'une année à une autre, sa production est en constant accroissement. Les insectes constituent la contrainte majeure à la production du niébé, que ce soit au niveau de la plante dans une exploitation ou des graines stockées. L'absence de produits de conservation amène les producteurs à recourir aux pesticides, destinés au traitement du coton pour la protection du niébé. Cependant, au niveau des graines stockées, les traitements recommandés jusqu'à nos jours sont soit inefficaces, soit difficilement maîtrisables par les producteurs rendant difficile sa conservation. Les données statistiques de la production, des rendements et des surfaces exploitées en niébé par canton sont dans le tableau n°11, p111.

3.1.4.5. Les productions fruitières et maraîchères en expansion

Les productions fruitières et maraîchères, bien que relativement importantes en zone soudanienne, n'ont pas fait l'objet d'un suivi statistique de la part des services spécialisés. Le manque de données statistiques ne signifie pas que les deux secteurs sont moins importants. Les productions fruitières sont dominées par les mangues. Selon plusieurs témoignages, les manguiers seraient introduits au Tchad par les missionnaires au début des années 1920. Doba et Moïssala (avec toute la région du Moyen-Chari) seraient les premiers centres où la plantation des manguiers a été développée. C'est d'ailleurs dans ces deux zones, particulièrement dans le Logone oriental qu'on trouve les plus importantes mangueraies. Ces deux zones sont suivies de près par le Logone occidental.

Dans les villages de Gouri et Gongti, situés au Nord de Doba, la vie de la population, constituée en majorité des femmes et d'enfants, dépend en grande partie de la production des manguiers, de la vente du charbon et de l'élevage de petits ruminants. Les jeunes hommes (et de plus en plus des jeunes filles) ont opté pour l'exode rural et, pour faire face aux difficultés alimentaires et financières, des vieux, des femmes et des enfants, qui ont des problèmes de conservation des mangues, les cueillent et les vendent sur le marché de Doba plus proche (environ 15 km pour Gouri et 25 km pour Gongti), pendant la période allant de mars à juin. Les ressources financières issues de la vente des mangues sont utilisées pour l'achat des céréales et autres produits. Une fois la période des mangues passée, la population se tourne vers la production et la vente du charbon[41] qui trouve facilement des débouchés à Doba ou sur les grands axes qui mènent vers les villes de Bébédjia et Moundou. La construction et l'inauguration d'une usine de jus de fruit à Doba en 2011 sur financement des ressources pétrolières allouées à la région pourraient ouvrir un bon débouché aux producteurs de manguiers qui sont souvent confrontés aux problèmes de conservation de ces produits qu'ils vendent tôt et à bas prix.

3.1.4.6. Le coton : une culture en disparition à l'ombre des derricks

Le coton a fait l'objet de nombreux travaux dans ce secteur, notamment ceux de CABOT J. (1965), de MAGRIN G. (2001) et de MADJIGOTO R. (2007). Décrit comme une culture forcée avant d'être une culture revendiquée, le coton est entré dans les mœurs culturales de la zone soudanienne du Tchad devenue désormais la « zone cotonnière ». L'introduction du coton vers l'année 1920 répondait au départ à un besoin économique de la métropole. Le souci principal de la métropole était de doter les colonies en ressources propres afin de limiter autant que possible ses investissements. Après la Seconde Guerre mondiale, l'État français souhaitait augmenter les ressources des colonies. Le coton apparaissait comme l'ultime recours. Sa culture entrait dans le cadre de la nouvelle politique de développement des territoires coloniaux. Elle permettait d'accroître les recettes fiscales pour faire face à l'augmentation des besoins de l'administration territoriale (MADJIGOTO R. 2007).

Au départ, la culture du coton se pratiquait sur de vastes exploitations collectives, villageoises, distinctes des champs de vivriers traditionnels. A partir de 1937, à la disparition des champs collectifs, mal appréciés par les paysans, peu efficaces pour l'augmentation de la production, succède la culture du coton sur des champs individuels groupés par quartier. Elle s'intègre alors dans les combinaisons agricoles antérieures en les modifiant. L'introduction de la culture du coton bouleverse le calendrier agricole, le système de rotation des cultures et de gestion de l'espace agricole de la zone soudanienne. Cette culture a bénéficié de l'encadrement et du suivi, sur le terrain à l'aube des indépendances et après, des agents vulgarisateurs, chargés de l'encadrement et du suivi sur le terrain appelés localement *« Boy coton »*[42]. La culture du coton a connu des années glorieuses pour les paysans avec l'augmentation progressive du prix du kilogramme jusqu'à la période de troubles de la zone soudanienne des années quatre-vingts où elle a été interdite. Des paysans qui pratiquaient cette culture, considérée comme source de revenus du pouvoir en place, sont amendés. Certains ont vu leurs

---

[41] La production et la vente du charbon sont actuellement interdites par les autorités du pays. Cependant, ces mesures ne sont pas respectées dans certains endroits où cette pratique se poursuit de manière frauduleuse.

[42] Un agent encadreur des producteurs de coton

bras amputés par les « *Codos* »[43]. Avec le ralliement de ces derniers, cette culture a été reprise par la population avant de disparaître dans la zone pétrolière, à l'ombre des derricks, malgré l'encadrement technique et institutionnel de la CotonTchad et de l'ONDR.

3.1.4.6.1. Le coton, une culture qui a assez bénéficié de l'encadrement technique et institutionnel

Parmi les institutions qui ont impulsé la culture du coton, il y a la CotonTchad et le Centre régional de recherche agronomique pour la zone soudanienne (CRRA/ZS). La société cotonnière du Tchad, la coton-Tchad, est chargée d'encourager la culture du coton en :

- promouvant la politique du secteur à travers diverses pratiques ;
- distribuant des graines de semence et en facilitant la livraison des intrants aux agriculteurs ;
- transportant et en vendant le coton fibre sur le marché international ;
- achetant, collectant et transportant le coton des villages vers l'usine ;
- égrainant le coton graine en coton fibre.

Ainsi, 26 usines de capacité modeste (1500 à 6000 tonnes chacune) sont créées à travers la zone soudanienne vers les années 50 (MAGRIN G. 2001). Mais les crises financières de la Coton-Tchad et les événements politico-militaires du pays ont provoqué une mauvaise gestion et une désorganisation du secteur, entraînant la fermeture de plus de la moitié des usines. Sur 18 usines en fonctionnement entre 1983-1984, il n'en reste que 6 entre 1987-1988. Les usines de Doba, de Kyabé et de Leré, qui étaient fermées, sont aussi rouvertes, portant leur nombre à 9 aujourd'hui, avec une capacité comprise entre 8 000 t pour l'unité de Kyabé et près de 60 000 t pour celles de Moundou et Pala. Ces usines sont alignées sur environ 700 km de l'Est à l'Ouest dans la zone soudanienne de manière linéaire, de Kyabé à la frontière centrafricaine et de Leré à la frontière camerounaise, formant une « ceinture usinière » ou « cotton belt »[44] au Sud du Tchad.

Le coton, contrairement aux autres cultures, a bénéficié, dès le départ, d'un appui technique et organisationnel de plusieurs institutions. Le Centre régional de recherche agronomique pour la zone soudanienne (CRRA/ZS) couvre les fermes de Békao dans les Monts de Lam, Déli (Logone occidental), Mala, Moussafoyo (Moyen-Chari) et la station de recherche agronomique de Bébédjia (Logone oriental). Il est placé sous la direction du chef de la station de Bébédjia qui est en même temps le chef de centre. Station de recherche spécifiquement cotonnière pendant une trentaine d'années, la station de Bébédjia fait partie des stations de recherche placées par l'Institut français de recherche sur le coton et les textiles exotiques

[43] Un groupe militaire en rébellion
[44] Pour plus d'information, lire la thèse de OLADOKOUN W. (2000).

(IRCT) en Afrique francophone depuis l'ère coloniale. Ce n'est qu'au début des années 1980 que les travaux de recherche se sont étendus aux cultures vivrières, particulièrement le sorgho (N'GAMINE J. 2006)[45]. Un parc à bois avec une vingtaine de variétés de manguiers et d'agrumes est également créé au milieu des années 1980 et sert à la diffusion des plants greffés dans la zone. Passée sous tutelle du Centre de coopération internationale en recherche agronomique pour le développement (CIRAD) en 1990, la station de Bébédjia a diversifié ses activités de recherche organisées autour de trois programmes principaux, à savoir le coton, les cultures vivrières et la gestion des ressources naturelles/systèmes de production. Avec le retrait du CIRAD du Tchad, la station de Bébédjia a été rétrocédée à l'Etat tchadien en 1998, et la structure nationale, l'Institut tchadien de recherches agronomiques pour le développement (ITRAD), a été créée. Très rapidement confrontée au problème financier, la station verra ses activités réduites pour se limiter actuellement à la multiplication de semences de coton et quelques essais entomologiques financés par la CotonTchad, une étude de fertilité des sols sous couverture végétale, le conseil de gestion et la production de boutures de manioc. Les travaux sur les cultures vivrières financés par le Mouvement paysan de la zone soudanienne (MPZS) furent gelés avec les difficultés de financement rencontrées par ce projet à la suite de malentendu avec la Banque africaine de développement (BAD) (N'GAMINE J. 2006). L'ITRAD est essentiellement confronté aujourd'hui au problème de personnel et de matériel de travail, en grande partie lié à la faiblesse de financement de l'Etat tchadien et de ses partenaires.

La Cellule technique chargée de la mise en œuvre de réformes de la filière coton (CTRC) a été créée exclusivement pour réformer la filière coton. La CTRC devait être au départ un observatoire de la filière coton avec l'adoption de la Stratégie nationale de réduction de la pauvreté (SNRP). Avec l'engagement effectif de l'Etat pour la réforme, la CTRC a pour mission, entre autres, d'animer la réflexion avec les partenaires de la filière et de contribuer à l'élaboration d'une stratégie pour la réforme. Un diagnostic de la filière a été réalisé en 1999 à cet effet. Le manque de confiance entre la base et ses représentants au sein du MPZS qui ressort de ce diagnostic, d'une part, et le fait que ce mouvement paysan, qui s'occupe de toutes les cultures, soit beaucoup plus tourné vers le syndicalisme, d'autre part, ont fait apparaître la nécessité de réformer le mouvement paysan. C'est ainsi qu'ont été créés les Comités de coordination locaux (CCL). On en dénombre aujourd'hui dix à raison d'un par usine (deux pour l'usine de Moundou). Nous reviendrons sur les OP[46] plus loin. Après deux années d'existence, le diagnostic des CCL a permis de mettre en place un plan d'action pour la restructuration et le renforcement des organisations des planteurs de coton. Les CCL doivent donc évoluer en coopératives, leur

---

[45]: Il fut directeur du CIRAD pendant plus de 10 ans.

[46] Organisation des producteurs.

statut actuel ne leur permet pas d'exercer des fonctions à but lucratif. Dans le plan d'action, ces coopératives de cotonculteurs doivent, entre autres, assurer les fonctions suivantes :

- Appui technique aux producteurs ;
- Commercialisation du coton graine ;
- Approvisionnement des producteurs en intrants ;
- Développement des relations d'affaires ;
- Participation à la définition de la politique de la filière.

Ce plan a été financé par le PSAOP[47] pour un montant de 1,9 million $ US contre les 4 millions prévus au départ (N'GAMINE J. 2006). Une vingtaine de thèmes de formation ont été identifiés dans ce plan pour le renforcement des capacités des cotonculteurs. La mise en place de l'équipe technique de la feuille de route sur les aspects de la privatisation semble limiter le rôle de la CTRC à l'accompagnement et au renforcement.

3.1.4.6.2. Les organisations de base dynamiques des producteurs avec la culture du coton

Avant l'introduction de la culture du coton qui a joué un rôle déterminant dans la structuration du monde rural en zone soudanienne, d'autres organisations spontanées ou occasionnelles y existaient. Elles sont créées en fonction de l'activité pratiquée. Les formes associatives traditionnelles y étaient bien visibles et traduisaient une prédisposition à s'organiser autour d'intérêts communs :

- champs collectifs (travaux champêtres) ;
- entraide collective et rotative pour les travaux d'entretien des cultures ;
- soutien collectif à un jeune homme par des travaux au bénéfice de la belle-famille pour appuyer la demande de la main d'une fille ;
- travaux collectifs de construction ;
- gestion collective des ressources naturelles (pêche ou chasse traditionnelles collectives, distribution réglementée des terres cultivables) ;
- secours collectifs et spontanés à un sinistré, etc.

Aujourd'hui, nous rencontrons encore ces associations d'entraide et de solidarité dans le travail, même si la colonisation a désarticulé ces systèmes et a fait prévaloir des valeurs extérieures au milieu sous prétexte de modernisation.

En effet, la nécessité de se regrouper pour faire face à une situation donnée était connue depuis fort longtemps par les populations comme souligné plus haut. Certaines tribus, par exemple, pratiquaient elles-mêmes

---

[47] PSAOP : Programme d'appui aux organisations des producteurs.

la mise en commun des vivres pour faire face à la soudure (N'GAMINE J. 2006). Avec le développement de la culture du coton et dans une perspective de privatisation, ces associations ont été refondues en Association villageoise (AV). Au sein d'une AV, existent plusieurs groupements qui s'impliquent dans l'organisation et la production du coton, contrairement aux autres cultures. La culture du coton a imprimé sa marque sur le paysage à travers la géométrie des champs, leurs regroupements, l'entretien des routes devant servir à leur collecte, etc. Du village à l'usine, l'espace cotonnier de la zone soudanienne semble fonctionner comme un véritable système spatial autonome, bénéficiant d'un regard particulier des autorités dès les indépendances. Les superficies cotonnières représentent une part importante des superficies et donc des paysages : Elles occupent entre 30 et 40% des surfaces agricoles (MAGRIN G. 2001).

3.1.4.6.3. Le coton, une culture en crise avant l'ère pétrolière dans le secteur

Malgré les différents atouts, le coton a connu une crise liée aux facteurs internes et externes. Ces crises ont eu une forte répercussion sur le coton, non cultivé dans les champs pétrolifères aujourd'hui. Le système marché auto-géré, instauré et accueilli au départ par les producteurs et les initiateurs, a atteint très vite ses limites avec la caution solidaire qui consiste à payer, au sein du groupement ou de l'AV, les frais d'engrais des producteurs dont le coton n'a pas bien produit, par les revenus des membres de leur organisation. A cela, s'ajoutent d'autres maux qui minent le secteur coton :

- l'évacuation tardive du coton par la CotonTchad ;
- le déclassement du coton qui a pour conséquence les faibles revenus ;
- l'attente à l'usine pour avoir la caisse ou l'argent du coton ;
- les paiements tardifs. Les cotonculteurs, ayant compté sur l'argent du coton pour acheter les céréales, connaissent de sérieux revers liés à l'augmentation des prix des céréales et à la raréfaction des produits sur le marché ;
- la corruption des agents de la CotonTchad ;
- les suspicions et ou les détournements de l'argent des producteurs de coton par certains de leurs représentants ;
- la confiscation des revenus cotonniers par la coton Tchad pour des impayés des années de crises, etc.

Ces facteurs négatifs, couplés avec l'avènement du pétrole, ont entraîné l'abandon de cette culture par les paysans de la zone pétrolière qui, désormais, se tournent vers des opportunités d'emplois et d'affaires du projet pétrole. Toutefois, en dehors de la zone pétrolière, le coton demeure avec l'arachide qu'il talonne et même dépasse dans certains endroits, la principale culture de rente pour le monde rural. En effet, le coton est la seule culture de la zone qui bénéficie d'un marché organisé par la CotonTchad et d'un encadrement pour les populations à travers l'ONDR[48], de moins en moins présent aujourd'hui sur le terrain. Il faut souligner qu'en zone pétrolière, les mentalités paysannes ont changé depuis le début des travaux de construction du projet pétrole en 2000. Les populations de Komé et celles de Doba en général ont diversifié leurs activités. Jadis, le coton était considéré comme la première ressource du Tchad, mais, depuis l'exploitation du pétrole et son exportation en 2003, les populations tchadiennes accordent peu d'importance au coton. Les politiques de développement du coton satisfont peu les cotonculteurs qui sont de plus en plus tournés vers d'autres activités génératrices de ressources, telles que le commerce, l'emploi et les vivriers marchands plus rentables.

3.1.4.7. La cueillette comme alternative à la soudure

Les populations des villages concernés par l'étude pratiquent toutes la cueillette, en particulier le karité, le néré et le tamarin. Les produits et sous-produits issus de cette cueillette jouent un rôle non négligeable dans la qualité alimentaire, l'amélioration et la diversification des revenus des ménages. En général, les hommes pratiquent avec les femmes la cueillette de néré. Par contre, celle de karité et de tamarin est essentiellement le fait des femmes et des enfants. A part ces principaux produits de cueillette, la population du Logone oriental exploite d'autres plantes sauvages. Celles-ci constituent non seulement un complément alimentaire de la population, mais aussi une alternative pendant la période de soudure. Les exploitations des villages concernés par l'étude combinent les activités d'agriculture, d'élevage, de pêche, de petit commerce, de vente de bois et de charbon de bois[49], de vente de main-d'œuvre familiale en période de soudure et de maraîchage. La vente de la paille pour l'habitat (toiture des cases et secko pour la clôture), citée par la population surtout dans le département de la Nya, pourrait être considérée comme un indicateur de la saturation de l'espace et de la pression anthropique sur les ressources foncières. En effet, les feux de brousse, la réduction de la durée de la jachère et le surpâturage peuvent entraîner le recul du front de graminées pérennes rendant rare cette matière première, capitale pour l'habitat des tranches les plus vulnérables de la population.

---

[48] Office nationale de développement rural, connaît beaucoup de problèmes liés au manque des moyens financiers ces dernières années.

[49] La vente de charbon de bois vient d'être interdite par les autorités alors que le bois et le charbon de bois constituent les seules sources d'énergie utilisées dans le monde rural au Tchad en général.

3.2. L'ÉLEVAGE, UNE ACTIVITÉ EN PLEIN DÉVELOPPEMENT SOUS L'EFFET DE MULTIPLES FACTEURS

Ce paragraphe traite de l'élevage, qui est en expansion dans le Logone oriental, sous l'effet de plusieurs facteurs dont les conditions naturelles, le développement de la culture du coton, etc.

3.2.1. Le coton comme facteur de développement de l'élevage bovin dans le Logone oriental

Dans le Logone oriental, comme dans les autres préfectures du Sud du Tchad, l'élevage de petits ruminants (ovins, caprins, porcins) est pratiqué depuis des siècles. Le nombre d'ovins et de caprins est passé de 137 900 en 1986 à 147 800 en 1988 et à 166 370 en 1992 (Division de la Population et des Ressources Humaines 1998). Avec le développement de la culture attelée se développe un élevage de bovins villageois. En effet, l'introduction de la culture du coton dans le Logone oriental vers les années 1920 a nécessité par la suite une culture attelée pouvant permettre de défricher de grandes superficies en peu de temps. Ainsi, les ressources financières du coton, culture obligatoire, servaient essentiellement à payer l'impôt. Cependant, après les indépendances, le coton permettait aux paysans, d'acquérir des paires de bœufs d'attelage et de régler de nombreux problèmes sociaux. Les éleveurs, déjà attirés par le milieu naturel favorable, puis par l'existence d'un marché de bétail auprès des planteurs de coton, ont continué à affluer vers la zone. A cet élevage bovin villageois, s'ajoute un important troupeau de bovins lié au courant de transhumance en provenance du Nord et du centre. Il en résulte des tensions spatiales et la détérioration des rapports entre les cultivateurs et les éleveurs (LEO DE HAAN et al. 1997).

3.2.2. Des facteurs naturels et humains favorables au pastoralisme

L'accroissement de l'élevage bovin dans le Logone oriental s'explique par de nombreux atouts naturels et humains dont dispose la région, en particulier par l'importance du réseau hydrographique dominé par le Logone et la Pendé ainsi que leurs nombreux affluents (Nya, Lim, Mberé, etc.) qui offrent de pâturages en toute saison. Comme l'a bien souligné SOKEMAWU K. Y. (2008), *« Les conditions du milieu naturel régulent des mouvements pastoraux »*. Car le souci majeur des éleveurs est la recherche du pâturage et de l'eau. La baisse de la pluviométrie ces dernières années, entraînant le recul du front de la mouche tsé-tsé et surtout la sécheresse dans leur milieu de départ (Sahel), contribue largement à l'explication du mouvement et à la sédentarisation des éleveurs dans le Logone oriental. Par ailleurs, des postes vétérinaires ont été créés dans la région (Doba, Bodo, Béboto, Bébédjia, Goré, Baïbokoum), constituant ainsi un facteur favorable au développement de l'élevage. Parmi les éleveurs qui, traditionnellement, effectuaient des transhumances dans le Logone oriental en particulier et dans la zone soudanienne en général, certains se sont sédentarisés.

3.2.3. Du nomadisme à la sédentarisation de l'élevage

Les éleveurs, habitués à la transhumance entre le Sahel et le Sud du Tchad, ont changé leurs modes de vie sous l'effet de la détérioration des conditions naturelles dans le Sahel, en se sédentarisant dans le Logone oriental. Ces éleveurs transhumants, sédentarisés avec l'accord des principaux chefs traditionnels, développent de plus en plus une transhumance de faible amplitude et s'adonnent à la culture, en particulier celle du maïs. Cette transhumance de faible amplitude, justifiée entre autres par l'abondance des ressources en eaux, consiste à éloigner les troupeaux des zones de culture vers les jachères de longue durée et la forêt en saison des pluies et à les ramener en saison sèche aux abords de leurs habitations, à la recherche des résidus de récoltes.

Le développement simultané des activités d'élevage et d'agriculture dans cette zone, la croissance démographique et l'augmentation considérable du cheptel dans un contexte de dégradation des sols et de pluviométrie régulièrement déficitaire et mal répartie ont commencé, ces dernières années, à engendrer des conflits récurrents entre les différents acteurs. Le développement des activités pétrolières dans cette zone, globalement en voie de saturation, avec les immobilisations conséquentes et plus ou moins temporaires des terres, ont contribué à accroître la pression sur les ressources naturelles d'une manière générale.

3.3. AUTRES ACTIVITÉS ÉCONOMIQUES DE LA POPULATION

Hormis les activités pétrolières qui feront l'objet du prochain chapitre, les autres activités économiques pratiquées dans la région du Logone oriental sont la pêche, le commerce et l'artisanat.

3.3.1. La pêche : une activité peu étudiée

Peu d'études sont à notre connaissance réalisées sur les ressources halieutiques dans le Logone oriental, voire au Tchad. Les quelques rares travaux qui existent sont ceux de la FAO[50], du projet d'Exportation Tchadien

---

[50] FAO : Food and agriculture organisation (Organisation des Nations unies pour l'alimentation et l'agriculture)

et du GRAMP/TC[51]. Ces travaux fournissent quelques informations sur la pêche et les poissons en Afrique, au Tchad et dans la zone pétrolière. Les ressources halieutiques constituent les potentialités qu'offre le milieu physique dans le domaine de la pêche. Il s'agit des ressources en eau comme support des organismes, objet d'exploitation en matière de pêche. Selon la FAO, citée par GRAMP/TC (2007), environ 5000 espèces fréquentent les eaux douces dont 2000 en Afrique. L'Europe compte 130 espèces et la France 61 espèces. Au Tchad, où beaucoup de zones piscicoles restent à prospecter, on enregistre jusqu'à ce jour 177 espèces réparties dans 17 familles et 74 genres présentes dans les systèmes des bassins du lac Tchad et du bassin adjacent du Mayo-Kebbi. BLACHE J. (1964), a identifié 135 espèces de poissons pour le bassin du lac Tchad et le bassin adjacent du Mayo-Kebi (BLACHE J. et MITON F. 1964), cités par GRAMP/TC (2007). L'étude d'impact environnemental de 1998 a enregistré 12 espèces qui n'ont pas été mentionnées par les chercheurs de l'ORSTOM dans les années 1960 (Projet d'exportation tchadien, 1999). Selon LOWE-M. C. (1987), cité par GRAMP/TC (2007), il existe environ 176 espèces de poissons dans le système Chari-Logone-Lac-Tchad composées de 23 familles différentes. SAGUA V. O. (1990) pense que, seules, 14 familles de poissons comprenant 27 genres différents semblent offrir un intérêt commercial pour la pêche. Selon la FAO (1991), citée par GRAMP/TC (2007), le Tchad est le mieux loti des pays du Sahel en pêcheries avec 46% de superficie. Quant à la répartition des captures de la pêche continentale, le Mali se place en tête avec 42,2% tandis que le Tchad occupe la seconde place avec 21,1%.

La pêche est rendue possible grâce à l'importance du réseau hydrographique de la région. Elle est pratiquée soit de manière collective, soit de manière individuelle par la population, généralement pendant la saison sèche où les activités agricoles sont réduites. « Le pêcheur tchadien sait exactement où se trouve le poisson et quelles sont ses habitudes. Il utilise ses engins ou modifie ses techniques en conséquence, de façon à obtenir les meilleurs rendements. Le fait que des quantités considérables de poisson puissent être capturées pendant les hautes eaux, période de la dispersion maximale, illustre à suffisance l'ingéniosité et la parfaite connaissance du milieu par le pêcheur tchadien. Il sera donc à peu près inutile d'espérer augmenter la production piscicole en agissant sur ces techniques parfaitement mises au point et encore plus illusoire d'introduire tels quels des engins ou techniques européennes » BLACHE J. et MITON F. (1964), cités par GRAMP/TC (2007).

Dans la région du Logone oriental, la pêche est pratiquée par des professionnels et occasionnels. Le Logone, la Pendé et leurs affluents ainsi

---

[51] GRAMP/TC : Groupe de recherches alternatives et de monitoring du projet pétrole Tchad-Cameroun. Une ONG membre du réseau des organisations de la société civile qui suit les activités pétrolières au Tchad.

que les nombreuses rivières et mares de la plaine du Logone-Pendé, offrent des opportunités à la pratique de la pêche. Plusieurs engins sont utilisés pour les captures : filet, palangre, épervier, chambre à capture, nasse, etc. Il existe des pêches communautaires et rituelles.

3.3.1.1. La pêche rituelle et communautaire

Réunissant un nombre variable de participants (une dizaine à plusieurs centaines), elle associe toutes sortes de techniques à l'exclusion des lignes et des filets tirés. Sous la direction d'un « chef de l'eau », qui donne le signal de départ par un appel à la « corne de pêche », les différents groupes se forment, munis des mêmes engins : les petits filets portatifs et les paniers de capture pour les femmes d'un côté et les hommes armés de lances et tridents de l'autre pour éviter les accidents. Elle réunit toutes les catégories de la société (hommes, femmes et enfants) (photo n°9). A la fin de la pêche, le « propriétaire » de l'eau prélève la partie qui lui revient.

Photo n°9 a : La pêche collective

Source : Cliche MOUTEDE-MADJI V., (2009).

Photo n°9 b : La pêche collective

Source : Cliche MOUTEDE-MADJI V., (2009).

Comme nous pouvons l'observer sur les deux photos (n°9a et 9b), la pêche communautaire mobilise les hommes, les femmes et les enfants qui utilisent divers matériels de capture. Les hommes en tenue militaire (photo n°9a) viennent également prélever leur part de poissons.

Pêches rituelles

Les pêches communautaires, présidées par un dignitaire intéressé par la pratique, ont un caractère spécifiquement « rituel ». La célébration, une fois par an, a pour but de rétablir l'ordre naturel de la pêche, menacé par la sécheresse ou la maladie (Pêche des Ancêtres, Pêche du Génie des eaux, Pêche-dieu) ou pour renouveler annuellement la bénédiction sur le village (Pêche du *« bain de pieds du roi » à Bédaya*), (TIDANBAY D. 1982, cité par GRAMP/TC 2008). Le critère qui permet de distinguer ces pêches rituelles des pêches communautaires ordinaires, c'est que le poisson ne peut être vendu. La pêche rituelle se pratique en saison sèche, dans des mares ou des cours d'eau peu profonds. La pêche rituelle communautaire est subordonnée aux normes de la tradition :

- interdiction de siffler ou de chanter pendant la pêche ;
- interdiction de déposer hors de l'eau les poissons capturés. Les produits capturés restent dans leurs paniers immergés, sous la

surveillance des enfants. Le non-respect de cet interdit « *enlève l'esprit des poissons hors de l'eau* » et donc compromettrait le succès de la pêche ;

- interdiction de consommer du poisson sur place avant la fin de la pêche ;
- interdiction de sortir avec le panier de capture pour l'utiliser comme un objet sur lequel on peut s'asseoir ;
- interdiction à ceux qui ont consommé la viande de chèvre de participer à la pêche. En effet, celui qui a mangé de la chèvre est porteur d'une chance exceptionnelle qui lui permettra de capturer une plus grande quantité de poissons que les autres. Ce qui équivaut à « un dopage pendant une compétition sportive ».

La pêche communautaire ordinaire, organisée sous l'autorité d'un chef de l'eau, a lieu au moment prévu par celui-ci et sur son invitation. A la veille, il lance un appel soit à la corne, soit par proclamation explicite, pour inviter les riverains à se rendre le lendemain à l'endroit réservé pour la pêche. Le lendemain, il part du village, muni de différentes feuilles d'arbres qui représentent chacune une espèce de poisson : ainsi, la feuille de *Daniellia oliveri* représente le « capitaine », celles de *Terminalia macroptera* l'*Heterotis niloticus, Lophira lanceolata* le *Gymnarchus niloticus,* etc. symbolisent les noms des poissons. Arrivé à l'endroit de la pêche, il prononce d'abord une bénédiction.

Les produits de la pêche sont consommés, et de plus en plus vendus aujourd'hui sur les marchés par des femmes commerçantes ou « *Mosso* ». Ces produits de la pêche se présentent sous plusieurs formes : frais, fumés et séchés sur les marchés hebdomadaires et les centres urbains de la région. L'augmentation de la population et la circulation de l'argent par les pétroliers amènent les pêcheurs à exploiter de plus en plus les ressources halieutiques de la région, en utilisant des instruments prohibés comme les filets à petites mailles qui n'épargnent pas les alevins de la capture.

3.3.2. Le commerce, une activité dominée par les immigrants mais qui attire de plus en plus les autochtones.

Bien qu'il existe depuis la traite négrière et même avant le commerce transsaharien entre les savanes soudaniennes et les royaumes des zones sahariennes et sahéliennes, le commerce reste aujourd'hui une activité encore peu développée et occupe une faible proportion de la population. Dans le Logone oriental, comme dans la plupart des régions du Tchad, le commerce est abandonné par les jeunes du Sud entre les mains des immigrants du Nord du Tchad. Ces derniers sont présents partout, depuis les villages les plus reculés jusqu' aux centres urbains les plus denses. Ils marquent facilement le paysage par la diversité de leurs produits et leur présence. Mais, depuis quelques années, avec les faiblesses des rendements liés à l'appauvrissement des sols, la multiplication des marchés hebdomadaires et récemment avec le chantier pétrolier, les jeunes du Sud, en particulier des femmes « Mosso », sont de plus en plus présents sur le marché. Ils interviennent dans la vente des produits agricoles, des produits de l'élevage, de la pêche, la vente de boissons alcoolisées aussi bien locales que manufacturées, etc. Certains ont fait des percées pour devenir des fournisseurs à Esso et ses sous-traitants. C'est le cas du groupement des maraîchers du Logone.

3.3.3. L'artisanat, une activité destructrice des ressources forestières

Dans le Logone oriental, l'artisanat était peu développé jusqu'à un moment récent. Cette activité occupe peu de personnes pendant la saison sèche, période où les artisans tressent les nasses, les nattes, les seckos. Ils fabriquent des bancs, des tables, des mortiers, des pilons, etc. La fabrication de ces objets nécessite une coupe des bois, occasionnant ainsi la destruction de la flore. Cette activité s'est développée et est même pratiquée à toutes les saisons à l'ère pétrolière, en particulier dans les villages spontanés comme « *Atan* », entraînant une pression supplémentaire sur les ressources forestières. La distribution des déchets de bois issus des activités pétrolières par Esso à ces artisans contribue, en partie, à l'atténuation de ces effets sur les ressources forestières, déjà menacées par la dynamique démographique.

3.4. ACTIVITÉS PÉTROLIÈRES ET LEURS EFFETS SUR LES RENDEMENTS AGRICOLES

Ce sous-chapitre tente d'analyser les effets des activités pétrolières sur les productions et les rendements agricoles. Il démontre comment les poussières, les fumées et les lumières permanentes sur les sites des activités pétrolières, agissent sur les plantes et, partant, sur les productions et les rendements.

3.4.1. Les effets des activités pétrolières sur les rendements agricoles

Selon les données actuellement à notre disposition, l'impact du projet pétrole de Doba sur les espaces agricoles, les productions et les rendements agricoles reste confus. Les personnes enquêtées dans la zone pétrolière, (la zone du développement du projet et dans la zone du tracé du pipeline) s'accordent à dire que le projet est à l'origine de la baisse de rendement. Ils soutiennent leur thèse par le fait que la fumée des torches et les poussières des véhicules se répandent sur les feuilles des plantes, en particulier des manguiers et empêchent leur développement entraînant la baisse des rendements. Or, les données sur dix ans fournies par les services de l'agriculture, correspondant à la période de chantier et de l'exploitation pétrolière, en particulier pour les mils et le sorgho, principales cultures vivrières très développées dans la zone pétrolière, semblent prouver le contraire comme le montrent les graphiques n°5 et n°6. Etant donné que la fiabilité de ces données collectées reste à vérifier, l'hypothèse des personnes enquêtées sur le terrain semble plausible. Ces graphiques d'évolution des rendements du mil et du sorgho, principales cultures vivrières du Logone oriental permettent, d'analyser l'incidence de l'exploitation pétrolière sur les exploitations agricoles.

Graphique n°5 : Evolution du rendement du mil (kg/ha) entre les campagnes agricoles 1999/2000 et 2008/2009

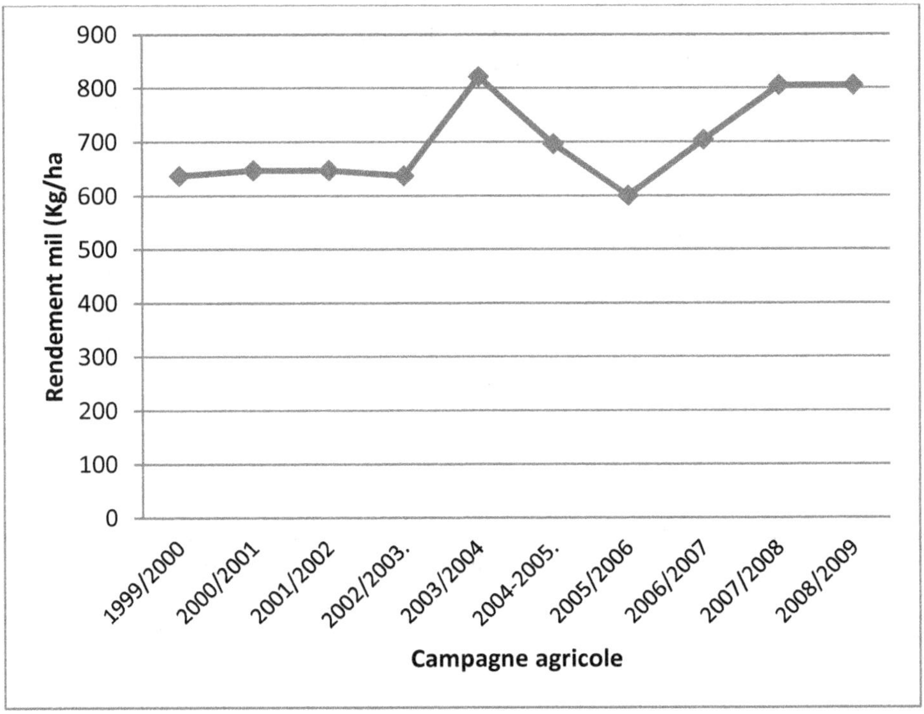

Source : ONDR[52], 2009.

[52] Office national de développement rural.

Graphique n°6 : Evolution du rendement du sorgho (kg/ha) entre les campagnes agricoles 1999/2000 et 2008/2009

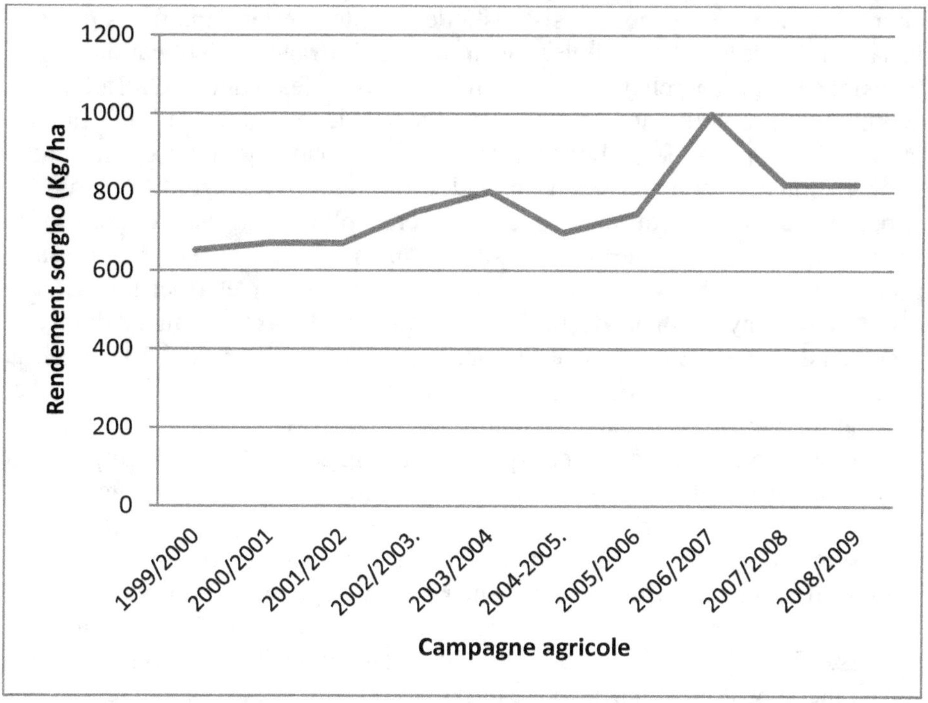

Source : ONDR, 2009.

Les graphiques n°5 et n°6 montrent que, pour les deux principales cultures de consommation du secteur que sont le mil et le sorgho, c'est en 2004-2005 et 2005-2006 que les rendements ont baissé. Il y a une reprise de rendement pour les campagnes suivantes. Cela paraît paradoxal que 100 % des enquêtés de la zone pétrolière affirment que les rendements ont baissé avec l'exploitation pétrolière. Ce paradoxe pourrait se justifier dans les chiffres, au niveau du ministère de l'Agriculture, qui ne sont pas aussi fiables, du fait parfois des simples estimations de bureau qui n'ont rien de concret sur le terrain, et qu'il faut donc prendre avec réserve. C'est pourquoi une étude agronomique s'impose pour élucider cette situation afin de proposer des solutions appropriées.

3.5. LES PERTURBATIONS PHÉNOLOGIQUES DES PLANTES CULTIVÉES

Dans la zone d'implantation du projet, les cultures, comme nous l'avons dit, cohabitent avec les infrastructures pétrolières. D'après la population locale, le problème crucial est celui des rendements. Pendant le cycle végétatif des plantes, la montaison se fait normalement. Ce qui surprend, c'est que la montaison dure plus qu'il ne le faut, si bien que les périodes de floraison et de fructification dépassent la saison végétative (saison de pluie). Comme conséquence, nous assistons à des plantes vertes sans fruits pendant la saison des récoltes et qui ne servent que de fourrage. L'explication la plus plausible est à rechercher dans l'éclairage continu des plantes. On sait que la synthèse chlorophyllienne se passe en présence de la lumière le jour. La nuit, la plante transforme le carbone capté le jour par photosynthèse en nutriment pour s'alimenter pour passer d'un stade à un autre. Or, quand la plante est exposée de façon continue à la lumière, elle continue à exercer la photosynthèse qui lui permet de grandir, mais n'a pas le temps nécessaire pour transformer les substances en aliment pour fleurir et fructifier. Le cas d'un paysan, ayant 4 ha de pénicillaire qui n'ont pas produit et dont une requête adressée à ESSO est restée sans suite, nous a été révélé à Danmadja. Il en est de même pour de nombreux paysans de Béro II, Ngalaba, Dokaidilti, Mbanga, Bégada, Maïnkeri, etc.

En outre, on se fait des idées que le gaz dégagé des torches comporterait de l'azote susceptible d'être récupéré et transformé en engrais azoté pour la modernisation de l'agriculture. Le développement anormal des plantes, si elles sont fixatrices d'azote, peut être lié à la présence de cet azote dans l'air. L'excès d'azote dans l'air peut entraîner ce développement anormal.

De ce qui précède, les conditions pour la baisse de rendement sont réunies. Toutefois, ces hypothèses, bien que plausibles, nécessitent une recherche approfondie sur le cycle et les conditions de développement de ces plantes pour mieux éclairer la situation.

3.6. EFFETS DES ACTIVITÉS PÉTROLIÈRES SUR LES PRIX DES PRODUITS AGRICOLES

Bien qu'il y ait eu inflation par rapport au prix des produits sur le marché, l'exploitation pétrolière n'a pas eu une grande incidence sur les prix des produits agricoles (graphiques n°7a, 7b, 7c, et 7d). Ce qui ne profite pas aux paysans du Logone oriental qui n'ont, pour ressources, que les revenus agricoles.

Graphique n°7a : Evolution mensuelle des prix des céréales de 1998 à 2008

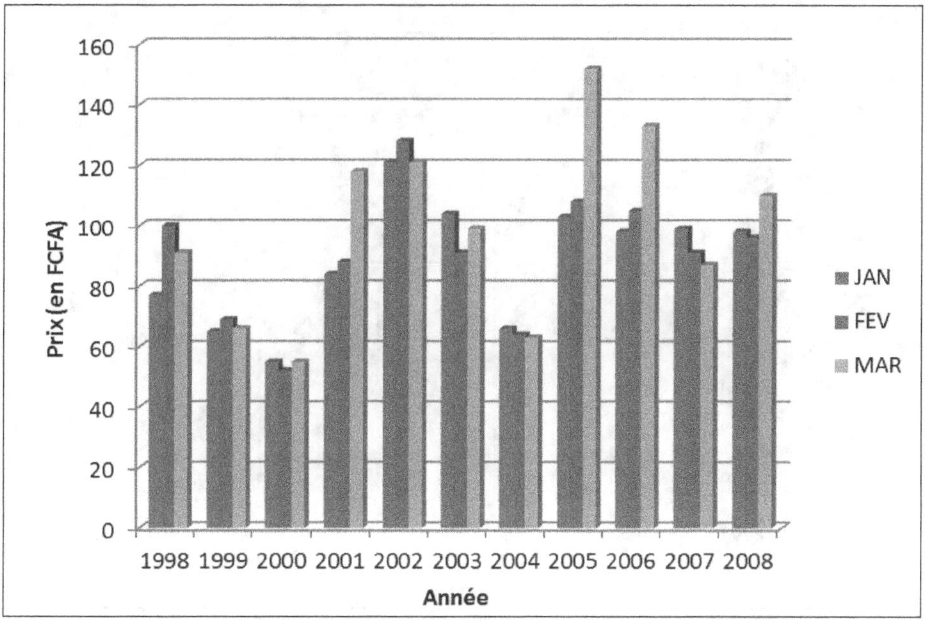

Source : SIM[53], 2009.

Graphique n°7b : Evolution mensuelle des prix des céréales de 1998 à 2008 (en F CFA)

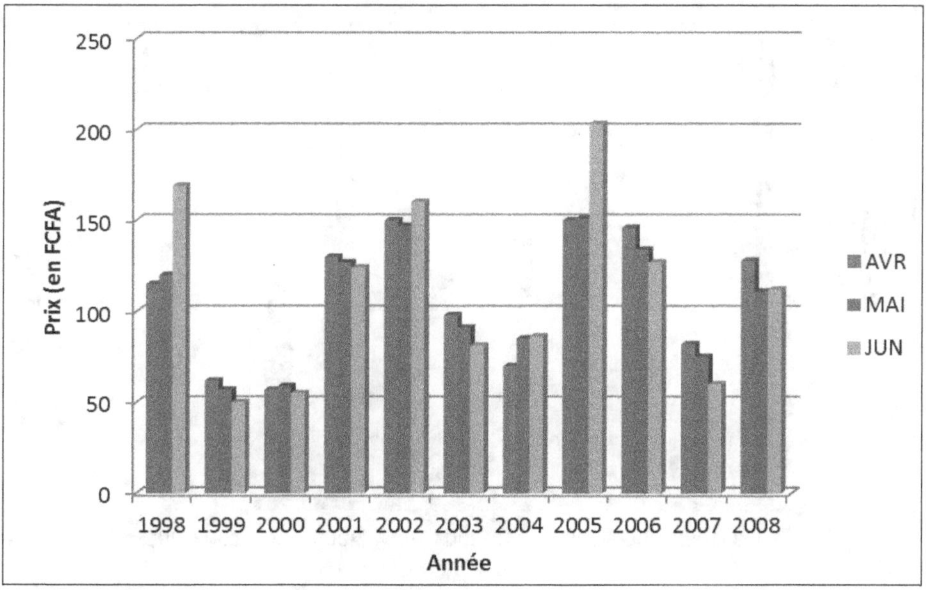

Source : SIM, 2009.

[53] Système d'Informations sur les Marchés. Cette structure emploie des jeunes localement qui mesurent, pèsent et relèvent sur les marchés hebdomadaires les prix des produits.

Graphique n°7c : Evolution mensuelle des prix des céréales de 1998 à 2008

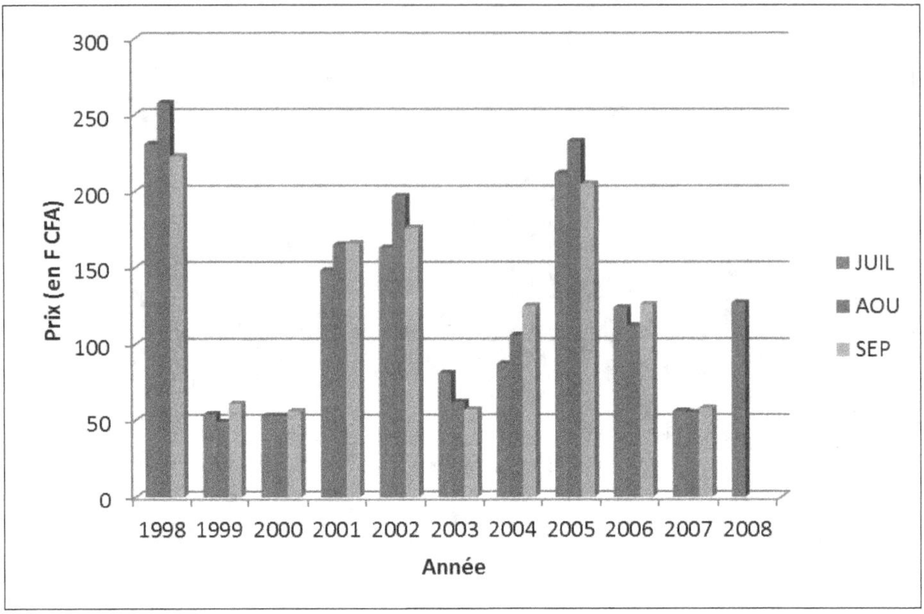

Source : SIM, 2009.

Graphique n°7d : Evolution mensuelle des prix des céréales de 1998 à 2008

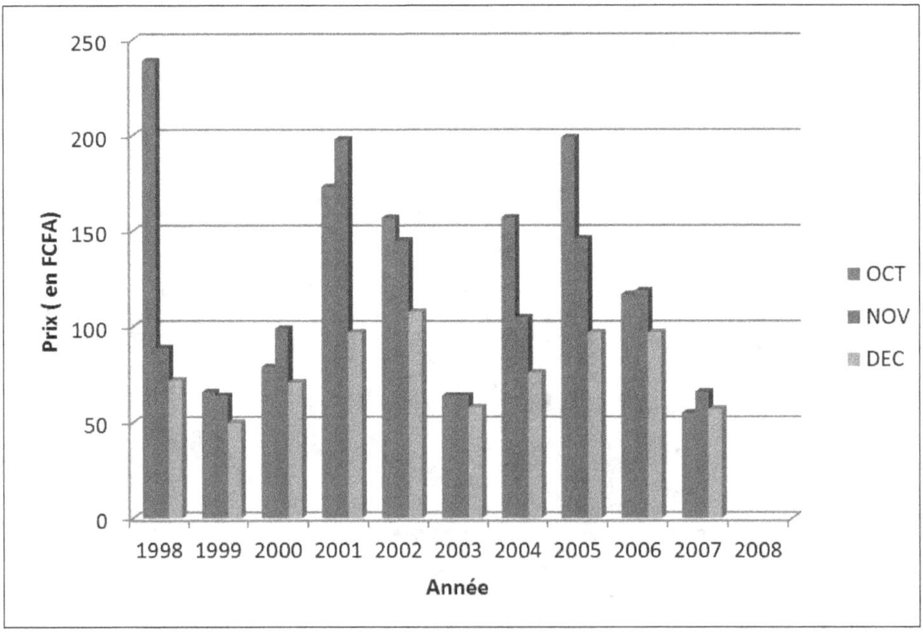

Source : SIM, 2009.

Les graphiques n°7a, 7b, 7c et 7d montrent l'évolution mensuelle des prix des céréales sur les marchés hebdomadaires du Logone oriental. Il ressort de ces graphiques que les prix sont en général élevés pendant la période de soudure, allant de juillet à septembre (Graphique n°7c) et bas au début de l'année, et pendant la période des récoltes (Graphiques n°7a et n°7d). Sur l'ensemble de ces graphiques, nous remarquons que les prix ont été relativement bas en 1998 et 2000, juste au moment du démarrage de l'exploitation pétrolière. Cependant, en 1998, avant le chantier pétrolier, les prix ont été les plus élevés. L'évolution des prix sur le marché s'explique avant tout par les conditions climatiques et les rendements de l'année et non seulement par l'appel migratoire lié au projet pétrole. Ce qui permet de conclure que l'exploitation pétrolière n'a pas eu une incidence positive sur les exploitations agricoles.

En définitive, il faut noter qu'il y a quelques années encore, les savanes du Logone oriental, contrairement aux autres écosystèmes difficiles à l'occupation humaine, offraient des possibilités de vie facile. Elles constituaient un lieu d'échanges entre les peuples nomades du Nord et sédentaires du Sud. Les pratiques culturales utilisées permettaient une symbiose entre les éléments constitutifs de l'écosystème dont l'homme. De nos jours, les changements sont intervenus dans les pratiques culturales avec non seulement l'introduction des cultures de rente, la mécanisation de l'agriculture, mais aussi les changements climatiques avec la diminution de la quantité des pluies. L'augmentation de la population par le fait de l'accroissement naturel et de migration, et le transfert de l'élevage de la zone sahélienne vers les savanes, introduisent une mutation profonde dans un milieu relativement stable. Dans le cas de la savane du Logone oriental, un autre défi se présente aux acteurs : il s'agit de l'exploitation du pétrole dans une zone vouée à l'agriculture. De ce fait, ces acteurs sont contraints de se conformer aux nouvelles dispositions et d'adopter un changement de comportement. Des catégories nouvelles d'acteurs apparaissent : il s'agit des industriels du pétrole, des ouvriers et des demandeurs d'emploi. Pour faire face à ces défis, les paysans de cette zone cherchent, soit à devenir ouvriers, soit à abandonner leurs activités traditionnelles au profit de l'appât du gain. L'agriculture est la principale activité qui occupe plus de 75% de la population. Elle est la base de toute la vie socioculturelle, socio- économique et alimentaire. Les principales cultures vivrières sont les céréales (sorgho, mil, pénicillaire) et l'arachide qui occupent plus de 80% des surfaces des exploitations agricoles. Les principales techniques de culture sont le brûlis et la jachère car les moyens techniques sont limités. La rotation et la jachère sont donc des moyens utilisés pour la régénération des sols. Par la suite, les changements sont intervenus dans les pratiques culturales avec non seulement l'introduction des cultures de rente, le coton, la mécanisation de l'agriculture mais aussi les changements climatiques avec la diminution du volume des pluies. Dans le Logone oriental, la terre est considérée comme un bien communautaire, réparti entre les différents lignages à travers les chefs de lignage et puis les membres des lignages. A cet effet, elle se transmet de génération en génération par héritage. La terre pouvait aussi se prêter ou être donnée entre alliés, parents et amis. La vente n'était pas connue. La gestion des ressources que porte la terre, dont l'eau et la forêt, obéit en général à une même règle que celle de la terre. Les litiges sur la terre n'étaient pas inexistants mais leur résolution obéissait à des mécanismes privilégiant la négociation et la conciliation.

L'un des changements majeurs intervenus dans le paysage du Logone oriental est l'exploitation pétrolière qui se marie aux antipodes de la réalité avec les activités agricoles. En effet, dans la zone pétrolière vivent deux entités aux réalités différentes. D'un côté, des compagnies multinationales, disposant de matériels sophistiqués du secteur industriel, accèdant librement à l'espace, travaillent jour et nuit pour l'exploitation du pétrole. De l'autre côté, des exploitations agricoles traditionnelles dont l'espace s'amenuise au profit des premiers. Ainsi, les compagnies pétrolières se disputent la terre avec l'agriculture, pratiquée par des petits exploitants qui n'utilisent que des techniques traditionelles et appelés à céder davantage leur espace aux activités pétrolières. L'exploitation pétrolière, dans un espace où la densité de population dépasse 100 hab./km², est source de problèmes fonciers. Certes, des compensations financières leur ont été versées suite à une expropriation des terres ou des arbres, mais l'immobilisation des terres cultivables, pour les infrastructures pétrolières dans les anciens et nouveaux champs pétrolifères, a des effets négatifs sur les paysans et leur cadre de vie. L'un des effets des activités pétrolières sur les activités agricoles est la perturbation phénologique des plantes. L'avènement de l'exploitation pétrolière au Tchad a suscité de nombreux espoirs mais aussi des inquiétudes par rapport à l'occupation des sols et à la gestion de l'environnement.

DEUXIÈME PARTIE

EXPLOITATION PÉTROLIÈRE, SOURCE D'IMPORTANTES MUTATIONS SPATIALES

Cette partie aborde l'avènement de l'exploitation du pétrole au Tchad et les acteurs impliqués dans ce grand projet. Elle analyse les effets spatiaux et environnementaux de l'exploitation du pétrole en termes d'occupation des terres, de destruction des ressources foncières et des exploitations agricoles.

CHAPITRE 4

L'avènement du pétrole au Tchad et au Logone oriental

Pour mieux connaître l'avènement du pétrole dans le Logone oriental, il est important de savoir au préalable l'histoire du pétrole au Tchad et ses enjeux. C'est pourquoi ce chapitre traite de l'avènement du pétrole au Tchad et de son exploitation dans le Logone oriental. Il aborde le montage institutionnel de ce projet pétrolier original, à l'histoire très mouvementée et aux acteurs multiples. En effet, l'originalité du système pétrolier onshore tchadien tient à la diversité des acteurs impliqués et à son montage institutionnel. Hormis la participation des organisations de la société civile nationale et internationale, des organisations de base, les principaux acteurs du projet pétrole de Doba sont : les deux gouvernements tchadien et camerounais, un consortium pétrolier composé de trois multinationales américaine et asiatique et le groupe de la Banque mondiale (BM). A cela s'ajoutent les organisations de la société civile. Ces différents acteurs ont contribué à l'implantation de ce projet, pourtant très controversé.

4.1. UN PROJET PÉTROLIER À HISTOIRE MOUVEMENTÉE

L'histoire du projet pétrolier tchadien et ses enjeux ont fait l'objet de travaux scientifiques récents : MAOUNDONODJI G. (2009) ; DINGAMADJI A. (2010). Il ressort de ces travaux que l'histoire pétrolière du Tchad date des années 1950. Mais il a fallu attendre l'année 2000 pour que les travaux de construction puissent véritablement commencer, pour aboutir à l'exploitation en 2003.

4.1.1. Les premières recherches pétrolières au Tchad par les Français

Les premiers travaux de recherche sur le pétrole au Tchad furent effectués de 1952 à 1955 par le Bureau de recherches pétrolières (BRP). Ces travaux ont concerné aussi bien la partie méridionale que septentrionale du

Tchad. Ces recherches ont permis au BRP[54] de mettre au jour, dès 1952, les premiers indices de l'or noir tchadien dans le bassin de Doba. En 1954, le Français *Yves Creen* signale l'existence au Tchad d'un bassin sédimentaire similaire à ceux décelés en Afrique occidentale. Deux ans plus tard, en 1956, les équipes de recherche de l'ORSTOM ont évoqué la question de la « fosse de Doba », qui serait le prolongement naturel des champs pétrolifères du Nigeria (MAOUNDONODJI G. 2009). Malgré cette certitude scientifique, la question de l'exploitation des ressources naturelles est un sujet stratégique et la décision en la matière dépend encore de la volonté de l'ancienne puissance colonisatrice. Et l'attitude officielle de la France consistant à privilégier la thèse de la « *pauvreté du sous-sol tchadien* » a continué à semer le doute sur les potentialités et perspectives pétrolières du Tchad jusqu'au lendemain de l'indépendance. Aussitôt après l'indépendance, le premier président tchadien a fait appel aux Américains pour mener les recherches pétrolières au Tchad, mais il va se heurter à l'opposition française, l'ancienne puissance colonisatrice. « *Cette dernière continue à jouer un rôle prépondérant dans les décisions internes de ce pays, juridiquement souverain et officiellement membre de l'Organisation des Nations unies, ONU* » (MAOUNDONODJI G. 2009). Le premier permis de recherches pétrolières a été attribué en 1962 à *Saphyr Petroleum* et à *Petropar*. Ce permis va être abandonné en 1965. En 1968, le pétrolier Louis Royer obtint un permis de recherche dans les limites du *Bassin des Erdis*. Mais, dans le contexte troublé du Nord du Tchad, présence de la rébellion armée du FROLINAT, il n'a pu mener à bien ses recherches, et son permis fut annulé en 1970.

4.1.2. Les recherches pétrolières par les compagnies américaines et hollandaises

Dès 1969, une compagnie américaine, la CONOCO (Continental oil compagny) obtint des permis de recherche et entreprit des travaux qui se révéleront fructueux au Sud du Tchad. Détentrice du permis de recherche à 100 %, elle mène une vaste campagne de recherche en avion, en hélicoptère au-dessus du lac Tchad, de Doba et du Salamat en passant par Sarh. En 1971, la société hollandaise SHELL entre en scène avec 50 % des parts. « *En effet, par décret n°261/PR/TP/M du 9 septembre 1969, modifié par le décret n°110/PR/TP/M du 8 mai 1970, le Gouvernement de la République du Tchad a accordé à Conoco un permis exclusif de recherches d'hydrocarbures liquides ou gazeux dans le synclinal du lac Tchad et la dépression du Chari. Ce permis H, d'une durée de cinq ans renouvelable, couvre une superficie initiale de 603 900 km², ramenée peu après à 465 000 kilomètres carrés. Cette superficie sera réduite à 174 160 km² pour la première période de renouvellement (1974-1979)* ». En juillet 1970, une convention d'une durée

[54] Le Bureau de recherches pétrolières, français.

de quarante ans a été signée entre la République du Tchad et la CONOCO réglant les conditions des opérations pétrolières d'exploration, d'exploitation et de transport de la CONOCO sur le territoire du Tchad. Une fois que les jalons sont posés, Esso, l'opérateur principal du consortium pétrolier actuel de Doba, va s'installer en 1976 pour entreprendre des travaux préparatoires à l'exploitation. Mais, c'est dès 1973 que les premiers forages de puits de pétrole ont eu lieu avec des résultats positifs dans les champs de Miandoum et Komé dans le Logone oriental et à Mangara, sur la rive droite du Logone, dans la région du Logone occidental, comme l'on peut le constater dans le tableau ci-après.

4.1.3. Des résultats des forages puits par puits mitigés, mais encouragés par les autorités tchadiennes

Ces résultats sont consignés dans le tableau n°12.

Tableau n°12 : Résultats de forages puits par puits

Nom du puits	Profondeur finale (en mètres)	Commencé	Complété	Nombre jours	Coût en (millions F CFA)	Résultats
Doba I	4 268	21/12/73	28/03/74	96	607,420	Puits sec
Naramay I	2 596	7/04/74	09/06/74	63	436,920	Puits sec
Kanem I	3 727	1/07/74	04/10/74	96	953,920	Indices
Kosaki I	3 312	16/10/74	05/12/74	51	343,640	Puits sec
Miandoum I	**3 572**	**23/12/74**	**10/04/75**	**108**	**749,760**	**Découverte**
Miandoum Ii	1 905	15/04/75	08/05/75	23	180,620	Puits sec
Kanem Ii	2 169	1/06/75	21/06/75	21	344,080	Puits sec
Sedigi I	**3 681**	**30/06/75**	**11/11/75**	**135**	**996,600**	**Découverte**
Semegin I	3 441	16/01/76	27/03/76	72	638,000	Puits sec
Largo I	3 841,5	13/04/76	16/06/76	64	1.075,000	Puits sec
Kumia I	4272	23/07/76	05/10/76	75	825,000	Puits sec
Nerga I	1706,5	13/10/76	23/10/76	10	175,000	Puits sec
Kome I	**3 054,5**	**25/11/76**	**21/01/77**	**57**	**837,500**	**Découverte**
Damalla I	2 750	27/11/77	24/02/77	29	465,000	Puits sec
Kedeni I	3 178,3	18/03/77	24/05/77	68	1.138,025	Indices
Mangara I	**3 234,7**	**27/10/77**	**25/01/78**	**91**	**1.004,500**	**Découverte**
Beboni I		En cours de forage				
Total	50 708			1 059	10.770, 985	

Source : Tchad et culture, cité par Dr Maoundonodji G. 2009.

Comme nous pouvons le constater dans le tableau n°12, ces résultats, quoique mitigés, ont été positifs dans les champs de Komé, Miandoum et Mangara. Ils ont émerveillé les autorités tchadiennes qui ont fêté ces découvertes. Car elles ont toujours été informées par leurs collègues français que « *le Tchad ne dispose pas de pétrole* »[55]. Le 18 décembre 1973, l'inauguration de la découverte du premier forage de puits de pétrole a eu

[55] Propos d'un intervenant lors de la restitution de l'étude de Digammadji A., au CEFOD en 2010. Digamadji est un historien tchadien.

lieu à la Nya, près de Doba par le Président Ngarta Tombalbaye. A cette occasion, il a déclaré : « *Nous souhaitons que les tout premiers forages soient fructueux en montrant la richesse de notre sous-sol. La réalisation de cette expérience nous permettrait de poser les jalons de plus en plus sûrs en faveur du développement.* » Un autre homme politique tchadien d'ajouter : « *Le pétrole devrait servir de moteur du développement des secteurs comme l'agriculture et l'élevage et surtout nous aider à améliorer nos infrastructures de communication afin de construire l'unité du pays* »[56].

Au contraire, le pétrole est à l'origine de la destruction de cette unité du pays qui le préoccupait et des conflits diplomatiques entre les puissances occidentales. D'abord, les Français ne voulaient pas l'exploitation du pétrole du Tchad avant l'an 2000. Car les réserves pétrolières du Tchad sont considérées comme la richesse de la France. *« Conseiller de l'Afrique equatoriale française (A.E.F.) dans les années 50, j'ai réussi à entrer en possession des documents secrets du B.R.G.M. et du Gouvernement français. Ce dernier projetait de mettre en exploitation les richesses du sous - sol tchadien à partir de l'an 2000 »* (Ngarta Tombalbaye F.)[57]. Ensuite, les ressources pétrolières n'ont pas amené l'unité souhaitée par le premier président du Tchad. Au contraire, le pétrole est à l'origine de la mort du premier président et des multiples conflits qu'a connus le pays. « *Le président Tombalbaye a été tué par les Français à cause du pétrole* »[58]. Le pétrole est également l'une des causes principales du départ de Hissein Habré du pouvoir. En effet, sous le règne de ce dernier, les compagnies françaises sont exclues du consortium. « *La part du Tchad est de 50% sous le pouvoir de Hissein Habré* ». Idriss Déby n'a pas seulement promis la démocratie pour son arrivée au pouvoir mais a aussi confié le pétrole tchadien aux compagnies françaises. C'est ainsi que, dès son arrivée au pouvoir, il a ramené Elf et Shell dans le consortium pétrolier tchadien. *« Il a donné 100% des revenus directs aux Français mais c'est avec le retrait de Elf et Shell que les 12,5% sont accordés au Tchad »*[59].

Malgré ces avantages accordés aux compagnies françaises, étant donné que la France n'était pas d'accord pour l'exploitation immédiate du pétrole tchadien, considéré comme réserve de la France, à la veille de la décision de la Banque mondiale de financer le projet, Elf et Shell se retirent du consortium pour faire échouer le projet pétrole de Doba.

Les compagnies américaines sont déjà assurées de l'existence du pétrole, il faut donc évaluer ces champs pétrolifères et s'assurer des alliés qui pourront partager les risques liés à son exploitation, étant donné que le

---

[56] Propos de Gali Gatta Gotté, homme politique, lors de l'émission radiophonique de RFI en 2010 à N'Djaména.
[57] Extrait d'un discours radiodiffusé à la nation tchadienne en 1974 de Ngarta Tombalbaye, premier président de la République du Tchad, cité par NADJIRAMBAYE N.
[58] Propos de l'ancien président tchadien, Goukouni WEDDEYE, rapporté par CAMAN B. O., lors de notre entretien avec lui le 06/07/2011.
[59] Entretien avec CAMAN B. O.

Tchad est enclavé et qu'il faut aussi une mer ou un océan, seul moyen pour transporter le brut sur le marché international.

4.1.4. Les travaux préliminaires à l'exploitation

L'exploitation des gisements pétroliers de Doba, le 10 octobre 2003, est le résultat de grands efforts tant techniques que financiers et politiques déployés aussi bien par le consortium pétrolier que par les autorités tchadiennes. Pendant la période d'exploration pétrolière au Tchad, entre 1969 et 1986, des données sismiques ont été enregistrées sur 21 000 Km et 28 puits d'explorations ont été forés. « *Entre 1989 et 1992, une autre campagne sismique, portant sur 4800 km, a été effectuée et 5 autres puits d'exploration ont été forés. En 1993 et 1994, 10 forages de délinéation ont permis d'évaluer de manière plus précise les champs de Komé, de Miandoum et de Bolobo* » (DIGAMMADJI A. 2010). Les résultats de cette mission d'évaluation ont permis d'améliorer la prédiction des taux de récupération. Une étude sismique 3-D[60] couvrant une superficie de 575 km^2 était effectuée dans la zone des trois champs de fin 1995 à mi-1996. La quantité des réserves de pétrole brut, présente dans la zone de développement, a été évaluée à un milliard de barils. Le champ de Komé est le plus grand des gisements découverts dans le bassin de Doba. « *Il renferme des réserves estimées à 588 millions de barils, dont 560 dans le réservoir du crétacé supérieur et 28 dans le crétacé inferieur* » (DIGAMMADJI A. 2010). Selon le même auteur, ce gisement renferme, à lui seul, davantage de brut que celui de Nkossa au Congo-Brazzaville, présente au milieu des années 90 comme une découverte majeure avec ses 440 millions de barils. Le champ de Miandoum est le deuxième gisement en taille. Il renferme des réserves estimées à 227 millions de barils dans le crétacé supérieur. Le champ de Bolobo est le plus petit des trois. Ses réserves sont estimées à 135 millions de barils dans le crétacé supérieur.

La dynamique pétrolière actuellement en cours dans la région du Logone oriental fait intervenir plusieurs acteurs dont les compagnies pétrolières, les gouvernements, les institutions financières et les organisations de la société civile nationale et internationale.

4.2. UN PROJET PÉTROLIER AUX ACTEURS MULTIPLES

Les acteurs du projet pétrole de Doba sont nombreux et diversifiés. Le projet a vu la participation des gouvernements (camerounais et tchadien), du consortium composé de multinationales (Exxon, Chevron et Pétronas), des institutions financières (le Groupe de la Banque mondiale) et des ONG nationales et internationales.

---

[60] Etude sismique en trois dimensions menée sur le terrain pour explorer le pétrole.

4.2.1. Les deux gouvernements tchadien et camerounais

Ce sont les acteurs clefs du projet pétrolier tchadien. Le Tchad est propriétaire de l'ensemble des réserves pétrolières trouvées au Sud du Tchad. Compte tenu de l'enclavement de ce pays, pour l'exploitation du pétrole de Doba, il faut associer un pays ayant une côte maritime. Plusieurs alternatives ont été envisagées pour le passage du pipeline (RCA[61], Cameroun, Soudan), mais le tracé le plus court passe nécessairement par le territoire camerounais. Et pour que cela devienne une réalité, plusieurs rounds de négociations ont réuni les Tchadiens, les Camerounais et le consortium entre 1992 et 1996. Ainsi, le 30 juillet 1992, il y a eu signature, entre le groupe pétrolier, le Tchad et le Cameroun, de la lettre d'intention de construire un pipeline qui servira à l'évacuation du brut tchadien à travers le Cameroun. Le 14 janvier 1994, le protocole d'accord, par lequel le Cameroun, le Tchad et le consortium énoncent les principes directeurs à prendre en compte pour la réalisation du tronçon camerounais du système de transport des hydrocarbures par pipeline, a été signé. Le 08 février 1996, ces négociations ont abouti à la signature d'un accord bilatéral entre le Tchad et le Cameroun pour le système de transport destiné à l'évacuation du brut du Tchad à travers le territoire du Cameroun jusqu'à la côte Atlantique et les activités qui leur sont liées, d'une part, et pour prendre toutes les mesures susceptibles d'assurer la construction et l'exploitation dudit système, d'autre part. C'est ainsi que ce pays est entré comme second acteur gouvernemental dans le projet. La majorité du pipeline se trouve sur le territoire camerounais, soit environ 74% du tronçon.

4.2.2. Un consortium pétrolier qui a évolué au cours de l'histoire

Continental Oil Company (CONOCO) était la seule compagnie qui poursuivait les travaux jusqu'en 1974, année au cours de laquelle Chevron, une autre compagnie américaine, entra dans le consortium en prenant 25% des parts de CONOCO. Une année plus tard, il y a eu la découverte des gisements de Sédigui. Les premières études ont montré la viabilité économique du gisement, mais sa taille ne permet qu'une consommation locale. Un an après la publication des résultats de recherches pétrolières (Cf. tableau n°12, P.139), le président Tombalbaye fut tué au cours d'un coup d'Etat militaire le 13 avril 1975. L'année suivante, en 1976, une autre compagnie américaine, Esso, a fait son entrée dans le consortium en prenant 12,5% des parts de CONOCO. Le consortium est alors constitué comme suit :

- Shell : 50% ;
- CONOCO : 12, 5% ;
- Chevron : 25%
- ESSO : 12,5%.

---

[61] République centrafricaine

Ce consortium sera recomposé en 1977, car ESSO rachète 12,5% de Shell et prend la part de CONOCO pour se retrouver à 37,5% après Shell. En 1978, alors que le dossier du projet de construction de la raffinerie de Farcha est pratiquement bouclé pour permettre l'exploitation du pétrole, éclate en 1979, une guerre civile et CONOCO se retire du Tchad. Les activités pétrolières sont arrêtées.

C'est en 1988 que le gouvernement du Tchad et ESSO ont signé une convention de recherches, d'exploitation et de transport des hydrocarbures, permettant à cette compagnie de réaliser en 1989 des études supplémentaires qui mettent en évidence la viabilité économique du pétrole de Sidigui qui peut répondre à la demande locale en produits pétroliers et en électricité. Pour la zone du Sud, il a fallu attendre 1990 avec le changement du pouvoir de Hissein Habré au Tchad, et l'arrivée d'Idriss DEBY avec le retour d'une paix relative pour permettre aux pétroliers de déménager de Sarh à Komé. Mais, en 1992, Chevron quitte le consortium et est remplacé par ELF, une compagnie française. Le consortium est constitué d'Exxon-Shell-Elf. Les négociations se poursuivent discrètement. L'implication de la Banque mondiale dans le projet commence à se préciser. Les choses semblent s'accélérer. Le 08 novembre 1999, à la veille du lancement du chantier, alors qu'on attendait seulement la décision du Conseil d'administration de la Banque mondiale pour mettre en œuvre le projet de rêve pour les Tchadiens, « *les deux compagnies françaises, Elf et Shell, se retirent du consortium au motif que les gisements gaziers et pétroliers au large de l'Angola sont plus rentables* » (DIGAMMADJI A., 2010). Une manifestation de colère contre la France qui ne voulait pas de l'exploitation des ressources extractives du Tchad se déclencha dans la capitale le 16 novembre 1999. Le drapeau français fût brûlé à cette occasion. Le Tchad accuse la France de lui avoir porté un mauvais coup.

Cependant, le groupe Exxon, lui, réaffirme son intérêt pour le projet et s'engage à travers de nouveaux partenaires. Le 03 avril 2000, le consortium qui devait enfin lancer le chantier d'exploitation du pétrole de Doba est réorganisé comme suit :

- Exxon-Mobil : 40% (groupe américain) ;
- Pétronas (société malaisienne) : 35% ;
- et Chevron-Petrolum (société américaine) : 25%.

Le consortium est reconstitué. Désormais, les yeux sont tournés vers la BM qui devrait siéger sur le dossier pétrolier tchadien en juin de la même année.

4.2.3. Les institutions financières comme acteurs clefs du projet pétrole de Doba

Pour l'exploitation du pétrole de Doba, le financement de la Banque mondiale a été déterminant pour le démarrage des travaux de construction. La participation de la Banque mondiale a servi non seulement de caution financière et politique, mais aussi elle devait garantir la question environnementale et la gestion des revenus issus de l'exploitation du pétrole, à travers la mise en place de mécanismes spécifiques. La présence de la Banque mondiale a motivé et facilité la participation des organisations de la société civile nationale dynamique, qui ont, cependant des moyens limités. Ce sous-chapitre aborde le rôle de ces différents acteurs clefs du projet pétrole de Doba.

4.2.3.1. La Banque mondiale comme caution morale et financière

L'engagement du Groupe de la Banque mondiale dans le projet pétrolier de Doba est une initiative nouvelle pour cette institution qui voulait en faire un modèle de développement pour les pays pauvres, n'ayant pas de ressources financières et de moyens techniques pouvant leur permettre d'exploiter leurs ressources naturelles de manière durable. Il permet donc de régler plusieurs problèmes à la fois. D'abord, il s'agit d'apporter un financement nécessaire à la mise en œuvre du projet à travers les gouvernements du Tchad et du Cameroun. Ensuite, la présence de la Banque mondiale va atténuer les inquiétudes des ONG nationales et internationales par rapport à la question environnementale. Enfin, l'engagement de la Banque constitue une caution morale et politique pour les investisseurs, dans un pays fragile et instable comme le Tchad. *« Le Groupe de la Banque mondiale comprend : la Banque internationale pour la reconstruction et le développement (BIRD), l'Association internationale pour le développement (AID), la Société financière internationale (SFI) et l'Agence multilatérale de garantie des investissements (AMGI). Il finance directement des projets pétroliers, offre une assurance contre le risque politique ainsi que d'autres garanties, et encourage l'évolution de l'environnement politique et légal des pays pour les rendre plus attractifs aux investisseurs étrangers »* MAOUNDONODJI G. (2009).

C'est ainsi qu'à la faveur de la reconstruction du consortium pétrolier devant exploiter le pétrole de Doba, le Conseil d'Administration de la Banque mondiale a finalement donné son aval financier le 6 juin 2000, permettant le lancement de l'exploitation du pétrole de Doba. Cette institution financière internationale participera par l'intermédiaire de ses filiales, la SFI, société financière internationale et la BIRD, la Banque internationale pour la reconstruction et le développement. Par la même occasion, elle a annoncé la participation de la banque de financement de la quote-part de la République du Tchad et de la République du Cameroun au capital social des deux sociétés de transport que sont la Tchad Oil Transportation Compagny (TOTCO) et la Cameroon Oil transportation Company (COTCO). Avec cette décision de la Banque mondiale, rien de fondamental ne pouvait plus empêcher le démarrage du projet attendu depuis des décennies par les Tchadiens. Cette décision est approuvée par les deux chefs d'Etat, tchadien et camerounais, qui ont lancé officiellement, le 18 octobre 2000 à Komé, la cérémonie des travaux de construction du pipeline Tchad-Cameroun. La construction du pipeline, financée par la Banque mondiale, a donc permis l'exploitation officielle du pétrole le 10 octobre 2003.

La présence de la Banque mondiale dans le projet a autorisé la réalisation d'une Etude d'impact sur l'environnement (EIE) et le Plan de gestion de l'environnement (PGE). Par ailleurs, cette institution a exigé, du gouvernement tchadien, la mise en place d'une loi N°001/PR/99 du 11 janvier 1999 portant gestion des ressources pétrolières, qui règle la gestion et l'utilisation des revenus pétroliers au Tchad. Cette loi prévoit la création d'un compte offshore, l'utilisation des revenus directs pour les secteurs prioritaires : santé, éducation, infrastructures de développement rural, environnement et approvisionnement en eau. La particularité de cette loi est qu'elle accorde 10% des revenus pétroliers à la génération future que certains appellent « génération fantôme »[62] et consacre 5% de ces revenus à la région productrice. Cette loi sera modifiée par la suite, par la loi 002/PR/2006 du 11 janvier 2006, portant gestion des revenus pétroliers. Comme principales conséquences, la suppression des 10% destinés à la génération future et l'élargissement des secteurs dits prioritaires. La BM, suite à un différend avec le gouvernement tchadien résultant de l'utilisation par ce dernier des revenus du pétrole pour l'achat d'armes, a quitté le projet pétrolier en 2006 et exige de ce pays le remboursement immédiat de ses créances. Le départ de cette institution, censée assurer la caution morale et environnementale de ce projet, a des conséquences sur le mécanisme de suivi et de gestion de ce grand projet. Actuellement, 65% des revenus pétroliers sont investis dans les secteurs prioritaires ; 30% pour le fonctionnement de l'Etat et 5% pour le Logone oriental.

4.2.3.2. La Banque mondiale vue par les différents acteurs

La Banque mondiale est non seulement considérée par les interlocuteurs comme une caution morale et financière du projet, mais également comme un levier pour les organisations de la société civile. Certains la considèrent plutôt comme un commerçant qui n'a cherché que son intérêt, un complice de l'Etat tchadien dans l'exploitation des ressources du pays, qui ne profite en grande partie qu'aux compagnies pétrolières, au détriment de la population locale, directement touchée par les installations et les effets

[62] Propos d'un chef de parti politique, député à l'Assemblée nationale.

négatifs de l'industrie pétrolière. Son départ est considéré aussi bien comme un échec pour le modèle pétrolier de lutte contre la pauvreté que comme une porte ouverte à la destruction de l'environnement. Les détracteurs de la Banque mondiale soulignent aussi qu'elle a raté son engagement dans le projet pétrolier de Doba. Si elle avait accepté la demande des ONG, la compensation ne serait pas mal dépensée aujourd'hui ; les opérateurs économiques locaux n'allaient pas perdre les marchés au profit des autres. La BM est partie, abandonnant les Tchadiens entre les mains des compagnies multinationales qui ne recherchent que leur profit et le gouvernement tchadien faible et fragile. Pour les organisations de la societé civile tchadienne, la BM a retiré son argent, et l'objectif visé est oublié. « *On cherche même à porter plainte contre la BM à Bruxelles* »[63], relève une ONG locale.

4.2.4. Les organisations de la societé civile nationale, acteurs dynamiques et engagés mais aux capacités techniques et financières limitées

L'un des acteurs du projet qui a activement participé au débat autour du projet, est la société civile. Le Logone oriental où se développent les activités pétrolières regorge d'organisations de la société civile. Il s'agit des Organisations non gouvernementales de développement (ONG) et des Associations des droits de l'homme (ADH), bien structurées et très actives directement sur le terrain mais aussi limitées en termes de moyens d'action. Certaines appuient les initiatives des associations et groupements pour stimuler les activités génératrices de revenus via les caisses d'épargne et de crédit ou les banques de céréales (ASDEC, CMD, CEPRIC, etc.). Ces organisations spécialisées dans le microcrédit se heurtent à d'énormes difficultés de recouvrement dans la zone pétrolière, handicapant ainsi leur fonctionnement. D'autres jouent un rôle central aussi bien dans la formation et le suivi des producteurs, des responsables des organisations de base, des agents de développement que dans l'élaboration des plans locaux (INADES, ASSAILD). ASSAILD, par exemple, a gagné un marché auprès de Esso pour accompagner les éligibles en formation et dotation en matériels. Il y a aussi celles dont l'intervention sur la sécurité alimentaire a diversifié leur activité sur des thèmes variés : protection de l'environnement, gestion des ressources, promotion féminine, santé, hydraulique rurale (BELACD, WORLD VISION, BAOBAB, ATADER/AFDI, etc.), des ADH très actives dans la formation et l'accompagnement des communautés dans le domaine de la résolution des conflits entre agriculteurs et éleveurs (ATNV, ATADER/AFDI, ATPDH, LTDH, APLFT) ; des ONG féminines récentes, qui interviennent dans le domaine de l'épargne et de crédit, de la promotion

---

[63] Entretien entre un responsable du BELACD de Doba et le GRAMP/TC

de la femme et de la paix, de l'éducation, de la santé (UFEP, CELIAF, etc.). Ces structures sont organisées en réseaux intra et interrégionaux autour de problématiques communes. C'est ainsi que le COLONG est axé autour du concept « Développement, mobilisation sociale et planification locale ». Ces différentes organisations se sont organisées en réseau, la Commission permanente pétrole locale (CPPL) basée à Moundou et la Commission permanente pétrole N'Djaména (CPPN), basée à N'Djaména, et sont actives dans le domaine du suivi et le plaidoyer du projet pétrole. Le GRAMP/TC, quant à lui, est la seule structure de la société civile au sein du pays qui a la particularité de faire de la recherche-action axée sur la problématique pétrolière, à travers des aspects environnementaux, socio-économiques et juridiques et assure le suivi indépendant de la gestion des revenus pétroliers. Ces organisations, de par leur proximité avec la population victime des impacts négatifs du projet pétrole, ont gagné la confiance de celle-ci, à travers leur implication dans les négociations liées au projet pétrole (compensations, participation au PDR, formation, suivi, etc.), qui leur confèrent une véritable légitimité (MAGRIN G. 2005). Elles ont influencé le projet pendant sa phase de conception et même de mise en œuvre. Pour la mise en œuvre des actions de développement dans la zone, ces acteurs constituent un atout certain sur lequel on peut s'appuyer.

Cependant, malgré leur efficacité et leur crédibilité, ces organisations présentent certaines faiblesses : leur premier handicap est qu'elles ne constituent pas un ensemble homogène. Leurs interventions sont parfois contradictoires, empêchant une synergie. Le deuxième problème concerne la faible capacité d'intervention de certaines ONG et de la plupart des ADH, liée aux ressources financières insuffisantes et, parfois, avec un professionnalisme limité. Les ONG nationales, appuyées par leurs partenaires internationaux, se sont mobilisées à leur tour pour influencer le système pétrolier de Doba. Leur préoccupation était portée sur les aspects environnementaux du projet et la gestion des revenus qui seront issus de l'exploitation de l'or noir. Au niveau national, le véritable point de départ de l'intérêt des ONG semble être la conférence qui a eu lieu du 20 au 25 janvier 1998 à Donia dans le Logone oriental. A cette occasion elles ont appelé à la responsabilité de la Banque mondiale. Un autre atelier a été organisé à Bébédjia. Au cours de l'atelier, elles ont demandé un moratoire de deux ans à la Banque mondiale pour leur permettre d'organiser les paysans et les commerçants pour mieux profiter des opportunités de ce projet. Cet appel n'a pas été écouté. Cependant, avec le lancement du projet, les ONG ont continué à influencer le projet de plusieurs manières :

- les ONG locales ont contribué à influencer le projet de Doba à travers de multiples rencontres, notamment celles de Donia et Bébédjia. Grâce au travail intéressant des Organisations de la société civile, le barème de compensation a été revu à la hausse. Le prix du manguier par exemple a été revu à la hausse, passant de 3 500 F CFA à 550 000 F CFA, soit une augmentation de 546 500 F CFA ;

- elles ont fait le suivi du projet, en l'absence des organes étatiques de gestion et de suivi de l'environnement dans les secteurs pétroliers (GRAMP/TC ; ADICAM, CPPL, BELACD, etc.). Elles viennent de porter plainte auprès du CAO, contre les parties prenantes du projet ;
- certaines de ces ONG locales ont sous-traité avec Esso dans le cadre de la compensation communautaire supplémentaire et dans l'accompagnement des éligibles. C'est le cas des BELACD de Doba et Moundou, ASSAILD et BAOBAB ;
- elles ont sensibilisé la population à mieux profiter des 5% alloués à la région productrice. C'est le cas du GRAMP/TC qui a accompagné le comité de gestion des 5% dans la communication sociale sur l'utilisation de ces fonds ;
- elles ont accompagné les ex-travailleurs de Tchad Cameroon Constructor (TCC) à ester en justice et gagner le procès contre Esso, condamné à verser six millards à ces derniers.

4.2.5. Un long débat contradictoire entre les acteurs

La réalisation de ce projet pétrolier de Doba a été précédée par un long débat entre les acteurs.

4.2.5.1. Les discussions entre le consortium et le gouvernement tchadien

Se fondant sur l'article 5.2 de la convention Esso, le consortium a adressé une demande à l'intention du gouvernement, lui demandant certains aménagements fiscaux afin de permettre la réalisation du projet d'exportation de Doba. Car, selon lui, les conditions économiques du moment ne le permettent pas. C'est ainsi qu'en juin 1995, des négociations ont commencé à ce sujet entre le consortium et le gouvernement, aboutissant, en novembre 1996, à la signature d'un protocole d'accord. Les discussions seront sanctionnées le 12 mars 1997 par la signature de l'avenant n°2 à la convention Esso. Par cet avenant, les parties sont convenues, d'une part, d'apporter des amendements à ladite convention en vue du développement des champs de Komé, Miandoum et Bolobo et, d'autre part, de créer, pour les besoins de l'évacuation des hydrocarbures, une société de transport de droit tchadien dénommée Tchad Oil Transportation Company (TOTCO). Le 21 juin 2000, un troisième avenant de la convention de 1988 a été signé entre les mêmes parties. Dans cet avenant, les parties se sont convenues d'apporter diverses modifications à la convention ESSO afin de permettre l'octroi de garanties par le consortium pour faciliter le financement du système de transport.

4.2.5.2. Les discussions entre les organisations de la société civile, le gouvernement et la Banque mondiale

Les discussions dans le cadre de ce grand projet pétrolier n'ont pas seulement eu lieu entre le consortium et le gouvernement, mais aussi des controverses sont intervenues entre les organisations de la société civile nationale et internationale, d'une part, et le gouvernement tchadien, la Banque mondiale et le consortium, d'autre part.

En effet, pour les principaux acteurs du projet pétrole de Doba, c'est -à-dire le gouvernement tchadien, le consortium et la Banque mondiale, ce projet constitue une chance inédite pour le Tchad. Il permettrait à ce pays, maintenu dans le cercle vicieux de la pauvreté (un Tchadien vit en moyenne avec environ un dollar américain), depuis plusieurs décennies, par la combinaison de facteurs divers comme l'enclavement, la faiblesse des revenus de l'Etat et l'instabilité politique, de s'arracher des griffes du sous-développement. Mais cette vision idyllique n'a pas convaincu les ONG internationales et les organisations de la société civile tchadienne[2] qui ont développé, de 1997 à 2000, une intense campagne radicalement hostile à la réalisation dudit projet. Cette campagne a donné lieu à de vifs débats contradictoires dont les points focaux sont : la problématique de la bonne gestion des revenus pétroliers, la protection de l'environnement et le respect des droits de l'homme. Pour cette organisation, il est utopique de croire que l'exploitation du pétrole peut éradiquer la pauvreté et la misère comme le prétendent ses partisans. Elles brandissent, comme preuve, la mauvaise gestion des ressources publiques par le gouvernement tchadien, l'impunité dont bénéficient les auteurs de détournement des fonds publics, les violations des droits de l'homme au Tchad, etc. La stratégie de ces ONG repose aussi sur une comparaison avec le mauvais exemple d'exploitation pétrolière offert par le Nigéria. L'accent était particulièrement mis sur le sort réservé au pays Ogoni, dans le delta du Niger, producteur d'or noir mais victime de la pire des situations : extrême pauvreté, catastrophes écologiques, violations massives des droits humains, insécurité généralisée, etc. Ce tableau sombre était doublé, au plan national, d'une implacable dictature qui brille par son manque de transparence dans la gestion des revenus pétroliers. Les détracteurs du projet de Doba redoutaient que l'avenir du Tchad pétrolier ne soit semblable à ce mauvais exemple nigérian. L'inquiétude était d'autant plus grande et fondée que le régime en place au Tchad a une mauvaise réputation en matière de corruption et de respect des droits de l'homme.

« *Face aux critiques des opposants au projet de Doba, le régime du président Idriss DEBY a adopté une position qui consiste à considérer tous ceux qui s'opposent à la réalisation du projet comme des ennemis du développement du Tchad. A cet effet, il a utilisé des méthodes fortes contre eux : intimidation ou arrestation des opposants politiques et de membres de la société civile, répressions et exactions menées par des éléments de la Garde Républicaine (GR) contre les populations des deux Logone, accusées de soutenir les rebelles qui se ont sévi dans cette région entre 1992 et 2000 »* (DIGAMAMDJI A. 2010) . Toutefois, la pression des ONG semble avoir porté quelques fruits. Devant les débats virulents engagés par celles-ci, la Banque mondiale a été amenée à exiger davantage de garanties du gouvernement tchadien et du consortium en matière de respect des droits de l'homme, de transparence dans la gestion des futurs revenus pétroliers et de protection de l'environnement. Se pliant à ces exigences, le gouvernement et le consortium ont fait des concessions. C'est ainsi qu'on pourrait noter entre autres :

- l'adoption de la loi 001/PR/99 du 11 janvier 1999, portant gestion des revenus pétroliers ;
- la mise en place du Collège de contrôle et de surveillance des revenus pétroliers (CCSP) ;
- la réalisation du Plan de développement régional (PDR) pour la zone pétrolière, même si ce plan n'est pas jusqu'aujourd'hui mis en œuvre ;
- les garanties pour l'environnement à travers le Plan de gestion de l'environnement ; etc.

Ces débats contradictoires vont se poursuivre entre les acteurs tout au long du projet et contribueront ainsi à jouer sur sa spatialité et ses conséquences sur le milieu physique et humain. Ces discussions ont contribué à la mise en place de plusieurs mécanismes pour le suivi environnemental.

4.3. UN ENSEMBLE DE MÉCANISMES OFFICIELS CENSÉS ASSURER LA GESTION ENVIRONNEMENTALE DU PROJET PÉTROLE DE DOBA EN PANNE

Pour la mise en œuvre du projet pétrolier de Doba, des mécanismes de contrôle des aspects environnementaux ont été mis en place. Il s'agit des mécanismes de contrôle de la Banque mondiale et des mécanismes nationaux de suivis environnemental et socio-économique, qui sont en panne, aussitôt à la fin de la phase de construction.

4.3.1. Les mécanismes de la Banque mondiale devenus obsolètes

Pour la mise en œuvre du projet pétrolier tchadien, la Banque mondiale a mis en œuvre un ensemble de mécanismes officiels censés assurer la qualité du projet. Mais avec le retrait de la Banque mondiale du projet pétrole de Doba, ces mécanismes sont devenus obsolètes ou non crédibles.

4.3.1.1. EPE, un panel d'experts en matière environnementale

Le rôle de ce panel d'experts de la Banque mondiale est d'apporter des conseils au projet sur toutes les questions d'évaluation environnementale. Sa constitution est une exigence de la politique de la Banque mondiale sur les évaluations environnementales (OP 4.01). *« L'EPE est mis en place pour tous les projets de catégorie A considérés comme à haut risque »*[64]. Ce panel était établi pour le projet pétrolier Tchad-Cameroun, mais ses rapports ne sont pas publics, même le panel d'inspection n'a pas eu accès à ces rapports utres villages enclavés, ont identifié d'autres problème

4.3.1.2. Le Groupe international consultatif (GIC), conseiller indépendant de la Banque mondiale

Le GIC est un groupe de conseillers indépendants. Il a été mis en place par la Banque mondiale spécialement pour le projet pétrolier Tchad-Cameroun, en réponse aux préoccupations à propos de ce projet. Ses rapports sont publics et disponibles sur *www.gic-iag.org*. Une dizaine de rapports ont été produits par le GIC durant une dizaine d'années de suivi du projet de Doba.

4.3.1.3. L'ECMG, Groupe externe de monitoring et d'évaluation indépendante

L'ECMG est un groupe privé de consultants (D'Appolonia de Gêmes, Italie). Il est sous contrat avec la Corporation financière internationale (IFC), le guichet de la Banque pour le secteur privé. Sa tâche est de réaliser des évaluations indépendantes du consortium pétrolier et de ses partenaires par rapport au plan de gestion environnementale du projet pétrolier Tchad-Cameroun. Ses rapports sont publics et sont disponibles sur *www.worldbank.org*.

4.3.1.4. Le panel d'inspection

Les organismes ci-dessus sont différents du panel d'inspection de la Banque mondiale, celui-ci a été mis en place sous la pression croissante du public pour plus de transparence et de responsabilité de la Banque mondiale dans ses opérations[65], « le Panel d'inspection de la Banque » a été créé en 1993 par une résolution du Conseil d'administration de la Banque. Il se veut la réponse de la Banque mondiale à une pression externe grandissante pour la transparence et pour que la Banque rende compte de ses opérations devant le public. Le Panel est composé de trois membres qui sont nommés par le Conseil d'administration de la Banque mondiale pour un mandat non renouvelable de cinq ans. Le président du Panel travaille à temps plein, et les

---

[64] Pour plus d'information, lire les rapports de FMI sur le projet pétrolier de Doba.

[65] Pour plus d'information, voir rapport FMI, l'annexe A première vue.

deux autres membres à temps partiel. Le panel est appuyé par un secrétariat permanent qui s'occupe des tâches administratives, des requêtes et des réponses à celles-ci. Toutefois, les rapports du panel, ainsi que le suivi promis par la Banque mondiale, n'ont apporté que peu de résultats pour les communautés locales.

Cette batterie de mécanismes de la Banque mondiale est devenue obsolète ou non crédible devant le gouvernement et le consortium, avec le retrait de la Banque mondiale du projet et surtout la récupération de ses créances. Il ne reste que les structures nationales chargées d'assurer le suivi socio-économique et environnemental de ce projet.

4.3.2. Une structure gouvernementale de gestion environnementale en panne : le Comité technique national de suivi et de contrôle des aspects environnementaux (CTNSC)

Dans le cadre du projet pétrole de Doba, le Tchad, à travers l'étude d'impact exigée par la Banque mondiale, (et prise en compte dans la loi 14 de 1998, portant principes généraux de protection de l'environnement), a mis en place plusieurs mécanismes chargés du suivi des aspects environnementaux et financiers du projet. Dans le domaine environnemental, le Comité technique national de suivi et du contrôle des aspects environnementaux (CTNSC) a été créé. Cette structure gouvernementale était censée assurer le suivi du projet dans ses aspects socio-économiques et environnementaux sur le terrain. Mais elle a montré très tôt ses limites faute de moyens pour son fonctionnement. Financée au départ par la Banque mondiale pour une période de 3 ans, le CTNSC devait être pris en charge par la suite par l'Etat tchadien. Mais ce dernier a des priorités autres que celle de la gestion environnementale de ce grand projet. Ce mécanisme gouvernemental est aujourd'hui tombé en panne et aucun rapport n'a été produit depuis que le pétrole a commencé à couler. On se demande comment le projet pétrole de Doba est aujourd'hui suivi sur le terrain, en l'absence de toutes ces structures.

4.3.3. EMP[66], une structure de suivi et de contrôle de l'opérateur

En dehors des structures de la Banque mondiale et du gouvernement chargées du suivi des aspects environnementaux et socio-économiques de ce projet pétrolier, il y a aussi, au sein d'Esso, un département qui s'occupe de ces aspects. Cette structure semble être la seule qui dispose des moyens techniques et financiers nécessaires et qui est opérationnelle sur le terrain, si

[66] Esso Management Plan, une structure de l'opérateur chargée de la gestion et du contrôle du PGE.

on met de côté des organisations de la société civile qui opèrent de manière ponctuelle sur le terrain comme le GRAMP/TC, la CPPN, la CPPL, etc.

4.4. L'ENCLAVEMENT, LA GUERRE ET L'ATTITUDE DE LA FRANCE : CONTRAINTES MAJEURES À L'EXPLOITATION DU PÉTROLE DE DOBA

Tout porte à croire que le pétrole tchadien est exploitable depuis 1975, mais si cela a été impossible pendant près de trois décennies, c'est à cause de plusieurs contraintes :

- la première contrainte est, à notre avis, d'ordre géographique et financier. Le port maritime le plus proche de N'Djaména se trouve à plus de 1 500 km. Cet enclavement du Tchad nécessite donc la construction d'un long pipeline, très coûteux en moyens financiers dont le pays ne dispose pas. Il faut donc réunir un consortium pour partager les coûts et les risques mais aussi trouver un pays qui accepte que le pipeline traverse son territoire. Tout cela a nécessité du temps ;
- la deuxième contrainte importante à l'exploitation du pétrole tchadien à temps est bien sûr la guerre civile qu'a connue le Tchad au milieu des années 70 et même au milieu des années 1980 avec la présence des « Codos » au Sud du Tchad. Ces guerres ont eu pour conséquences l'arrêt des travaux et le retrait de CONOCO du pays. Car les entreprises commerciales n'aiment pas la guerre ;
- l'attitude de la France, qui consiste à dissimuler les résultats des premières recherches pétrolières au Tchad, a retardé le lancement des activités de construction et le retrait de deux multinationales française (Elf) et anglo-néerlandaise (Shell), ce qui doit être considérée comme un obstacle à l'exploitation rapide des gisements du Tchad ;
- les préoccupations des questions environnementales et de la gestion des revenus ont suscité l'opposition, voire l'hostilité radicale (DIGAMMADJI A. 2009), des organisations de la société civile tchadienne qui voulaient négocier un moratoire pour permettre de régler ces questions avant toute exploitation.

4.5. LE PROJET D'EXPORTATION DU PÉTROLE TCHADIEN, UN GRAND PROJET DE DÉVELOPPEMENT EN AFRIQUE SUBSAHARIENNE

Le projet d'exportation du pétrole tchadien est actuellement le plus gros investissement du secteur privé jamais réalisé en Afrique au Sud du Sahara, (GIC. 2010) Projet d'Exportation Tchadien, (1999). Ce grand projet est assorti d'un coût total évalué à 4,5 milliards de dollars (les estimations étaient de 3,5 milliards). En dehors de ce dispositif institutionnel, financier, et des installations pétrolières, on note également la construction d'autres infrastructures modernes dont un réseau dense de routes ; des logements pour le personnel ; des bureaux ; un système de communication par satellite ; d'immenses lieux de stockage, des hangars de maintenance et des ateliers ; un aéroport international ; etc. En outre, la fourniture de l'énergie électrique est assurée par une centrale d'une puissance de 120 mégawatts, alimentée par le brut local. L'ensemble de ces installations a permis à l'opérateur ESSO et ses partenaires de produire le pétrole des trois champs de Komé, Miandoum et Bolobo, exploitables pour une période de 25 à 30 ans. Le transport du brut est assuré par un oléoduc long de 1076 km, construit à travers le Sud du Tchad et le Cameroun.

Pour la construction et l'exploitation du pipeline, deux sociétés de transport ont été créées : il s'agit de la Tchad Oil transportation Company (TOTCO) et transportation Company (COTCO). Pour la TOTCO, le Tchad détient 15% des parts tandis que les 85% restants vont au consortium. Pour la COTCO, le Cameroun détient 15%, la part du Tchad est de 5% et le consortium a 80% des parts.

La contribution de chaque institution au coût de la compagnie de transport du brut au Tchad (TOTCO) se présente comme suit :

- Filiale Esso : 40,19% ;
- Filiale Pétronas : 30,15% ;
- Filiale Chevron : 21,26% ;
- République du Tchad : 8,12% ;

Celle du tronçon du Cameroun (COTCO) est :

- Filiale Esso : 41,06% ;
- Filiale Pétronas : 29,77% ;
- Filiale Chevron : 21,26% ;
- République du Cameroun : 5,17%
- République du Tchad : 2,74% ;

D'une manière générale, les installations dans les trois champs de pétrole comprennent des conduites et des unités de traitement de l'eau, du pétrole et du gaz. Le centre opérationnel est situé dans les champs de Komé et comprendra une unité centrale de traitement (UCT), une centrale électrique et une station de collecte. La station de pompage n°1(SP1) est également située sur le champ de Komé. Le projet prévoit également au Tchad un réseau de distribution d'électricité, un système de transport par oléoduc et un réseau routier. Ces installations seront décrites dans le chapitre prochain.

4.6. UNE RÉVISION DU CODE MINIER OBSOLÈTE

Concomitamment aux travaux d'exploration et d'exploitation en cours, le gouvernement tchadien s'est lancé dans deux importants projets qui viennent d'ailleurs d'être réalisés : il s'agit de la révision du Code pétrolier qui date de 1962 et qui paraît aujourd'hui obsolète et de la création d'une société pétrolière nationale, la Société des hydrocarbures du Tchad (SHT). Cette révision du cadre juridique des opérations pétrolières consiste à adapter le vieux Code minier aux réalités du moment. L'innovation majeure consiste à améliorer le régime de concession actuel et à introduire le régime de partage de production qui est la norme actuellement dans la plupart des pays africains producteurs de pétrole. Le nouveau code vient d'ailleurs d'être promulgué par un décret présidentiel du 2 mai 2007 sous l'appellation de « Loi sur les hydrocarbures ». Cette nouvelle loi exclut l'autorisation provisoire d'exploitation pour des raisons de sauvegarde des intérêts du pays. Elle accorde une autorisation d'exploitation ou concession pour une période de vingt-cinq (25) ans pour les hydrocarbures liquides et de trente (30) ans pour les hydrocarbures gazeux avec une prorogation supplémentaire de dix (10) ans. Elle fixe la redevance sur la production à un minium de 16,5% pour les hydrocarbures liquides et de 5% à 10% pour les hydrocarbures gazeux. Par ailleurs, la loi sur les hydrocarbures prévoit un processus modulaire pour l'impôt sur les sociétés qui varie de 40% à 75%, et prend en compte l'aval pétrolier, notamment le raffinage, le stockage et la distribution des produits finis. En outre, les ressources des hydrocarbures et substances connexes découvertes dans le sous-sol ou existantes en surface du territoire national sont la propriété exclusive de l'Etat. Seul l'Etat peut concéder un droit d'exploration et d'exploitation, ceci en vertu soit d'une autorisation de prospection soit d'un permis exclusif (Permis H) de recherche. Pour lui, les activités de prospection, de recherche, d'exploitation, de raffinage et de transport par canalisation des hydrocarbures constituent des actes de commerce (MAOUNDONODJI G. 2009). Ces activités de recherche, d'exploitation et de transport par canalisation des hydrocarbures ne peuvent être entreprises qu'en vertu d'une autorisation ou permis, dans le cadre du régime de contrat de concession, d'un régime de contrat de partage de production. Dans le cadre du régime du contrat de partage de production, le permis est accordé exclusivement à la Société nationale, dénommée Société des hydrocarbures du Tchad (SHT)[67]. Selon un responsable du ministère du Pétrole, « cette loi est avantageuse pour le pays mais très contraignante pour les compagnies pétrolières qui n'acceptent pas de s'y engager. C'est pourquoi elle est en train d'être revue pour mieux attirer les investisseurs »[68].

Quant à la création de la société pétrolière nationale, *« le gouvernement s'est inspiré des modèles en vigueur dans plusieurs autres pays africains*

[67] La Société des hydrocarbures du Tchad est une société créée par le gouvernement en vue d'assurer le partage de la production et de la commercialisation des hydrocarbures du Tchad pour permettre au pays de mieux profiter des avantages liés à l'exploitation du pétrole au Tchad.

[68] Entretien avec un responsable du ministère du Pétrole.

producteurs de pétrole. Il s'agit notamment des exemples de la Société nationale de transport et commercialisation d'hydrocarbures (SONATRACH) d'Algérie, de la Société nationale des pétroles du Congo (SPIC) et de la Société nationale d'hydrocarbure (SNH) du Cameroun. La société tchadienne qui vient d'être créée par la loi n°27 /PR/2006 du 23 août 2006 a pris la dénomination de « Société des hydrocarbures du Tchad » (DIGAMMADJI A., 2010). Ces différents acteurs ont joué un rôle important dans le montage du projet, la détermination des compensations, la gestion de revenus pétroliers et surtout le suivi environnemental.

4.7. LES POTENTIALITÉS PÉTROLIÈRES DU TCHAD ET DU LOGONE ORIENTAL

« La nature a doté le sous-sol tchadien de ressources énormes, riches et variées. Outre le pétrole brut, le Tchad est un scandale géologique qui recèle des potentialités variables et prouvées en minerais. En plus, la terre tchadienne est une manne agricole et pastorale très importante du fait de l'abondance de l'eau et de la nourriture qu'elle est capable de produire à la fois pour les hommes et les animaux » (Idriss DEBY, 2008)[69].

Avant de revenir sur l'exploitation du pétrole dans le Logone oriental, il est important de connaître le potentiel pétrolier du Tchad, sa répartition sur le territoire et d'identifier les bassins et champs pétrolifères qui sont en exploitation dans le pays.

4.7.1. Le Tchad, un gigantesque bassin sédimentaire aux potentialités pétrolières énormes mais encore mal connues

Le fait que le territoire tchadien forme une cuvette est en soi un indicateur d'un pays susceptible de disposer de gisements de pétrole qui, d'habitude, se forment sous les mers et dans les dépressions qui accumulent des dépôts fossiles. L'assertion du chef de l'Etat tchadien ci-haut, semble justifiée, lorsqu'on regarde la carte des blocs sédimentaires du Tchad, réalisée par la Direction des explorations et de production du ministère du Pétrole qui présente les blocs sédimentaires et les champs pétroliers du Tchad. Par ailleurs, l'intensité avec laquelle le pays attire ces dernières années les multinationales américaines, européennes et asiatiques, porte à croire que le Tchad dispose d'énormes ressources pétrolières qui restent à être prouvées. Selon cette Direction, le Tchad comprend plusieurs bassins sédimentaires qui occupent presque la moitié de sa superficie. Les bassins pétrolifères suivants ont fait l'objet d'exploration.

---

[69] Idriss DEBY est le chef de l'Etat tchadien. Il a tenu ces propos à l'occasion de l'ouverture de CIOME.

4.7.1.1. Les bassins de Doba, Doséo et Salamat

Les bassins de Doba, Doséo et Salamat se trouvent à l'extrême Sud du Tchad et touchent les régions administratives du Logone oriental, Logone occidental, Mandoul, Moyen-Chari et du Salamat. Ces bassins occupent la zone Sud, frontalière avec le Cameroun et la République centrafricaine (carte n°18). Ils couvrent une superficie d'environ 317 000 km². Tous ces bassins font l'objet d'intenses travaux d'exploration par les consortiums détenteurs de permis H. Trois Consortiums opèrent dans ces bassins. Il s'agit :

- du Consortium Esso/Petronas/Chevron ;
- du Consortium CNPCI (Grande Chine);
- du Consortium OPIC Africa Chad Branch (Taiwan)/Etat tchadien.

Au vu des travaux réalisés, des grandes découvertes ont été faites dans le bassin de Doba qui est aujourd'hui en exploitation[70]. Dans le bassin de Doséo, à la lumière de la convention de recherches signée entre le gouvernement de la République du Tchad et le consortium Exxon Mobil-Petronas-Chevron, les travaux ont démarré en 2002. Des activités sismiques étendues sur environ 350 km sur une ligne de 4 m en général ont été réalisées dans le département du lac Iro et la région du Mandoul. Ces travaux ont permis de forer en 2006 quatre puits d'exploration. Les travaux se sont déroulés à l'Est de la ville de Sarh dans une zone d'environ 120 km de long sur 50 km de large vers la Centrafrique. Les localités concernées sont : Sakko, Tangaray, Gondey et Mya. Pour mener les activités, le consortium a construit deux bases-vie : Sarh 1 et Motokaba 1. En 2007, le consortium a suspendu ses travaux et, selon le responsable du RESAP/MC[71], le permis a été restitué à l'Etat.

---

[70] Le seul bassin pétrolifère où le pétrole brut est exporté. Les autres sont encore restés au niveau d'exploration à part celui de Bongor où un pipeline est construit et alimente la raffinerie de Djarmaya.

[71] Réseau des organisations de la société civile du Moyen-Chari.

Carte n°18 : Localisation des bassins pétrolifères en exploitation au Tchad

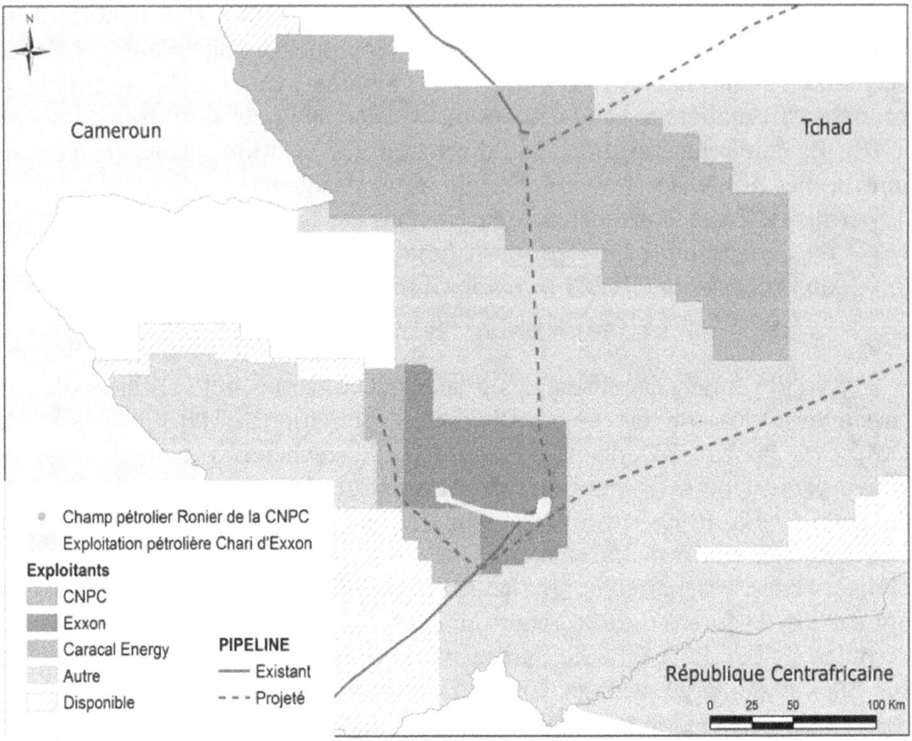

Source : GRAMP/TC, 2014

La carte n°18 présente les bassins pétrolifères de la zone soudanienne du Tchad mis en exploitation. Il s'agit du bassin de Doba, dont Exxon Mobil est le principal opérateur ; le bassin de Bémangra mis en exploitation par Glencore qui a acquis le permis de Caracal Energy et le bassin de Bongor, un peu plus au nord de la carte, mis aussi en exploitation par la CNPC. Une partie de brut de ce champ est exporté par le pipeline Tchad-Cameroun, grâce à la construction d'un pipeline de relais entre Koudalwa et Komé.

Elle montre le bassin du Chari qui regroupe les champs pétrolifères de Doba (en exploitation) et celui de Doséo en exploration. Les autres bassins pétrolifères du Tchad comme ceux du Lac, des Erdis, de Dsseo, etc., ne sont pas encore développés.

4.7.1.2. Le bassin de Bongor et de Madiago

Le bassin de Bongor, situé au Sud-Ouest du Tchad, couvre une superficie d'environ 20 000 km². Il est entièrement inclus dans le permis du consortium CNPCI/Cliveden. Les premières découvertes dans ce bassin ont été faites en 2004. Depuis lors, plusieurs forages ont été réalisés. Dans le secteur pétrolier, la China National Petroleum Corporation (CNPCI) devenue détentrice à 100% du permis « H », est en activité dans les régions administratives de Mayo Kebbi Est et Ouest, de la Tandjilé, du Chari Baguirmi et de Hadjer Lamis. D'intenses activités de recherche et de prospection pétrolières ont été entreprises avec des résultats positifs, à la faveur de la reprise des relations diplomatiques entre le Tchad et la Chine, devenue un partenaire privilégié pouvant aider le Tchad à se développer en l'accompagnant dans ses diverses initiatives d'amélioration de ses performances dans différents domaines notamment celui du pétrole et de l'énergie. C'est ainsi que, dès janvier 2007, la CNPC, une société intégrée d'énergie, spécialisée, en amont et en aval, dans les domaines des opérations du champ et des services d'ingénierie, de fabrication de l'équipement pétrolier, va racheter toutes les actions de l'Entreprise Canadienne (EnCana).

Les gouvernements tchadien et chinois, représentés respectivement par la Société des hydrocarbures du Tchad (SHT) et la CNPC, ont décidé de l'exploitation des réserves pétrolières du champ pétrolifère de « *Rônier* » dans le bassin de Bongor et de la construction d'une raffinerie à Djarmaya, une localité située à environ 40 km au Nord de N'Djaména, pour la transformation du brut. Cette raffinerie permettra au Tchad de mettre, sur le marché, les divers produits énergétiques suivants : gaz, pétrole liquéfié, kérosène aviation, pétrole lampant, essence (ordinaire et super), gasoil, huiles et résidus. En somme, le projet de construction de la raffinerie était conçu pour offrir au pays une indépendance énergétique soutenue, base d'une relance économique et d'un développement durable. Cependant, les prix réels des produits issus de cette raffinerie, fixés par le gouvernement, amènent les Tchadiens à ne plus croire à cet objectif. En effet, le ministère en charge du commerce a fixé le prix de l'essence tchadienne à 490 F CFA le litre, alors que ce même produit s'achète au marché informel de Kousseri au Cameroun voisin, à 5 km de N'Djaména, à 325 F CFA. A cela, s'ajoutent les pénuries de carburant. Ce qui peut avoir un impact positif durable sur la population qui doit désormais acheter des produits d'hydrocarbures de plus en plus rares et chers.

Le bassin de Madiago : situé à environ 70 km au Sud de N'Djaména, est parmi les derniers bassins sédimentaires confirmés par les travaux sismiques entrepris en 2005. Il a une autre particularité par son appellation de Madiago qui lui a été attribuée par le ministère du Pétrole en 2005. Comme le bassin de Bongor, ce bassin est entièrement couvert par le permis CNPCI/Cliveden dont, aujourd'hui, la CNPC reste la seule détentrice à 100%.

4.7.1.3. Le bassin du lac Tchad

Le bassin du lac Tchad, situé au Centre-Ouest, est large d'environ 110 000 km². Il est parmi les premiers bassins du rift découverts au Tchad. Trois champs pétroliers y ont été découverts. Toutefois, les travaux d'exploration en cours pourront mettre en évidence d'autres découvertes plus importantes comme c'est le cas dans le bassin de Bongor. En 2002, la compagnie canadienne EnCana a mené les activités de forage d'exploration et sismiques dans le bassin du lac Tchad, concédé sous forme de zone de permis « H ». L'accord d'exploration d'EnCana avec le gouvernement du Tchad couvrait une large partie des régions Nord et Sud-Ouest du pays, y compris le lac Tchad. Les activités développées par cette compagnie ont permis de forer quelques puits tests aux alentours de la ville de Baga-Sola : Acacia-1 (LC1) situé approximativement à 8 Km au Nord-Ouest de Baga-Sola et à environ 1 km du lac Tchad et Salvadora-1 (LC 10), situé au Sud d'Acacia-1 et à environ 9 km au Sud-Ouest de Baga Sola.

4.7.1.4. Les bassins de Largeau et des Erdis

Le bassin de Largeau occupe le Centre- Nord du Tchad. Il est caractérisé par une anomalie négative très importante dans son intensité et son extension. Peu de travaux y sont réalisés. Ce bassin large d'environ 125 000 km² n'a pas encore dévoilé son secret. Le ministère du Pétrole, dans sa politique de promotion des bassins sédimentaires, a subdivisé tout ce bassin en blocs depuis juin 2006. Ces blocs sont encore libres.

Le bassin des Erdis est situé à l'extrême Nord-Est du Tchad. Ce bassin est le prolongement du bassin de Koufra, en Libye, et du bassin de Murdi au Soudan. Il couvre une superficie de 171.000 km². Il est différent des autres bassins cités, par son âge, primaire, et par son histoire géologique, régime structural différent. Il est couvert par le permis « H » du consortium CNPCI/Cliveden. Les vrais travaux d'exploration ne sont pas encore entamés, toutefois, en 2006, le ministère du Pétrole a subdivisé en blocs les zones libres jouxtant la frontière avec le Soudan et la Libye.

4.7.1.5. Les bassins de Djado, Manga et Siltou

Le bassin de Djado fait partie du bassin de Murzuk en Libye. Ce bassin, comme celui des Erdis, est un bassin primaire et caractérisé par une histoire tectonique. Le ministère en charge du Pétrole a subdivisé les zones du bassin de Djado en blocs qui sont libres pour le moment. Ce bassin couvre environ 50 000 km².

Le Bassin de Manga, quant à lui, est situé au Sud du bassin de Djado, c'est une anomalie négative non confirmée par des travaux sismiques. Mais, tenant compte de la géologie régionale, nous osons croire que ce bassin fait partie du système du rift Ouest-africain très prometteur. Manga est constitué en blocs libres.

Le bassin de Siltou est situé plus au Sud de Manga. Il est également décliné par une anomalie négative non confirmée par des données sismiques. Le même raisonnement pour Manga est valable pour Siltou. Ce bassin est subdivisé en deux blocs libres. Il couvre environ 30.000 km².

De ce qui précède, nous pouvons confirmer que plus de la moitié du Tchad est constituée de bassins sédimentaires encore sous-explorés (carte n°19). A l'exception du bassin de Doba plus ou moins connu (1 milliard de barils, exploitable entre 25 et 30 ans), les potentialités pétrolières du Tchad restent encore mal connues et demeure encore un mystère, même pour les zones en intense activité d'exploration et d'exploitation. Cependant, les travaux d'exploration entrepris par les différents consortiums en cours, ainsi que les travaux qui vont intervenir avec le découpage des zones libres en blocs, permettront certainement de grandes découvertes et leur connaissance dans les années à venir permettrait d'envisager leur production comme le bassin de Doba.

Carte n°19 : Permis et blocs sédimentaires disponibles

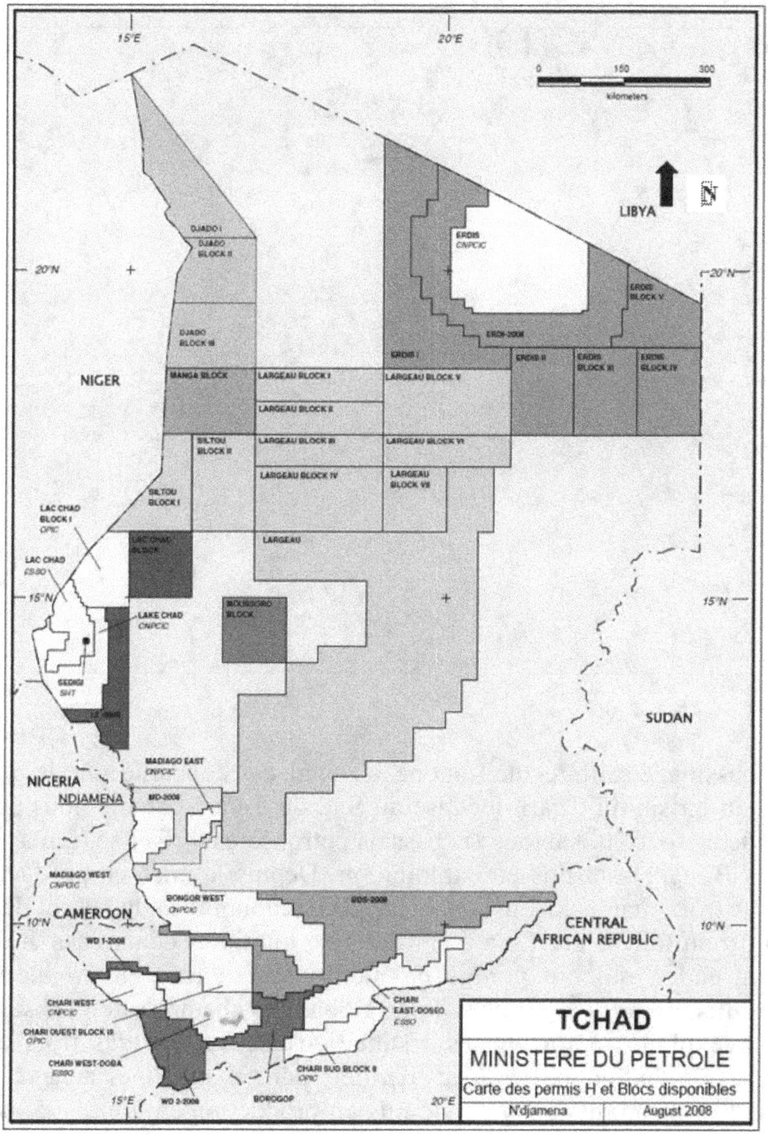

La carte n°19 localise les zones de permis et les blocs sédimentaires disponibles au Tchad. Le territoire du Tchad est découpé par le ministère en charge du pétrole en 45 blocs sédimentaires.

4.8. LA PRODUCTION PÉTROLIÈRE AU TCHAD

De toutes les zones de permis du Tchad, seule la zone de permis du Chari, du lac et de Bongor sont soit en exploitation, soit en chantier (Carte n°20).

Carte n°20 Localisation des zones de permis en chantier et en exploitation au Tchad

Source : ENCANA, 2005.

Le bassin pétrolifère du Logone oriental est concerné par la zone de permis du bassin du Chari, localisé au Sud du Tchad comme nous pouvons lire sur la carte n°20. De tous les bassins pétrolifères du Tchad, seuls ceux de Doba et Bongor sont mis en exploitation. Depuis la mise en production en 2003 des trois champs, Komé- Bolobo – Miandoum dans le bassin de Doba, le consortium dirigé par Esso a entrepris de multiples démarches et travaux de construction qui ont permis de mettre tour à tour en production les champs dits « *satellites* » du bassin de Doba. Les champs satellites sont ceux qui sont exploités à travers les installations de surface des trois champs d'origine. Ils sont connectés à ces derniers par des pipelines annexes. C'est ainsi que le champ de la Nya a été mis en production en juin 2005, celui de

Moundouli, le jeudi 16 mars 2006. Selon le rapport d'IAN G. et REISCH M. (2006), le champ de la Nya contient 10 millions de barils tandis que celui de Moundouli en compte 150 millions. Quant au champ de Maïnkeri, il a été mis en production le 23 juillet 2007. Il convient de rappeler que Maïnkeri est le premier champ mis en production conformément aux dispositions de la Convention 2004[72]. La production journalière, début août 2009, tourne autour de 150 000 barils par jour. Selon les derniers chiffres fournis par Esso, la production journalière est de 125 000 barils par jour, soit la moitié de la production journalière prévue. Cette baisse est due, selon le rapport d'Esso à la venue prématurée de l'eau avec ses conséquences. En 2010, le volume brut du pétrole est de 44 704 911 de barils. Cette production concerne sept (07) champs, répartis de la manière suivante : Miandoum (7 257 931), Komé (24 770 957), Bolobo (7 932 070), Nya (744 776), Moundouli (2 213 433), Maïnkeri (995 909) et Timber (789 835). Le tableau n°13 montre l'évolution de la production.

Tableau n°13 : Evolution de la production et de la quantité vendue de pétrole (entre 2003 et 2011)

Années	Production totale (en barils)	Production expédiée (en barils)	Production nette (en barils)	Quantité vendue (en barils)
2003	13 009 822	12 298 433	8 584 461	8 584 461
2004	63 233 706	63 122 652	61 323 371	61 323 371
2005	62 936 480	54 437 977	63 264 892	63 264 892
2006	56 763 123	55 850 175	55 935 771	55 935 771
2007	52 418 106	54 437 977	52 649 552	52 649 552
2008	46 549 247	46 750 101	46 412 342	46 412 342
2009	43 625 040	43 594 114	43 102 363	43 102 363
2010	44 704 911	44 723 783	44 314 190	44 314 190
2011	31 650 314	1er au 3ème trimestre 2011	-	31 520 915
TOTAL	**414 890 749**	**280 491 429**	**375 586 942**	**331 272 752**

Source : CCSRP, 2011.

L'analyse du tableau n°13 montre qu'entre 2003-2011, la production totale du pétrole de Doba est de 414 890 749 de barils et que la quantité totale du pétrole vendue pendant la même période est de 331 272 752 **de** barils. Ces chiffres sont discutables car le compteur qui détermine la quantité du brut tchadien ne se trouve qu'à Kribi au Cameroun et le gouvernement tchadien ne connaît pas la quantité de pétrole qui sort directement de sont territoire. Par ailleurs, ces données chiffrées sur les productions sont celles fournies par les compagnies pétrolières qui ne recherchent que leur profit. En dépit de la mise en production des « *champs satellites* », la production journalière a baissé de moitié, passant de 225 000 barils par jour à 125 000 barils par jour.

D'autres nouveaux champs se trouvent sur la rive droite du Logone, dans la région du Logone occidental, le champ de Bémangra dans le département de Gueni (Krim-Krim). Une entreprise taïwanaise, OPIC, explore activement cette année, à proximité des champs pétrolifères de Bémangra, dans le département de

[72] La convention de 1998 est arrivée à terme et une autre convention a été signée en 2004.

Ngourkousso, aux environs de Bénoye où un forage a été fait et a donné des résultats positifs. Cela, en dépit de la rupture de la relation diplomatique entre le Tchad et Taïwan, en 2007, après l'attaque de N'Djaména par les rebelles venus du Soudan. Par ailleurs, l'excédent du brut des champs de Bongor[73] localisés dans le Chari-Baguirmi pourrait également être exporté par ces mêmes installations. Comme l'a fait remarquer le ministre en charge du pétrole lors de son passage à Moundou : « *CNPC va également transporter le surplus à travers le pipeline jusqu'à la côte camerounaise de Kribi pour la commercialisation* » (Sud Echos, 2010)[74]. Des négociations entre CNPC et Esso ont même débuté[75]. C'est sans doute compte tenu de ces réserves et plus généralement de la probabilité d'une future autre production d'or noir au Tchad que le consortium a modifié le diamètre de l'oléoduc Tchad-Cameroun des 24 pouces initialement prévus aux 30 pouces ou 76 centimètres actuels. La mise en connexion de ces différents champs nécessite d'autres infrastructures de transport dont le pipeline qui traversera une zone plus dense et le fleuve Logone (Carte n°21). Ce qui laisse présager une pression foncière encore plus accrue que ce qui existe aujourd'hui.

Carte n°21 : Extension des champs pétrolifères et scénario de connexion

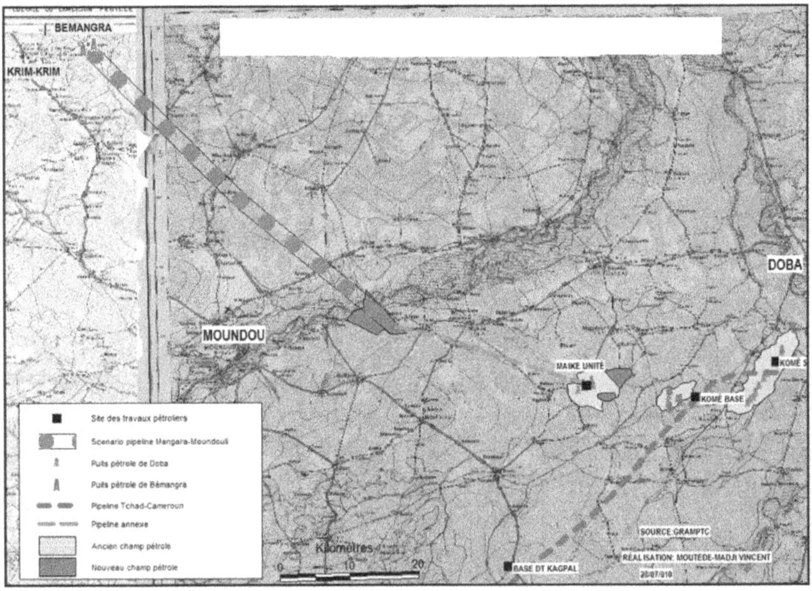

Source : GRAMP/TC, 2010

[73] Une raffinerie est à 40 km au Nord de N'Djaména pour le raffinage du pétrole du bassin de Bongor.

[74] Sud Echos est un journal mensuel nouvellement créé dans la ville de Moundou au Sud du Tchad qui aborde la problématique liée au pétrole. Le n°005 du lundi 28 juin 2010, P 4 est axé sur l'interview accordée par le ministre du Pétrole.

[75] Entretien avec un employé d'Esso.

Comme nous pouvons le lire sur la carte n°21, les nouveaux champs, dits satellites (Nya, Maïnkeri, Moundouli) sont connectés aux unités de collecte de Miandoum par des pipelines annexes. Il est possible que l'exploitation des champs de Mangara ainsi que de ceux de Bémira (Bénoye) dans le Logone occidental voisin, se trouvant de l'autre côté du fleuve Logone, soit raccordée également aux installations des champs de Komé, Miandoum et Bolobo.

Le gouvernement tchadien vient d'accorder à GRIFFITHS[76] le permis de recherches des champs pétrolifères de Mangara dans le Logone occidental (qui lui a été restitué par Esso) et celui de Badila (Logone oriental). Cette compagnie pétrolière est très active sur le terrain aux environs de Krim-Krim (Logone occidental) et Donia (Logone oriental) et projette d'extraire le pétrole brut de ces champs d'ici la fin de l'année 2012. Il est possible que cette trajectoire qui consiste à connecter les champs pétrolifères de Mangara à Moundouli (carte n°21), soit contournée. A en croire les responsables en charge de l'environnement de cette compagnie pétrolière, le pipeline sera construit de manière à contourner la ville de Moundou et à relier le champ de Mangara à celui de Badila avant de le connecter au pipeline Tchad-Cameroun (carte n°22).

En définitive, il faut noter que l'aventure pétrolière du Tchad a commencé à la veille de son indépendance en 1960, et s'est poursuivie sur environ 40 ans avant de parvenir à sortir le pétrole brut du Logone oriental pour être transporté par un oléoduc vers le marché international. Les facteurs géographiques, notamment l'enclavement, l'absence de moyens financiers et technologiques, la guerre civile ont été les principaux facteurs qui ont retardé l'exploitation des ressources pétrolières du Tchad. A ces facteurs, on peut ajouter l'attitude de la France, ancienne puissance colonisatrice, qui niait l'existence de l'or noir au Tchad. Une diversité d'acteurs avec des débats souvent contradictoires a contribué à la mise en œuvre de ce grand projet de rêve pour les Tchadiens. L'exploitation du projet pétrole de Doba a engagé des acteurs multiples et plusieurs instruments de gestion environnementale. Malgré cette batterie d'instruments mis en place pour assurer le suivi environnemental et social sur le terrain, ces structures disparaissent tour à tour, abandonnant ainsi sur le terrain le consortium qui ne peut se rendre coupable et les organisations de la société civile ayant des moyens techniques et financiers limités. Le fait que le mécanisme de gestion et de contrôle environnemental tombe en panne constitue un facteur négatif pour les ressources foncières. Quelles sont cette spatialisation pétrolière dans le Logone oriental et ses conséquences sur le milieu rural ?

[76] Une compagnie pétrolière canadienne.

Carte n°22 : Projet de raccordement des champs de Bémangra (Krim-Krim) et Badila au pipeline Tchad-Cameroun

Source : GRIFFITHS, 2012.

CHAPITRE 5

La spatialisation pétrolière et ses effets sur les exploitations agricoles

Ce chapitre est consacré à la description du projet, à la répartition spatiale des infrastructures pétrolières dans le Logone oriental ainsi qu'à leur évolution dans le temps. Ces infrastructures pétrolières concernent les puits pétroliers forés dans les champs pétrolifères, les plates-formes pétrolières, les infrastructures de transports (oléoducs et routes), les lignes à haute tension, les bases-vie et les centres de traitement, etc. Ces infrastructures ont entraîné une confiscation temporaire ou définitive des terres rurales. Cette pression du système pétrolier de Doba sur les ressources en terre varie selon les échelles. L'emprise du projet n'est pas la même dans les champs pétrolifères et dans la zone du pipeline. Elle est très importante dans les champs pétrolifères où se trouvent les puits pétroliers et les infrastructures associées ; cette emprise est faible dans les villages touchés par le passage du pipeline et presque nulle dans les villages contrôlés, situés en dehors de la zone pétrolière.

5.1. LA SPATIALISATION PÉTROLIÈRE DANS LE LOGONE ORIENTAL

Ce sous-chapitre est consacré à la description des champs pétrolifères et des infrastructures pétrolières nécessaires aux travaux de construction et d'exploitation. Il cherche également à montrer les effets de cette spatialité pétrolière sur les ressources foncières de la région lesquels effets varient selon les échelles temporelles, l'espace géographique considéré et selon les ressources foncières.

5.1.1. Les champs pétrolifères et les puits pétroliers de plus en plus nombreux

L'étude d'impact environnemental et le plan de gestion de l'environnement du projet d'exportation tchadien ont fait la description des champs pétrolifères du Logone oriental que sont Komé, Miandoum et Bolobo : « *A la base des activités du projet, se trouve le développement des trois champs de pétrole indépendants, les champs de Kome, Miandoum et Bolobo* »[77]. Les gisements producteurs de ces trois champs de pétrole sont situés dans des couches géologiques datant du crétacé. Ces trois champs sont appelés des anciens champs ou champs initiaux. Ils ont fait l'objet d'études d'impact environnemental, de travaux de construction des infrastructures et sont mis en exploitation à la fin de l'année 2003. Mais à côté de ces anciens champs en exploitation, il existe d'autres, plus petits et qui utilisent les mêmes infrastructures que les anciens. Ces nouveaux champs sont appelés « *des champs satellites* ».

5.1.1.1. Les anciens champs pétrolifères mis en exploitation

Le nombre de champs pétrolifères de Doba et de ses puits pétroliers a été sous-estimé par les études qui ont été réalisées par le consortium. En effet, les champs de Komé, Miandoum et Bolobo appelés aussi anciens champs, sont localisés dans la zone OFDA[78] et couvrent les cantons de Komé, Miandoum et Béro, dans le département de la Nya. L'Etude d'impact environnemental, réalisée en 1999, a estimé à 300 puits pétrolifères dans le bassin de Doba à réaliser. Cette étude fait la description de ces champs pétrolifères comme suit : « *Près de 300 puits de production seront forés dans le cadre actuel du projet (et environ une vingtaine de puits de réinjection). Près de 213 puits seront forés dans le champ de Komé (dont environ 11 puits de réinjection), près de 24 (dont environ 4 puits de réinjection) dans le champ de Miandoum et environ 50 dans le champ de Bolobo. Il est prévu que des puits de réinjection supplémentaires seront nécessaires dans chacun des champs et que des puits de production seront reconvertis à cet effet. Des puits à grand déplacement horizontal et à forte inclinaison seraient forés si cela s'avérait faisable du point de vue technique. Actuellement, 24 puits à grand déplacement sont prévus. La localisation des puits dans chaque champ de pétrole est indiquée sur la figure (carte). Les activités d'évaluation continuelle fourniront une meilleure définition des réservoirs producteurs* ». Le document ajoute qu'à la suite de ces activités, le nombre de puits à forer, leur type et leur localisation pourront être modifiés.

Après le chantier et la mise en exploitation de ces champs fin 2003, l'opérateur principal, Esso, continue jusqu'à ce jour, à forer d'autres puits pétroliers. Cette densification des puits a des conséquences sur l'occupation

[77] Projet d'exportation tchadien : Etude d'Impact sur l'environnement.

[78] Oil Field Development Project

des terres de la zone OFDA. Par ailleurs, chaque puits situé dans les champs de Komé, de Miandoum et de Bolobo est équipé d'une pompe électrique immergée. Ces puits sont aussi munis d'un dispositif permettant d'injecter un produit chimique anti-émulseur. Sur le terrain, les anciens champs forment un réseau très dense de puits, qui continuent à être forés (photo n°10).

Photo n°10 : Un nouveau forage en cours sur le terroir de Bégada

Source : Cliché MOUTEDE-MADJI V., octobre 2009.

La photo n°10 présente un rig en train de forer un puits pétrolier sur le terroir de Bégada, dans les anciens champs pétroliers, temoignant de la densification des puits pétroliers en cours.

L'Etude d'impact environnemental du projet a fait la description technique de ce système pétrolier et note que, dans chacun des trois champs, la formation pétrolifère est recouverte par les argiles de Miandoum, d'une épaisseur de 60 à 200 m. Ces argiles sont recouvertes elles-mêmes par une série de couches de sable non consolidé d'une épaisseur allant de 900 à 1 500 m. Il en résulte que les puits forés dans chacun des trois champs auront des profondeurs totales variables selon le champ et l'horizon spécifique de production.

Le développement de ces champs nécessite la construction d'infrastructures qui ont pour conséquence l'immobilisation temporaire ou définitive des terres. Les installations dans les trois champs de pétrole comprennent des conduites et des unités de traitement de l'eau, du pétrole et du gaz. Il existe un centre opérationnel situé dans les champs de Komé qui comprend une unité centrale de traitement (UCT), une centrale électrique et une station de collecte. La station de pompage n°1 (SP1) est également située sur le champ de Komé. Le projet pétrole de Doba met en place également au Sud du Tchad un réseau de distribution d'électricité, un système de transport par oléoduc, un réseau routier, un centre d'opération et des stations de collecte nécessaires à l'exploitation de ces champs. Ces installations sont aussi utilisées par ces « *champs satellites* ».

5.1.1.2. Les stations de collecte qui remplissent plusieurs fonctions

Trois stations de collecte sont construites, chacune, dans les trois champs. Avec la station de collecte, le champ de Komé fait partie du centre opérationnel. Les stations de collecte reçoivent la production des puits individuels par l'intermédiaire des collecteurs, et, dans le cas de Komé, des stations de pompage sur le terrain. Les stations de collecte remplissent plusieurs fonctions (Projet d'Exportation Tchadien, 1999) :

- séparer le gaz produit et le sable des fluides qui arrivent des puits ;
- séparer l'eau des fluides arrivants, pour produire une émulsion pétrole-eau à 20% (80% de pétrole et 20% d'eau), et l'envoyer à l'unité centrale de traitement par la conduite principale ;
- mesurer la production d'émulsion et le pourcentage en eau pour déterminer la production de pétrole du champ ;
- traiter l'eau produite pour en retirer le gaz et les sédiments et la pomper vers les puits d'injection ;
- comprimer le gaz produit pour en retirer le gaz et les sédiments et pomper l'eau vers les puits d'injection ;
- comprimer le gaz produit pour le transporter au centre opérationnel.

Les principaux éléments des stations de collecte sont décrits ci-dessous.

5.1.1.3. Séparation de l'eau libre du pétrole

A la station de collecte de Komé, des séparateurs sont installés pour séparer l'eau qui n'est pas en émulsion avec le pétrole. La séparation se fait en deux phases : la première phase, sans chauffage, produit une émulsion réduite à 40% d'eau. La seconde phase, avec chauffage, réduit la teneur en eau à 20%. La chaleur est fournie par récupération des chaleurs perdues au niveau de la centrale électrique ; l'apport de chaleur se fait par l'intermédiaire d'une boucle de recirculation de l'eau produite. Aux stations de collecte de Miandoum et de Bolobo, la viscosité plus basse du pétrole brut permet d'utiliser des séparateurs pressurisés non chauffés pour séparer l'eau libre de l'émulsion et produire une émulsion réduite à 20% d'eau. Ces installations ont également une emprise sur le sol.

5.1.1.4. Les pompes d'émulsion installées à la station de collecte de Miandoum

Les stations de collecte de Miandoum et de Bolobo sont équipées de pompes pour transférer l'émulsion stockée dans des réservoirs tampons vers le centre de traitement à travers une conduite. L'émulsion provenant de la station de collecte de Komé est pompée vers l'unité centrale de traitement qui lui est adjacente.

5.1.1.5. Traitement de l'eau produite dans chaque station

A chaque station de collecte, une combinaison de réservoirs de décantation suivis d'unités de flottaison à induction par gaz, est utilisé pour éliminer les solides et le pétrole de l'eau produite. L'eau ainsi épurée contiendra 50 ppm ou moins de pétrole brut et est réinjectée. La station de collecte de Komé traite et injecte l'eau produite provenant de l'unité centrale de traitement.

5.1.1.6. Séparation de sable dans les réservoirs

Dans chaque station de collecte, la plus grande partie de sable produite est séparée dans les réservoirs ou récipients de séparation de l'eau. Les récipients ont un système de séparation du sable qui utilise l'eau produite pour transporter le sable vers un bassin de sédimentation où il restera jusqu'à ce qu'il soit éliminé définitivement. Dans les réservoirs d'eau produite à Komé, le sable sera enlevé manuellement.

5.1.1.7. Installations de compression du gaz et services généraux

Chaque station de collecte est équipée d'unités de récupération de gaz et de compresseurs à plusieurs étages pour recueillir le gaz non consommé à la station et le comprimer pour le transporter par gazoduc au centre opérationnel où il fournira près du tiers des besoins en carburant du centre électrique.

Chaque station de collecte est équipée des services généraux suivants :

- un approvisionnement en eau potable et en eau à usage général ;
- un système de décompression d'urgence ;
- de l'air comprimé pour les instruments et les équipements généraux ;
- du gaz combustible ;
- des installations de stockage et d'injection de produit chimique (anti-émulseurs) ;
- de source de chaleur pour les procédés (station de Komé seulement) ;
- du courant électrique ;
- un réseau d'assainissement et un réseau pour évacuer les produits huileux.

5.1.1.8. Système de réinjection de l'eau produite

En plus des puits forés spécialement pour la réinjection de l'eau de gisement produite, on prévoit les forages secs et les puits de production à haute teneur en eau qui pourront être convertis et utilisés également comme puits de réinjection. « *Chaque puits de réinjection est conçu sur la base de 25 000 barils par jour. Les débits de réinjection réels dépendront des caractéristiques du réservoir, des débits de production et des indices d'injection réels. Le nombre total de puits de réinjection et leur répartition entre les divers champs individuels sont susceptibles de changer à mesure que le programme progressera* » (Projet d'Exportation Tchadien, 1999). Toute l'eau de gisement produite sera injectée en dessous des argiles de Miandoum, qui constituent la couche imperméable recouvrant les gisements producteurs de pétrole. Le système de réinjection de l'eau produite consistera en une conduite centrale d'injection de l'eau, un réseau latéral allant jusqu'au puits d'injection individuel dans le champ de Komé et les lignes d'injections individuelles dans les champs de Miandoum et Bolobo. Ces différentes installations occupent l'espace déjà saturé ou en voie de l'être.

5.1.1.9. Le centre opérationnel, principale base d'opération

Le centre opérationnel (photo n°11) est la principale base d'opération de traitement et d'exportation du pétrole au Tchad pour le projet. Ce centre est situé dans le champ de Komé et est adjacent à la station de collecte de ce même champ.

Photo n°11 : Le centre opérationnel de Komé 5 et les lignes à haute tension

Source : Cliché MOUTEDE-MADJI V., vue prise en novembre 2009.

Comme nous pouvons l'observer sur la photo n°11, en premier plan, ce sont les lignes à haute tension électrique qui sont reliées à la centrale électrique et aux turbines du centre opérationnel, situées en second plan. Les principaux éléments du centre opérationnel comprennent les installations suivantes :

- l'unité centrale de traitement ;
- la station de pompage n°1. Les deux autres stations sont installées à Dompala et Belabo sur le territoire camerounais (Cf. carte n°2, p. 4);
- la station de collecte ;
- une centrale électrique d'environ 100 mégawatts (MW) de puissance installée ;
- des entrepôts, un centre de formation pour la maintenance et l'exploitation ;
- des logements pour 100 personnes sans leurs familles ;
- un terrain d'atterrissage de 3 200 ha, capable de recevoir de gros porteurs ;
- des bâtiments administratifs pour la direction et le personnel de secrétariat ;
- une clinique pour les soins courants et d'urgence au personnel.

L'ensemble de ces infrastructures nécessite des terres qui sont utilisées de manière permanente. Ces infrastructures serviront également au traitement et à l'exportation du pétrole provenant des champs satellites.

5.1.2. Les « *champs satellites* » qui entrent en production

Appelés aussi champs annexes, les « *champs satellites* » sont de nouveaux champs identifiés (ou volontairement laissés) à proximité des anciens champs pétrolifères et dont l'exploitation est possible grâce aux infrastructures existantes. Ce sont les champs de Moundouli, Nya, Maïnkeri-Pouteguem et Timber. Hormis le champ satellite de Moundouli qui est localisé dans le canton de Miladi dans la sous-préfecture de Mbaikoro, tous les autres sont situés dans les cantons de Miandoum et Komé, dans le département de la Nya. Les réserves pétrolières de Moundouli sont estimées à 25 puits mais, aujourd'hui, les puits forés et mis en exploitation dans ce champ dépassent 54. Cette réserve est donc en réalité plus importante que prévu comme le cas des anciens champs de Komé, Miandoum et Bolobo. Un pipeline annexe construit de Moundouli jusqu'à la station de collecte a permis l'exploitation de ce champ en 2006.

Le « *champ satellite* » de la Nya est un petit champ, situé à proximité du champ de Miandoum. L'Etude d'impact environnemental réalisée en 1999 dans le cadre du projet pétrole de Doba, actualisée en 2004, a prévu l'exploitation de 4 puits dans ce champ. Mais, en réalité, plus de 25 puits sont forés[79]. Comme Moundouli, ce champ est relié à la station de collecte de Miandoum par un pipeline secondaire.

Le champ de Maïnkeri-Pouteguem est aussi un petit champ localisé dans le canton Miandoum et mis en exploitation après ceux de la Nya et de Moundouli.

Le champ Timber est le plus petit champ, le dernier à être mis en exploitation en 2009. Il jouxte les champs de Komé et Bolobo. La mise en exploitation de ces champs satellites exige également la confiscation des terres.

5.2. LES INFRASTRUCTURES DE TRANSPORT QUI MORCELLENT LES EXPLOITATIONS AGRICOLES

Les infrastructures de transport du projet pétrole de Doba concernent l'oléoduc principal et des pipelines annexes, des routes, des pistes d'accès et les lignes à haute tension qui dessinent un réseau dense dans les champs pétrolifères et morcellent ainsi les exploitations agricoles.

5.2.1. L'Oléoduc Tchad-Cameroun, une infrastructure caractéristique de l'onshore tchadien

L'enclavement du Tchad nécessite donc la construction d'un oléoduc du Sud du Tchad jusqu'à la côte camerounaise (Cf. carte n°2, p.4). Cette infrastructure caractérise l'onshore tchadien. C'est le principal moyen de transport qui permet de conduire le pétrole brut des champs de Komé, dans le Logone oriental, jusqu'à Kribi sur la côte maritime du Cameroun. Il constitue l'infrastructure majeure du projet. Il mesure 1076 km dont environ 178 km, soit 16,54 %, sur le territoire tchadien. Il traverse le département des Monts de Lam, ayant une densité de population entre 25 hab. /km² à 30 hab. /km², et la majorité du tracé de l'oléoduc est localisée au Cameroun. Les travaux de construction de l'oléoduc ont été réalisés par la compagnie américaine Willbros. Prévu pour 3 ans, le chantier de l'oléoduc était très tôt achevé en deux ans, permettant de pomper le pétrole des champs de Komé, Miandoum et Bolobo dès 2003, avant la période prévue.

Le chantier de l'oléoduc a été l'un des moments forts de l'insertion du système pétrolier dans le Logone oriental. Un site de travaux a été installé à Guel Koué dans le canton de Gadjibian, son chef-lieu. Il a drainé une foule de jeunes Tchadiens et étrangers en quête de travail, car, en dépit des instructions d'Esso interdisant le recrutement sur le chantier, une entreprise sous-traitante, Emploi Service, et certains responsables de Willbros, recrutent ces jeunes venus tenter leur chance. Une fois l'oléoduc enfoui, ces

[79] Entretien avec le président de l'association pour le développement du canton de Miandoum.

entreprises ont démantelé leurs bases-vie et les immigrants, qui ont installé un quartier spontané, ont tous quitté le lieu.

5.2.1.1. Les pipelines annexes qui forment une maille dans l'espace

Il s'agit de pipelines plus petits qui relient les puits ou des champs annexes à la station de collecte, avant le pompage vers le principal pipeline. Ces pipelines annexes sont nombreux et continuent à être posés en fonction du rythme de forage des puits qui se poursuit. Ils sont enfouis comme le pipeline principal (carte n°23).

Carte n°23 : Le passage des pipelines au quartier spontané d'Atan et de la base de Komé

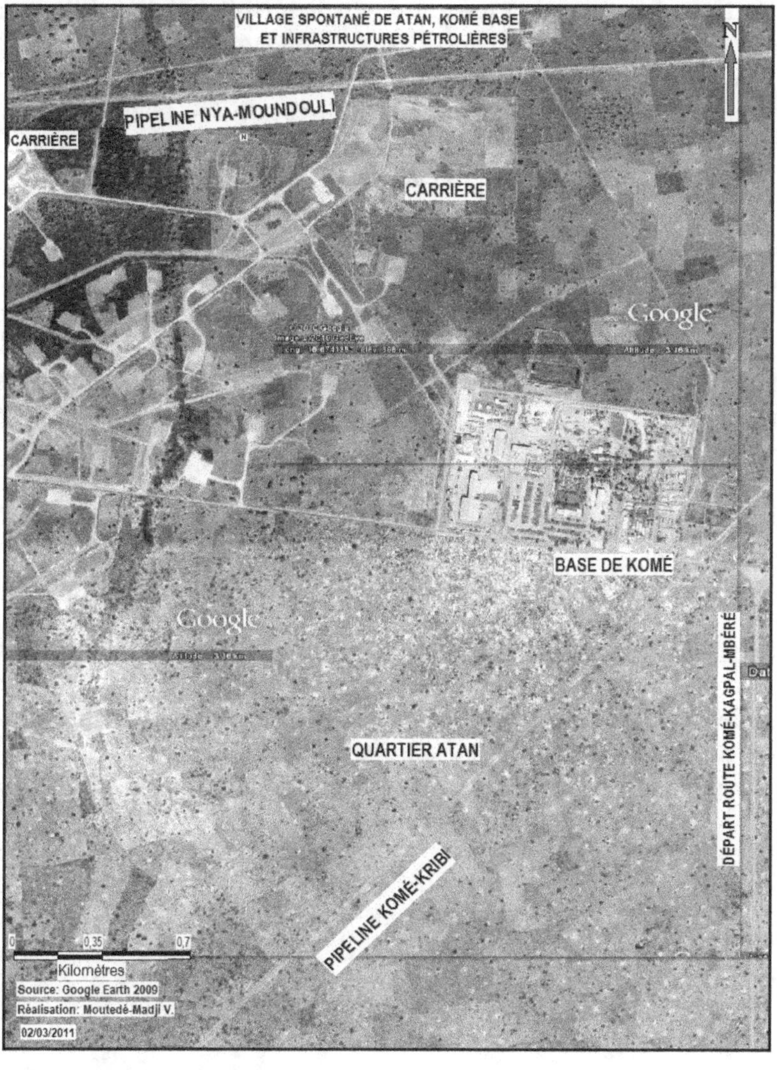

Source : Image Google 2009.

La carte n°23 présente les pipelines annexes comme celui de la Nya-Moundouli et le tracé du pipeline principal Komé-Mbéré qui passe à côté de la base de vie de Komé et traverse le quartier spontané d'Atan qu'on peut identifier sur cette image.

5.2.1.2. Les routes et pistes d'accès qui marquent profondément le paysage

Dans le cadre de ce projet pétrole de Doba, des routes ont été construites. La principale route est celle qui va de Komé, dans les champs pétrolifères, à une quarantaine de km au Sud de Doba, à la frontière camerounaise de Mberé où un pont a été construit. La longueur de cette route est égale à celle de l'oléoduc à l'intérieur du territoire tchadien, soit 176 km. Elle permet le transport du matériel venu par le port de Douala au Cameroun, du fait également de l'enclavement du Tchad. Construite par David Terrassement, une entreprise française, cette route a été très utilisée pendant la phase de construction où des tonnes de matériels ont été transportées vers Komé et sur le site des travaux de Wilbros à Gadjibian. Pour les travaux de construction de cette route, des sites de travaux et de base-vie ont été installés dans les villages de Bam, Kagpal et Mbitoye. Comme le cas de Wilbros, ces entreprises ont également démonté leurs installations et des migrants, constitués en grande partie des employés logés dans ces villages les ont quittés, une fois que le chantier a été achevé. Cependant, ces installations laissent ainsi leur marque sur les sites qui se distinguent des autres espaces aux environs, par l'absence de végétation et donc la nudité du sol (photo n°12).

La route Komé-Mberé (carte n°23) construite pour le transport du matériel pendant la période de chantier, sert aujourd'hui au contrôle de l'oléoduc qui ne s'en écarte jamais à plus de 7 km de et la croise par endroits. Cette route permet également de désenclaver le département des Monts de Lam. Toutefois, la population bénéficiaire s'inquiétait de la poussière, très énorme à cause du chantier et donc du trafic important, laquelle a fini par s'amenuiser avec la fin du chantier. Par ailleurs, les pistes d'accès dessinent, sur le paysage des champs pétrolifères, un réseau maillé avec de multiples nœuds et le marquent profondément. Ces nombreuses pistes permettent d'accéder aux puits pétroliers ainsi qu'aux stations de collecte (carte n°24).

Carte n°24 : Les pistes d'Esso qui marquent le paysage

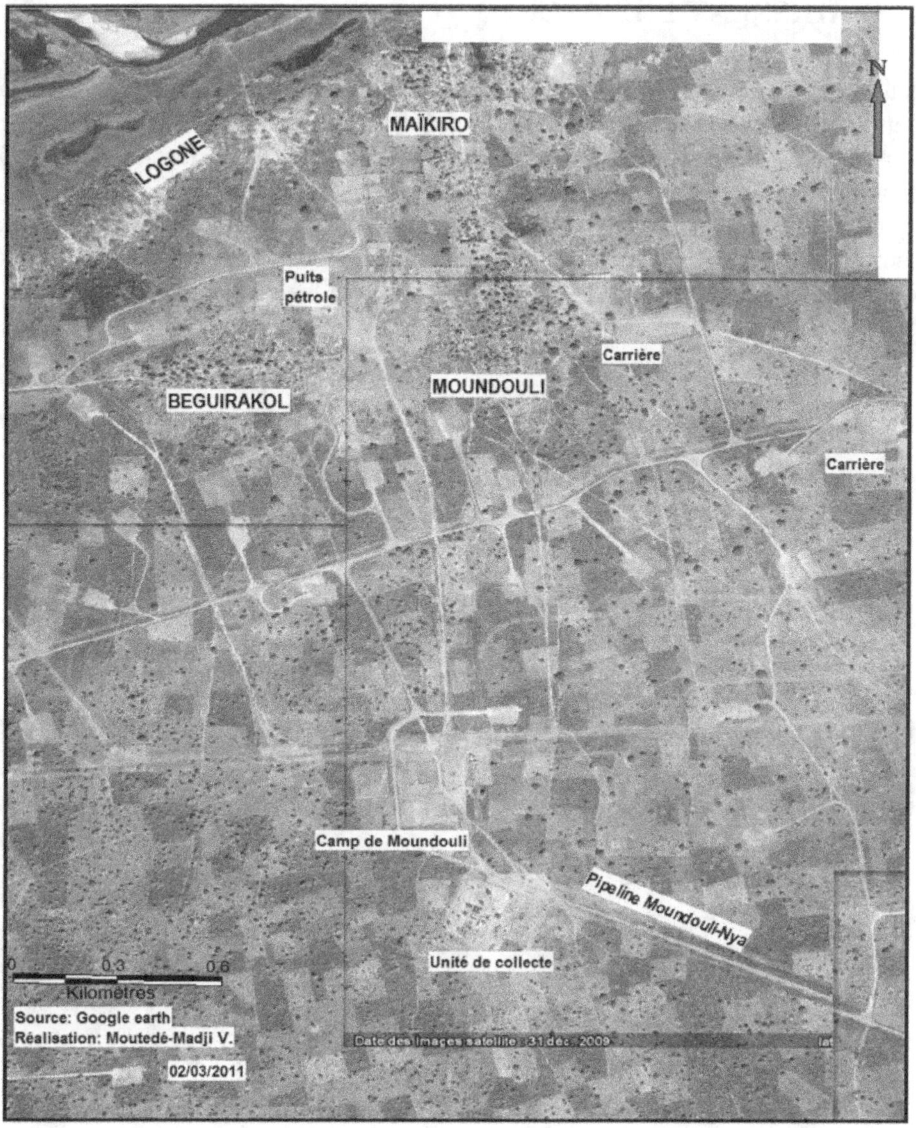

Source : Image Google Earth, 2009.

La carte n°24 présente un réseau dense de pistes d'accès aux puits de pétrole sur les terroirs de Moundouli, Maïkiro et Béguirakoel que nous pouvons identifier. Les pistes et les puits pétroliers ne sont pas les seules infrastructures pétrolières qui occupent l'espace. Il y a aussi les lignes à haute tension électrique qui ne sont pas visibles sur cette carte.

5.3. LES LIGNES À HAUTE TENSION ÉLECTRIQUE QUI ENVAHISSENT L'ESPACE

A part ces infrastructures, il existe sur le terrain plusieurs lignes à haute tension avec de nombreux poteaux qui s'enchevêtrent dans un paysage déjà saturé par les installations, les pistes d'accès. Comme nous pouvons l'observer sur la photo n°12 ci-dessous, les lignes électriques à haute tension servent à pomper le pétrole des puits vers les collecteurs, l'unité centrale et l'oléoduc. Etant donné qu'il y a plus de 1 000 puits de pétrole forés, des lignes à haute tension qui relient ces puits envahissent l'espace des champs pétrolifères et constituent des risques potentiels pour les enfants et les animaux.

Photo n°12 : Lignes à haute tension, puits pétroliers et sol mis à nu à Béro

Source Cliché MOUTEDE-MADJI V., octobre 2009.

5.4. L'OCCUPATION DES TERRES PAR LES ACTIVITÉS PÉTROLIÈRES, UNE PRESSION FONCIÈRE CROISSANTE

A l'échelle de la région, l'impact du projet sur les terres cultivables est faible car le total des superficies requises pour le projet par rapport à celle du Logone oriental est insignifiant. Cependant, à l'échelle locale, au niveau d'un terroir, le problème d'occupation des terres devient préoccupant, voire dangereux, pour les populations rurales des champs pétrolifères, eu égard à la densification qui se poursuit.

5.4.1. Une pression foncière de plus en plus accentuée dans les champs pétrolifères

Le périmètre pétrolier est occupé par les plates-formes, les bases-vie, les centres des opérations, les pipelines principaux et les pipelines secondaires, les routes de chantiers, les routes inter-champs et les lignes à haute tension. Ces infrastructures pétrolières occupent des surfaces cultivables de la population et réduisent ainsi leur espace vital. L'espace est disputé entre la population et les installations pétrolières si bien que les exploitations agricoles et les infrastructures pétrolières s'entremêlent.

En effet, le projet de Doba est mis en œuvre pour l'exploitation de 300 puits estimés dans les trois champs de Komé, Miandoum et Bolobo. En outre, il est prévu le forage de 25 puits pour la réinjection d'eau des gisements produits dans les nappes profondes. La production pétrolière moyenne du projet en 2008 fut de 127 000 barils par jour (bpj) contre 144 000 bpj en 2007 (Esso, 2008) et 125 000 barils (Esso, 2011) chiffre inférieur aux prévisions de 225 000 bpj. Cependant, le rapport d'Esso note que ce chiffre est atteint, grâce à la poursuite d'un programme intensif de maintien de la production qui indique avoir acquis une meilleure connaissance du réservoir et confirme le volume d'environ un milliard de barils de pétrole estimé initialement dans le bassin de Doba. En même temps, Esso a donc entamé une deuxième campagne de densification des puits dans les champs de Komé et Bolobo avec en prévision trois cents puits producteurs additionnels entre 2009 et 2012 (ECMG, 2009). A terme, environ huit cent cinquante puits auront été forés dans les 3 champs de Komé-Bolobo-Miandoum, loin devant les trois cents puits envisagés dans les plans originaux, notent les documents d'Esso.

Cependant, à travers les enquêtes que nous avons menées sur le terrain, dès la fin de l'année 2010, le nombre de puits pétroliers de Doba a dépassé mille. Ce chiffre vient d'être confirmé par la cartographie participative réalisée par le GRAMP/TC qui a évalué en septembre 2011 plus de mille cent puits pétroliers. Ce qui a un impact plus grand que prévu sur l'occupation des sols et la population qui vient de porter plainte à CAO[80].

En effet, avec l'extension des « champs satellites » et la densification des puits, le nombre de puits a été multiplié par quatre. Cela étant, le visiteur est frappé par l'importance de l'emprise au sol des infrastructures pétrolières : puits, installations de traitement, et surtout des pistes qui relient, entre eux, les éléments de ce système. Vu d'avion, au niveau des trois champs principaux, le réseau des puits présente une densité impressionnante (photo n°13) au sein de laquelle une agriculture interstitielle parvient curieusement à se maintenir. L'augmentation du nombre des puits au sein des trois champs déjà productifs, la création de nouveaux puits dans les champs de la Nya et de Moundouli (54 puits) en 2005, parallèlement à la poursuite des explorations, ont contribué à

---

[80] Compliance Advisor Ombudsman est un mécanisme de contrôle de la societé financière internationale, membre du Groupe de la Banque

augmenter l'emprise physique du projet. L'utilisation excessive de terrains est parfois relevée dans les situations de non-conformité au PGE, mais de façon ponctuelle. Il existe un débat sur la possibilité de minimiser ces impacts entre des spécialistes des questions de l'environnement d'un côté, les équipes de production et d'exploration de l'autre. Les foreurs, eux, exigent une largeur de piste de 20 m. Par ailleurs, il était prévu au départ que le projet pétrole de Doba occupe une superficie de 2 043 ha dont 666 ha (soit 32,5%) doivent être occupés en permanence, 1 377 ha doivent être restaurés et restitués à la population. L'emprise du pipeline de 30 m pendant la construction doit être réduite à 15 m pendant la phase d'exploitation et peut être cultivée. Dans la réalité, la superficie occupée a été plus importante que prévu. Les superficies occupées par les plates-formes estimées à 4 400 m^2 couvrent en réalité 8 250 m^2, selon nos mesures sur le terrain, soit un débordement de 53,33 %. Cette augmentation des surfaces occupées a pour conséquence directe la réduction des terres cultivables des paysans et l'accroissement du nombre de ménages expropriés. Ceux-ci passent de 150 prévus à 450 personnes, soit le triple. Actuellement, il faut multiplier tous ces chiffres indiqués ci-dessus par 2 ou même 3 pour que cela corresponde à la réalité sur le terrain, souvent dissimulée par les rapports de l'opérateur Esso. Ce dernier est une compagnie commerciale qui cherche à minimiser les dépenses pour accroître ses bénéfices.

Photo n°13 : Une densité impressionnante de puits pétroliers à proximité de la rivière Loul

Source : Image Google Earth, 2009.

L'observation et l'analyse de la photo n°13 ci-dessus permettent de savoir que ces puits pétroliers occupent de manière permanente les terres. Cela est d'ailleurs confirmé par nos multiples observations sur le terrain.

5.4.2. De nouveaux champs à la densification des puits dans les champs de Komé, Miandoum et Bolobo : un phénomène inquiétant pour l'avenir des paysans

Après les champs de la Nya, de Moundouli et Maïnkeri-Pouteguem mis en exploitation, c'est au tour du champ pétrolifère de Timber d'entrer en production en 2009. Cela a été annoncé fin septembre 2009 par le directeur général d'Esso, mais a été plutôt effectif depuis le mois de juillet 2009[81] avec le forage des puits de production et la mise en terre du pipeline principal et celui de connexion. Des espaces importants ont été requis pour la construction des plates-formes et les corridors des pipes. Ces forages supplémentaires et l'infrastructure de collecte des hydrocarbures ainsi que l'alimentation en électricité pour les puits demandent une occupation des terres plus importante que prévu initialement (photo n°14). Le terroir le plus touché par les activités liées à ce champ est celui du canton de Komé.

Photo n°14 : Tracé du pipeline annexe du Projet « Timber »

Source : Cliché MOUTEDE-MADJI V., vue prise en octobre 2009.

[81] Information fournie par l'équipe d'Esso lors d'une séance d'information avec la CPPL sur le dernier cas de déversement accidentel du brut à Moundou

La photo n°14 ci-dessus présente le passage d'un pipeline annexe de Timber qui traverse une exploitation agricole de pénicillaire en pleine zone de savane boisée. Ces infrastructures pétrolières marquent profondément et de manière indélibile le paysage de savane (Photo n°15).

Photo n°15 : Un nouveau puits producteur du projet « Timber »

Source : Cliché MOUTEDE-MADJI V., vue prise en octobre, 2009.

Comme nous pouvons le lire sur cette carte n°15, le paysage de savane (en arrière plan) est mis à nu pour un nouveau puits pétrolier de Timber, sur le terroir de Komé.

Aussi, dans les anciens champs, assistons-nous à une densification des puits pétroliers dits « puits intercalaires » ou « puits jumeaux ». Les activités de densification des puits (Photo n°16) sont constatées dans tous les champs pétrolifères, qu'ils soient nouveaux ou anciens. Cela se remarque de manière très particulière et accélérée avec des plates-formes de plus en plus rapprochées. Les terroirs des villages de Mbanga à quelque cinq kilomètres du chef-lieu du canton de Béro et de Bégada dans le canton Komé en constituent des sites caractéristiques. Etant donné que les villages sont proches les uns des autres, et que exploitations déjà morcelées à cause de l'augmentation de la population, une telle densification des puits a un effet certain sur les exploitations agricoles.

Photo n°16 : Forage des puits intercalaires sur le terroir de Bégada

Source : Cliché MOUTEDE-MADJI V., vue prise en octobre 2010.

La photo n°16 présente un puits intercalaire, dans l'espace déjà très dense en puits pétroliers. Selon le rapport d'Esso, le forage de puits supplémentaires a été de loin le plus gros investissement effectué par le projet pour maintenir les niveaux de production. 40 nouveaux puits ont été forés mi-2009 et jusqu'à 90 puits devraient être forés sur l'ensemble de l'année. Chaque puits coûte environ Cinq millions de dollars, de sorte que de nouveaux puits représentent 70% des 600 millions de dollars prévus par le projet en investissement de nouveaux capitaux pour le soutien à la production en 2009 (Esso, 2009).

En effet, les routes principales, les routes inter-champs, les pipelines principaux et secondaires ainsi que les lignes à haute tension, découpent les terroirs en mini-parcelles. Du point de vue agronomique, il est démontré que, pour bien produire, il faut que les champs aient une certaine superficie appelée SAU (superficie agricole utile). Dans cette zone pétrolière, la SAU par personne peut être estimée à 0,5 ha (une corde ou un piquet) cultivée chaque année par le plus démuni. La réalité sur le terrain révèle que les parcelles entre les puits, pipelines et lignes à haute tension n'atteignent pas les surfaces nécessaires cultivables. Les paysans sont obligés de les abandonner. Un champ unique est facile d'entretien et plus productif que des morceaux de champs dispersés.

Les études initiales relatives au bassin de Doba soulignent que moins de puits seraient nécessaires pour développer les ressources pétrolières. Mais, au fur et à mesure que le pétrole est extrait des champs, on constate que l'ancienne activité sismique dans les profondeurs souterraines avait morcelé les formations pétrolières en de nombreuses sections appelées compartiments faillés. C'est pourquoi les couches pétrolifères ne sont pas contigües. Ce fait, combiné aux problèmes des fines particules qui viennent boucher les zones productrices autour des puits, signifie que, pour extraire le pétrole, le projet doit investir dans certains puits de plus qu'initialement prévu, conclut le document. A l'avenir, Esso entend exploiter ces nouveaux puits, compartiment faillé par compartiment faillé. Selon le rapport d'Esso, cette approche permet d'utiliser les terres de façon plus efficace, surtout en consolidant et partageant les emprises des lignes d'alimentation électrique et des canalisations. Le même document relève que le projet investit dans un certain nombre d'initiatives afin d'obtenir la plus grande récupération possible des puits de pétrole existants. L'optimisation des puits existants procure des avantages financiers et évite par la même occasion de devoir forer de nouveaux puits, ce qui permet de conserver les terres et réduire les impacts sur les fermiers dans la zone de développement des champs pétroliers.

Malgré ces bonnes intentions de l'opérateur de minimiser l'occupation des terres dans les champs pétrolifères, au fil des jours, de nouveaux pipelines secondaires sont posés pour permettre le transport du pétrole des nouveaux puits vers les unités de collecte (Photo n°17).

Photo n°17 : Mise en terre des pipe secondaires pour les puits intercalaires

Source : Cliché MOUTEDE-MADJI V., vue prise en octobre 2009.

La photo n°17 présente un pipeline secondaire enfoui dans une tranchée. Ce pipeline secondaire joue le rôle de collecteur du pétrole des puits de production vers les unités de collecte. Le tableau n°14 donne une idée sur l'occupation des terres en 2008 et 2009.

Tableau n°14 : Occupation des terres dans les « villages enclavés » en 2008 et 2009

Noms des villages	Surface en ha	% surface occupée en 2008	% surface occupée en 2009	Ecart
Dokaidilti	812,4	15,9	15,9	0
Begada	2478,6	12,7	13,3	0,6
Bero	4239,7	12,5	13,2	0,7
Ngalaba	1879,4	13,1	13,2	0,1
Danmadja	449,4	11,5	12,5	1
Mouarom	1585,4	9,5	9,5	0
Maïnkeri	1208,1	8,6	9,1	0,5
Bela	2315,1	8,3	9	0,7
Dildo	1961,3	8,9	8,9	0
Mbanga	3050,4	6	6	0
Madjo	1921,3	5,7	5,9	0,2
Mismadi	840,6	3,7	5,5	1,8
Mainani	1696,2	4,5	4,5	0
Bendo	809	1,4	1,7	0,3
Miandoum	4133	1,6	1,6	0
Komé	2569,3	1,1	1,1	0
Total	**31949,2**	**125**	**130,9**	**5,9**

Source LUMAP/ESSO, 2009.

Le tableau n°14 montre l'occupation des terres dans quelques villages du champ pétrolifère en 2008 et 2009. Selon les données d'Esso, sur 31949,2 ha dont disposent ces villages, 125 ha ont été occupés en 2008 et 130,9 ha en 2009, pour le forage de nouveaux puits. Ce phénomène de densification des puits accroît le problème d'occupation des terres dans les champs pétrolifères. Ce n'est pas le cas dans la zone de passage du pipeline.

5.4.3. L'occupation des terres dans la zone du tracé du pipeline et de la route

La situation d'occupation du sol dans la zone du tracé du pipeline et de la route rénovée n'est pas de la même importance que dans la première. En dehors des camps installés à Kagpal, Gadjibian et Bam au moment des travaux dont l'emprise sur le terrain était remarquable, le reste de la zone n'a connu que des occupations assez relatives. Elles concernent les 30 m de l'emprise du pipeline et les 20 m de la route construite. Rappelons que l'emprise du pipeline de 30 m pendant la construction doit être réduite à 15 m pendant la phase d'exploitation et peut être cultivée. Il est tout de même interdit à la population de cultiver des plantes pérennes dont les racines peuvent entrer en contact avec le pipeline enfoui à 1,5 m de profondeur du sol (photo n°18).

Dans la zone du tracé du pipeline et de la route, 180 personnes ont été enquêtées au cours de l'étude. 45 personnes seulement de l'échantillon, soit 25 %, ont été indemnisées pour une superficie de 31,3 ha et 19 arbres et pour un montant de 13 001 868 F CFA. Toutefois, la densité du trafic pendant les activités a été une source de désorganisation et la population ne manque pas de s'en plaindre.

Photo n°18 : Tracé du pipeline dans une zone forestière dans le canton de Timberi

Source : CLICHE MOUTEDE-MADJI V., vue prise en avril 2009.

L'observation de la photo n°18 nous permet de constater que l'espace occupé par le pipeline n'est pas très large. Cependant, il y a interdiction de mise en valeur des terres à proximité du tracé du pipeline. Nous pouvons lire sur la photo n°18 la mention attention : pétrole, pipeline et, avant de creuser, il faut appeler TOTCO/COTCO.

5.4.4. Les prévisions de départ selon le PGE et l'emprise foncière actuelle sur le terroir

Au sujet de l'occupation de la terre, le consortium est dans une situation de non-conformité vis-à-vis du PGE. En effet, selon les estimations prévues dans le plan de gestion de l'environnement, les plates-formes de puits doivent être partiellement remises en état. Après restauration finale, leurs dimensions doivent être comprises entre 58 sur 47 m, soit 2700 m² et 94 sur 47 m soit 4400 m². La partie remise en état doit être restituée aux usagers avant la construction. Par ailleurs, selon les estimations du projet, l'emprise totale au niveau de la zone de développement est répartie comme suit :

- terrains nécessaires pendant la phase de construction : 2043 ha ;
- terrains nécessaires en permanence pendant la phase d'exploitation, 666 ha ;
- terrains à remettre en état et restituer aux usagers habituels avant la construction : 1377 ha.
- dont terrains disponibles sans restriction : 786 ha

Mais ces surfaces prévues pour les infrastructures et le nombre de puits à forer ont été largement dépassés. La réalité du terrain montre que les superficies des plates-formes, telles qu'elles se présentent sur le terrain, sont plus grandes que prévu par l'estimation dans le PGE (8250m² au lieu de 4400 m²). Les surfaces totales occupées sont de plus de 4 000 ha. Le rapport de ECMG mentionne en page 7 que : *« sur ce point particulier, le consortium demeure donc dans une situation de non-conformité avec le PGE, sans action corrective bien définie »*. Certes, « *les bases de Komé n'occupent qu'une assez faible superficie à l'échelle régionale, de l'ordre de 1000 hectares. L'oléoduc a été recouvert et les terrains rendus à des utilisations agricoles ou pastorales, excluant seulement, sur une largeur de 10 à 15 mètres, la plantation d'arbres ou la construction d'habitation* » (MAGRIN G. et GEERT V., 2005). Cependant, à l'échelle locale ou du terroir, cette pression est considérable. Ensuite, l'augmentation du nombre des puits au sein des trois champs de Komé, Bolobo et Miandoum déjà productifs, la création de nouveaux champs connexes appelés « champs satellites » qui sont : Nya, Moundouli, Maïnkeri-Pouteguem et Timber, mis en exploitation, concomitamment à la poursuite des explorations, contribuent à accroître l'emprise physique du projet et son impact sur les ressources naturelles. Ainsi, les surfaces prévues pour la construction du projet pétrole de Doba seraient largement dépassées, étant donné que le nombre de puits prévus initialement de 300 est passé à plus de 850, voire plus de 1000 puits selon les sources, soit près de quatre fois les prévisions. « *Pour les besoins de recherches, les pétroliers occupent des grandes surfaces. Selon les données, plus de 4000 hectares de terres sont occupés par ESSO dans le bassin. Il y a fait des forages de puits de pétrole, construit des pistes d'atterrissage, des routes ou des plates-formes, installé des bases vie des travailleurs, etc. Toutes ces occupations limitent les surfaces agricoles. Au début, ESSO promettait de restituer aux paysans leurs terres occupées en l'état. Mais, aujourd'hui, nous constatons que rien n'est fait* » (KOUMA K. S. 2008)[82]. Les effets cumulatifs

[82] KOUMA K. S. est l'un des intervenants au colloque scientifique sur la question foncière au Tchad, organisé du 29 au 31 janvier 2008, au CEFOD par le groupe de recherches alternatives et de monitoring du projet pétrole Tchad-Cameroun (GRAMP/TC).

sur la population doivent être également multipliés par trois ou quatre. Ce dépassement, au détriment du capital de production de la population qui est la terre, ne laisse pas indifférente cette population et se révèle source de différents conflits et de mutation des systèmes fonciers. L'emprise du projet, selon l'ECMG, a dépassé de plus de 40 % les prévisions d'occupation des surfaces estimées nécessaires pour les travaux de construction des infrastructures de production et de transport du brut. Bien des terres ont été occupées et la population, malgré les compensations, a perdu ses moyens durables d'existence. Faute de terre, les paysans sont obligés d'exploiter les jachères. Ils répètent plusieurs fois les cultures sur les mêmes terres pauvres. Cette situation d'occupation des terres de la zone pétrolière n'est pas la même selon les zones géographiques (Tableau n°15).

Tableau n°15 : Occupation des terres selon les zones géographiques avant et pendant l'exploitation pétrolière

Zones géographiques	Nombre personnes enquêtées	Surface totale cultivée avant 2000	Surface moy. cultivée avant 2000	Surface totale cultivée après 2000	Surface moy. cultivée après 2000
Zone des champs pétrolifères	240	991,00	4,13	473,80	1,97
Zone pipeline	120	565,90	4,72	376,00	3,13
Hors zone pétrole	40	134,50	3,36	91,80	2,30
Total	400	1 691,40	4,23	941,60	2,35

Source : Données de terrain, 2010.

Le tableau n°15 montre que les surfaces moyennes cultivées avant 2000, c'est-à-dire avant l'exploitation pétrolière, sont en moyenne de 4 ha, sauf en dehors de la zone pétrolière où elles sont de 3,36. Après 2000 c'est-à-dire après l'exploitation du pétrole, les surfaces exploitées en moyenne par personne ne sont que de 1,97 ha. La baisse des surfaces exploitées en dehors de la zone pétrolière s'explique non seulement par les fortes densités humaines de la partie Nord et Est du Logone oriental avant le pétrole mais aussi de l'extension de la ville de Doba avec l'exploitation pétrolière. Ces variations sont encore plus remarquables selon les cantons (tableau n°16).

Tableau n°16 : Occupation des terres par canton avant et pendant l'exploitation pétrolière

Cantons	Nombre de personnes enquêtées	Surface totale cultivée avant 2000	Surface moy. cultivée avant 2000	Surface totale cultivée après 2000	Surface moy. cultivée après 2000
Miandoum	75	314,50	4,19	146,50	1,95
Komé	60	275,60	4,59	132,70	2,21
Béro	65	255,30	3,93	121,20	1,86
Miladi	40	145,60	3,64	73,40	1,84
Timberi	30	155,70	5,19	123,20	4,11
Békan	20	110,60	5,53	85,60	4,28
Gadjibian	30	126,90	4,23	98,60	3,29
Monts de Lam	20	105,00	5,25	90,30	4,52
Mbaissaye	20	99,50	4,98	75,80	3,79
Bédjo	20	75,90	3,80	55,60	2,78
Nankessé	10	37,70	3,77	19,20	1,92
Doba rural	10	20,90	2,09	17,00	1,70
Total	**400**	**1 723,20**	**4,31**	**1 039,10**	**2,85**

Source : Données de terrain, 2010.

Le tableau n°16 montre que les surfaces moyennes cultivées par personne et par canton, ont globalement baissé après l'année 2000. Les moyennes des terres cultivées par personne sont faibles dans les cantons des champs pétrolifères (Béro, Miandoum et Komé). Miladi est le canton qui dispose en moyenne de 1,84 ha par personne, suivi du canton de Béro avec 1,86 ha par personne enquêtée. Les surfaces cultivées par personne sont aussi faibles dans les cantons de Doba rural et Nankessé à cause de la proximité de la ville de Doba avec de fortes densités humaines. Les surfaces cultivées par personne restent élevées (plus de 4 ha) dans les cantons se trouvant le long du tracé du pipeline (Timbéri, Gadjibian, Monts de Lam, Mbaissaye et Békan), situés au Sud de la région du Logone oriental encore faiblement occupées. Ces situations changent également selon les villages.

5.5. SITUATION D'OCCUPATION DES TERRES DANS LES « VILLAGES ENCLAVÉS »

Les « villages enclavés » sont profondément marqués par les changements spatiaux à travers l'occupation des terres par l'exploitation pétrolière. C'est le cas des terroirs des cantons de Miandoum, Komé, Miladi et Béro.

5.5.1. Etude de cas des « villages enclavés » du canton de Miladi

Les terroirs de Moundouli, Maïnkiro et Béguirakoel sont occupés au Nord par le fleuve Logone. Les seules terres exploitables de ces villages se trouvent au Sud. Mais cette partie est morcelée par les installations pétrolières. Une soixantaine de puits pétroliers, les pistes d'accès à ces puits, deux petits camps et les pipelines morcellent cet espace déjà restreint par la nature et très dense. En effet, Béguirakoel, Moundouli, Maïnkiro (canton de Miandoum) et Bémira (canton de Mbaikoro) sont des villages très proches, formant plus ou moins le même terroir. D'un village à un autre, la distance la plus proche n'atteint pas le kilomètre. Par ailleurs, ces villages sont bordés dans la partie Nord par un cours d'eau, le Logone. L'espace est très saturé. C'est dans ce contexte de saturation que les activités pétrolières s'installent comme le montre le tableau n°17.

Tableau n°17 : Occupation du sol à Béguirakoel, Moundouli, Maïnkiro et Bémira

N°	Unités spatiales	Surface occupée en ha	%
1	Cultures et jachères de courte durée	1 282,19	65,10
2	Jachères de longue durée	355,55	18,05
3	Puits pétroliers	48,11	2,44
4	Camp	14,14	0,72
6	Carrière	15,76	0,81
7	Emprise des villages	55,89	2,84
8	Fleuve	154,83	7,86
9	Sable	23,33	1,18
10	Galerie forestière	19,69	0,99
11	**Total**	**1 969,5**	**100**

Source : Image Google Earth, 2009.

Le tableau n°17 présente l'occupation du sol sur le terroir commun des villages de Béguirakoel, Moundouli, Maïkiro et Bémira. Il met en exergue les unités spatiales et leur emprise au sol en ha. Ces données sont mieux visualisées sur les cartes n°25 et n°26.

Carte n°25 : Occupation du sol dans les terroirs de Moundouli, Béguirakoel et Maïkiro en 2010

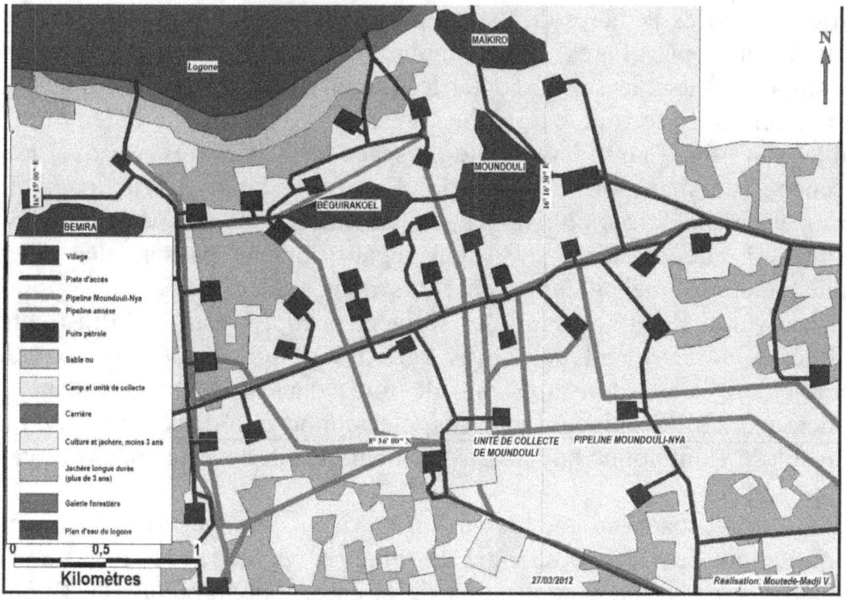

Source : Image Google Earth, 2009 et données de terrain, 2010.

Carte n°26 : Occupation du sol dans les terroirs de Moundouli, Béguirakoel et Maïkiro en 1964

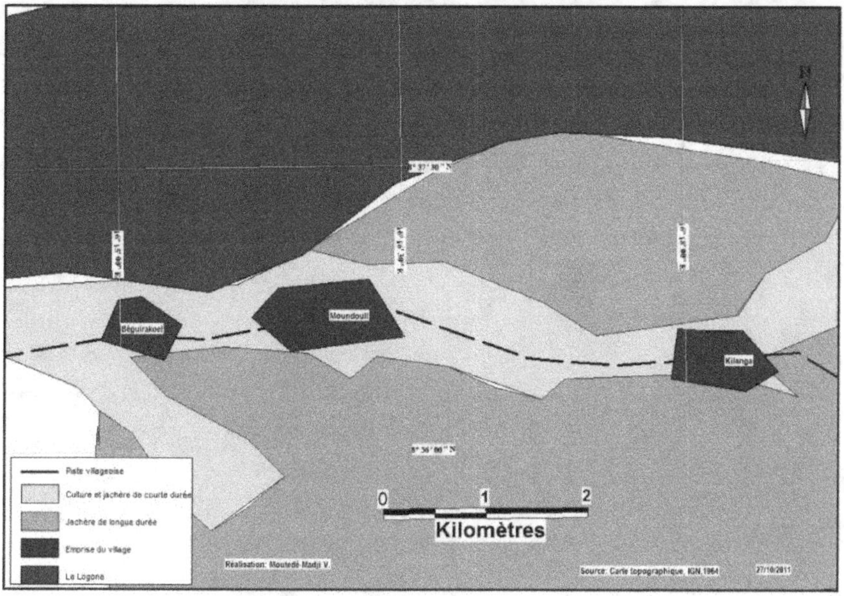

Source : Carte topographique, IGN, 1964

L'analyse de l'occupation du sol sur le terroir de Moundouli montre que plus de 65% des terres sont occupées par les cultures et les jachères de courte durée. Les jachères de longue durée représentent environ 18% et les infrastructures pétrolières (camp, puits pétroliers et carrières) occupent environ 4% du terroir, sans compter les nombreuses pistes d'accès aux puits qui morcellent le terroir. La galerie forestière ne représente qu'environ 1% (Tableau n°16). Etant donné que l'espace est déjà très marqué par la présence humaine sous l'effet de l'accroissement de la population, l'occupation des terres cultivables par les infrastructures pétrolières, aussi minime soit-elle, constitue un facteur négatif pour les paysans. Par ailleurs, le phénomène de densification en cours pourra accroître, dans les jours et années à venir, l'augmentation des surfaces occupées par les infrastructures pétrolières au détriment des terres agricoles. Pour l'année en cours, par exemple, sept nouveaux puits ont été forés dans ce terroir, rendant ainsi inquiet, quant à l'avenir (des paysans) par rapport à la disponibilité en terres cultivables ; étant donné que les paysans ont besoin de terres pour la rotation des cultures.

La lecture diachronique de la carte n°25, obtenue par traitement et interprétation de l'image Google Earth 2009 et celle de la carte n°26, obtenue à partir de la digitalisation de la carte topographique de l'IGN de 1964 montrent la dynamique de cet espace pendant cette période. Il ressort clairement sur la carte que l'espace est profondément marqué par l'exploitation pétrolière. Si cette tendance actuelle se poursuit, les paysans de la zone pétrolière n'auront pas de terres cultivables.

5.5.2. Etude des cas des « villages enclavés » du canton de Miandoum

Les villages de Maïnkeri et Ngalaba dans le canton de Miandoum sont des cas emblématiques des « *villages enclavés* » par les installations de surface du projet pétrole de Doba (carte n°27).

Carte n°27 : Villages enclavés de Ngalaba et Maïnkeri

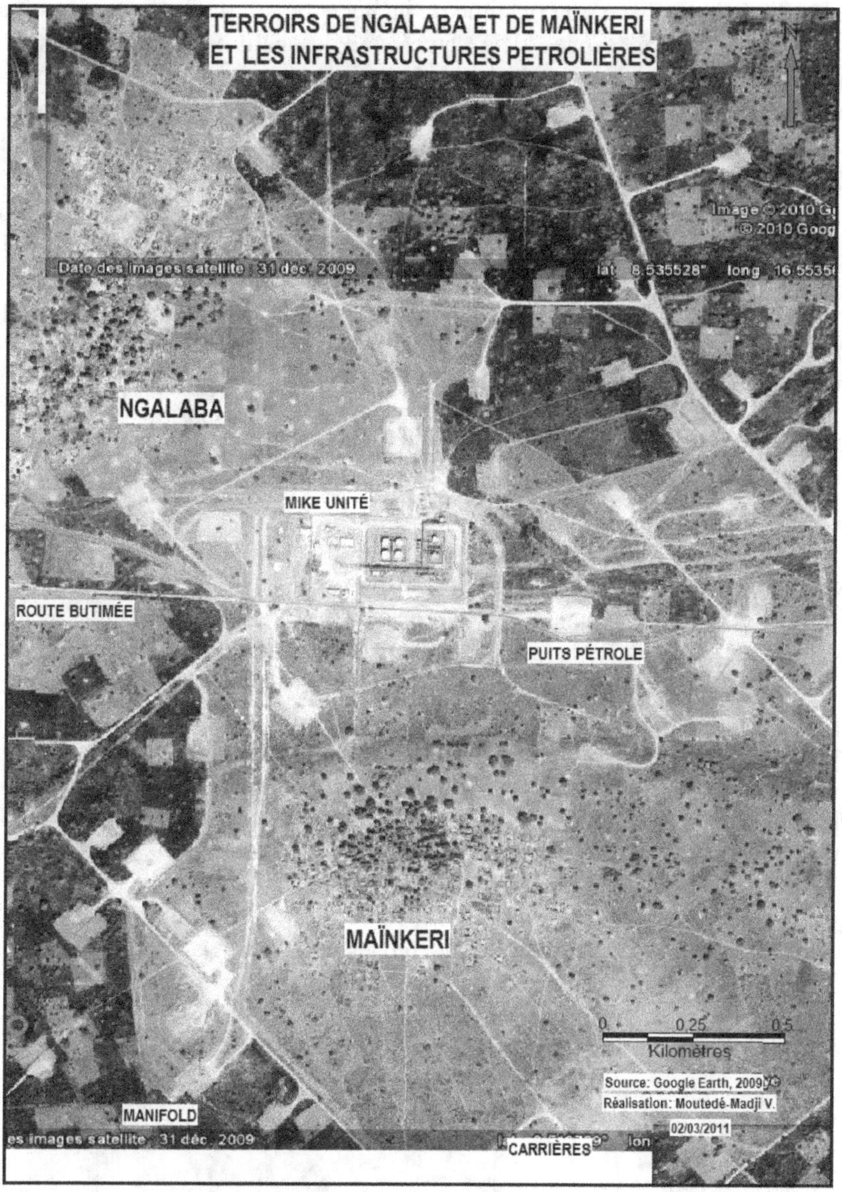

Source : Image Google Earth, 2009.

Comme le cas de Moundouli, dans les villages de Ngalaba et Maïnkeri, il y a également une saturation de l'espace. D'abord, les villages sont rapprochés les uns des autres comme nous pouvons l'observer sur la carte n°27. Le village limitrophe le plus éloigné de Maïnkeri est Pouteguem, distant de sept kilomètres et le plus proche, Ngalaba, est à deux kilomètres. Il y a donc une concentration des exploitations agricoles de ces villages rapprochés. Etant donné que les villages sont proches les uns des autres, il n'y a pas de forêt et de savane boisée. Plus de 80% de l'espace est constitué de jachères de courte durée ou de cultures. Ensuite, c'est sur cet espace déjà saturé que les activités pétrolières sont en compétition avec les exploitations agricoles. Il en résulte un espace ouvert, parsemé d'infrastructures pétrolières et où la faune sauvage est quasi absente. Ce qui n'était pas le cas, il y a douze ans. Quelle sera la situation de ce village d'ici la fin du projet, c'est-à-dire en 2025 ?

Le principal effet négatif des activités pétrolières à Maïnkeri et Ngalaba est l'occupation permanente des terres vouées à l'agriculture. Le capital de production des populations de ces villages est la terre. Etant donné que le terroir de ces villages est déjà saturé, dû au rapprochement des villages voisins, d'une part, et à la concentration des exploitations agricoles, d'autre part, l'occupation des terres par les compagnies pétrolières ne peut qu'aggraver la situation. L'analyse des cartes d'occupation du sol de cet espace permet de mieux cerner l'évolution de ce milieu.

Les cartes n°28 et n°29 montrent mieux la dynamique de cet espace en pleine mutation. L'analyse de ces deux cartes montre que ces terroirs villageois ne disposent pas de forêt ou de savane boisée en 2010. Alors qu'avant l'exploitation pétrolière, ces terroirs disposaient d'importantes réserves de jachères de longue durée, composées de savane boisée et de forêt. Mais, en 2010, l'essentiel de la terre est occupée par les cultures et jachères de courte durée. Les jachères de longue durée (plus de 3 ans) disparaissent progressivement au profit des infrastructures pétrolières (tête de puits, manifold, unité de collecte de Miandoum, carrière et pipeline annexe), et surtout des pistes d'accès aux puits qui dessinent un réseau et morcellent les exploitations agricoles. Ces infrastructures pétrolières entourent ces villages comme nous pouvons l'observer sur la carte. D'où l'appellation de « *villages enclavés* » ou « *villages piégés* » ou encore « *villages assiégés* ».

Carte n°28 : Occupation du sol dans les terroirs de Maïnkeri et Ngalaba en 1964

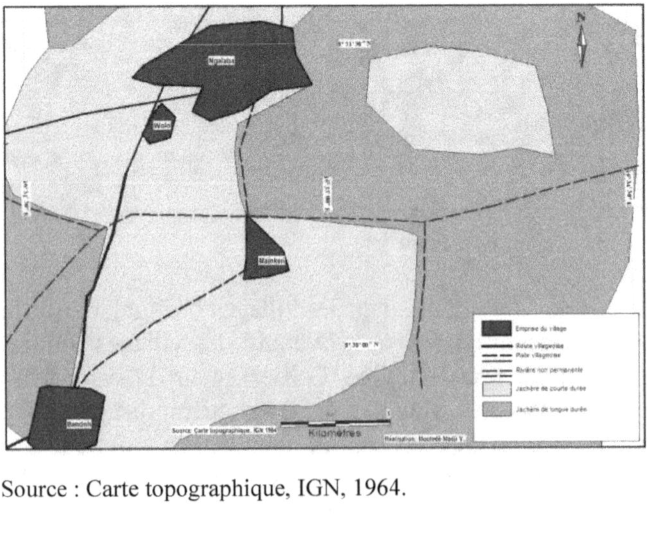

Source : Carte topographique, IGN, 1964.

Carte n°29 : Occupation du sol dans les terroirs de Maïnkeri et Ngalaba en 2010

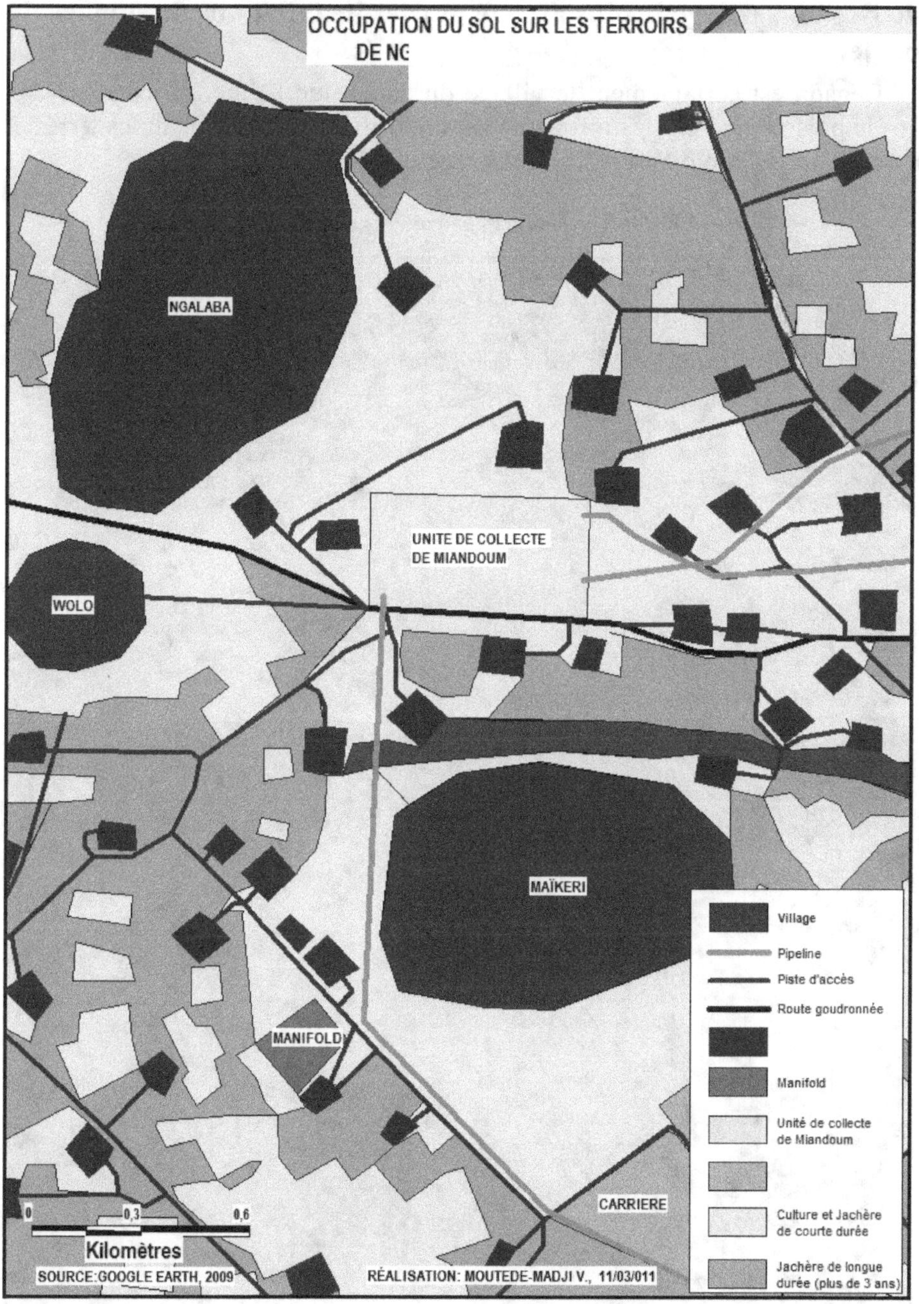

Source : Image Google Earth, 2009.

5.5.3. Situation des « *villages enclavés* » du canton de Komé : cas de Bégada, village le plus affecté par les installations de surface du projet

Bégada est certainement le village du canton de Komé (cf. carte n°4, p. 16) le plus affecté par les infrastructures pétrolières qui occupent les terres et morcellent les exploitations agricoles (carte n°30).

Carte n°30 : Infrastructures pétrolières et terroir de Bégada

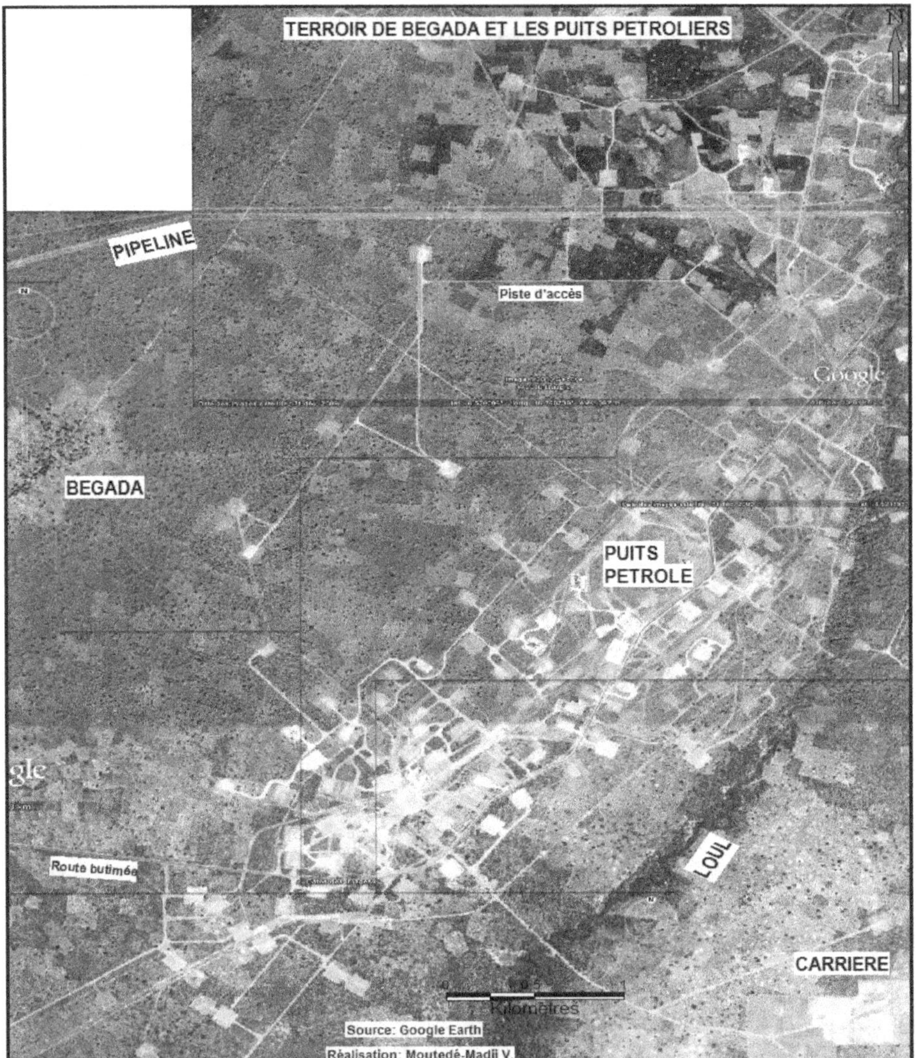

Source : Image Google Earth, 2009

La carte n°30 présente une concentration impressionnante d'infrastrucutres pétrolières, en particulier des puits pétroliers (plus de 300), le long de la rivière Loul, sur le seul terroir de Bégada dans le canton de Komé. Etant donné que les infrastrucutres occupent de manière continue le sol, quelle est la partie reservée pour les exploitations agricoles de ce terroir ?

L'occupation des terres dans le terroir de Bégada, avant et après l'exploitation pétrolière, peut encore être mieux perçue à travers la lecture diachronique des cartes d'occupation du sol de cet espace (cartes n°31et n°32).

Bref, il faut retenir que l'exploitation pétrolière au Logone oriental a nécessité l'occupation des terres de manière temporaire et définitive. Il en résulte des conséquences négatives sur les exploitations agricoles dans les champs pétrolifères. L'augmentation du nombre de champs pétrolifères, de trois à huit et du nombre de puits pétroliers, de 300 prévus à plus de 1000 puits forés dans les quatre cantons de Komé, Miandoum, Béro et Miladi a des impacts négatifs sur les terres agricoles. Cette extension des champs pétrolifères accompagnée de la densification des puits pétroliers a entraîné des effets inattendus sur l'espace, à travers l'accroissement de l'emprise du projet sur les terres cultivables. Cette situation est particulièrement récurrente dans les « *villages enclavés* », pris en otage par les installations de surface, nécessaires à l'exploitation pétrolière. Etant donné que l'espace est en voie de saturation par endroits avant l'exploitation pétrolière, la superposition de celle-ci avec les activités agricoles, pose un problème d'espace vital pour les paysans. Les savanes boisées ou les jachères de longue durée disparaissent désormais au profit d'un espace dégagé, parsemé d'infrastructures pétrolières au détriment des exploitations agricoles. Le projet pétrole de Doba n'a pas seulement occupé des terres cultivables, mais a aussi des effets sur l'environnement.

Carte n°31 : Occupation du sol à Bégada avant l'exploitation pétrolière

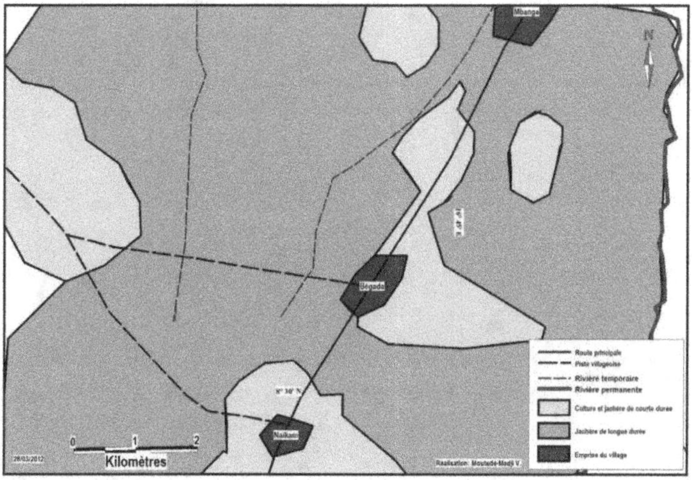

Source : Carte topographique, IGN, 1964.

Carte n°32 : Occupation du sol dans le terroir de Bégada pendant l'exploitation pétrolière (en 2010)

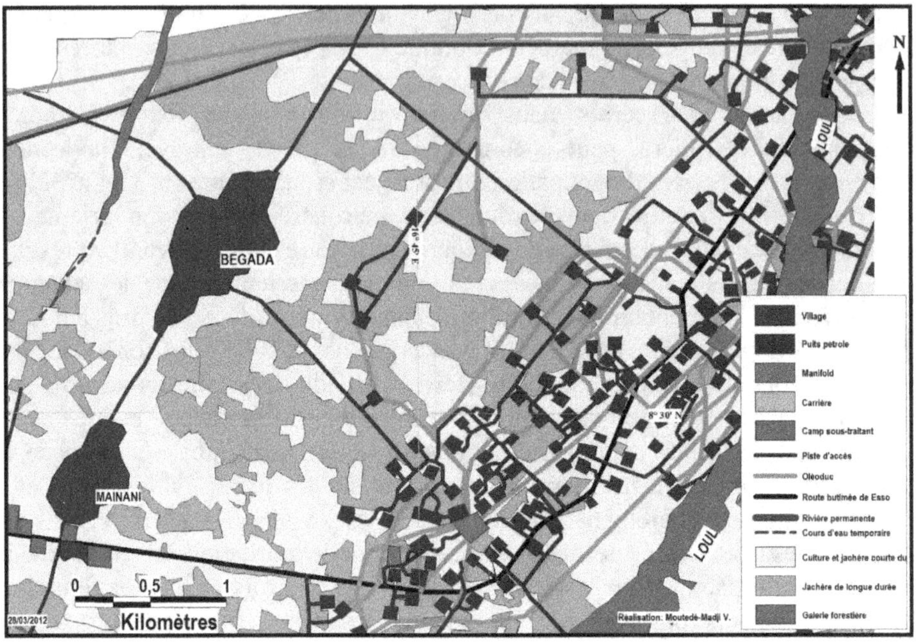

Source : Image Google Earth, 2009 et données de terrain, 2010.

CHAPITRE 6

Activités pétrolières, sources d'importantes mutations spatiales et environnementales

Les activités pétrolières ne produisent pas seulement des effets spatiaux en termes d'occupation des terres agricoles. Elles ont aussi d'autres effets sur le sol à travers la création des carrières, souvent non restaurées, la destruction du couvert végétal, la pression sur les eaux, qui sont des composantes de l'environnement. L'implantation des infrastructures pétrolières a entraîné également le déplacement des personnes, l'enclavement des villages, etc.

6.1. DE MULTIPLES CARRIÈRES NON RESTAURÉES OU MAL RESTAURÉES

Dans le cadre du développement des activités pétrolières, l'opérateur a besoin de latérite pour compacter les plates-formes des puits pétroliers, des routes et pistes d'accès, etc. De multiples carrières ont été créées mais leur restauration, telle que prévu dans les documents techniques, pose problème.

6.1.1. Des carrières restaurées sans respect des normes en vigueur

Les carrières sont les lieux de prélèvement des pierres et autres matériaux (latérite) nécessaires aux travaux de construction des plates-formes, des pistes d'accès, etc. Sur le terrain, deux (2) types de carrières peuvent être constatés :les carrières nouvellement ouvertes et qui sont encore en exploitation et les anciennes carrières abandonnées.

Pour la première catégorie, c'est-à-dire celles en exploitation, notons qu'elles couvrent de très grands espaces. Certaines sont même situées aux alentours des cases avec des états qui présentent des dangers évidents aussi bien pour les animaux que pour les personnes. Aucune surveillance des lieux n'est assurée par des gardiens. C'est le cas des carrières de Béro (Photo n°19) et de Danmadji (Photo n°20).

L'observation de la photo n°19 permet de voir au premier plan une carrière large, qui reçoit les eaux de pluie et, en arrière-plan, le village de Béro. Les enfants de ce chef-lieu de canton viennent souvent s'amuser dans ces étangs, eaux qui occasionnent des noyades.

Photo n°19 : Carrière d'emprunt non restaurée

Source : Cliché MOUTEDE-MADJI V. vue prise en octobre 2009.

Photo n°20 : Carrière en cours d'exploitation ouverte à l'entrée de Béro

Source : CLICHE MOUTEDE-MADJI V. vue prise en octobre 2009.

La photo n°20 montre une carrière encore en cours d'exploitation sur le terroir de Danmadja. Elle est profonde d'environ dix (10) mètres et s'étend sur plus de trois cents mètres de long et autant de large. Elle présente un sol dénudé qui n'aura plus la chance de retrouver son état initial. Quant aux anciennes carrières abandonnées, dites restaurées, elles constituent aujourd'hui des mares profondes remplies par les eaux de pluie (Photo n°21).

Photo n°21 : Carrière du canton de Béro dans laquelle deux enfants se sont noyés

Source : Cliché MOUTEDE-MADJI V. vue prise en octobre 2009.

La photo n°21 montre une carrière remplie des eaux de pluie. Des cas de noyade d'animaux et d'hommes ont été relevés[83] Aujourd'hui, une plainte collective des parents est portée contre Esso auprès du tribunal de Doba[84]. Pour les autorités cantonales rencontrées, plusieurs démarches ont été menées auprès d'Esso en vue de la fermeture de ces carrières, mais les efforts ont été vains. Pour Esso, c'est au gouvernement tchadien de refermer ces carrières. A qui la responsabilité ?

Quant à la situation des espaces restaurés et restitués aux populations, Esso estime en date du 30 septembre 2009 que 599 ha sont restaurés sur les 662 ha[85] que constitue l'espace occupé de manière temporaire pour la construction des plates-formes. Notons, cependant, que plusieurs de ces sites ne sont pas exploités par les producteurs agricoles. Certains ont été d'abord

---

[83] Pour plus d'information, consulter GRAMPTC (2009) : Rapport sur le terrain

[84] Idem.

[85] Information fournie par l'équipe d'Esso lors d'une séance d'information avec la CPPL sur le dernier cas de déversement accidentel de brut.

mis en valeur par les producteurs et abandonnés ensuite, à la deuxième année de culture. Les raisons de cet abandon sont multiples, mais les plus évoquées sont entre autres le fait que, disent-ils, « *les jeunes pousses cultivées sur ces espaces ne donnent pas de bons épis garantissant une bonne production* » ou que « *la terre sur ces endroits est très dure et ne permet pas au mil et autres cultures de pousser normalement et produire* ».

Aussi, à côté des espaces restaurés sur les plates-formes, il y a ceux qui entourent les carrières restaurées, ceux de la zone des pipelines, des camps abandonnés qui peuvent aussi être mis en valeur par les communautés. Dans la réalité, très peu de ces espaces sont remis en culture malgré leur prétendue restauration, comme ceux du *Mike unité* (Unité de collecte), mis à la disposition de la population de Ngalaba, sur la photo n°22 ci-dessous.

Photo n°22 : Une vue d'un espace restauré et restitué à la population pour une remise en exploitation mais non exploité

Source : Cliché MOUTEDE-MADJI V. vue prise en novembre 2009.

La photo n°22 présente une partie de l'espace occupé par l'unité de collecte de Ngalaba, restaurée et retournée à la population pour son exploitation. Mais cet espace est abandonné par les paysans car il est couvert par des latérites et il se pose le problème d'infiltration des eaux, nécessaires à la vie des plantes.

6.1.2. Des normes de gestion de carrière violées

Dans le Logone oriental et au Tchad en général, la protection de l'environnement obéit à la loi 14/PR/98 du 17 août 1998, définissant les principes généraux de la protection de l'environnement. Cette loi dispose en son article 4 que « *tout citoyen, individuellement ou dans le cadre d'institutions traditionnelles ou d'associations, est chargé, en collaboration avec les collectivités territoriales décentralisées et l'Etat, d'œuvrer, de prévenir et de lutter contre toute sorte de pollution et de dégradation dans le respect des textes législatifs et réglementaires* ».

Dans le cadre du projet pétrolier de Doba, les obligations contractuelles du consortium sont contenues dans le PGE, volume 2. Il est prévu dans ce document qu'en matière de carrière, après l'utilisation, l'opérateur doit restaurer la terre, à son profil naturel. Cela suppose sa reconstitution à l'état primaire, avant son exploitation. Il s'agit de la refermer en tenant compte de « *la toposéquence et en remettant en surface (au moins pour les horizons exploitables par les principales cultures) la terre dite végétale pour permettre, à terme, à cet espace de se réinsérer dans le fonctionnement global des sols de la zone et d'être remis en culture* » (GRAMP/TC, 2004).

Aussi, dans le cadre de l'étude d'impact environnemental, il est reconnu que « *lorsque les sols sont déplacés ou compactés par du matériel lourd, la dimension des particules et la porosité du sol peuvent être altérées, d'importants éléments tels que les mycorhizes et les semences peuvent être détruits et des éléments nutritifs peuvent être perdus par lessivage. Les mycorhizes liés aux systèmes racinaires de nombreuses plantes tropicales influent sur l'évolution des éléments nutritifs et la germination. Les activités de construction entraîneront un mélange des différentes couches du sol et un déplacement des matières organiques. Lorsque le mélange se produit, les éléments nutritifs essentiels des couches supérieures du sol sont lessivés et remplacés par les substrats se trouvant en dessous (...)* ».

Par rapport au niveau des fosses par zone d'emprunt, le PGE précise que « *lorsque les fosses par zone d'emprunt ne sont plus nécessaires, le site doit être mis en pente pour assurer qu'il ne subisse pas d'accumulation d'eau stagnante ou de détournement d'écoulement des voies d'eau qui pourraient l'inonder. Les côtés des fosses par zone doivent être munis d'une pente suffisante pour empêcher les blessures du personnel, du bétail et des animaux sauvages pour éviter l'érosion. Les conditions de réclamation (y compris la conservation et le remplacement de la terre arable) décrites dans cette spécification pour les autres zones du site de travail s'appliquent également aux sites d'emprunt* ». Ces dispositions ne sont pas respectées dans la pratique.

Les observations de terrain ne disent pas la même chose. A l'image des carrières de Béro II et III (photo n°23), les restaurations aussi bien des carrières que des aires cultivables n'ont pas respecté le principe énoncé. Ces carrières, mal ou non restaurées, sont devenues des zones d'accumulation des eaux de ruissellement sous forme de mares saisonnières plus ou moins étendues, sources d'anophèles qui se multiplient au fur et à mesure que ces mares s'étendent. Ces eaux boueuses sont actuellement utilisées à la fois par les hommes et les animaux avec les risques de maladies hydriques, du paludisme ainsi que des noyades d'enfants et d'animaux. Deux cas de noyades dans ces mares ont eu lieu à Béro.

Photo n°23 : Etat des carrières de Béro III après leur restauration

Source : Cliché MOUTEDE-MADJI V. vue prise en octobre 2009.

La photo n°23 présente une carrière non restaurée de Béro. Celle-ci constitue un bassin de rétention des eaux de rusellement pendant la saison des pluies et une source d'alimentation en eau pour les Hommes et animaux que nous pouvons identifier sur cette photo.

La restauration des terres occupées par le projet pétrole de Doba pose plusieurs problèmes. D'abord celui de la fertilité de ces sols cultivables, mais aussi de la qualité de la restauration des carrières. Par rapport au second aspect, il faut noter que le processus de formation et de transformation des sols, c'est-à-dire la pédogenèse, nécessite un temps très long, du matériau original, c'est-à-dire la roche-mère, et des conditions favorables (température, humidité, etc.). Dans le cadre de la restauration des carrières, Esso utilise des matériaux divers (béton armé, gravier, etc.) qui ne sont pas biodégradables pour refermer les carrières (Photo n°24). Par ailleurs, en moins d'une année, il estime que les terres sont restaurées alors que c'est un processus long.

Photo n°24 : Une situation de non-conformité : des matériaux de toutes sortes déposés par une benne pour la restauration d'une carrière

Source : Cliché MOUTEDÉ-MADJI V., vue prise en décembre 2010.

L'observation de la photo n°24 ci-dessus montre que la création d'une carrière a un effet négatif sur le sol mis à nu et déstructuré mais aussi sur la végétation détruite. Pour la restauration de ces carrières, des matériaux de toutes sortes (blocs de ciment, bétons, et autres déchets non biodégradables) sont déposés dans cette carrière par une benne comme nous pouvons le visualiser sur ladite photo. Ce qui est une situation de non-conformité environnementale en matière de gestion des carrières. Cependant, il faut noter qu'il n'est pas possible de refermer une carrière sans toucher à un autre sol. C'est pourquoi l'opérateur doit prélever du sol sur les parties superficielles ainsi que les restes des remblais utilisés sur les routes pour refermer la carrière de manière à permettre la régénération des plantes. La meilleure manière de restaurer les carrières serait de préparer du compost et de le mélanger à la terre avant de l'utiliser pour combler les trous des carrières. Cela faciliterait la régénération de la végétation détruite.

6.2. DES VILLAGES « ENCLAVÉS » ET DES PERSONNES DÉPLACÉES PAR LES ACTIVITÉS PÉTROLIÈRES

Cette rubrique est consacrée aux villages « *enclavés* » ou « *piégés* » des champs pétrolifères, et à la situation de ces villages dits déplacés.

6.2.1. Des villages « *enclavés* » ou « *piégés* » dans les champs pétrolifères

Les villages « *enclavés* » que nous appelons aussi villages « *piégés* »,[86] sont des villages qui sont entourés d'installations pétrolières, comme les plates-formes, le tracé du pipeline, le passage de la ligne électrique, des routes et pistes d'accès, rendant difficiles la circulation de la population et l'accès à leurs moyens d'existence. Les villages qui vivent dans cette situation sont nombreux (Tableau n°18).

Tableau n°18 : Répartition des « *villages enclavés* » par canton et département

Départements	**Cantons**	**Villages « *enclavés* »**
La Nya	Miandoum	Ngalaba ; Maïnkeri ; Pouteguem ; Bendoh ; Ndoheuri ; Missimadji ; Mermeouel ; MorkettéetDogoï.
	Komé	Danmadja ; Madana Nadpeur ; Mouarom, Mainani ; Bégada ; Béla ; Naïkam ; Atan.
	Béro	Madjo ; Dokaïdilti, Dildo/Bayandé ; Mbanga.
Monts de Lam	Miladi	Moundouli ; Maïkiro ; Béguirakoel

Source : Données de terrain, 2011.

Dans ces villages (tableau n°18), il y a obstruction et/ou fermeture des routes et pistes villageoises, soit du fait des installations permanentes, soit du fait des travaux de forage. En effet, les corridors, les plates-formes, les routes et les pistes d'accès aux carrières et aux puits, l'enfouissement des pipelines, traversent des pistes villageoises qui mènent aux champs et/ou aux villages voisins. Les canaux creusés pour les pipelines, les monticules de sable issus du terrassement des routes, les installations de surface, rendent impraticables certaines pistes villageoises. A titre d'exemple, nous citerons la route principale de Pouteguem, fermée par la construction d'une plate-forme et le forage d'un puits pétrolifère identifié sur cet axe.

[86] Selon les habitants de ces villages, Esso a peur de les déplacer et que cela lui coûte des milliards donc il les piège avec les installations de surface et ils peuvent partir d'eux-même sans avoir de compensation.

Photo n°25 : Obstruction de la route de Maïnkeri par la construction d'une plate-forme.

Source : Cliché MOUTEDE-MADJI V., vue prise en novembre 2009.

L'observation de la photo n°25 permet de constater l'obstruction de la piste d'accès à Maïnkeri et le passage difficile d'un motocycliste qui sort de son village en arrière-plan. La raison est que la piste qui aboutit dans son village a été obstruée par la construction d'une plate-forme devant accueillir un nouveau puits pétrolier. Ce phénomène n'est pas unique. Plusieurs autres cas d'obstruction des routes des paysans ont été évoqués lors de nos différents entretiens. C'est le cas de la route qui mène à Pouteguem, obstruée par des puits en cours de forage (Photo n°26).

Photo n°26 : Obstruction de la route d'accès à Pouteguem

Source : Cliché MOUTEDE-MADJI V. vue prise en décembre 2010.

L'obstruction des pistes villageoises par les activités pétrolières rend non seulement difficile l'accès dans ces villages (Photos n°25 et n°26), mais contribue davantage à l'isolement de ces villages. Les personnes et les véhicules qui se rendent dans les villages enclavés ont des difficultés d'accès comme le montrent ces photos n°25 et n°26.

L'enclavement des villages situés dans les champs pétrolifères de Doba s'accentue au jour le jour, du fait de la densification des puits, des champs pétrolifères et, par conséquent de la multiplication des installations de surface. La photo n°27 montre deux villages, Ngalaba au Nord Ouest de la photo et Maïnkeri au Centre-Ouest. Au milieu de ces agglomérations humaines, il y a une unité de collecte et de traitement du brut, appelée Mike unité, sur fond clair. Autour de ces villages, il y a des puits pétroliers avec des formes plus ou moins géométriques, des pistes d'accès qui relient ces puits à l'unité de collecte, des lignes à haute tension, des pipelines annexes (enterrés) qui forment une toile d'araignée autour de ces villages.

Photo n°27 : Installations pétrolières et enclavement des villages de Ngalaba et Maïnkeri

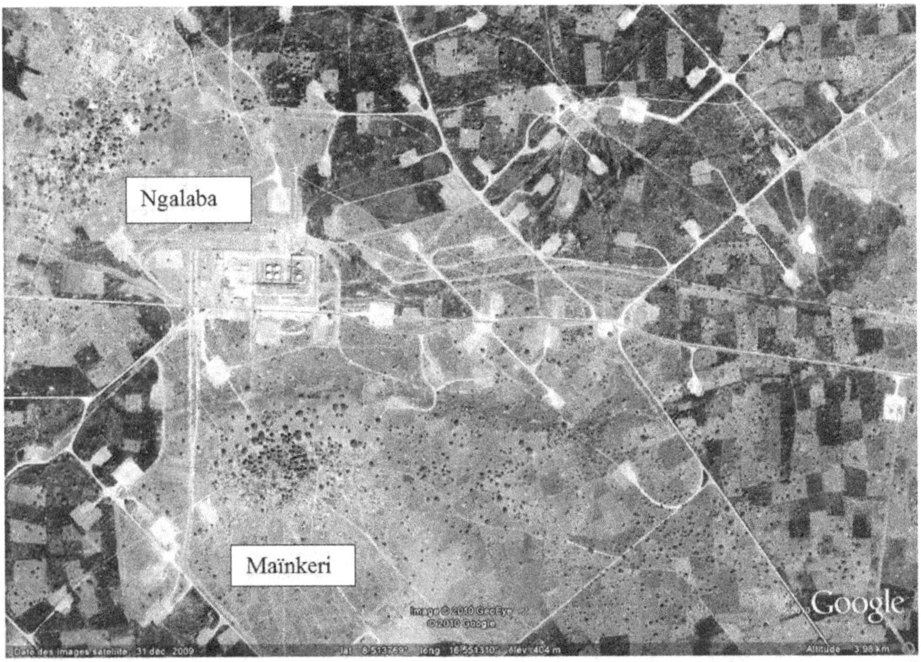

Source : Image Google Earth, 2009.

Cette photo présente des installations pétrolières, en particulier l'unité de collecte de Miandoum au Centre-Ouest, des puits pétroliers ayant des formes plus ou moins rectangulaires et des pistes d'accès à ces puits qui sont linéaires et construites en latérite. Nous pouvons aussi identifier les agglomérations à travers la convergence des pistes traditionnelles, la densité des arbres et des habitations. C'est ainsi que nous reconnaissons les villages enclavés de Maïnkeri au Sud-Ouest et de Ngalaba au Nord-Ouest. Ces deux villages sont séparés par l'unité de collecte de Miandoum et de nombreux puits pétroliers. Ces infrastructures pétrolières enclavent ces villages et rendent difficile la mobilité des paysans. Elles occupent et morcellent les unités d'exploitation.

Dans ces villages enclavés, les habitations, des cultures, des animaux, des infrastructures pétrolières cohabitent dans un espace parfois très restreint comme l'on peut l'observer sur la photo n°28. Sur cette photo, nous pouvons observer au premier plan une habitation et des animaux qui divaguent ; au milieu, un puits pétrolier en exploitation, des boeufs revenus du pâturage, accompagnés des jeunes bouviers et, en arrière-plan, des arbres et un rig en train de forer un nouveau puits pétrolier. Pour l'instant, nous avons noté une cohabitation souvent conflictuelle entre les acteurs (population autochtone, compagnies pétrolières et éleveurs).

Photo n°28 : Cohabitation entre infrastructures pétrolières, habitations et animaux

Source : Cliché MOUTEDE-MADJI V. vue prise en novembre 2009.

Cette photo prise en novembre 2009 à Moundouli dans le canton de Miladi n'est pas un cas unique de la proximité entre les habitations, les infrastructures pétrolières et les activités agricoles. C'est un cas général dans les champs pétrolifères comme l'on peut l'observer sur la photo n°29, prise en pleine saison des pluies.

En effet, la cohabitation entre infrastructures pétrolières et habitations humaines présente un danger pour la vie de la population, en cas de rupture du pipeline, entraînant un déversement, de l'explosion d'un puits ou du sabotage, etc. En dépit de ces risques, les habitations humaines continuent à jouxter les infrastructures pétrolières, car les compagnies pétrolières ne sont pas prêtes à mobiliser leurs ressources financières pour la réinstallation d'une agglomération humaine.

Photo n°29 : Cohabitation entre infrastructures pétrolières et exploitation agricole

Source : Cliché MOUTEDE-MADJI V. vue prise en août 2010.

Sur cette photo n°29, nous pouvons observer au premier plan un champ d'arachide et de mil et, en arrière-plan, l'unité centrale de Komé 5 et les lignes à haute tension. Cette proximité des exploitations agricoles, des habitations et des infrastructures pétrolières, a amené l'opérateur Esso à déplacer des personnes et même à envisager le déplacement des villages, très coûteux. Le nombre de champs pétrolièfères augmente en même temps que celui des puits (tableau n°19).

Tableau n°19 : Nombre de puits par champ pétrolifère

N°	Champs pétrolifères	Nombre de puits pétroliers
1	Komé	89
2	Miandoum	421
3	Bolobo	102
4	Nya	11
5	Moundouli	32
6	Maïnkeri	17
7	Timber	1
8	**Total**	**673**

Source : ministère du Pétrole.

Le tableau n°19 fournit le nombre total de puits pétroliers de production de Doba qui est de 673. Ces données proviennent des sources du ministère du Pétrole, censé disposer de données fiables. Cependant, les structures gouvernementales sont absentes sur le chantier et les chiffres sont fournis par Esso, une compagnie commerciale qui recherche des profits. Ce nombre de puits ne reflète pas la réalité sur le terrain. Les données de terrain donnent un total de 1112 puits dans 25 « villages enclavés » (tableau n°20).

Tableau n°20 : Infrastructures pétrolières des « villages enclavés »

Villages	Nombre de puits	Nombre de Manifolds	Nombre d'unités de collecte	Nombre de carrières
Maïnkeri	60	2	1	2
Ngalaba 1 et 2	110	2	0	3
Poutouguem	20	1	0	0
Danmadja 1 et 2	30	2	0	2
Mouarom	65	6	0	2
Bégada	246	4	0	2
Madjo Béro	200	1	0	0
Dokaidilti	16	2	2	0
Mbanga 1 et 2	120	1	0	1
Ndoheuri	16	1	0	0
Bendoh	11	0	0	0
Mermeouel	13	1	0	4
Komé 1 et 2	2	0	0	1
Maïnani	32	0	0	0
Moundouli I et II	23	1	1	1
Bénguirakoel I et II	27	0	0	0
Bémira	4			
Maïkiro	1	0	0	0
Béla I et II	58	1	1	4
Madana Nadpeur/ Koutou Nya	4	0	0	0
Dodang /Béro	26	1	1	10
Dildo et Bayandé	7		0	1
Kairati II	10	0	0	1
Dogoï	15	0	0	0
Miandoum	13	1	0	0
Total	**1112**	**27**	**6**	**34**

Source : Données de terrain, 2011.

Le tableau n°20 donne par village le nombre de puits de pétrole, de manifolds, d'unités de collecte et de carrières. Il y a au total 1112 puits pétroliers, 27 manifolds, 6 unités de collecte et 34 carrières. Nous avons obtenu ces données grâce aux focus group réalisés dans ces villages avec les paysans qui maîtrisent parfaitement leur terroir. En cas de doute, une équipe se rend sur le terrain pour vérifier. Dans les villages de Bégada et Mbanga, par exemple, où il y a une forte densité de puits, nous avons confié le travail à une équipe de deux jeunes par village pour recenser les puits. Ces données se recoupent parfaitement avec celles issues des focus groupes, ainsi que de la digitalisation des images Google Earth, 2009.

6.2.2. Des villages déplacés ou des personnes déplacées ?

Il y a souvent des confusions dans la désignation des personnes déplacées. Beaucoup parlent de villages déplacés. Mais, en réalité, il s'agissait des villages pionniers dans le canton de Béro. Des personnes, qui résident à Béro mais qui ont des exploitations agricoles à distance du village, séjournent dans leurs exploitations pendant la saison des pluies, et retournent au village après la récolte. Certains rentrent à Béro chaque fin de semaine. Il s'agit d'une migration saisonnière de travail des agriculteurs ayant leurs exploitations entre six et dix km. Ils construisent des huttes dans les champs loin du village. Chacun a sa hutte à l'angle ou au milieu de son exploitation. Comme les travaux doivent se dérouler dans ces sites, Esso leur a demandé d'évacuer leurs champs et de revenir à Béro ou dans un autre village de leur choix. Cette population est revenue se réinstaller dans le village de départ. Il s'agit bien des personnes déplacées et réinstallées dans leur propre village et non de villages déplacés. Elles se sont installées à Béro et à Dildo. L'enquête auprès de ces personnes a révélé que toutes n'avaient pas de difficultés majeures à s'installer à Béro et Dildo parce que ce sont leurs villages d'origine. En ce qui concerne les terres cultivables, elles y ont accès parce que ce sont soit leurs anciennes jachères, soit les terres de leurs parents. La principale difficulté est que ces sols sont pauvres, c'est pourquoi ces personnes s'en vont chercher des terres cultivables ailleurs. Or, en revenant sur ces terres, elles précarisent leurs conditions de vie. Par ailleurs, les maisons qu'Esso leur a construites n'étaient pas en matériaux durables. C'est ainsi que, sous la pression des ONG et sur recommandation de la Banque mondiale, Esso a construit d'autres maisons pour elles. Malgré cela, elles éprouvent beaucoup de difficultés actuellement à cause de l'occupation définitive de leur moyen d'existence durable, la terre.

6.3. DES DÉCHETS QUI S'ACCUMULENT ET POLLUENT L'ESPACE

Les activités pétrolières produisent plusieurs types de déchets dont la gestion pose problème et entraîne parfois des conséquences négatives sur la population et l'environnement.

6.3.1. Des gaz brûlés jour et nuit : le torchage

L'un des faits marquant le paysage de la zone pétrolière est certainement la torchère. Le torchage consiste à brûler des rejets de gaz naturel à l'aide de torches[87]. « *Ce procédé très utilisé en ex-URSS* [88] *et au Nigeria, gaspille énormément de ressources naturelles et émet de grandes quantités de CO2, le principal gaz à effet de serre. C'est la méthode habituellement utilisée pour supprimer des gaz inflammables inexploitables ou dont la récupération est peu payante* » (KOKUVI M. L. (2007). Au sein de l'unité de collecte de Ngalaba et au niveau du centre des opérations de Komé 5, des gaz sont brûlés de manière continue, jour et nuit (Photo n°30) et illuminent les espaces environnants. On se demande pourquoi ce gaz n'est pas conditionné pour une consommation locale, étant donné que les paysans estiment que cette fumée serait à l'origine des mauvaises récoltes dans les villages et pour les cultures les plus proches. Selon les dernières nouvelles, Esso a installé un dispositif qui réduit la quantité du gaz brûlé dans l'atmosphère.

Photo n°30 : Le torchage et les turbines de Komé 5

Source : MOUTEDE-MADJI V. vue prise en décembre 2010.

[87] Installation industrielle pour brûler à l'air les sous-produits gazeux de l'industrie pétrolière.
[88] Union des républiques socialistes et soviétiques.

Ces flammes et fumée, que nous observons sur la photo n°30, restent de manière permanente. Elles résultent donc de la combustion des gaz produits avec le pétrole et traités dans les turbines (en arrière-plan de l'image). C'est le torchage de Komé 5. Un autre torchage existe au sein de l'unité de collecte de Miandoum. Ces fumées dégagées quotidiennement ont de multiples effets sur l'environnement et la vie de la population qui s'inquiète.

6.3.2. Une diversité de déchets qui s'accumulent

Par ailleurs, Esso produit une diversité de déchets issus du fonctionnement des usines, des puits, etc. et qu'il n'arrive pas à gérer, posant ainsi le problème de gestion des déchets. L'incinérateur des déchets toxiques est toujours en panne[89]. Il y a accumulation de quantités énormes de déchets. On se demande comment Esso gère ces déchets.

Certains déchets comme les ordinateurs, véhicules, ferrailles, etc. étaient par le passé enterrés par Esso. C'est sur demande des autorités locales et recommandation du GIC[90] que ces déchets ont été livrés à la population pour usage. L'incinérateur des déchets est en panne depuis décembre 2004. Par conséquent, l'on observe des déchets à ciel ouvert, ou accumulés dans les camps. Des carrières servent parfois à l'enfouissement des engins et ferrailles non biodégradables contrairement à l'esprit de gestion reproductible des ressources naturelles contenu dans le plan de gestion de l'environnement. Les divers types de déchets produits par Esso et ses sous-traitants sont présentés dans le graphique n°8.

Graphique n°8 : Types de déchets pétroliers produits (Esso, 2010)

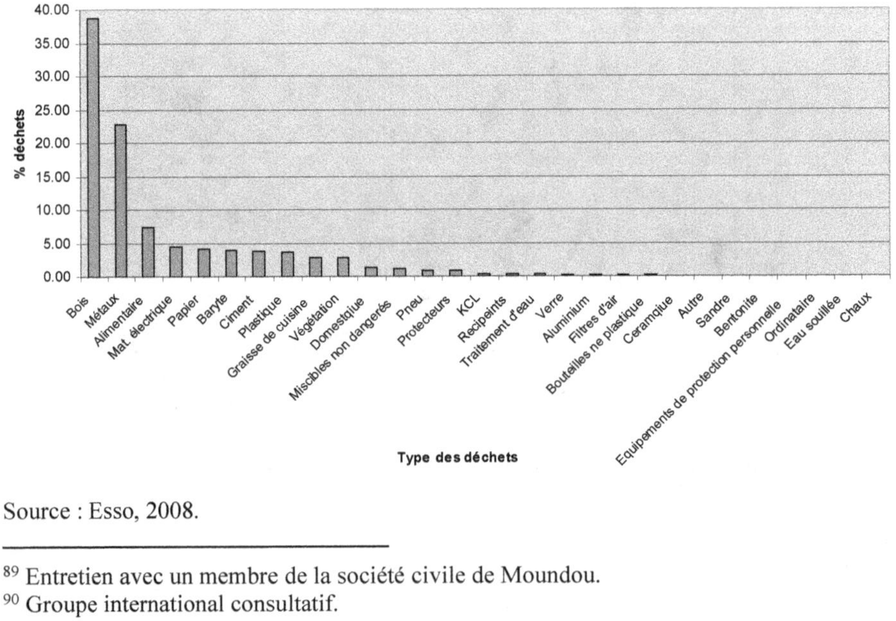

Source : Esso, 2008.

[89] Entretien avec un membre de la société civile de Moundou.

[90] Groupe international consultatif.

Comme nous pouvons le lire sur le graphique n°8, les déchets produits par les activités pétrolières sont nombreux. Etant donné que les déchets s'accumulent, Esso a décidé de livrer certains de ces déchets à la population pour en faire usage. Ainsi, des planches et des ferrailles livrées à la population sont transformées en bancs, chaises, armoires, etc. La quantité de déchets livrés à la population a été de 3 903 t en 2008 et 3 265 t en 2009, soit plus de 7 000t (DINGAMYO, M., 2010)[91] en deux années seulement. Nous pouvons nous interroger sur les déchets dangereux qui sont jusque là stockés et gardés par Esso. Seront-ils enterrés dans le sol comme le font souvent les sous-traitants ou versés dans la forêt ?

6.4. UNE PRESSION CROISSANTE DES ACTIVITÉS PÉTROLIÈRES SUR LES RESSOURCES EN EAU ET FORESTIÈRES

L'implantation du chantier pétrolier de Doba a eu également des effets sur les ressources forestières et les ressources en eau de la région.

6.4.1. Un projet consommateur de ressources en eau

L'une des conséquences du projet sur le secteur du monde rural est la consommation des ressources en eau et la destruction des ressources forestières, particulièrement marquées pendant le chantier. Elles se poursuivent aujourd'hui, mais à un rythme plus réduit que celui pendant la période de construction, eu égard non seulement à la fin du grand chantier mais aussi à la prise en compte de certaines préoccupations par les responsables socio-économiques et environnementaux d'Esso. Cette pression sur les ressources en eau a entraîné des conséquences négatives sur les riziculteurs et les pêcheurs. En effet, le chantier pétrolier a nécessité de l'eau pour la construction des bâtiments, des plates-formes et surtout l'arrosage des grands axes pour atténuer la poussière, plusieurs citernes prélèvent quotidiennement l'eau sur la Nya, la Loul et les autres rivières de la région. La pression semble plus importante sur la Nya. Selon les populations environnantes, le niveau de la Nya en aval, après le pont situé sur l'axe Doba-Bébédjia, a beaucoup baissé depuis que les travaux pétroliers se sont intensifiés entre 2001 et 2003. Cette situation ne s'explique pas seulement par les prélèvements d'eau, mais aussi par les petites buses posées sur ce cours d'eau et ses bras. Pour accéder aux puits ou relier les champs, sites des travaux, etc., plusieurs routes sont construites, en particulier dans les cantons de Komé, Béro et de Miandoum. Ces voies traversent les cours d'eau. Certainement pour des raisons économiques, des petites buses sont posées pour permettre le passage de l'eau. Parfois, c'est un simple monticule de

[91] Directeur socio-économique d'Esso, lors de sa communication présentée aux organisations de la société civile de Moundou en 2010.

terres qui barre la route à l'eau. Ces pratiques agissent directement sur le niveau d'eau en aval. Ainsi, elles ont empêché, selon nos enquêtés, l'eau d'arriver dans les rizicultures des populations de Mbo, localisées plus en aval. Les pêcheurs se plaignaient également, autrefois, d'être victimes de ces conséquences environnementales des activités pétrolières.

6.4.2. Un projet destructeur des ressources forestières

Quant aux ressources forestières, pour la construction des multiples pistes d'accès et routes, des plates-formes, des bases-vie, de l'aéroport, le passage du pipeline, etc., le couvert végétal est totalement détruit et le sol est mis à nu avant les travaux (Photo n°31). Certes, Esso a eu à dédommager des personnes ayant perdu leurs arbres fruitiers du fait de la destruction de la savane et des champs. Cependant, plusieurs espèces à importance alimentaire telles que : *Détarium microcarpum, Annona senegalensis, Pterocarpus lucens, etc.* ne sont pas éligibles à la compensation jusqu'aujourdhui.

Photo n°31 : Préparation d'une plate-forme pétrolière : un sol mis à nu

Source : Cliché MOUTEDE-MADJI V. vue prise en août 2010.

La photo n°31 montre un sol mis à nu suite à la destruction de ressources végétales (vue en arrière-plan) par les travaux pétroliers. Il s'agit d'une plate-forme en préparation pour accueillir un nouveau puits de pétrole. Le sol est totalement nettoyé. Les gros arbres et les arbres utiles, qui sont protégés par la loi, ne sont pas épargnés. L'implantation d'autres infrastructures procède également de la même manière comme nous pouvons l'observer sur la photo n°32.

Photo n°32 : Sol mis à nu pour l'infrastructure pétrolière à Komé 5

Source : Cliché MOUTEDE-MADJI V. vue prise en août 2010.

L'observation de cette photo n°32 permet de voir au premier plan un espace totalement nu, bien que la vue ait été prise en août, en pleine saison des pluies et donc de développement de la couverture végétale. L'autre destruction des ressources forestières qui est encore remarquable et à craindre, est celle de la carbonisation des ressources forestières. En effet, les immigrants en quête d'emploi, et qui n'ont pas pu le trouver, se sont convertis à la fabrication et à la vente du charbon de bois. Des espaces importants ont été ainsi détruits avant l'interdiction de cette pratique par les autorités. Cette dégradation irréversible du milieu naturel est un prélude à une désertification progressive en pleine zone soudano-guinéenne. La présence des mares sur des carrières est la conséquence de la non-remise en état des sols. Le projet a également eu des impacts sur les sites culturels et défensifs de la population.

6.5. LES EFFETS DES ACTIVITÉS PÉTROLIÈRES SUR LES SITES CULTURELS ET DÉFENSIFS

Selon les normes de la Banque mondiale (Note 11.03), les sites sacrés concernent ceux auxquels est attaché une valeur à caractère archéologique (préhistorique), paléontologique, religieux ou les sites naturels uniques (GRAMP/TC 2004). La propriété culturelle pour ces raisons recouvre à la fois les notions de vestiges laissés par les habitants humains antérieurs (tas de fumier, sépultures, champ de bataille, sites d'initiation…) et de caractère unique propre à l'environnement socioculturel.

Les sites culturels, qui peuvent être affectés par les travaux de construction du projet pétrole et que l'on a répertoriés pendant l'étude, sont les lieux d'initiation, les lieux d'inhumation (cimetières) les forêts sacrées ou lieux de culte traditionnel et les mares ; etc.

Dans la zone pétrolière, cette diversité des sites sacrés est, selon les enquêtés, hantée par des esprits entre autres :

- les esprits des forêts ;
- les esprits des eaux ;
- les esprits des arbres ;
- les esprits des animaux, etc.

Selon les populations enquêtées, plusieurs de ces sites ont été touchés (carte n°33) par les activités pétrolières, malgré les dispositions prises par Esso qui a engagé des archéologues pour faire un travail préalable à la construction.

La lecture de la carte n°33 permet de voir des sites d'initiation, des cimetières, des lieux de cultes traditionnels, les points d'eau et arbres sacrés qui ont été touchés par les travaux le long du tracé du pipeline et de la route allant de Komé dans les champs de pétrole à la frontière camerounaise à Mberé.

Durant le chantier, le projet pétrole de Doba a suscité également des problèmes de poussières, considérées comme sources de certaines maladies.

Carte n°33 : Les sites culturels détruits par l'exploitation pétrolière

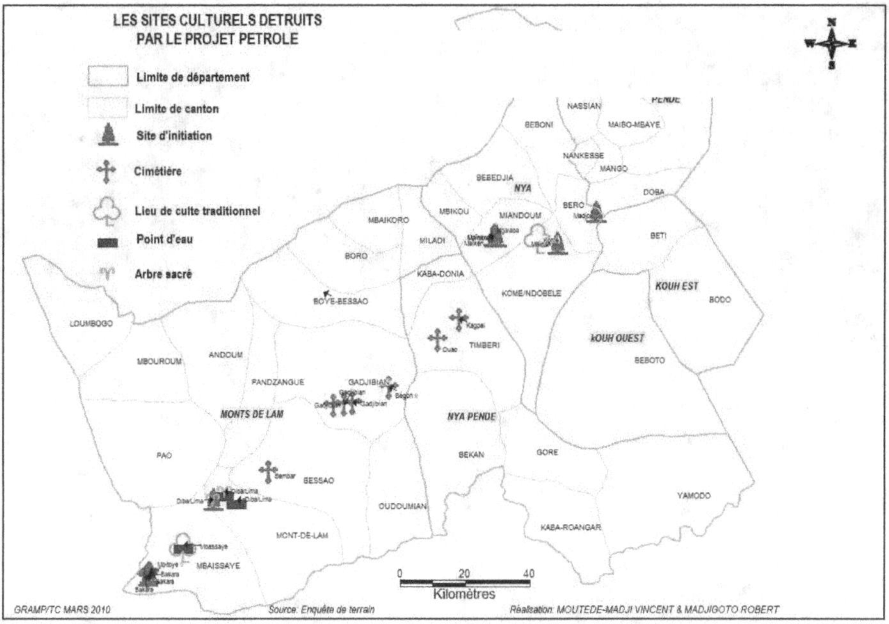

Source : GRAMP/TC, 2010.

6.6. LA POUSSIÈRE, SOURCE DES MALADIES PULMONAIRES ET DE LA BAISSE DE LA PRODUCTION DES MANGUIERS ?

Comme pour les cultures, aucun test réalisé ne nous permet de juger l'impact de la poussière sur la végétation et la santé de la population. Cependant, il faut noter que le phénomène de la poussière a été particulièrement accentué dans la zone pétrolière pendant les travaux de construction (Photo n°33). Les chefs des centres de santé de Miandoum et de Bébédjia font remarquer que les cas de maladies pulmonaires ont considérablement augmenté. Pour remédier à ce problème, Esso a décidé d'arroser quotidiennement les routes, entraînant encore une pression sur les ressources en eau (MOUTEDE-MADJI V. 2001).

Photo n°33 : Poussière soulevée par les véhicules sur la route Komé-Mbéré

Source : Cliché MOUTEDE-MADJI V., vue prise en octobre 2009.

Comme nous pouvons l'observer sur la photo n°33, le passage d'un véhicule soulève de poussière à l'origine des maux de la population et des plantes. C'est donc pour atténuer cette la poussière dans les agglomérations que les compagnies extractives prélèvent l'eau des cours d'eau pour arroser les tronçons des routes à l'intérieur des villages. Mais cela entraîne une menace de la disparition des cours d'eau comme, La Nya puisés pour arroser les routes et pallier la montée de la poussière. Aujourd'hui, pour régler cette situation décriée, l'opérateur du projet utilise le système d'épandage de mélasse et *« de goudron sur les tronçons de la route à l'intérieur des villages, comme si la poussière soulevée par un véhicule en dehors du village n'arrivait pas dans le village »*[92].

Les sous-traitants en charge de ces travaux semblent peu attentifs à la question, alors que la poussière a des répercussions sur la santé des populations. Des cas de grippes incurables, de vomissement du sang, de troubles respiratoires et visuels,...sont signalés dans les villages de la zone pétrolière. L'autre problème, qui affecte également les sols et qui inquiète pour l'avenir, est celui des déversements de brut.

[92] Entretien avec une autorité du gouvernorat de la région.

6.7. LES DÉVERSEMENTS ACCIDENTELS QUI INQUIÈTENT ET MOBILISENT LES ACTEURS

Le plan de gestion de l'environnement du projet note que des mesures sont prises pour une exploitation saine des ressources pétrolières. Toutefois, relève le document, en cas de déversement accidentel, des mécanismes sont prévus pour détecter automatiquement, et des actions appropriées, prévues dans le plan de gestion en cas de déversements accidentels, seront appliquées. Malgré les multiples garanties en matière de prévention, de détection et d'intervention pour les cas de déversements de brut présentées au début du projet par le consortium, plusieurs déversements accidentels ont eu lieu au niveau des puits de production et le long des pipelines principaux ou secondaires. Le système automatique de détection a déjà montré ses limites avec les premiers cas de déversements qui ont eu lieu.

6.7.1. De l'huile noire déversée dans la mare : le premier cas de déversement de brut tchadien, dans le Logone oriental

Ce premier déversement, qui a eu lieu en août 2005, soit environ une année seulement après la mise en production du pétrole, a non seulement affecté une mare et contaminé le sol, mais a aussi entraîné l'arrêt de la production pétrolière pendant au moins trois jours qui ont permis aux techniciens de maîtriser la situation. Ce déversement a inquiété l'ensemble des acteurs. Il a mobilisé une diversité d'acteurs allant des paysans aux membres du gouvernement en passant par les ONG et naturellement l'équipe d'Esso Tchad. Le premier numéro d'un magazine de la Société des hydrocarbures du Tchad de la place, de décembre 2008, journal proche du ministère du Pétrole, rapporte les faits : « *Les paysans des cantons de Timbéri et Komé, dans la région productrice du pétrole, ont découvert, le 25 août 2008, une importante quantité de pétrole déversée dans une mare d'eau. Une équipe composée du Ministère de pétrole, Ministère de l'environnement, Esso et la Direction Générale de la Sécurisation des Installations Pétrolières est descendue sur le terrain pour constater l'effectivité de l'accident et en déterminer éventuellement les causes. Il s'agit du premier cas de déversement de brut enregistré depuis l'exploitation du brut tchadien en 2003. Ce jour, plus de 35 barils d'hydrocarbure se sont répandus accidentellement entre le village de Dobara et BetoII, non loin d'une mare d'eau appelée Thio* »[93].

Selon le rapport de la CPPN[94], le premier constat visuel et de l'odorat a été fait par Madjitoloum Bertin du village de Dobara « *quand je partais ce jour au champ, j'ai constaté des taches d'huile sur l'eau de Thio. Nous*

[93] Thio ou Tillo est une mare d'eau qui se trouve dans le canton de Komé.

[94] CPPN : Commission permanente pétrole de N'Djaména, l'une des organisations de la société civile très impliquée dans le suivi des activités pétrolières au Tchad.

avons saisi par téléphone portable les responsables de TOTCO qui sont arrivés sur les lieux le jeudi 28 août 2008 » déclare-t-il aux enquêteurs. Les différentes équipes dépêchées sur le terrain ont travaillé jour et nuit pour arriver à maîtriser la situation le 30 août 2008 vers 17 heures. Et, à partir de 3 heures du matin, l'expédition du brut dans le pipeline vers Kribi a repris normalement et la production a atteint, dans la journée du 31 août 2008, son niveau initial d'avant l'accident.

Au cours d'un point de presse, le ministre du Pétrole, M. Mahamat Nasser Hassane, a indiqué que ce déversement était négligeable. Cet incident est dû, selon lui, au lâchage de quatre des douze boulons de la vanne de contrôle n°3. Le volume des sols souillés est estimé à quatre (4) mètres cubes, a-t-il indiqué.

6.7.2. Plus de 238 litres de brut déversés accidentellement à moins de 20 m de la rivière, « Loul », à côté du centre des opérations de Komé 5

Le second cas de déversement signalé que la mission du GRAMP/TC[95] a eu l'occasion de visiter est celui découvert par un producteur agricole en date du dimanche 11 octobre 2009. Selon les informations fournies par Esso à la Commission permanente pétrole local (CPPL)[96], le déversement a eu lieu sur le K211 flowline, un puits producteur situé à quelque cent cinquante (150) mètres de la station qui a abrité les cérémonies officielles d'ouverture des vannes pour le premier baril du pétrole tchadien. Cette station est située elle-même à environ trois cents mètres du centre des opérations de Komé 5. Selon les responsables d'Esso, la quantité estimée est de 15 barils, soit 238 litres. Quant à la quantité d'eau, elle est évaluée à 8,5 barils, soit 1350 litres[97]. C'est sur un pipeline secondaire que la rupture a eu lieu. La forte pression du brut pompé serait la cause de l'écartement du pipeline qui a causé le déversement du brut. Ce qui est à craindre, c'est la proximité du puits pétrolier, auteur du déversement, avec la rivière Loul qui se trouve à moins de 20 m. Quant au sol touché par le brut déversé, il a été nettoyé (Photo n°34).

---

[95] Groupe de recherches qui fait le suivi des aspects sociaux, environnementaux et juridiques du projet pétrole au Tchad.

[96] La CPPL est une commission qui fait le suivi des activités pétrolières au niveau local et est basée à Moundou.

[97] Ces chiffres ont été fournis par les responsables d'Esso aux organisations de la société civile de Moundou.

Photo n°34 : Puits pétrolier, auteur du déversement du brut

Source : MOUTEDE-MADJI V. vue prise en octobre 2009.

Cette photo n°34 présente le puits pétrolier à l'origine du déversement. En arrière plan, nous pouvons observer la rivière Loul, qui se trouve à moins de 20 m du puits. Ce déversement a contaminé le sol qui a été nettoyé par l'opérateur (photo n°35).

Photo n°35 : Espace contaminé par le déversement et nettoyé

Source : Cliché MOUTEDE-MADJI V., vue prise en octobre 2009.

En arrière-plan de cette photo n°35, se trouve la rivière Loul qui est l'affluent de la Nya, elle-même affluent de la Pendé qui se jette dans le Chari avant de rejoindre le lac Tchad. Nous ne disposons pas d'outils appropriés pour mesurer les effets de ces déversements sur le réseau hydrographique de la région et, partant, celui du Tchad. Cependant, vu la proximité de ces déversements avec les cours d'eau de la région, il est possible que ces cours d'eau soient contaminés.

6.7.3. Un déversement au sein du centre des opérations

L'un des plus récents déversements qui ont eu lieu est celui du centre des opérations. Il s'est produit au moment même de notre séjour sur le terrain, le 27 juillet 2009. Il y a eu un déversement au sein des centres des opérations de Komé. Un responsable de l'environnement rapporte, « *il est dû à une panne électrique. En tout, 600 barils ont été déversés. 40 à 50 citernes ont permis d'enlever l'huile qui a été réinjectée* ». Un autre agent socio-économique d'Esso reste plus discret. « *Il y a eu un problème technique à Komé 5 suite aux deux grosses pluies entraînant la coupure d'électricité, qui a occasionné la montée du pétrole brut débordant le vase, mais déversé dans l'endroit prévu. Ce que les agents d'Esso n'appellent pas déversement a été maîtrisé* ».

Bref, il faut noter que ce déversement n'est pas le dernier cas. Il y en a d'autres qui vienent de se produire encore, entraînant une contamination du sol et de la mare située à proximité de l'endroit où il y a rupture du pipeline.

6.7.4. Un important déversement de brut dans le village de Dogoï le 12 juillet 2011

Le tout dernier déversement est celui qui a eu lieu à Dogoï, village conflictuel entre le canton de Miandoum et celui de Bébédjia, suite au forage de quatre puits pétroliers par Esso. Selon le rapport d'activité du superviseur sur site du GRAMP/TC, un important déversement accidentel a eu lieu le 12 juillet 2011 à Dogoï. Comme les autres cas de déversement, ce dernier a été découvert le 12 juillet 2011 par un paysan, Djédoum Siméon, qui habite à environ 400 m du lieu où il y a eu rupture du pipeline de collecte. Selon le même rapport, c'est le pipeline de collecte qui a craqué suite à une forte pression entraînant plus de 200 barils qui se sont répandus sur plus de 500 m^2 à proximité du village. Informés, les agents d'Esso se sont rendus sur le lieu. Ils ont récupéré le brut sur six grosses bennes et des plastiques. Quant à la terre contaminée, elle a été ramassée par des bennes qui ont pris une direction inconnue, relève ledit rapport. Au total, plus de six déversements de brut, d'une ampleur variable, ont déjà eu lieu après sept ans seulement d'exploitation du pétrole de Doba, soit en moyenne environ un déversement par an. La question que l'on est en droit de se poser est de savoir si ces déversements ne prendront pas de l'ampleur avec l'âge des infrastructures, étant donné que la production est prévue pour 25 à 30 ans.

Par ailleurs, est-ce que ces déversements, qui se produisent, ne contaminent pas le sol, les nappes phréatiques ou les rivières sur lesquelles le brut se déverse, « Thio » ou, à proximité, comme « Loul », qui alimente la Pendé, elle-même affluent du Logone, l'un des deux principaux cours d'eau pourvoyeurs du lac Tchad ? Cette question reste posée, car il n'y a aucune structure nationale qui actuellement fait le suivi de la qualité des sols et des eaux dans la zone pétrolière pour répondre à cette préoccupation. Etant donné que le cas du delta du Niger, lié à l'exploitation du pétrole par Shell au Nigéria, a des conséquences négatives sur la population et son environnement. Le cas d'actualité qui se passe aux Etats-Unis montre que les déversements constituent une source d'inquiétude pour une frange importante de la population du Logone oriental qui vit en grande partie des ressources naturelles.

Photo n°36 : Le brut déversé au sol à Dogoï

Source : CLICHE MOYOMBAYE U., vue prise le 12 juillet 2011.

A l'issue de ce déversement observé sur la photo n°36, l'opérateur Esso a utilisé des bennes (Photo n°37) pour récupérer des tonnes de terre souillées. Alors que la contamination du sol par le brut est considérée comme un cas de non-conformité environnementale. Mais l'opérateur n'a pas pu anticiper sur les déversements comme prévu initialement dans les documents techniques.

Photo n°37 : Une benne enlève le sol contaminé

Source : Cliché MOYOMBAYE U., vue prise le 12 juillet 2011.

A la question de l'incapacité répétée d'Esso à détecter de manière automatique les cas de déversements accidentels du brut, la réponse donnée est liée au fait que le système de détection n'est installé que sur le pipeline principal et que les déversements qui ont eu lieu se passent sur les pipelines secondaires. Pour pallier les lacunes constatées en termes d'inefficacité des installations « sophistiquées » ou d'incapacité, Esso a recruté dans les villages riverains des personnes qu'il a appelées des « marcheurs ». Ces employés temporaires ont pour tâche de sillonner à pied le long des pipelines pour identifier et informer systématiquement tout cas de déversement accidentel de brut mais aussi l'érosion éventuelle du tracé du pipeline[98]. Le marché a été confié à ASAT.[99]

[98] Entretien avec un responsable du département socio-économique d'Esso.
[99] Un bureau d'étude archéologique tchadien qui mène l'opération sur le terrain.

6.8. UN ESPACE EN MUTATION RAPIDE SOUS L'EFFET DES ACTIVITÉS PÉTROLIÈRES

La région du Logone oriental a subi une mutation rapide sous l'effet de l'exploitation pétrolière. La lecture diachronique des images des champs pétrolifères de 1976 et de 2007 permet de se rendre compte du changement de l'espace (photos n°38 et 39).

Photo n°38 : Image des champs pétrolifères en 1976

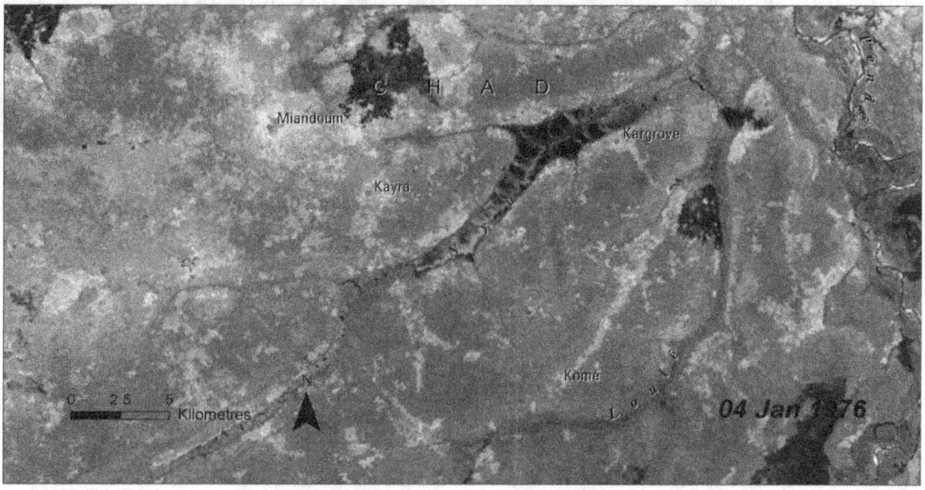

Source : Image Google Earth, 1976

L'observation de la photo n°38 montre qu'en 1976, hormis le Nord et l'Ouest du Logone oriental, la région demeure encore un espace peu exploité. Cette situation a rapidement changé avec l'exploitation du pétrole. La lecture de la photo n°39 permet de constater cette évolution.

Photo n°39 : Image des champs pétrolifères en 2007

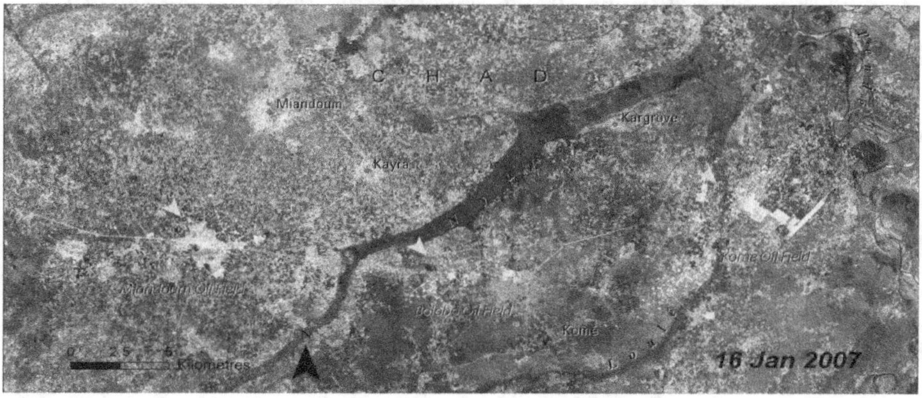

Source : Image Google Earth, 2007.

La comparaison de la photo n°39 avec celle n°28 permet de se rendre compte qu'en 1976, il n'y avait aucune infrastructure pétrolière sur le terroir. Mais l'observation de l'image de 2007 présente les trois champs de Komé (à l'Est de la photo), Bolobo (au centre) et Miandoum (à l'Ouest). Nous pouvons identifer, sur l'image de 2007, les pistes d'accès au puits pétroliers, les pates-formes pétrolières, l'aéroport et les centres de traitement de Komé 5, etc. Ces images permettent d'avoir une vue globale des champs pétrolifères en 1976 et en 2007. Une image plus récente (de 2011 ou 2012) permettrait de mieux apprécier la densification des puits pétroliers qui n'a débuté qu'en 2008.

En l'absence d'un mécanisme national de suivi environnemental (en panne) et le retrait de la Banque mondiale du projet, l'opérateur Esso reste la seule structure qui tente d'apporter des solutions aux différents problèmes environnementaux et socio-économiques du projet pétrole de Doba. Ces tentatives ne concernent pas seulement des actions de lutte contre les déversements mais aussi celles liées à l'occupation excessive des terres agricoles.

6.9. DES TENTATIVES DE SOLUTIONS AUX PROBLÈMES D'OCCUPATION EXCESSIVE DES TERRES PAR ESSO

La résolution des problèmes d'occupation des terres semble être l'une des grandes préoccupations d'Esso. Cela se fait sentir à travers les multiples alternatives utilisées et les études coûteuses menées, sans pour autant régler de manière durable la préoccupation des paysans et des organisations de la société civile. Hormis les compensations individuelles et communautaires (nous y reviendrons), Esso multiplie d'autres solutions *« diverses méthodes d'atténuation des impacts de l'occupation des terres sont employées, dont notamment : la réduction de la superficie des emplacements de puits, le regroupement de puits sur un même emplacement, le forage dévié, les stimulations de puits et le développement des compartiments par compartiment » (*Esso, 2009)

6.9.1. La restauration des terres occupées

Pour minimiser l'occupation des terres par le projet, c'est-à-dire pour réduire la superficie occupée par le projet, les équipes de construction et les ingénieurs ont travaillé à la remise en état de ces terres pour qu'elles soient disponibles pour l'agriculture. Selon le rapport d'Esso de 2009, 955 hectares de terres, occupées par le projet, ont été rendus à l'agriculture, depuis que le programme de remise en état des terres a commencé. Le même document souligne que ces terres remises en état à Bela, exploitées par la population, ont bien produit la première année (Esso, 2009). Quant à la population, elle note que ces terres ne sont pas productives à partir de la seconde année et elle est obligée de les abandonner. L'avis de la population est justifé car sur le terrain, nous observons des terres restaurées qui sont abandonnées.

6.9.2. Des puits jumeaux peu consommateurs d'espace

Pour Esso, le forage des puits jumeaux obéit à sa logique de minimiser l'occupation des terres. Les puits jumeaux ou intercalaires consistent à faire deux puits côte à côte sur une même plate-forme. Cette technique permet de réduire l'occupation des terres des paysans de manière continue.

6.9.3. Identification et évaluation des effets du projet sur les ménages

Esso a mené des enquêtes socio-économiques et conçu un système de cadastration des terres dans les villages pour apprécier l'ampleur de la situation. L'enquête socio-économique dans les dix villages les plus affectés a été finalisée par Esso. Plus de 3000 ménages ont été enquêtés et 16 000 exploitations agricoles ont été identifiées et cartographiées grâce à la nouvelle technologie SIG, développée par LUMAP[100]. Selon les promoteurs de cette étude, l'enquête a fourni d'importantes informations sur l'impact actuel de la prise de terres dans ces villages et l'analyse des données indique clairement que ces villages ne sont pas sévèrement affectés. Les résultats de l'étude montrent que 12% des ménages ont été affectés par le projet ; 8% des 12% des ménages ayant cédé des terres au projet ont eu des impacts négatifs sur la disponibilité de terres cultivables. Beaucoup de ménages affectés étaient à risque avant toute prise de terre par le projet. Les ordinateurs de poche aident les agents sur le terrain à recueillir les grandes quantités de données nécessaires pour les enquêtes menées de maison en maison. Ces instruments se connectent avec le système de positionnement global par satellite (GPS) en vue de lier les données socio-économiques aux terres cultivables du ménage pour reporter les informations sur une carte. Cette étude[101] a fait la classification (tableau n°21) des villages en fonction du degré d'impact.

Cette initiative d'Esso, de faire un travail qui devait logiquement être entrepris par une structure gouvernementale, la CTNSC[102] (nous y reviendrons), est louable. Cependant, un regard critique permet de dire qu'en dépit du fait que l'étude a été menée par l'occupant des terres, qui ne peut pas personnellement se condamner, lorsqu'une population rurale qui vit de la terre, est affectée à hauteur de 12% des 3000 personnes enquêtées dans 10

---

[100] Land Using Mitigation Map.

[101] Esso Exploration & Production Chad Inc.: « *Village Impact Quarterly Report, Land Use Mitigation Action Plan Fourth Quarter 2009* ».

[102] Ce comité n'a pas les moyens pour son fonctionnement et n'existe aujourd'hui que de nom. Tout le personnel est déposé.

villages sur une centaine de villages touchés dans la zone pétrolière, cela n'est pas à négliger.

Tableau n°21 : Classification des villages affectés par le projet pétrole de Doba

Catégories d'impact	Villages
Villages très affectés	Bégada
	Ngalaba
	Béro
	Madjo
	Danmadja
Villages assez affectés	Mouarom
	Maïnkeri
	Béla
Villages moyennement affectés	Mbanga
	Madana Nadpeur
	Maïnani
	Missimadji
Villages faiblement affectés	Dokaidilti
	Dildo
	Kaïrati
	Bendo
	Ndoheuri
	Komé
	Miandoum
	Naïkam
	Mermeouel
	Morkété
	Koutou Nya
	Maïmbaye

Source : Esso, 2009, traduit de l'anglais.

Il ressort du tableau n°21 que, hormis Béro et Bela, les villages que nous avons considérés comme « enclavés » figurent dans les catégories de villages très impactés (High) et proches de très impactés (*approching high).* Les villages de Bégada et de Ngalaba apparaissent comme les villages ayant sévèrement subi les effets des infrastructures pétrolières, du fait de l'existence de l'aéroport, du centre des opérations, de la base-vie de Komé 5, ainsi que des nombreuses pistes, des plates-formes pétrolières et des carrières sur ces terroirs.

En définitive, il faut noter que l'exploitation pétrolière dans le Logone oriental a nécessité l'occupation des terres de manière temporaire et définitive. Il en résulte des conséquences négatives sur les exploitations agricoles, en particulier dans les champs pétrolifères. Des trois champs pétrolifères d'origine de Miandoum, Bolobo et Komé avec 300 puits initialement prévus dans les études techniques, nous sommes passés aujourd'hui à huit champs pétrolifères dont cinq champs annexes, à savoir les champs de la Nya ; de Moundouli ; de Maïnkeri-Pouteguem et de Timber, avec au total plus de 1 000 puits forés essentiellement dans les quatre cantons de Komé, Miandoum, Béro et Miladi. Les impacts sont les plus marquants sur le paysage de ces quatre cantons. De même, les superficies en terres prévues sont passées de 2000 ha à plus de 4000 ha, voire 7 000, ha selon les sources, suite à l'extension des champs pétrolifères et à la densification des puits qui se poursuivent jusqu'aujourd'hui. Cette extension des champs pétrolifères et la densification des puits qui se poursuivent sur le terrain ont entraîné des effets inattendus sur l'espace, à travers l'accroissement de l'emprise du projet sur les terres cultivables de la population. Les surfaces cultivées par personne qui étaient en moyenne de 4 ha avant l'exploitation pétrolière, sont passées à moins de 2 ha par personne. Cette situation varie selon les cantons et les zones géographiques. Ainsi, les surfaces cultivées par personne sont faibles dans les champs pétrolifères par rapport à la zone de tracé du pipeline, où l'emprise du projet est faible. En effet, le périmètre pétrolier est occupé par les plates-formes, les bases-vie, les centres des opérations, les pipelines principaux et les pipelines secondaires, les routes de chantiers, les routes inter-champs et les lignes à haute tension. Ces infrastructures pétrolières occupent des surfaces cultivables de la population et réduisent ainsi leur espace vital. L'espace est disputé entre la population et les installations pétrolières si bien qu'exploitations agricoles et infrastructures pétrolières s'entremêlent. Des explorations actuellement en cours dans le Logone occidental sur la rive droite du Logone (Bémangra et Bénoye), plus dense, et la future connexion de ces champs aux installations actuelles vont accentuer la dynamique foncière en cours. Les activités pétrolières n'ont pas seulement des effets sur les terres mais aussi sur les ressources qu'elles portent, et constituent l'une des principales sources de problèmes environnementaux dans le Logone oriental. Les activités pétrolières ont eu également des effets négatifs sur les ressources que porte la terre, en particulier l'eau et la végétation. La mise en œuvre de ces activités pétrolières a nécessité le déplacement et la réinstallation des personnes. L'exploitation pétrolière est également à l'origine de la création des carrières, des pollutions et des déversements de brut aux effets négatifs sur l'environnement. De même, ces activités ont eu des conséquences sur les sites culturels et les mouvements de la population. Les tentatives de résolution de ces problèmes par Esso à travers de nombreuses initiatives n'ont pas permis d'annihiler ces effets négatifs. Quel sera l'avenir socio-économique des paysans des champs pétrolifères qui n'ont pas suffisamment de terres cultivables avec de faibles rendements ?

TROISIÈME PARTIE

UN PROJET PÉTROLIER AUX IMPACTS SOCIO-ÉCONOMIQUES POSITIFS LIMITÉS SUR LE MILIEU RURAL DE LA RÉGION PRODUCTRICE

« *Le pétrole ne nous a pas arrangés. Avant son exploitation, ESSO a promis de construire notre village à l'image de l'Amérique mais maintenant nous souffrons plus qu'auparavant. Nous n'avons pas d'école, pas de centre de santé, pas d'eau potable et nous n'arrivons pas à travailler librement dans nos champs à cause de l'insécurité de la brigade de surveillance de la zone pétrolière. Nous n'avons aucune issue, même les crédits des 5%, nous n'en bénéficions pas* ».[103]

Pour les promoteurs de l'exploitation du pétrole de Doba, à savoir le consortium, la Banque mondiale et le gouvernement tchadien, ce projet a pour objectif de lutter contre la pauvreté. Mais, dix ans après l'exploitation du pétrole, la situation socio-économique de cette région productrice n'a guère évolué. Cette dernière partie du travail essaie de montrer comment les populations du Logone oriental en général, et plus particulièrement celles de la zone pétrolière, n'ont pas profité, de manière durable, des compensations en termes d'emplois, d'opportunités d'affaires et de revenus pétroliers. L'exploitation pétrolière a, au contraire, contribué à la transformation des modes d'accès et d'exploitation des ressources foncières avec, comme conséquence, la multiplication des conflits fonciers. Les cas spécifiques des « villages enclavés » seront également analysés.

---

[103] Réaction d'une femme de Dildo dans le canton de Béro, lors d'un entretien de groupe, en novembre 2011.

CHAPITRE 7

Les compensations individuelles et communautaires comme facteurs de transformation des systèmes fonciers

Les compensations trouvent leur fondement dans les lois nationales et dans le plan de gestion de l'environnement du projet Tchad-Cameroun. Les premières prévoient une indemnisation des victimes d'expropriation des terres pour cause d'utilité publique. Sur la base de ces lois, il est prévu dans le document de gestion de l'environnement deux types de compensations : les compensations individuelles et les compensations communautaires. Il sera question dans ce chapitre de montrer comment les compensations, versées en nature et en espèces, ont constitué non seulement un facteur de mutation des systèmes fonciers mais aussi un facteur de multiples conflits dans les champs pétrolifères du Logone oriental.

7.1. LES COMPENSATIONS INDIVIDUELLES COMME FACTEUR DE MUTATION DES SYSTÈMES FONCIERS

La compensation individuelle consiste à verser, pour les entreprises pétrolières, de l'argent ou du matériel en contrepartie des investissements réalisés initialement sur la terre occupée par les infrastructures pétrolières. C'est donc un remboursement de la valeur des cultures, des arbres, des investissements divers, de la main-d'œuvre ..., que les infrastructures pétrolières ont détruits. Ce type de compensation a pour objet de permettre aux personnes et aux ménages qui ont perdu leurs terres, principaux moyens de production et sources de revenus (cultures, arbres et autres produits) à cause de l'implantation du projet pétrole, de restaurer leurs conditions de vie. La compensation individuelle vise donc à recréer ou, mieux, à améliorer les conditions de vie des bénéficiaires affectés. A cet effet, ce sont les produits que porte la terre qui sont compensés et non la terre elle-même. Celle-ci est considérée comme domaine de l'Etat. Les compensations individuelles concernent les jachères d'un an ou moins, la perte des récoltes, des arbres fruitiers et des installations. Les savanes boisées et la forêt ne sont pas éligibles à cette compensation. Elles sont considérées comme la brousse. Rappelons que « les terres vacantes » appartiennent à l'Etat. Elles représentent le domaine de la communauté et seront éligibles dans le cadre de la compensation communautaire. Cependant, certains arbres fruitiers, plantés ou protégés, sont éligibles à la compensation. Les compensations individuelles sont versées directement aux individus qui ont subi une perte. Elles sont versées en espèces ou en nature. Ces compensations ont fait l'objet de discussions entre l'opérateur appuyé par l'Etat, qui se préoccupe prioritairement des revenus futurs du pétrole et non des droits des populations riveraines, d'une part, et les ONG nationales, appuyées par leurs consœurs du Nord, et plus ou moins supportés par la Banque mondiale, d'autre part. Ces discussions ont surtout porté sur le barème de la compensation et l'évaluation des dommages. Ces compensations versées aux paysans, victimes des destructions des champs et ressources foncières, sont des facteurs de transformation des systèmes fonciers et de conflit dans la zone pétrolière.

7.1.1. Les barèmes de la compensation et l'évaluation des dommages

La détermination du barème de compensation a fait l'objet de longues discussions. Au début des travaux, Esso a collecté des données sur les produits agricoles auprès des ONG locales et de la CotonTchad, puis a fait une enquête sociologique dans les villages. Ces travaux ont fourni des informations sur les valeurs des produits agricoles sur le marché et le coût de production. Esso n'a pas pris en compte le fait que la terre serait prise de manière définitive, le fait qu'un arbre détruit pouvait produire plusieurs années et non seulement une année, le fait même que c'était un tort causé à autrui et non un produit vendu volontairement sur le marché. Ces discussions ont amené Esso et les ONG à mener chacun des études pointues sur les valeurs des produits à compenser.

7.1.1.1. A la recherche d'une valeur de l'arbre « fruitier sauvage »

Une étude spécifique a été commandée par Esso avec pour but de déterminer la valeur des arbres pour les propriétaires des terres autour de l'oléoduc. Les résultats montrent que la flore de la région reste mal connue et les études portant sur la valeur des arbres dans le système d'exploitation agricole sont très rares et anciennes. Elle a dressé également une liste des autres arbres fruitiers avec les produits commercialisables pour évaluer si la liste devait inclure les autres espèces. Les espèces utilisables mais reconnues « de brousse » par les agriculteurs sont ajoutées. Les espèces les plus importantes, en dehors des arbres fruitiers domestiques (manguier, citronnier, goyavier, etc.) reconnus, identifiées et évaluées, sont celles qui figurent dans le tableau n°22.

Tableau n°22 : Les valeurs moyennes de quelques arbres fruitiers

N°	Noms français ou locaux	Noms scientifiques	Valeurs en F CFA
A.	Néré	*Parkia biglobosa*	675 681
B.	Karité	*Vitellaria paradoxa*	443 581
C.	Tamarinier	*Tamarindus indica*	301 998
D.	Rônier	*Borassus aethiopum*	87 000
E.	*"Kaja"*	*Cordia Africana*	122 993
F.	*"Men"*	*Tetraphera andogensis*	1 225 979
G.	*« Koyo »*	*Lophira lanceolata*	46 200
H.	*« Kutu »*	*Detarium microcarpum*	120 000

Source : Esso, 1998.

Comme nous pouvons le constater, la liste des arbres retenus dans le tableau n°22 n'est pas exhaustive. Il y a plusieurs autres arbres de la savane qui sont très importants pour les paysans sur le plan alimentaire comme le jujubier, le figuier, etc., arbres épargnés pendant la préparation des champs. L'*Acacia albida,* par exemple, est très apprécié pour sa contribution à la fertilité des sols. Il est protégé pendant le dessouchage des champs mais n'a pas été cité par l'étude.

Les ONG, organisées autour du CILONG, ont mené également une étude qui a porté sur la valeur des produits agricoles, en particulier le manguier, principal arbre fruitier domestique de la région que le gouvernement a voulu qu'Esso paie au taux de l'ONDR qui est à 3 500 F CFA. Cette étude a montré l'importance du manguier dans la vie de la population du Logone oriental : ses fruits sont mangés, commercialisés. L'arbre fait de l'ombre et peut être utilisé par plus de trois générations. Par conséquent, il ne peut être payé en deçà de 500 000 F CFA. Comme nous le verrons dans le tableau ci-dessous, l'effort des organisations de la société civile a permis de rehausser le prix d'un manguier détruit dans le cadre du projet d'exportation tchadien de 3 500 F CFA à 550 000 F CFA.

7.1.1.2. Les barèmes de compensation applicables à partir d'octobre 2004

Après des discussions et l'évolution du contexte économique, Esso a revu la valeur de certains produits appliquée en 1998. Ce barème appliqué à partir d'octobre 2004 est illustré par le tableau n°23.

Tableau n°23 : Barèmes des compensations des cultures et des arbres fruitiers révisés en 2004

Catégorie/Culture	**Unité/Sous-catégorie/Valeur compensatoire**		
Barèmes des champs par unité de mesure	Par hectare	Par corde[104]	Dégâts en m²
Cultures vivrières et cultures du coton traditionnel	729 075	367 527	73
Coton de la CotonTchad	236 200	118 100	24
Riz	485 250	242 625	49
Arbres fruitiers domestiques	**Non productif<1 an**	**Non productif>1 an**	**Productif**
Avocatier	5 000	5 000	30 000
Bananier	2 000	2 000	2 000
Citronnier (limettier/oranger)	15 000	15 000	50 000
Goyavier	7 500	7 500	25 000
Palmier Borassus	14 500	14 500	87 000
Papayer	4 000	4 000	8 000
Acajou africain (non compensé si fait partie du domaine public)	45 000	45 000	80 000
Karité	5 000	27 000	162 000
Néré	5 000	44 000	263 000
Tamarinier	5 000	18 000	109 000
Tetrapleura andongensis, "Men"	5 000	76 000	455 000
Acacia Sénégal, Gomme arabique	5 000	15 000	50 000
Arbre à ombre	5 000	5 000	30 000
Manguiers	**Jeune pousse**	**1-6 ans**	**plus de 6 ans**
	2 500	30 000	550 000
Taux pour les arbres élagués			
Jusqu'à 30% de branches		% de perte de la valeur compensatoire	
Plus de 30% de branches		Arbre entier	Taux supérieur
Pêche		**Petit**	**Grand**
Nasse		25 000	49 500
Filet et Attaches		10 000	13 000
Prise perdue		Perte justifiable	
Autres articles		**Mesures**	
Jardin potager		m²	1 565
Ruche		Unité	10 625
Canne à sucre		25 par jeune canne	70 par canne adulte
Sacrifice chef de terre		Unité	33 000
Sacrifice déplacement du site sacré		unité	100 000

Source : Esso, octobre 2004.

Le tableau n°23 présente les barèmes des compensations. L'observation de ce tableau permet de montrer les arbres fruitiers suivants : *Detarium microcarpum, Khaya senegalensis, Borassus aethiopum, Pterocarpus lucens et* d'*Annona senegalensis.* Ces arbres ont été pourtant considérés comme importants par l'étude commanditée par Esso mais ne sont pas éligibles à la compensation.

[104] Unité de mesure utilisée par les paysans et vaut à peu près un demi-hectare.

7.1.1.3. De nombreuses plantes utiles non prises en compte par Esso

Il en est de même pour les plantes de la forêt claire, grand pourvoyeur d'essences à brèdes. Le *Pterocarpus lucens (munduru)* se développe souvent en peuplements grégaires. Les limbes de ses feuilles, particulièrement tendres, et ses fleurs, sont recherchés pour les sauces. Le barème de compensation n'a pas été unanimement accepté par les acteurs, en particulier par les organisations de la société civile et les populations riveraines, à cause du prix de certaines cultures et surtout la non-prise en compte de certains arbres fruitiers « sauvages » et pharmaceutiques. Ce barème a servi au paiement des compensations dans le Logone oriental.

7.1.1.4. L'acquisition d'une valeur monétaire par les arbres fruitiers

Hormis le manguier qui est compensé à 550 000 F CFA, certains arbres fruitiers « sauvages » comme le karité, le néré et le tamarinier adulte, sont payés respectivement 162 000, 263 000 et 109 000 F CFA. Le *Tetrapleura andongensis* est payé, quant à lui, 455 000 F CFA. Les arbres à ombre également sont payés 30 000 F CFA. L'arbre a ainsi acquis une valeur vénale. Cette conception monétaire de l'arbre n'existait pas avant le projet pétrole, même si certains produits issus de ces arbres sont commercialisables sur le marché local, donnant satisfaction aux populations bénéficiaires : « *Tous les compensés sont satisfaits de la manière et de la probité avec lesquelles les montants ont été versés* » (COGELS S., KOPPERT G., and al, 2004). Cela a été possible grâce à la participation des ONG. Ces prix « *auraient été gonflés sous la pression des ONG locales* ».

Cependant, l'application de ce barème n'est pas strictement respectée. Les montants versés sont différents, lorsque les biens ont été détruits pendant les phases d'exploration, du chantier ou d'extension des puits. Ce barème est curieusement appliqué même pour les autres projets pétroliers au Tchad qui se développent dans une zone géographique différente, avec d'autres arbres importants, propres à ces localités.

7.1.1.5. Le barème de compensation des puits d'eau

Quant à la compensation des puits détruits par le projet, elle est versée en fonction des profondeurs de ces puits comme nous pouvons l'observer dans le tableau n°24.

Tableau n°24 : Taux de compensation pour les puits d'eau traditionnels par mètre de forage

Profondeur en m (0-15)	Compensation (F CFA)	Compensation arrondie (F CFA)	Nombre de mètres (16-30)	Compensation (F CFA)	Compensation arrondie (F CFA)
		au chiffre le plus proche			au chiffre le plus proche
		100			100
1	5 964	6000	16	95 424	95 500
2	11 928	12 000	17	101 388	101 400
3	17 892	17 900	18	107 352	107 400
4	23 856	23 900	19	113 316	113 400
5	29 820	29 900	20	119 280	119 300
6	35 784	35 800	21	125 244	125 300
7	41 748	41 800	22	131 208	131 300
8	47 712	47 800	23	137 172	137 200
9	53 676	53 700	24	143 136	143 200
10	59 640	59 700	25	149 100	149 100
11	65 604	65 700	26	155 064	155 100
12	71 568	71 600	27	161 028	161 100
13	77 532	77 600	28	166 992	167 000
14	83 496	83 500	29	172 956	173 000
15	89 460	89 500	30	178 920	179 000

Source : Esso, 2004.

Le tableau n°24 présente le barème de compensation des puits traditionnels. Il ressort de ce tableau que plus le puits est profond, plus la valeur est élevée.

7.1.2. Importance et utilisation des compensations individuelles

Les compensations versées en nature et en espèces représentent une masse d'argent importante mais n'ont pas amélioré la vie des bénéficiaires. L'argent a été mal géré par les bénéficiaires, non habitués à la gestion d'une telle somme d'argent. Par ailleurs, elles ont créé des conflits et des réclamations foncières. Mais, avant cela, il importe de connaître les groupes d'âge interrogés pendant l'enquête par questionnaire (graphique n°9).

Graphique n°9 : Répartition des personnes enquêtées selon les tranches d'âge

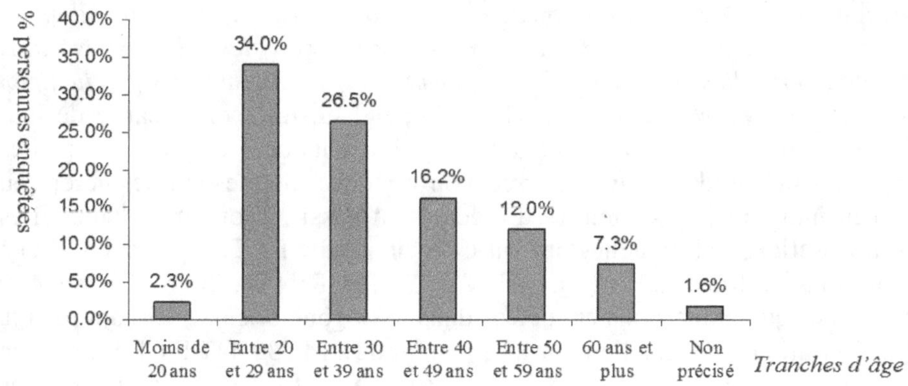

Source : Données de terrain, 2010.

Le graphique n°9 montre que la majorité des personnes enquêtées ont un âge compris entre 20 et 50 ans. C'est la tranche d'âge composée des personnes très actives qui sont des chefs d'exploitation.

7.1.2.1. Des masses d'argent importantes mais qui ont des effets limités sur le monde rural

Les compensations versées en nature et en espèces aux populations de la zone pétrolière sont importantes en termes de montants, depuis le début du chantier à nos jours. Selon le dernier rapport trimestriel d'Esso, le total de la compensation individuelle des terres versée par le projet au cours des quatre derniers trimestres de 2009 s'élève à plus de 702,3 millions de F CFA en espèces ou en nature, dont 684,2 millions au Tchad et 18,1 millions au Cameroun. L'importance de ces compensations au Tchad par rapport au Cameroun s'explique par la localisation des champs pétrolifères au Tchad et la densification des puits dans ces champs qui nécessite une emprise croissante. *« Depuis le commencement de la construction en 2000, le projet a dédommagé environ douze mille neuf cents F CFA (12 900F CFA) occupants de terrains individuels de 7100 hectares de terres dans 375 villages sur toute la longueur du projet de Komé au Tchad à Kribi au Cameroun (Esso, 2007). « De 1998 à septembre 2009, la compensation individuelle en nature et en espèces a permis la mobilisation d'une somme de sept milliards deux cent neuf millions de F CFA (7 209 000 000 F CFA). Neuf mille six cent vingt-cinq (9 625) personnes réparties dans deux cent soixante-sept (267) villages ont bénéficié de cet argent »*[105]. Ce qui représente des sommes énormes, étant donné que les bénéficiaires résident en milieu rural. Mais ces compensations individuelles ont eu des effets

[105] Information donnée par l'équipe d'Esso lors d'une séance d'information avec la CPPL sur le dernier cas de déversement accidentel de brut

limités sur le monde rural du Logone oriental. Certes, elles ont fourni des revenus utiles *« en remplacement de ceux procurés par le coton, dont la crise de la filière a conduit à un quasi-abandon dans les villages riverains du chantier. Elles ont aussi parfois permis des investissements productifs »* (GEERT V. V., MAGRIN G., 2006). Cependant, une bonne partie de leur distribution a été mal faite, révélant le manque de préparation des communautés et des individus à recevoir de telles sommes et à les gérer. Au niveau individuel, ces sommes d'argent sont aussi parfois importantes. Les compensations individuelles ont varié de cinq mille F CFA (5 000 F CFA) à 5 millions de francs CFA (GEERT V. V., MAGRIN G., 2006). Sur les 400 personnes que nous avons enquêtées dans le Logone oriental, 151 ont reçu la compensation individuelle pour un montant de 114 539 447 F CFA, soit une moyenne globale de 1 169 578 F CFA. Ce montant total des compensations individuelles représente la valeur de 150,65 ha de terres occupée et 429 arbres fruitiers détruits (Tableaux n°25 et n°26).

Tableau n°25 : Compensations payées aux personnes enquêtées selon les zones géographiques

Zones géographiques	Personnes ayant reçu la compensation	Surface occupée en Ha	Nbre Arbres fruitiers détruits	Montant total de la compensation reçue	Moyenne compensation par personne
Zone des champs pétrolifères	121	131,15	142	105 645 094	873 100
Zone pipeline	30	19,5	287	8 894 353	296 478
Hors zone pétrole	0	0	0		
Total	**151**	**150,65**	**429**	**114 539 447**	**1 169 578**

Source : Données de terrain, 2010.

Tableau n°26 : Compensations versées aux personnes enquêtées selon les cantons

Cantons	Personnes ayant reçu la compensation	Surface occupée en Ha	Nbre Arbres fruitiers détruits	Montant total compensation reçue	Moyenne compensation par personne
Miandoum	37	38,50	35	24 315 750	657 182,43
Komé	46	35,55	43	26 607 784	578 430,09
Béro	31	41,40	52	48 545 020	1 565 968,39
Miladi	7	15,70	12	6 176 540	882 362,86
Timberi	14	8,00	282	5 851 353	417 953,79
Békan	1	1,00	-	550 000	550 000,00
Gadjibian	4	1,50	1	969 000	242 250,00
Monts de Lam	4	4,50	3	416 000	104 000,00
Mbaissaye	7	4,50	1	1 108 000	158 285,71
Bédjo	-	-	-	-	-
Nankessé	-	-	-	-	-
Doba rural	-	-	-	-	-
Total	**151**	**150,65**	**429**	**114 539 447,00**	**758 539,38**

Source : Données de terrain, 2010.

L'analyse des tableaux n°25 et n°26 montre que les compensations versées par les compagnies pétrolières à la population varient selon les zones géographiques et les cantons. En moyenne, elles sont nulles dans les cantons témoins, faibles dans la zone du tracé du pipeline (296 478 F CFA) et fortes dans les champs pétrolifères (873 100 F CFA). Les compensations individuelles varient selon les cantons. Ainsi, à Béro, 31 personnes enquêtées ont reçu au total 48 545 020 F CFA, soit une moyenne de 1 565 968,39 F CFA par personne. Cette somme représente la valeur de 41,40 ha occupés et 52 arbres fruitiers détruits. Alors que, dans les Monts de Lam, par exemple, 4 personnes ont reçu un montant de 416 000 F CFA, soit une moyenne de 104 000 F CFA par personne. Cette variation des compensations individuelles peut s'observer également au niveau des villages. Par exemple à Ngalaba dans le canton de Miandoum, 11 personnes enquêtées ont reçu la compensation individuelle pour un montant de 5 960 650 F CFA, soit une moyenne de 541 877,27 F CFA. Alors qu'à Kagpal, seules 3 personnes interrogées ont reçu une somme totale de 3 065 000 F CFA soit une moyenne de 1 021 666,66 F CFA. Globalement, les compensations individuelles ont varié entre 3 000 et 9 000 000 de F CFA. Cet argent a eu un effet positif très limité dans le monde rural qui n'a pas connu une amélioration significative de ses conditions de vie. Au contraire, ces sommes ont contribué à la détérioration des liens sociaux et de certaines valeurs (solidarité) au sein des familles comme dans les villages et surtout à la naissance de conflits entre différents acteurs qui utilisent la terre. Une étude menée dans la zone pétrolière a montré que 27,2% sur les 1788 personnes, (KOPPERT G., COOGELS S., MOUTEDE-MADJI V. and al. 2004) enquêtées ont estimé que les compensations ont fait progresser le village. Le reste pense que la compensation a été gaspillée ou a provoqué des jalousies, de la prostitution, de la sorcellerie, etc. dans les villages. *« Dans le village de Pouteguem, par exemple, une personne a reçu environ 30 millions en compensation individuelle. Elle a payé six motos et une voiture mais, aujourd'hui, elle n'a ni un vélo pour son déplacement, ni de quoi nourrir sa famille »*[106].

7.1.2.2. Une comptabilité peu rigoureuse

Par rapport à la gestion des compensations en espèces, il faut noter que, faute d'information, de sensibilisation, de gestion ou d'accompagnements suffisants au moment où ils ont perçu des sommes d'argent inhabituelles, de nombreux bénéficiaires les ont utilisées de manière sommaire. Ainsi, pour beaucoup, cet argent a servi à l'achat de motos, au mariage, au partage, etc. C'est le cas à Komé, Mouarom, Béro, Ngalaba, etc. A Bégada, par exemple, une vingtaine de personnes se sont procuré des motos qui ne fonctionnent pas aujourd'hui à cause du manque de moyens d'entretien. Cependant,

---

[106] Entretien avec un membre de la societé civile à Miandoum, septembre 2011

certaines personnes ont tout de même utilisé cet argent pour acheter des bœufs d'attelage ; d'autres ont construit des maisons en semi-dur. C'est le cas d'une centaine de compensés de Kouloulou et Miandoum. Cette comptabilité peu rigoureuse est liée au manque d'encadrement financier. Car, au moment du paiement des compensations, il n'y avait pas de banques ni de caisses d'épargne dans la zone. Ce n'est que plus tard que les caisses d'épargne ont été créées et que des succursales des banques se sont installées à Doba. C'est d'ailleurs ce qui avait motivé la demande d'un moratoire par les organisations de la société civile. Quant aux compensations en nature, leur qualité a été souvent contestée par la population.

7.1.2.3. Des réclamations des droits à la compensation de plus en plus nombreuses pendant les travaux de construction

Pendant le processus des compensations individuelles, en particulier au moment des travaux de construction, beaucoup de contestations et de réclamations ont été enregistrées. Ces réclamations sont soit liées aux omissions des champs ou arbres fruitiers, soit à la valeur des biens compensés comme l'a noté le GIC dans son rapport. « *Malgré les précautions prises par l'opérateur pétrolier pour évaluer les pertes subies par les populations et un système de compensation précis prévu dans le PGE, à l'exécution, de nombreux litiges entre opérateurs des activités pétrolières et la population riveraine (appuyée par les ONG) apparurent. Les problèmes les plus récurrents portent sur des désaccords quant à l'évaluation des dommages et sur les délais de règlement jugés trop longs par les populations* » (GIC, 2009). Pour l'année 2011, plus de deux cents personnes ont fait la réclamation. Ce chiffre était de plus de dix fois entre 2003-2004, quand le chantier de construction était achevé.

Pour pallier ces problèmes, Esso a renforcé son équipe en charge de l'évaluation des dommages/pertes causés par le projet et du paiement des compensations y afférentes, et également du traitement des litiges. Et, devant le volume et la complexité grandissants des informations, EEPCI[107] a investi dans l'acquisition de données satellites et de matériel SIG (Systèmes d'informations géographiques). Il en résulte l'informatisation poussée de la base de données sur les compensations. Cela permet aujourd'hui une évaluation plus précise et plus rapide de l'empreinte terrestre du projet et du niveau d'impact sur les populations riveraines. Cet effort d'Esso est même reconnu au sein des organisations de la société civile, mais cela n'a pas réglé tous les problèmes qui persistent. « *Si, aujourd'hui, l'on peut se féliciter des efforts du consortium à considérer objectivement les biens à compenser, certaines pratiques qui entourent la mise en œuvre de la procédure de paiement suscitent de nombreux problèmes et préoccupations* »

[107] Esso Exploration and Production Chad Inc (un département de la compagnie Esso qui s'occupe des aspects environnementaux.

(GRAMP/TC, 2005). Ces problèmes sont, entre autres, les conflits autour de l'argent, les prélèvements des 10%, les mauvaises gestions de ces ressources, etc. Ces compensations ont également transformé les systèmes fonciers de la région.

7.2. LES CONSÉQUENCES DES COMPENSATIONS INDIVIDUELLES

Selon le rapport du GRAMP/TC (2005), « *Les travaux des compagnies pétrolières dans un contexte de pauvreté ont considérablement bouleversé l'équilibre social des populations locales. En effet, l'introduction d'une masse monétaire dans les villages à travers le versement des indemnisations pour expropriation ou occupation de terrain, pour destruction d'arbres et autres biens, a généré de nouveaux comportements et attitudes au sein des populations* ».

Ce sous-chapitre est consacré aux nouveaux modes de défrichement et d'accès aux systèmes fonciers et aux prélèvements des 10% par les autorités.

7.2.1. Une mutation des techniques agricoles : défrichement « des champs pièges »

L'observation sur le terrain et les entretiens nous ont permis de réaliser que la compensation peut être une chance ou une alternative à la baisse de la production agricole de la population comme le souligne cette femme : « *Ceux qui ont la chance, ont vu leurs champs occupés par Esso et cela leur a permis d'avoir la compensation mais moi, Esso n'a pas pris mon terrain et donc je n'ai rien* ». Et un homme de dire « *Puisque les champs ne donnent plus rien, au moins la compensation permet d'avoir un peu d'argent afin de s'occuper de sa famille* ». Selon des témoignages concordants, des paysans défrichent sciemment des champs pour attendre la compensation. C'est le cas d'une quinzaine d'hectares qui ont été détruits en 2009 au Sud du village de Komé par les exploitants de cette localité, piégeant ainsi le tracé du pipeline annexe devant relier les puits des champs de Timber à l'unité centrale de Komé 5. L'installation du nouveau marché de Komé, non encore fonctionnel à ce jour, obéit à la même règle. Cela pose un problème d'ordre environnemental. De même, en 2001, lorsque les paysans savaient à peu près là où le pipeline Komé-Kribi devait passer, ils ont commencé à planter des champs de manguier pour gagner les compensations. Aujourd'hui, les paysans ne peuvent plus produire. Les yeux sont tournés vers les activités pétrolières pour attendre une éventuelle occupation des champs, et donc une compensation. D'autres, après avoir attendu en vain l'emploi devant les camps, passent l'essentiel de leur temps dans le village. C'est le cas des jeunes de Miandoum : « je ne sais pas mais les jeunes de Miandoum sont devenus trop paresseux aujourd'hui avec l'avènement du pétrole »[108] Ce qui n'est pas le cas dans les villages qui sont situés en dehors de la zone pétrolière. La question qu'on est en droit de se poser est la suivante : la compensation est-elle un danger pour les producteurs ou une chance comme ils le disent ?

7.2.2. Des compensations comme facteur de modification des règles d'accès aux ressources forestières

Par ailleurs, comme les ligneux (*Parkia biglobosa, Vitellaria paradoxa, Teutrapleura andongensis* et *tamarindus indica*) ont acquis une valeur vénale avec les compensations individuelles, les nouveaux modes d'accès et d'exploitation de ces ressources naissent. En effet, jadis, ces ligneux, en particulier le karité et l'arbre à néré, situés dans les parcelles cultivées ou les jachères récentes, appartenaient aux propriétaires de ces parcelles. Ceux situés dans les jachères de plus de cinq ans ou dans les zones forestières n'étaient pas une propriété particulière. Mais, aujourd'hui, avec les compensations, cette logique n'est pas respectée. Le défrichement ne tient plus compte des blocs de culture. Une bonne densité de karités ou de nérés dans un espace donné, constitue un des plus importants critères de défrichement à l'heure actuelle, surtout là où les réserves sont encore disponibles.

Ce changement de comportement se traduit, à l'échelle de la parcelle, par une protection systématique des jeunes plants de karité et de néré. A l'inverse, la pression sur les pieds adultes conduit les propriétaires présumés à récolter les fruits bien avant la maturation. Les karités ainsi récoltés sont souvent conservés dans un récipient fermé, dans un sac ou enfouis en attendant leur maturation. Quant au néré, il est séché comme tel et les graines sont ensuite séparées de la pulpe pour diverses utilisations. Un des chefs de canton rencontrés s'est plaint de cette situation, évoquant le fait qu'il n'y a plus de graines mûres pour régénérer ces espèces. Ce changement de comportement oblige les personnes non propriétaires de ces arbres ou les plus vulnérables à organiser frauduleusement la cueillette, parfois de nuit. La cueillette précoce de néré ou de karité n'est pas le cas unique de la zone pétrolière. Elle s'observe également dans les villages témoins de notre étude.

Les différents acteurs ont même affirmé que les activités de cueillette, jadis pratiquées majoritairement par les femmes, sont de plus en plus le fait des hommes avec la nouvelle valeur marchande de ces ligneux. Les enquêtes de terrain lors de cette étude ont montré que 72 hommes sur les 400 personnes enquêtées, soit 18%, pratiquent actuellement la cueillette. Cette proportion significative des hommes qui pratiquent la cueillette montre l'importance de cette activité dans la vie de la population. Car la cueillette

[108] Entretien avec un responsable d'une association de la place

constitue non seulement un complément alimentaire de la population mais aussi une source de revenu pour le monde rural, en particulier pour les femmes.

En outre, il y a apparition de nouveaux modes d'accès à la terre. Sur les 400 chefs d'exploitation interrogés dans le Logone oriental, 54 déclarent qu'ils ont loué ou acheté la terre qu'ils exploitent. Ce qui représente 13,5% et n'était pas possible dans ce secteur avant le pétrole. Il en résulte des réclamations des droits de propriétaire terrien.

7.2.3. Les réclamations des droits de propriétaires terriennes

La mise en place des compensations individuelles, versées aux exploitants des terres, est à l'origine des réclamations des terres comme nous pouvons le voir avec le témoignage d'un chef de village de la zone pétrolifère : « *depuis l'avènement d'Esso, il y a des problèmes de terre à cause de l'argent. Chaque personne réclame le terrain en disant que c'est pour son père, son grand-père, etc. Cela fait que les terrains octroyés par le passé sont récupérés d'entre les mains des exploitants afin de gagner l'argent de compensation. J'ai personnellement été compensé par Esso à hauteur de 110 000 F CFA et cette terre occupée n'est plus exploitée aujourd'hui. Les terres non exploitées ont des propriétaires. Si tu n'as pas assez de terre, après deux ou trois ans seulement de jachère, tu remets cette jachère en exploitation. Les arbres comme le néré ont également des propriétaires qui ont le droit d'exploiter, contrairement aux karités* »[109].

Bref, les compensations sont à l'origine de la remise en cause des droits d'usages que chaque membre de la communauté villageoise disposait avant l'exploitation pétrolière. La terre comme facteur d'unification et de solidarité devient un objet d'individualisme à l'ère pétrolière. Il en résulte des changements sociaux et économiques dans la vie de la population.

7.2.4. Les prélèvements de 10% par les autorités : une pratique décriée par les organisations de la société civile et interdite

Jadis, après une année de bonne récolte, un paysan pouvait donner volontairement (ou sur demande du chef) une partie de cette récolte, de l'argent, du poulet ou du cabri au chef de village ou chef de canton pour accueillir ses étrangers et aider les personnes pauvres. C'est pratiquement ce qui se passe aussi sous forme de dîme, d'offrande dans les églises. Chez les musulmans par exemple, ils donnent une partie au marabout, au chef de village ou au sultan pour distribuer aux pauvres. « *Cette redevance qui représente le 1/10 est appelé le « Zakkat ». Il existe aussi d'autres types de redevances dues par l'exploitant aux administrés et une autre qu'il doit au*

---

[109] Entretien réalisé avec un chef de village de la zone pétrolière en août 2010.

propriétaire de la terre mise en valeur » (MOUTEDE-MADJI V. 2009). Cette pratique qui permettait de maintenir une bonne relation avec le chef, n'existe pas aujourd'hui dans bon nombre de régions du pays. Dans la zone pétrolière, en l'absence de cette pratique légendaire et coutumière, les autorités locales ont procédé à un prélèvement de 10% sur les montants versés à chaque personne compensée. *« Un chef doit posséder des accessoires, sinon, on dira qu'il n'est pas un chef »* (KOPPERT G., COGGELS and al. 2004). Ainsi, pour mieux assurer le contrôle, ces chefs déplacent des victimes à compenser dans d'autres localités (en général dans les chefs-lieux de canton) pour leur paiement. Cela est contraire à l'esprit du plan de compensation qui prévoyait l'indemnisation des personnes dans le village où il y a eu les dommages. Ces prélèvements par les autorités cantonales des 10% sur le montant payé à chaque victime sont sources des différents conflits entre les autorités cantonales elles-mêmes, entre individu et individu, entre individu et Esso, entre chef de canton et organisations de la société civile, etc. Comme conséquences, *« il nous a été signalé des cas d'arrestations arbitraires avec paiement de fortes amendes, des plaintes déposées à la justice, des menaces de mort, des tortures d'individus réfractaires au paiement des 10%, etc. dans les trois cantons situés dans les champs pétrolifères* » (GRAMP/TC, 2009).

Il faut noter que les prélèvements des 10% sont des pratiques qui ont été combattues par les organisations de la société civile et ont été interdites par le ministère de l'Intérieur suite à cette pression. Le non-respect de cette mesure a été à l'origine de la suspension et du remplacement du chef de canton de Krim-Krim, dans le bassin pétrolifère de Mangara, dans le Logone occidental. Ces pratiques liées au paiement des compensations individuelles mettent à mal les objectifs recherchés à travers cette mesure. L'occupation excessive des terres des paysans pour le développement du projet a fait que certaines personnes affectées n'ont pas assez de terres pouvant être exploitées pour la satisfaction des besoins de la famille. C'est ainsi qu'Esso a mis en place une formation aux métiers alternatifs pour ces personnes, comme prévu dans le PGE.

7.3. UNE FORMATION AUX PETITS MÉTIERS POUR LES PERSONNES « SANS TERRE », LES ÉLIGIBLES

Nous voulons, ici, analyser la situation des éligibles, c'est-à-dire des personnes qui ont perdu leurs terres, du fait de l'exploitation pétrolière et qui ont bénéficié de diverses formations, financées par Esso dans le cadre des mesures de réinstallation.

7.3.1. La formation aux divers métiers non agricoles : une initiative qui a échoué

Sur les 400 chefs d'exploitation que nous avons enquêtés, 75 ont bénéficié d'un encadrement technique. Ce qui ne représente que 18,75%. Parmi les 75 personnes qui ont reçu une formation, 32, soit 42%, sont des éligibles. En effet, dans le cadre des compensations, Esso a mis en place un programme de formation à la reconversion des personnes ayant perdu une bonne partie de leurs terres cultivables du fait du projet. C'est ainsi que, dès le début des travaux de construction du projet de Doba en 2000, Esso a mis en place une formation aux petits métiers. Plus de 352 personnes ont bénéficié de cette, notamment à Sarh, Moundou et Doba. Les premiers éligibles ont bénéficié des formations de longue durée (2 à 3 ans) dans les domaines suivants : mécanique, couture, boucherie, soudure, etc. Mais ces personnes, une fois formées, regagnent leurs villages et ne mettent pas en pratique la formation reçue. Elles retournent à la terre. Rares sont celles qui mettent en pratique la formation comme nous pouvons le constater : « *Esso a décidé de ne plus proposer le programme de formation non agricole dans la ZDCP*[110] *du fait de la saturation du marché en commerces créés par les bénéficiaires de cette option durant les années précédentes. Cependant, le programme demeure une option pour les éligibles à la réinstallation dans les villages impactés par les champs satellites (Nya, Moundouli, Maïnkeri), hors ZDCP* » (GIC, 2009). Parmi les rares personnes qui ont mis en pratique cette formation, nous pouvons citer un éligible de Maïnkeri qui a suivi la formation en menuiserie et qui fabrique des chaises et armoires grâce aux déchets de bois offerts par le projet d'exportation tchadien. Les exploitants en formation aux petits métiers sont pris en charge avec leur famille par Esso et ont une bourse de 50 000 F CFA par mois. Ils étaient plus attirés par cette prise en charge que par l'apprentissage d'un métier. Cela a amené Esso à changer de formations pour les nouveaux éligibles.

7.3.2. Une formation en techniques agricoles aux résultats encourageants

L'échec de la formation des éligibles aux petits métiers a amené Esso à renoncer à cette formation coûteuse et non appliquée par les intéressés, pour mettre en place une autre formation dans le domaine de l'agriculture améliorée. Esso a décidé cette fois-ci de collaborer désormais avec une ONG locale, ASSAILD[111], pour l'appuyer dans la mise en œuvre de ce programme de formation aux techniques d'agriculture améliorée. C'est ainsi qu'au début de janvier 2009, 173 éligibles ont été formés dans le domaine du

[110] Zone de développement des champs pétrolifères.

[111] ASSAILD : Association d'appui aux initiatives locales de développement, basée à Moundou.

maraîchage, de l'agriculture améliorée, de l'élevage, etc. Ce nouveau programme commence à donner des résultats encourageants.

Pour la campagne 2008-2009, cent soixante-huit (168) éligibles répartis entre les cantons de Béro, Komé, Miandoum, Mbikou et Miladi ont été pris en compte[112]. Pendant cette campagne, six formations par type d'activité ont été dispensées :

- petits ruminants : 97 personnes ;
- maraîchage : 27 personnes ;
- teinture : 8 personnes ;
- arboriculture : 12 personnes ;
- volaille : 15 personnes ;
- porc : 9 personnes.

En plus de ces 168 éligibles, 49 autres ont été identifiés en 2009, mais ne sont pas encore pris en charge jusqu'en avril de la même année. Il y a également des volontaires qui participent aux formations.

A la fin de la formation, les premiers éligibles ont été dotés de moyens de travail tels que les brouettes, les pelles, les arrosoirs, les porte-tout, les pompes, les semences, les petits ruminants, etc. Cependant, soulignons que les bénéficiaires ont évoqué le problème de la qualité de ces matériels distribués. Des moyens de travail sont mis à la disposition de ces derniers avec retard et cela constitue une difficulté majeure pour le démarrage des activités. Malgré ces problèmes évoqués par les concernés, nous avons constaté que cette formation commence à donner des fruits, en particulier dans le domaine du jardinage et de l'élevage. Il faut encore du temps pour mieux apprécier l'impact de cette formation.

7.4. LES COMPENSATIONS COMMUNAUTAIRES À LA FOIS INSUFFISANTES ET INAPPROPRIÉES

Les compensations communautaires, comme leur nom l'indique, sont versées à la communauté villageoise, cantonale ou urbaine. Elles consistent à construire des infrastructures pour les villages affectés par des installations permanentes du projet. Ces infrastructures sont choisies par les villages affectés. En général, le projet propose un catalogue des infrastructures au choix. Les premières compensations communautaires ont été confiées à GTZ[113] qui a sous-traité avec Esso. *« Concernant la compensation communautaire, c'est toute une batterie de textes qui a été mise en place. Esso essaie de calculer les terres prises dans tel ou tel village et affecte une enveloppe pour la compensation communautaire. Les enveloppes ont été affectées aux villages selon leur besoin en école, en hôpital, en tracé de*

[112] Entretien avec le coordinateur ASSAILD de Bébédjia.

[113] Organisme allemand de développement

routes... tels sont les cas de Maïnkeri et Ngalaba. Esso a travaillé dans ce domaine avec certaines ONG. Ici, c'est le cas du BELACD de Doba. Ces ONG descendent sur le terrain et font un travail d'animation pour amener les populations à indiquer les problèmes réels du village tout en gardant le secret de l'enveloppe allouée au village. C'est ainsi que certains villages ont bénéficié d'écoles, d'autres de l'eau potable. C'est pourquoi les centres polyvalents comme celui de Miandoum ont été construits mais n'abritent jamais une réunion. Ce qui a réussi en compensation communautaire, ce sont surtout les écoles et les forages, mais les greniers communautaires et autres ont échoué »[114]. Comme nous venons de le constater avec un enquêté, les compensations communautaires ont donc eu des effets mitigés.

7.4.1. L'insuffisance et la défectuosité des premières infrastructures réalisées

Les premières infrastructures réalisées dans le cadre des compensations communautaires ont été jugées insuffisantes et défectueuses par les populations des villages affectés par les installations permanentes (Cf. Annexe 4, p. 408).

C'est ainsi qu'avec l'extension des travaux dans les champs satellites et la densification des puits dans les anciens champs ayant comme corollaire l'occupation de nouvelles terres, Esso a mis en place des compensations communautaires supplémentaires. Celles-ci sont spécifiques par rapport aux anciennes compensations communautaires, à travers la participation des ONG nationales intervenant dans la zone.

L'analyse du tableau en Annexe 4, p. 408, montre que la population des villages visités consomme plusieurs sources d'eau (pompe, château, puits traditionnels et rivière). Sur treize infrastructures hydrauliques (château et pompe) réalisées dans seize villages dans le cadre des premières compensations communautaires, huit ne fonctionnent pas. Il se pose non seulement le problème de la qualité des infrastructures réalisées, mais aussi de leur gestion par les bénéficiaires. Ceci a amené Esso à impliquer les ONG locales dans le cadre des compensations communautaires supplémentaires.

7.4.2. La participation des ONG locales aux compensations communautaires supplémentaires : un partenariat ONG locales et JMN/ESSO

Suite aux nombreuses critiques formulées par les organisations de la société civile et les bénéficiaires des premières compensations communautaires, Esso a décidé d'impliquer les ONG locales dans le cadre des compensations communautaires supplémentaires. Il sera ici question des

[114] Entretien avec le sous-préfet de Miandoum

fondements des compensations communautaires, des objectifs, des méthodes utilisées et des enjeux liés au choix des infrastructures à réaliser.

7.4.2.1. Les fondements des compensations communautaires

Esso Exploration and production Chad Inc (EEPCI), dans son plan de réinstallation et de compensation pour le Tchad, volume du plan de gestion de l'environnement, a proposé une compensation communautaire suite à :

-la perte de terre agricole par la population (culture ou jachère) ;

-un accroissement à la baisse de 10% de la population dans la communauté, liée à la réinstallation des ménages comme cause directe des besoins du projet (réinstallation physique).

C'est ainsi que EEPCI, dans son plan d'action, développe un système de compensation communautaire favorisant l'amélioration à long terme des conditions de vie des communautés. L'implication des ONG, dont le BELACD de Doba, dans la définition et la mise en œuvre devrait concourir à la réussite de ce projet. EEPCI a pris la décision d'appuyer les communautés et cantons de la zone de la Nya-Moundouli, des cantons de Miandoum, Miladi, et Baikoro, privés d'une partie de leurs terres, en leur accordant une compensation communautaire qui est uniquement en nature. Ces compensations doivent servir les communautés à consolider les actions de développement réalisées dans leur zone.

Les techniques d'approche préconisées pour aider les communautés à réfléchir en vue d'arriver à des choix judicieux et consensuels sont celles « participatives ». Cette approche reste valable pour tout le processus et toutes les étapes. Eu égard à tout cela et forts de leur capital d'expériences dans le domaine de sensibilisation, d'appui conseil, de transfert de compétence et d'accompagnement des communautés, les BELACD de Doba et Moundou ainsi que le BAOBAB se sont engagés en soumettant des propositions. Après sélection pour appuyer JMN-Consultant (Jean-Marie NOIRAUD) à atteindre les objectifs ci-dessus cités, Esso a retenu ces ONG.

7.4.2.2. Les principaux objectifs assignés aux ONG locales dans le cadre du partenariat

Selon les responsables des ONG locales, les objectifs sont, entre autres :

- animer et sensibiliser les communautés villageoises éligibles à réfléchir sur le type d'infrastructures ou de projet de développement à réaliser dans leur localité ;
- amener les communautés à donner leur accord consensuel sur l'infrastructure ou le projet de développement à implanter dans la localité ;
- appuyer les communautés à mettre en place les comités de gestion et de suivi des projets au niveau local ;

- aider les comités à disposer d'un règlement intérieur qui devra régir la gestion de l'ouvrage ;
- suivre et évaluer le processus de mise en œuvre des compensations communautaires complémentaires.

7.4.2.3. Les méthodes participatives appliquées sur le terrain : MARP

Les ONG ont développé une méthode participative à travers des outils MARP pour amener les populations des villages élus à cette compensation à choisir une infrastructure tout en tenant compte du catalogue et de l'enveloppe allouée au village. Il faut relever qu'après ce processus qui a duré entre six mois à une année selon les cas, Esso a remis en cause les choix opérés par les populations. Ce qui a entraîné le mécontentement dans certains villages et au sein des ONG impliquées dans ce processus. Ces ONG ont formé les populations des villages retenus grâce aux outils de la Méthode accélérée de recherches participatives (MARP) pour une période variant entre six mois à un an avant d'arriver à choisir une infrastructure ou un projet de développement selon leur aspiration au regard des problèmes identifiés.

7.4.2.4. Les principes qui ont guidé l'élaboration de nouveaux catalogues

Les ouvrages, réalisés par le consortium dans les villages éligibles aux compensations communautaires, ont été faits sur la base du principe d'équité. Ainsi, les villages les plus touchés par le projet peuvent avoir le même type d'ouvrage réalisé. Cela, du fait que le catalogue contenant les ouvrages à réaliser est le même dans tous les villages éligibles sans tenir compte du degré d'impact propre à chaque village. Cette préoccupation a été discutée lors de séances de travail tripartite Esso-gouvernement-société civile dans le cadre du processus de dialogue et de responsabilité sociale. En passant en revue les résultats de l'étude du GRAMP/TC, on est arrivé à une reconsidération du principe de « solidarité » qui guidait la compensation communautaire pour privilégier désormais ceux de d'« équité » et de « justice » (GRAMP/TC, 2008). C'est donc cette idée qui a conduit aux compensations communautaires supplémentaires dont la mise en œuvre piétine, et qui sont le sujet de beaucoup de polémiques.

Pour mettre en œuvre ces compensations additionnelles, le consortium a sous-traité avec JMN[115] consultant, un bureau d'étude français, qui, à son tour, a sous-traité avec plusieurs Organisations non gouvernementales en activité dans la zone. Il s'agit notamment de BAOBAB[116] (Moundou), des

[115] JMN signifie Jean-Marie Noireau, une ONG qui porte le nom du fondateur.

[116] BAOBAB désigne le Bureau d'appui aux organisations de base, et est une ONG locale basée à Moundou.

BELACD[117] de Doba et de Moundou. En tant que sous-traitants d'un sous-traitant, ces ONG ont pour mission de faire l'animation des communautés sur leurs potentialités, les difficultés de mise en valeur de ces richesses, les problèmes auxquels elles sont confrontées et éventuellement leurs aspirations à sortir de leurs difficiles conditions de vie. Ceci, pour arriver à un choix communautaire sur le type de projet à réaliser pour le village, comme le relève une femme de Miandoum : « *La démarche a été accompagnée de nombreuses discussions sur l'histoire de notre village, sur notre économie future. Finalement, sachant que nous avions seulement une vieille école sans mur et recouverte de chaume, notre association de parents d'élèves a convenu de financer le salaire d'un professeur, moyennant une légère redevance de la part des familles des élèves. Ce choix nous permet d'avoir un bâtiment adéquat que nous n'aurions jamais pu nous offrir sans la compensation* ». Cependant, ce choix n'a pas été respecté par Esso dans plusieurs cas, malgré la signature de ses représentants au bas du document.

7.4.2.5. Des choix remis en cause par Esso, malgré la signature de ses représentants

Nous avons constaté que, dans une dizaine de villages retenus pour les compensations, les choix des populations n'ont pas été respectés par Esso/JMN Consultant au moment de la réalisation du projet choisi, malgré les signatures des parties prenantes ainsi que celles du sous-préfet. C'est par exemple le cas du village de Ndoheuri qui a choisi une école ou une coopérative agricole mais où en fin de compte, Esso a décidé de construire la maison du directeur, alors que ce village dispose de trois vieux hangars servant de salles de classe (photo n°40). La population a refusé cette proposition d'Esso.

[117] BELACD signifie le Bureau d'étude et de liaison d'activité caritative et de développement.

Photo n°40 : Le hangar qui sert de salle de classe à Ndoheuri

Source : Cliché MOUTEDE-MADJI V., vue prise en novembre 2009.

La photo n°40 présente le hangar servant de salle de classe au village de Ndoheuri. Ce village est touché par les effets cumulatifs des travaux d'exploitation du pétrole des anciens et nouveaux champs pétrolifères de Doba. C'est ainsi qu'Esso a décidé de réaliser une infrastructure communautaire pour le village. Mais, en dépit du choix du village d'avoir une coopérative agricole ou des bâtiments scolaires, Esso a décidé de construire une maison au directeur de l'école à cause, dit-il, de l'insuffisance de l'enveloppe allouée au village. Après refus, la population de Doheuri a accepté la construction d'un bâtiment équipé d'un moulin à mil. Cette situation n'est pas unique dans la zone pétrolière. Il y a aussi le cas du village de Kilanga qui a choisi un bâtiment scolaire, mais Esso a plutôt construit, en guise de compensation communautaire, à proximité de la concession du chef du village, une maison devant servir d'habitation au directeur de l'école, alors que le village ne dispose d'aucune infrastructure scolaire comme ceux de Ndoheuri et Maïnkeri. Il en est de même pour le village de Maïkiro qui a choisi un tracteur pour cultiver ses vastes plaines, mais Esso a décidé simplement de lui aménager 10 ha de maïs (Photo n°41). Une fois les récoltes terminées, avec quel moyen la population peut remettre en valeur de manière durable ces bas-fonds ?

Photo n°41 : Un champ de maïs de Maïkiro, financé par Esso à travers JMN

Source : Cliché MOUTEDE-MADJI V. vue prise en novembre 2009.

Comme nous pouvons le lire sur la plaque de la photo n°41, la réalisation de la compensation communautaire engage plusieurs acteurs et constitue également une opportunité pour les intermédiaires qui bénéficient souvent plus au détriment des bénéficiaires. C'est ainsi que, dans le cadre de cette compensation, EEPCI[118] met à la disposition de JMN des moyens nécessaires pour l'exécution du projet. Etant donné que JMN ne dispose pas de ressources humaines sur le terrain, il sous-traite à son tour avec CETREN[119].

Etant donné que le champ de maïs de la population de Maïkiro a été cultivé sur un sol de bas-fonds très riche, les plantes se sont bien développées. Pour éviter les vols et destructions par les animaux, des jeunes recrutés sont chargés de surveiller cette exploitation, comme nous pouvons le voir sur la photo n°42. Mais la population n'a pas pérennisé la production du maïs, car Esso n'a pas donné le tracteur choisi par la population.

---

[118] Esso Exploration and Production Chad Inc.
[119] Une ONG locale.

Photo n°42 : Deux jeunes de Maïkiro surveillent une exploitation de maïs

Source : Cliché MOUTEDE-MADJI V., vue prise en novembre 2009

La photo n°42 montre une exploitation de maïs, surveillée par deux jeunes garçons du village, armés de sagaies et de couteaux de jet.

Des remises en cause des résultats du travail d'animation effectué par les ONG sont nombreuses et ont suscité de mécontentements dans nombre de communautés. Pour Esso, c'est la question d'enveloppes allouées aux villages en fonction du degré d'affectation par les activités pétrolières. Il s'agit d'une compensation supplémentaire car certaines enveloppes ne permettent pas de réaliser certains projets choisis. Pour les ONG, Esso devrait mettre à leur disposition, dès le début de l'animation, des informations nécessaires sur les enveloppes pour orienter le travail et le choix à opérer pour être en adéquation avec l'enveloppe disponible pour chaque village. Mais la rétention par Esso des vraies informations a véritablement été un handicap à leur partenariat.

Quant aux communautés, « *il y a une complicité entre Esso, JMN Consultant et ONG pour tromper et continuer à faire du mal* »[120]. Dans les villages où le problème des compensations communautaires supplémentaires

---

[120] Entretien de groupe à Bégada.

est pendant, Esso passe parfois outre en cherchant à influencer des chefs de village pour obtenir leur signature pour les nouveaux documents de choix des ouvrages qu'il impose aux communautés. Ce qui est remarquable dans ce retour à la case départ par Esso, c'est l'inadéquation et l'inappropriation des ouvrages proposés et/ou imposés. Les activités pétrolières sont à l'origine de nombreux conflits fonciers.

7.5. LES CONFLITS FONCIERS LIÉS AUX ACTIVITÉS PÉTROLIÈRES

Les actes du colloque organisé sur les fonciers au Tchad par le CEFOD en 2004 et plus particulièrement sur les conflits fonciers liés aux activités et perspectives pétrolières au Tchad, organisé par le GRAMP/TC en 2008, fournissent des informations précieuses sur les conflits fonciers dans les zones pétrolières du Tchad. En perspective de ce colloque, une enquête a été réalisée et a permis d'identifier les acteurs du conflit, les manifestations et les stratégies des acteurs. Selon les actes de ces colloques, les problèmes fonciers sont une des principales sources des conflits au Tchad. Dans ce pays comme partout ailleurs, les activités socio-économiques de l'homme se développent toujours sur un support, la terre. C'est pourquoi celle-ci a toujours fait l'objet de conflit (KOUMA KOSSI S. 2009). Dans le Logone oriental, les acteurs et les causes de ces conflits sont nombreux.

7.5.1. Des conflits fonciers aux acteurs multiples

Les acteurs des conflits fonciers sont nombreux : les paysans, les éleveurs, les individus, les familles, les communautés, les compagnies pétrolières, les chefs traditionnels, l'administration, les acquéreurs, les investisseurs, etc. Les différentes observations faites sur le terrain ont permis d'identifier plusieurs acteurs des conflits fonciers. Par acteurs, nous entendons toute personne physique ou morale ayant joué un rôle concret et effectif dans un conflit foncier ayant un rapport avec les activités pétrolières (N'GAMINE J. 2008). Les principaux acteurs identifiés sont les suivants :

7.5.1.1. Les éleveurs et les paysans : deux acteurs conflictuels

Ils sont souvent cités comme acteurs à cause de la destruction des champs des paysans par les troupeaux des éleveurs. Ces conflits sont très nombreux et sont parfois sanglants. Ce type de conflit est très ancien et a été cité dans l'ensemble des villages d'étude. Ce n'est pas la spécificité de la zone pétrolière. Cependant, ces conflits sont devenus nombreux dans cette partie à cause des éleveurs qui ont été déplacés par Esso pour être installés dans une zone pionnière des villages de Komé et Maïnani. Par ailleurs, le tracé de la route Komé-Mberé et les activités du projet, pendant le chantier le long de cette route, ont attiré les éleveurs qui s'installent le long de cette route. Avec le pétrole, il s'agit beaucoup plus de conflits liés à l'implantation de ferricks dans un terroir, parfois sans autorisation des chefs traditionnels. Ces éleveurs installés sur les différents terroirs ont également été dédommagés par le projet. Les paysans autochtones conçoivent mal que les immigrants soient aussi compensés sur la terre qui ne leur appartient pas. Ce qui accentue aujourd'hui ces conflits.

7.5.1.2. Les individus ou les familles comme principaux acteurs des conflits fonciers

Selon les personnes enquêtées, les conflits fonciers entre deux individus représentent plus de 50% des conflits en zone pétrolière. Il s'agit souvent de deux individus majeurs qui se disputent une jachère, un fruitier sauvage (karité ou néré en particulier) ou la propriété d'une parcelle en cours de culture avec, en soubassement, le droit à la compensation. Ce conflit opposant les deux individus s'étendra rapidement à leurs familles respectives, devenant ainsi un conflit familial. Des cas extrêmes de bagarre entre deux familles peuvent intervenir suite à ce conflit. Plusieurs cas de plaintes ont été également traités chez les chefs de canton et de village. Par le passé, le défrichement et la mise en culture d'une jachère par un autochtone se faisaient après une simple demande. Jamais les conflits pour la terre et les ligneux n'ont été aussi fréquents et virulents. Le pétrole, avec l'introduction de l'argent dans les villages, a changé les règles de gestion des terres. Quand il n'y avait pas de compensation, les problèmes de terre et de ligneux ne se posaient pas de cette manière. Maintenant, même les parcelles octroyées aux gens depuis une dizaine d'années sont réclamées dès que les pétroliers sont aperçus dans le terroir.

7.5.1.3. Les communautés villageoises ou cantonales comme acteurs des conflits fonciers

Il s'agit en général de deux communautés différentes. Ces communautés se disputent souvent la propriété d'un espace ou d'une formation donnée. Selon les données d'enquête, ce type de conflit représente 10%. Dans le bassin de Doba, la propriété foncière est d'abord reconnue à une communauté. Les individus appartenant à cette communauté peuvent, en vertu de leur appartenance à cette communauté, devenir propriétaires d'une partie de cet espace ou de cette formation. L'appropriation foncière par une communauté, et surtout la reconnaissance de cette propriété par la communauté voisine sont un véritable gage d'une épargne foncière pour les générations futures. Les conflits intercommunautaires en relation avec les activités pétrolières sont essentiellement des conflits d'appropriation foncière et leur origine semble ancienne. Avec le pétrole, il n'y a plus de relations familiales entre les villages. Partout, les gens veillent sur leur terre et les querelles pour les limites des villages sont courantes.

7.5.1.4. Les villages comme acteurs des conflits fonciers

Il s'agit souvent de villages différents mais avec la même communauté. Ces cas concernent souvent des parents habitant deux villages voisins. Ces villages portant des chiffres 1, 2 ou 3 ou ayant des noms en rapport avec la raison de leur séparation n'ont pas de limite territoriale claire, en dehors des zones d'habitation. Plus que la limite territoriale, c'est le nombre de personnes imposables qui semble constituer la première préoccupation. En général, l'administration a tendance à les considérer comme des mêmes personnes jusqu'à l'apparition de ce conflit. Les conflits inter-villageois sont souvent des conflits liés aux limites du territoire. Les conflits liés à la limite du terroir opposent souvent les villages et les cantons entre eux. Ils sont surtout présents dans la zone des champs pétrolifères. Par ailleurs, il faut noter que, dans le Logone oriental comme ailleurs au Tchad, bien que connues, les limites réelles des villages et des cantons n'ont jamais été tracées avec précision. Des repères existent, certes, mais ils font souvent appel à la mémoire et sont diversement appréciés. Ainsi, dès qu'un ouvrage ou une activité pétrolière est mené dans un espace situé entre deux villages voisins, chacun le place dans son territoire et les conflits commencent à couver. Le processus de décentralisation actuel, faisant passer certains cantons à l'échelle de sous-préfecture sans ressort territorial précis, s'ajoute à cette polémique. Certains villages qui se sentent lésés vont chercher des arguments historiques supplémentaires pour réclamer leur canton. Ces conflits qui opposent les villages ou les cantons entre eux sont comparables à ceux de certains pays africains voisins liés au pétrole, même si les échelles ne sont pas les mêmes. Les exemples sont nombreux : Nigéria-Cameroun à propos de Bakassi ; Libye-Tchad à cause d'Aouzou ; du Soudan et Sud Soudan ; etc.

7.5.1.5. Les chefs traditionnels et leurs représentants comme acteurs et gestionnaires des conflits

Les conflits qui opposent les cantons ou les villages concernent d'abord les chefs de canton et, dans une moindre mesure, les chefs de village. Ces conflits concernent essentiellement les limites des cantons. Ils sont latents dans beaucoup de cantons à cause des velléités sécessionnistes plus ou moins étouffées par l'administration centrale et indirectement ravivées par le nouveau découpage dans le cadre du processus de décentralisation en cours. Les chefs traditionnels délèguent parfois leurs représentants qui s'occupent de la vente des terrains. C'est le cas de Komé où une personne a été chargée de découper des savanes forestières en face du camp de Komé base, de les attribuer aux acquéreurs, en majorité des immigrants, contre une somme allant de 10.000 à 100 000 F CFA selon les cas. Un reçu est délivré à cet effet. Dans ce processus, les conflits naissent. Mais, par la suite, ces mêmes chefs ou leurs représentants gèrent ces conflits dont ils sont à l'origine.

7.5.1.6. L'administration comme l'un des acteurs du conflit foncier

L'administration est souvent citée comme acteur dans les conflits urbains ou périurbains. Il s'agit en particulier des responsables des communes et du personnel des services du Cadastre engagés dans les opérations de lotissement et d'attribution de terrains nouvellement lotis. Ces conflits les opposent à la population, individuellement ou collectivement. Ils représentent environ 5% des conflits fonciers.

7.5.1.7. Les acquéreurs de terrain et les investisseurs

Des spéculateurs vendent ou achètent à tour de bras des terrains. Il en est de même pour les investisseurs qui paient des grands domaines à l'entrée ou à la sortie des villes de la zone pétrolière. Pour le dernier groupe, ces terrains sont clôturés en matériaux durables et fermés à l'aide d'un portail métallique. Ces acteurs achètent auprès de l'administration et font borner ou se font attribuer des titres pour de très grands terrains antérieurement exploités par des individus considérés par leur communauté comme propriétaires.

7.5.1.8. Les compagnies pétrolières, sources d'aggravation des conflits fonciers

Il s'agit d'Esso à travers des agents fonciers ou des agents de liaison. Ils sont chargés d'identifier les terres et les biens des personnes à compenser. Ils sont cités à une proportion de 30% dans les conflits qui les opposent aux propriétaires des terres. Ces agents fonciers sont chaque fois accompagnés sur le terrain par un chef de village ou son représentant qui est payé à hauteur de 2 000 F CFA par jour. Sur le terrain, ils identifient des exploitations individuelles qui seront touchées par le chantier pétrolier en cours dans le secteur. Ils identifient le type d'exploitation et font l'inventaire des arbres éligibles[121] à la compensation. Ils sont aussi chargés d'identifier les jachères qui sont touchées par les travaux. Il est parfois difficile de distinguer une jachère de courte durée (moins de trois ans) de celle de longue durée. Par ailleurs, certains chefs de village confondent l'exploitant avec le propriétaire du terrain. Ces erreurs sont l'une des origines des multiples conflits entre ces différents acteurs et dont les causes sont nombreuses et variées.

---

[121] Ce sont en particulier des arbres fruitiers protégés comme le neré et karité. La liste de ces arbres est contenue dans le barème de la compensation.

7.5.2. Les causes des conflits fonciers, de plus en plus nombreuses

Les causes des conflits fonciers dans le Logone oriental sont nombreuses. Les principales causes, identifiées par GRAMP/TC (2009) dans les actes du colloque sur les conflits fonciers liés aux activités et perspectives pétrolières au Tchad, et que nous avons observés sur le terrain, sont développées dans les pages qui suivent.

7.5.2.1. La terre

L'une des principales causes des conflits dans le bassin de Doba est la terre. Des différents témoignages et observations, il apparaît que le problème de la terre se pose en termes de propriété et d'accessibilité. Trois situations distinctes se sont présentées :

- La mise en culture d'une jachère, même très ancienne, par un individu autre que le propriétaire. Cette situation qui n'est pas tout à fait nouvelle se limitait par le passé aux jachères plus ou moins récentes. Pour les jachères d'une dizaine d'années ou les terres abandonnées, le problème se posait moins. Il est apparu, pendant la mission, que l'un des facteurs déclencheurs d'un tel conflit est surtout sa position par rapport à la trajectoire d'une activité pétrolière particulière ;
- Le défrichement et la mise en culture d'une terre appartenant à une communauté, apparemment sans autorisation préalable. Il s'agit des zones très boisées, considérées comme une réserve pour une communauté donnée. Par le passé, la communauté voisine ou quelques membres de cette communauté pouvaient y cultiver, avec ou sans autorisation préalable. C'est d'ailleurs ce qui se passe entre Béro et Béti par exemple. Actuellement, cette pratique est de moins en moins tolérée, surtout dans la zone des champs pétrolifères ;
- Le refus de rétrocéder une parcelle à l'ancien propriétaire : ces cas sont souvent la conséquence des compensations individuelles. Les propriétaires des parcelles qui les ont temporairement cédées à leurs parents ou aux migrants ont estimé avoir droit à la compensation individuelle. Dans la pratique, cette compensation est versée à la personne exploitant la parcelle impactée. La conséquence est la décision du propriétaire de la parcelle de la retirer sans tenir compte des termes initiaux de l'accord entre eux. Ces conflits sont anciens dans la zone des pipelines mais toujours d'actualité dans la zone des champs pétrolifères.

7.5.2.2. Les ligneux comme source de nouveaux conflits

Les principaux ligneux, sources de conflits, sont le karité et le néré. Ces deux ligneux ont acquis une autre valeur marchande avec les compensations individuelles. Un terrain portant du néré et karité peut être source de conflits. Les différents acteurs ont même affirmé que les activités de cueillette, jadis majoritairement pratiquées par les femmes, sont de plus en plus convoitées par les hommes (18% des 400 personnes enquêtées) avec la nouvelle valeur marchande acquise par ces ligneux.

7.5.2.3. La limite du territoire, source de conflits

Les conflits liés à la limite du terroir, latents ou ouverts, sont les plus fréquemment évoqués. Le simple passage d'une piste de prospection pétrolière dans un espace à la limite de deux villages suffit pour replonger les populations dans leur histoire et trouver des arguments pour démontrer leur propriété antérieure sur cet espace. Ces conflits opposent les villages et les cantons. C'est le cas du village de Dogoï et du canton de Miandoum. Cette situation s'explique en grande partie par l'espérance de la compensation communautaire. Il apparaît que cette situation est plus tendue entre les villages n'ayant pas encore bénéficié de compensation. Pour les villages qui en ont déjà bénéficié, l'insatisfaction des populations face aux ouvrages réalisés dans le cadre de cette compensation semble constituer un facteur important d'atténuation.

7.5.2.4. La compensation comme principale source de conflits

Dans la zone des champs pétrolifères comme en zone de pipelines, la compensation a été évoquée dans tous les entretiens. Elle est à la fois citée comme cause et facteur aggravant dans les conflits fonciers liés au pétrole. La nuance est que les conflits liés à la compensation sont évoqués au passé dans la zone des pipelines alors qu'ils sont encore d'actualité en zone de champs pétrolifères. Ces conflits opposent en même temps des individus, des villages et même des cantons ou des entités la réclamant.

7.3.2.5. L'accès et l'implantation dans le terroir

Dans le bassin de Doba, l'accès aux ressources naturelles, d'une manière générale, et aux ressources foncières, en particulier, se fait après accord des chefs traditionnels. Dans le cas des migrants ou des éleveurs transhumants voulant s'installer dans le terroir villageois ou cantonal, c'est en général le chef de canton qui donne l'accord après consultation des chefs de village. Avec le développement des activités pétrolières, cette règle n'est pas toujours respectée. Certains acteurs évoquent la constitution qui les autorise, en tant que Tchadiens, à s'installer là où ils le souhaitent. D'autres passent par les chefs traditionnels, mais étendent leur territoire dès qu'ils s'installent et acquièrent rapidement le statut de village. La reconnaissance par cette communauté de l'autorité du chef, qui leur a permis de s'installer sur cette partie, s'interpréterait alors par ce dernier comme une manière de légitimer son autorité sur cet espace.

7.5.2.6. Les aménagements, en particulier le lotissement des espaces périurbains

Les conflits liés à l'aménagement ou au lotissement des espaces périurbains sont surtout évoqués à Komé, Bébédjia et Doba. Dans ces villes où des opérations de lotissement ont été organisées ou sont en cours de l'être, des parcelles exploitées par des particuliers sont loties par les services du Cadastre et attribuées aux demandeurs. Dans cette opération, le nombre de lots attribués aux propriétaires coutumiers des parcelles semble varier avec les maires et les équipes du Cadastre. Différents chiffres ont été avancés, y compris pour une même ville. Il varie de un à cinq dixièmes. Cette situation semble frustrer non seulement les propriétaires traditionnels des parcelles, mais également les autochtones qui n'ont pas forcément les moyens d'acquérir ces parcelles nouvellement loties. Par ailleurs, ces espaces lotis peuvent être vendus à plusieurs demandeurs. Cela multiplie le nombre et la dimension des conflits. Les différentes commissions d'attribution mises en place dans ce cadre ne semblent pas avoir réussi à enrayer ces conflits, malgré leur atténuation.

7.5.3. Manifestation des conflits fonciers dans la zone pétrolière

Les conflits fonciers se manifestent de plusieurs manières : les incendies, les contestations des lots attribués, les affrontements et ou les disputes, la dégradation des bonnes relations traditionnellement existantes entre les villages, les migrants et les autochtones, etc.

7.5.3.1. Incendies des habitations et nouvelles implantations

Pour certaines populations, c'est la manifestation claire d'une situation conflictuelle liée au mécontentement des esprits protecteurs. Lorsque les implantations définitives ou temporaires ne tiennent pas compte des rites cultuels, les conséquences sont immédiates et se manifestent par des incendies, voire des accidents mortels. L'incendie répétitif (3 fois) du quartier Atan à Komé Base participe de cette logique. C'est bien ce que 30% des autochtones soutiennent. Pour l'administration, il s'agirait plutôt d'actes prémédités et barbares organisés.

7.5.3.2. Autorisations données aux migrants, en particulier aux éleveurs de s'implanter dans les zones conflictuelles

Le chef d'un village ou d'un canton autorise les éleveurs à s'implanter dans la zone qu'il réclame ou dont il conteste la propriété à un chef ou une communauté. La présence des éleveurs et la reconnaissance de l'autorité du chef qui leur a permis de s'installer sont un nouvel élément politique en faveur de l'autorité de ce chef. L'absence de délimitation précise des cantons et des villages à l'intérieur des cantons est l'une des sources d'implantation conflictuelle, en particulier par les éleveurs attirés par l'exploitation du pétrole. Des cas plus complexes ont été évoqués où certains chefs de canton autorisent les éleveurs à s'installer sur la partie faisant l'objet d'un litige les opposant à d'autres cantons.

7.5.3.3. Contestation du nombre de lots attribués aux propriétaires traditionnels des terrains périurbains

Cette situation spécifiquement urbaine semble la plus médiatisée de toutes les autres manifestations. Pour de nouvelles communes n'ayant pas les moyens financiers nécessaires à leur fonctionnement, le lotissement et la vente de terrain constituent l'un des principaux postes de recette. Des commissions sont souvent mises en place pour favoriser le bon déroulement de ces opérations. Cependant, l'absence apparente ou la multiplicité des règles pour l'attribution de lots aux propriétaires traditionnels des terrains semblent être source de conflits. Dans ce cas, la contestation est plus ou moins forte selon que les concernés sont ou pas organisés et soutenus. Nos enquêtés citent à une proportion de 25% les contestations comme une manifestation des conflits fonciers.

7.5.3.4. Affrontement ou dispute

Il s'agit des formes de manifestation les plus courantes et les plus ordinaires. Elles opposent souvent les individus, les familles, les villages ou les communautés entre eux. Parfois, les acteurs recourent aux armes blanches, surtout dans les cas d'affrontement intercommunautaires. Dans ce cas, l'incendie des habitations, la destruction des récoltes ou l'abattage des animaux d'élevage viennent compléter le bilan. Ce sont ces situations qui mobilisent le plus l'administration et les forces de l'ordre. L'affrontement ou dispute représente environ 22% des manifestations des conflits fonciers.

7.5.3.5. Dégradation des relations anciennes et traditionnelles entre les villages voisins

C'est la principale conséquence sociale des conflits fonciers évoquée par les différents acteurs. La dégradation des relations anciennes entre les villages est souvent la manifestation d'un conflit d'appropriation foncière et de limite du territoire entre deux ou plusieurs villages. Des cas extrêmes ont même été évoqués où l'on va jusqu'à séparer des couples où la femme est d'un village et l'homme de l'autre. La solidarité en cas d'incendie ou de deuil laisse la place à la haine et au rejet de l'autre. Heureusement, les différentes communautés ont regretté ces cas extrêmes et les relations entre les villages comme Kagpal et Bendama sont actuellement améliorées.

7.5.3.6. Contestation de la chefferie

Elle représente 18% des manifestations des conflits fonciers. Il s'agit essentiellement de réclamations de nouveaux cantons avec de nouveaux domaines territoriaux regroupant des villages plus ou moins proches. Les principaux arguments avancés au départ ont trait aux compensations communautaires, au recrutement de la main-d'œuvre non qualifiée, à l'inégale répartition des investissements dans le canton, etc. Souvent, certains de ces acteurs, qui ne parlent qu'en aparté, trouvent que les puits ou autres ouvrages sont plus concentrés dans une zone et que les retombées ne profitent pas à celle-ci. D'autres causes plus historiques viennent alors s'y ajouter pour alimenter et justifier la contestation. C'est le cas, par exemple, de Bégada, village le plus riche en puits pétroliers mais qui ne profite pas des revenus pétroliers, investis essentiellement dans les centres urbains et les chefs-lieux des cantons. Ce village réclame la chefferie cantonale de Komé. C'est aussi le cas du village de Mouarom qui n'était qu'un quartier de Komé. Comme les compensations communautaires sont attribuées par village, cela n'a pas profité à ce quartier qui s'est fait ériger en village pour accéder à la compensation communautaire. Ces conflits amènent les acteurs à adopter plusieurs stratégies.

7.6. DES STRATÉGIES DES ACTEURS VARIÉES

Différentes stratégies ont été développées par les acteurs des conflits fonciers dans le bassin de Doba. Les différents focus groupes, les entretiens avec les personnes ressources et les observations *in situ* ont permis d'identifier les stratégies suivantes.

7.6.1. Marquage du territoire et des frontières

8% des acteurs et leurs leaders, en particulier les chefs des cantons et des villages, ont adopté une stratégie préventive et conservatrice en marquant leur territoire et en reprécisant clairement les frontières lorsque cela est possible. Au niveau des villages, la mise en culture des parcelles situées à la frontière avec les villages voisins semble être la règle générale. Au niveau des cantons, c'est la pression exercée par les chefs de canton sur les villages faisant frontière avec les autres cantons qui est souvent évoquée. Certains chefs de canton se déplacent même personnellement dans ces villages pour rappeler toute la population à l'ordre et l'exhorter à la vigilance par rapport aux activités des migrants et des pétroliers.

7.6.2. Défrichement prioritaire des zones de forte densité de ligneux fruitiers

Individuellement, les autochtones semblent avoir pratiquement fini de scruter leur terroir à la recherche de zones de forte densité de ligneux fruitiers, en particulier des nérés et karités. En prévision d'un éventuel passage des activités pétrolières, ces zones sont défrichées et mises en culture augmentant ainsi la pression sur les ressources ligneuses. Cette stratégie est adoptée par plus de 60% des 400 chefs d'exploitation interrogés. Cela rend encore très aléatoire la répartition spatiale des champs, les exposant davantage aux animaux d'éleveurs transhumants.

7.6.3. Vente des terrains périurbains en parfaite entente avec les chefs de village

11% des propriétaires traditionnels des parcelles en zone périurbaine, face à l'incertitude d'obtenir le nombre souhaité de lots après le passage des services du cadastre, anticipent en vendant ces parcelles. Les cultures de case sont ainsi sacrifiées, mais ces ventes traditionnelles avec la complicité des chefs de village constituent une autre source de conflits. Parfois, le même terrain est vendu à plusieurs personnes à des prix de plus en plus forts. Pour certains acteurs, il s'agit d'une spéculation foncière qui trouverait son origine dans la forte demande de terrains dans les villes et les grandes agglomérations de la zone pétrolière.

7.6.4. Plantation d'arbres fruitiers sur les terrains urbains et les champs de brousse

L'une des stratégies individuelles est la plantation d'arbres fruitiers, en particulier des manguiers sur des terrains urbains et même sur les champs de brousse. Cette stratégie représente 12%. Des cas de plantation de jeunes manguiers après le passage des pétroliers ont également été signalés. Pour ces acteurs, en plus de la chance d'être dédommagés, ces fruitiers représentent un investissement sur la parcelle et permettent ainsi de garantir leur propriété sur cet espace. Ces différentes plantations sont parfois l'œuvre des groupements et même de certaines personnalités habitant dans les centres urbains. Pour ces derniers, ces plantations s'apparentent beaucoup plus aux vergers avec des puits busés ou des forages dûment réalisés.

7.6.5. Récupération de terrains cédés aux migrants

La tradition d'hospitalité dans cette zone permettait aux autochtones de céder certaines de leurs parcelles aux migrants qu'ils accueillent ou à leur famille. Le refus de certains migrants de céder la compensation individuelle aux propriétaires initiaux des parcelles semble servir de leçon aux autres. Ainsi, des cas de récupération des terrains cédés aux migrants ont été évoqués par 16% des enquêtés. Cela a des conséquences sociales pour les migrants, surtout que certains ont passé plusieurs années sur le terroir et se sont même intégrés dans le tissu social local. Ces conflits sont surtout évoqués dans la zone des champs.

7.6.6. Activation des conflits anciens relatifs à la chefferie traditionnelle, en particulier le canton

Cette situation a été classée par défaut comme une stratégie. Elle semble être l'expression de l'insatisfaction d'une partie de la population qui semble se sentir marginalisée, soit dans le processus de recrutement de la main-d'œuvre locale, soit dans la répartition des investissements dans leur canton, soit encore à la suite du prélèvement d'une certaine somme après paiement de compensations individuelles. Ces raisons apparentes attisent les velléités sécessionnistes au sein du canton. Même s'il a été difficile de contacter les principaux acteurs, les personnes ressources semblent avancer d'autres raisons beaucoup plus en relation avec l'histoire. Ce problème est surtout pendant à Komé.

En tenant compte de l'actualité des conflits, il apparaît clairement qu'au niveau de la zone des pipelines, les conflits, même s'ils sont évoqués par les différents acteurs, sont anciens. Actuellement, la situation semble redevenue normale. D'après les acteurs, les compensations individuelles et communautaires ont joué un rôle déterminant dans ces conflits, qui datent, pour les plus récents, de la phase de construction. A entendre les personnes rencontrées, le faible nombre de personnes ayant bénéficié de la compensation individuelle et les réalisations très modestes dans le cadre de compensations communautaires ont largement freiné les ardeurs des acteurs. Certains villages ayant eu des tensions entre eux tentent actuellement de normaliser leurs relations, même si les impacts sociaux semblent encore perdurer. Par contre, dans la zone des champs (Komé, Miandoum, Bero) et les périphéries des villes ou grandes agglomérations comme Béraba (Doba), Koutou Kagbeti, ces conflits sont restés d'actualité. C'est dans cette zone que les velléités et réclamations territoriales sont récurrentes. Pendant l'enquête de terrain, nous avons constaté que les compensations continuaient encore à être versées dans la zone des champs pétrolifères.

Il faut retenir que l'occupation des terres, la destruction des arbres fruitiers ont donné droit à deux types de compensations : individuelle et communautaire. Les premières sont versées directement aux individus ayant subi des dommages. D'importantes sommes d'argent ont été versées aux populations de la zone pétrolière. Cependant, l'observation sur le terrain a montré que cette masse d'argent n'est pas utilisée de manière durable, faute de manque de préparation des paysans à recevoir de telles sommes. Celles-ci, au contraire, ont déstructuré des familles, les modes d'accès aux ressources ainsi que les pratiques agricoles. Les secondes, (les compensations communautaires) ont vu la participation des ONG, mais la logique commerciale d'Esso qui consiste à dépenser peu d'argent au profit des communautés, ne leur a pas rendu la tâche facile. Ce qui a retardé et même modifié la réalisation des ouvrages choisis par la population, notifiés par les représentants d'Esso présents à l'Assemblée de choix. Ces compensations sont sources de multiples conflits observés dans la zone pétrolière. Certains conflits comme ceux qui opposent les agriculteurs et les éleveurs ont une origine lointaine, avant le projet pétrole. Mais ils sont encore présents dans la plupart des villages du Logone oriental. Ils ont été accentués dans la zone pétrolière par l'implantation des ferricks avec le projet et le versement des compensations individuelles aux éleveurs. Par ailleurs, l'accès à la terre et aux ligneux qui, jadis, ne posait pas problème dans cette zone où les terres sont relativement disponibles, l'occupation des terres par le projet et le versement des compensations pour les arbres sont à l'origine de multiples conflits qui opposent plusieurs acteurs allant des compagnies pétrolières aux individus en passant par les familles et des communautés villageoises. Les compensations ne constituent pas les seuls impacts économiques du projet pétrole de Doba, il y a aussi l'emploi, les opportunités d'affaires et les 5% alloués à la région productrice.

CHAPITRE 8

Un chantier pétrolier créateur d'emplois et de revenus à la région et facteur d'implantation de villages spontanés

En plus des compensations déjà évoquées, le projet pétrole de Doba a d'autres impacts socio-économiques sur la vie de la population. L'un de ces impacts positifs est l'emploi des Tchadiens, en général, et des jeunes du Logone oriental, en particulier. En outre, le projet pétrolier de Doba a généré des revenus, dont 5% sont alloués à la région du Logone oriental. Cependant, ces impacts positifs sont très limités sur le milieu rural, vu l'ampleur des attentes de la population, les qualifications sollicitées pendant le chantier et la manière dont ces revenus alloués au Logone oriental sont utilisés. L'emploi et les opportunités d'affaires ont plus profité aux migrants et aux expatriés qu'aux populations rurales du Logone oriental qui subissent directement les effets négatifs de ces activités pétrolières.

8.1. UN CHANTIER PÉTROLIER CRÉATEUR D'EMPLOIS ET FACTEUR D'IMPLANTATION DE VILLAGES SPONTANÉS

Le chantier pétrolier de Doba a été un facteur de création d'emplois pour la région du Logone oriental. La phase de construction des infrastructures pétrolières a été le moment où les activités pétrolières étaient intenses et où la main-d'œuvre a été sollicitée. Cela a causé un flux migratoire qui est à l'origine de la création de villages spontanés à proximité des camps.

8.1.1. Un projet créateur d'emplois limités par rapport aux attentes de la population

L'une des principales attentes de la population rurale du projet pétrole de Doba est, bien sûr, l'emploi. Pour cette population, l'emploi dans le secteur pétrolier est une occasion, voire une chance, pour le monde rural d'avoir un emploi rémunérateur. Car, pour eux, les travaux champêtres demandent trop d'efforts mais sont moins rentables de nos jours à cause de la fertilité moyenne des sols. Certes, les activités pétrolières ont induit un emploi mais ces emplois sont en deçà des attentes des paysans et ils sont limités dans le temps, précisément pendant la période de ce chantier (2000 à 2003) qui a constitué le moment le plus fort de l'insertion pétrolière. Nous verrons, un peu plus tard, que les activités pétrolières ont induit un mouvement migratoire au-delà du pays et ont transformé les habitudes de la population rurale.

8.1.1.1. Des attentes de la population rurale à la fois nombreuses et longues, déçues par la réalité

Les attentes de la population par rapport aux retombées de l'or noir étaient à la fois nombreuses et longues mais déçues par la réalité (Cf. Annexes 5 et 6, pp. 410 et 414). En effet, c'est depuis 1973 que le premier puits pétrolier a été découvert au Sud du Tchad. Pour des raisons déjà évoquées, il a fallu attendre l'an 2000 pour que la Banque mondiale puisse donner son accord pour son exploitation. Les campagnes de sensibilisation et les consultations publiques qui ont précédé la mise en place du chantier ont suscité beaucoup d'espoir chez les paysans. Les premières visites de sensibilisation de la Banque mondiale et d'Esso dans la zone pétrolière remontent à 1998. Cette campagne d'information sur le projet, ses impacts positifs et négatifs, en particulier les modes de recrutement, a été relayée par la suite par le CTNSC[122]. Cette sensibilisation a essentiellement porté sur les opportunités qu'offrira le projet et les autres effets positifs pour la population. De nombreuses promesses ont été faites, notamment[123] :

- la construction et le bitumage des routes dans la zone ;
- l'électrification des villages ;
- la construction des écoles et des centres de santé ;
- l'emploi pour les jeunes du village ;
- la construction de logements aux populations, etc.

« *Aujourd'hui, rien de tout cela n'est réalisé. Les jeunes de nos villages n'ont pas eu l'emploi comme promis. La mise en œuvre du projet nous a amené la cherté de vie. Comme si cela ne suffisait pas, les différents déchets et substances toxiques que produit le projet font que la production agricole est de plus en plus mauvaise. Plusieurs plaintes ont été formulées dans ce sens, mais Esso est resté indifférent, et continue à polluer notre zone par des torchages et le mauvais traitement des déchets* »[124]. Cette réaction montre bien la déception des populations de la zone pétrolière vis-à-vis de leurs attentes.

---

[122] CTNSC est le Comité technique national chargé du suivi et du contrôle des aspects environnementaux

[123] Ces propos ressortent de tous les entretiens de groupe et même individuels que nous avons réalisés dans les villages.

[124] Entretien avec une femme à N'Galaba (Miandoum).

8.1.2. Les modes de recrutement qui n'empêchent pas l'afflux des migrants

Pour recruter le personnel du projet pétrole de Doba, plusieurs compétences sont recherchées tant au niveau international, national que local. Des campagnes de sensibilisation ont été faites par Esso, puis relayées par le CTNSC pour empêcher l'afflux de la population sur les sites des travaux, mais cela n'a pas empêché des flux de migrants de toutes origines nationales (N'Djaména, Abéché, Faya, Sarh, etc.) et internationales (pays voisins), venus à l'aventure (MAGRIN G. 2005) aux portes de la base de Komé.

8.1.2.1. Les emplois nationaux qui nécessitent des qualifications

Les recrutements des personnes qualifiées pour les activités du projet se font dans le chef-lieu de région de la zone pétrolière (Doba), dans la principale ville du Sud du Tchad (Moundou) et dans la capitale (N'Djaména). Certaines entreprises spécialisées dans la sécurité ont établi leur base à Bébédjia où certains recrutements sont organisés. En principe, aucune embauche ne devait être réalisée sur les chantiers ou aux portes des bases pétrolières. Des personnes en quête d'emploi ont déposé leurs dossiers (plus de 50 000) dans les différents postes locaux de l''ONAPE[125] et des bureaux de placement des entreprises installés dans ces villes. En fonction de la demande, les dossiers sont étudiés et les personnes qualifiées sont sélectionnées et soumises à un entretien sur place ou à un test pratique sur le terrain. Les personnes définitivement retenues (environ 5 000) sont déployées sur le site où certaines sont logées dans les camps (1500) ; d'autres (1500 environ) se sont installées dans les chefs-lieux comme Doba et Bébédjia et font des mouvements pendulaires sur le chantier. Enfin, un dernier groupe d'employés (environ 2000) se sont installés également dans les villages spontanés ainsi que les agglomérations les plus proches du chantier (Miandoum, Béro, Komé, Kagpal, Gadjibian, Mbitoye 1, etc.). Comme nous le verrons par la suite, ces emplois ont des effets limités sur le monde rural. Car ceux-ci ont nécessité de la main-d'œuvre qualifiée qui existe rarement dans les villages du Logone oriental.

8.1.2.2. Emplois internationaux, les compétences qui manquent au Tchad

A défaut de compétences nationales, les emplois les plus qualifiés, comme les postes de supervision et autres, ont été confiés à des expatriés d'origines diverses, recrutés en dehors du Tchad à travers le réseau mondial de l'opérateur Exxon. Ces cadres étaient constitués principalement d'Américains et de Français. Il s'y ajoutait un certain nombre d'employés

[125] Office nationale pour la promotion de l'emploi.

originaires d'autres pays d'Amérique latine et d'Asie. TCC[126], un sous-traitant d'Esso, a employé *« un grand nombre de techniciens philippins »* MAGRIN G. (2001). La loi prévoit un taux de 2% pour les expatriés dans le cas de l'emploi. Mais pour le projet pétrole de Doba, ce taux est caduc puisque TCC a employé un nombre élevé de Philippins, au-delà de ce taux, ceci pour lui permettre d'exécuter les travaux dans le délai prescrit. *« Ces expatriés viennent pour 2 à 4 ans sans former son potentiel personnel remplaçant, alors que ceux-ci doivent séjourner pour de courtes durées. C'est complexe et nous ne sommes pas rigoureux »*[127].

8.1.2.3. Emploi local : des emplois qui ne nécessitent pas de qualifications

Les travaux pétroliers se développent sur le sol et sous-sol des paysans qui doivent subir directement des effets négatifs de ces activités, à part des mesures d'accompagnement mises en place dans le plan de gestion de l'environnement, les emplois non qualifiés étaient réservés aux populations rurales vivant dans la zone pétrolière. Il s'agit des résidents dans les villages riverains des champs pétrolifères ou de l'oléoduc depuis au moins un an au moment du début des travaux. Les listes de ces personnes aptes à travailler sont établies par les chefs de villages et de cantons, et transmises à Esso et ses sous-traitants, via l'agent de liaison[128].

Lorsqu'un recrutement est prévu dans les villages, les responsables socio-économiques ou de ressources humaines informent la population à travers leurs chefs ou l'agent de liaison qui à leur tour informent les demandeurs d'emploi du village qui sont tenus d'attendre sur place. En fonction des besoins d'emploi, des tirages au sort publics sont réalisés, afin que la communauté soit prise à témoin de la transparence du processus. Pendant le chantier, le nombre de personnes recrutées dans le village au passage des employeurs varie entre 5 et 25 personnes, soit en moyenne 15 personnes recrutées sur une liste de plus de 100 demandeurs d'emploi. Les contrats de courte durée, entre une semaine et un mois en général sont accordés à ces personnes. Les principales entreprises sous-traitantes qui ont le plus recruté de personnes sont Wilbros, David Terrassement et TCC, respectivement en charge de l'oléoduc, de la construction des routes et de la construction des plates-formes pétrolières et de logements. Ce mode de recrutement a l'avantage de prioriser les locaux pour ces types d'emploi. Cependant, il crée beaucoup de problèmes dans les villages.

---

[126] Tchad Cameroun Constructors, une entreprise soustraite d'Esso, spécialisée dans les travaux de construction.

[127] Entretien avec la Direction du travail.

[128] Un agent de liaison est une personne proche du chef de canton, employée par Esso et qui joue le rôle de liaison ou d'interface entre les villages du canton et les compagnies extractives.

8.1.2.4. Les problèmes créés par le recrutement des paysans

Le premier problème occasionné par le recrutement des paysans dans les villages est l'abandon sporadique des exploitations agricoles à cause des longues attentes dans les villages. Beaucoup de jeunes aptes à travailler craignent d'être absents au passage éventuel des employeurs. Par conséquent, ils passent toute la journée à attendre dans les villages ou à défiler devant les camps des entreprises pour guetter un emploi. Comme nous l'avons vu, cela s'est traduit par l'abandon des cultures cotonnières et vivrières ayant pour conséquence une baisse de la production observée pendant le chantier. Le deuxième problème créé par le recrutement des locaux est celui des conflits entre les chefs de village et leurs proches parents qui n'ont pas pu être recrutés. Ils conçoivent mal le fait que le choix au hasard ne tombe pas sur eux. En outre, les demandeurs qui n'ont pas eu la chance d'être recrutés accusent les agents de liaison et les chefs de canton de corruption. Ils accusent ces derniers d'avoir inscrit sur les listes les proches parents venus d'autres villages ou de la ville.

8.1.2.5. Un nombre limité d'emplois pour les paysans

Selon le rapport annuel d'Esso de 2009, le projet pétrole Tchad-Cameroun a employé 7800 personnes dont 6607 personnes travaillent au Tchad et 1193 au Cameroun. Sur les 6607 personnes qui travaillent au Tchad dans le cadre de ce projet, 5747 sont des Tchadiens et 860 des expatriés. Le nombre de Tchadiens employés est passé au premier trimestre de la même année de 5009 personnes à 5747, soit une augmentation de 738 personnes. Pendant la même période, le nombre des expatriés qui travaillent au Tchad est passé de 832 à 860. Cet accroissement de la population des travailleurs dans le projet pétrole explique bien la poursuite des travaux de densification des puits dans les champs qui nécessite de plus en plus de main-d'œuvre.

Cependant, le nombre des emplois locaux est très limité. Sur un effectif de 3654 employés au Tchad en 2004, 732, soit 20% d'emplois, étaient non qualifiés comme le montre le graphique n°10.

Graphique n°10 : Répartition des emplois en fonction des qualifications

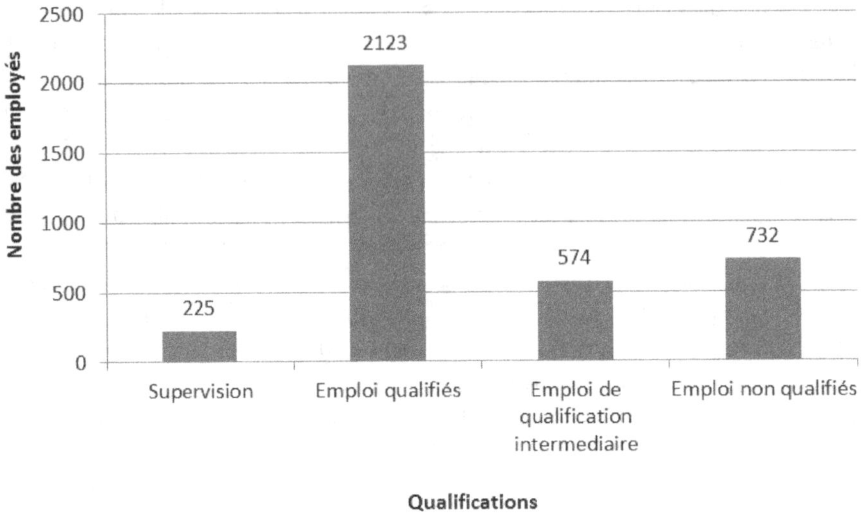

Source : Coordination du projet, cité par GRAMP/TC, 2005.

L'observation du graphique n°10 permet de se rendre compte que le projet a plus utilisé une main-d'œuvre qualifiée (2 123). Etant donné que les qualifications sont rares dans le monde rural, l'essentiel des emplois est détenu par les personnes venues des centres urbains du pays et de l'étranger. Les données plus récentes, collectées sur le terrain et consignées dans le graphique n°11 par secteur, renforcent davantage cette thèse.

Graphique n°11 : Répartition des employés en fonction des qualifications

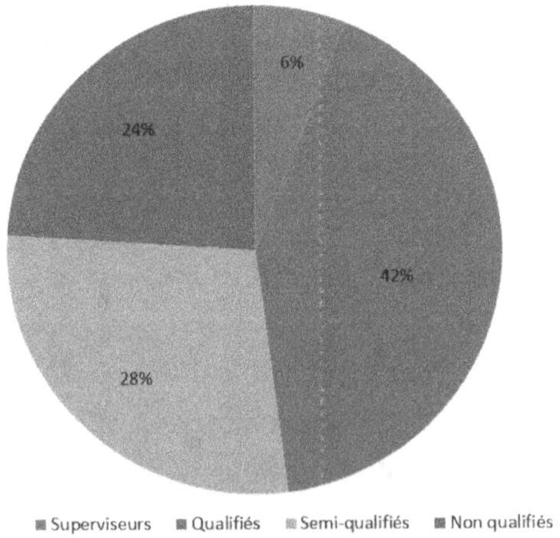

Source : Données de terrain, 2009.

L'analyse du graphique n°11 permet de se rendre compte que 76% des emplois nécessitent une qualification (42%), semi-qualifiés (28%) et supervision (6%)). Les emplois non qualifiés, susceptibles de profiter aux paysans, ne représentent que 24%. Par ailleurs, ces emplois non qualifiés sont de très courte durée, (une semaine à deux mois). Rares sont ceux qui atteignent trois mois. Ces données sont proches de celles fournies par la coordination d'Esso.

8.1.3. De faibles populations actives des villages des champs pétrolifères et des sites des travaux de l'oléoduc et routes en activité dans le projet pétrole

Fin 2003, une enquête socio-économique a été réalisée dans les villages des champs pétrolifères, le long du tracé du pipeline et de la route et dans les villages hors zone. Cette enquête commanditée par Esso et réalisée par le GEPFE[129] portait sur la population active qui vit en milieu rural. L'enquête concernait surtout les demandeurs d'emploi locaux ayant été inscrits sur la liste. Le résultat se trouve dans le graphique n°12.

Graphique n°12 : Pourcentage des paysans âgés de plus de 16 ans, employés dans le projet pétrole, selon les villages.

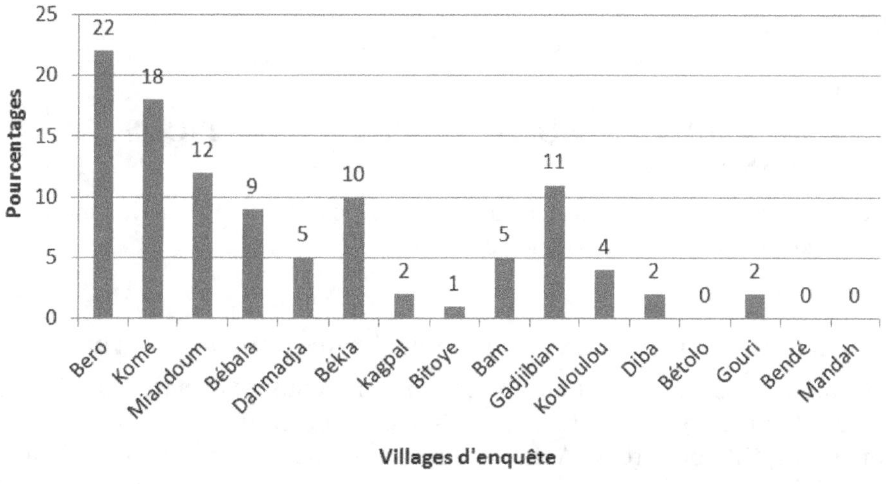

Source : GEPFE, 2004.

Le graphique n°12 montre que le pourcentage des paysans qui travaillent dans le projet est faible dans l'ensemble des villages, malgré quelques disparités. Dans les villages des champs pétrolifères (Komé, Béro, Miandoum, Békia), le pourcentage est relativement élevé. Il est de 22% à

[129] Groupe d'étude des populations des forêts équatoriales

Béro, 18% à Komé, 12% à Miandoum et 10% à Békia. Ce pourcentage est relativement moyen dans les villages situés le long de la route et du tracé du pipeline ayant hébergé le site des travaux : Gadjibian (11%), Bam (5%). Dans les autres villages situés le long du tracé du pipeline et de la route, ce pourcentage est faible. Le faible pourcentage de Kagpal et Bitoye ayant accueilli des sites de travaux s'explique par le fait que le chantier de la route et de l'oléoduc était achevé au moment de l'enquête. A Bam, par exemple, il restait un personnel d'environ 200 personnes qui s'occupe de l'entretien de la route au moment de l'enquête. Dans les villages qui se trouvent en dehors de la zone pétrolière de Bétolo, Bendé et Mandah, personne ne travaillait dans le projet au moment de l'enquête, excepté Gouri où 2% des personnes âgées de plus de 16 ans travaillaient dans le projet pétrole. Ce qui montre que, par rapport aux emplois ne nécessitant aucune qualification, seuls les villages des champs pétrolifères et ceux ayant abrité les sites des travaux en ont bénéficié. Toutefois, ces emplois représentent une faible proportion par rapport aux attentes de la population. Par ailleurs, ils ne sont que de courte durée et, actuellement, la majorité des travailleurs a été licenciée. Dans le canton de Miandoum, par exemple, de manière cumulative, 499[130] personnes ont été recrutées depuis le début du projet jusqu'à nos jours. Mais ces personnes sont licenciées au fur et à mesure que d'autres sont recrutées. Aujourd'hui, une dizaine de personnes seulement sont en activité dans le secteur pétrolier. Le projet pétrole a, en revanche, plus permis l'emploi des migrants.

8.2. DES EMPLOIS, SOURCES DE MIGRATIONS ET DE CRÉATION DE VILLAGES SPONTANÉS

Ce sous-chapitre est consacré à l'analyse des emplois pour les migrants ainsi que des sites d'attraction de ces derniers.

8.2.1. Des emplois de plus en plus nombreux pour les migrants

Comme nous l'avons vu, des migrants sont venus des centres urbains du pays et d'ailleurs pour s'installer sur les sites des travaux et dans les villages spontanés qu'ils ont créés. A cause du manque de qualifications sollicitées (mécaniciens, chauffeurs, conducteurs d'engins, ferrailleurs, maçons, etc.) dans les villages locaux, le projet a engagé des travailleurs migrants. Certains ont été embauchés dans les antennes régionales de recrutement de N'Djaména, Moundou et Doba et envoyés sur le site. D'autres sont venus pour chercher l'emploi sur les sites et les camps. Beaucoup parmi eux ont obtenu également l'emploi en face du camp en particulier auprès des sous-traitants comme Wilbros qui a construit le pipeline et David Terrassement

[130] Entretien avec un agent d'Esso

qui a construit la route Komé-Mberé. Cependant, il est difficile d'avoir le nombre de personnes ayant trouvé un emploi en face du camp car c'est contraire à la philosophie d'Esso et, par conséquent, ces cas ne sont pas déclarés par les entreprises sous-traitantes. Globalement, le pourcentage des migrants employés dans le cadre du projet pétrole de Doba est élevé par rapport à l'emploi local. « A Gadjibian, au cours de la construction du pipeline par Wilbros, 49% des migrants (hommes de plus de 16 ans) ont trouvé un emploi auprès de l'entreprise en charge de la construction du pipeline ; à Bam où David Terrassement s'occupait toujours de l'entretien de la route en mars 2003, 81% des migrants étaient engagés par le projet ; dans le village de Komé, 47% des migrants étaient dans ce cas » (COOGELS S., KOPPERT G., MOUTEDE-MADJI V. and al., 2004).

8.2.2. Des centres urbains et des sites d'activités pétrolières comme points de chute des migrants

Le projet pétrolier s'inscrit ainsi dans ce contexte migratoire tendu. L'or noir apparaît comme une ressource naturelle attractive supplémentaire (GEERT V. V., MAGRIN G. 2005) car il offre des opportunités d'emploi et d'affaires. Il vient intensifier le fonctionnement d'anciens champs migratoires méridiens. Les centres-villes, essentiellement Bébédjia et Doba, les champs pétrolifères, notamment des bases-vie, des sites des travaux des compagnies pétrolières, le long du pipeline et de la route Komé-Mbéré, où se font les recrutements, ont été des sites attractifs pour les migrants (Carte n°34). Cependant, l'homogénéité de la population n'est pas altérée durant le chantier dans les villages situés à l'écart de ces sites. En 2003, 93% des chefs de famille sont nés dans le village enquêté. Devant les bases-vie, des villages spontanés sont nés (Quartiers Atan, Moudadoigne) et constituent des directions privilégiées pour des chercheurs d'emploi et des hommes à la recherche d'opportunités d'affaires.

Le Plan de gestion de l'environnement (PGE) est un élément important du dispositif mis en place. Il vise à réduire le plus possible les impacts environnementaux et sociaux négatifs du projet. Le volume 4 de la partie tchadienne du PGE est spécifiquement consacré à l'anticipation et à l'atténuation des migrations de travail vers la zone d'exploitation, considérées comme un de ces effets négatifs indirects. Il s'agit de ne pas compromettre les effets positifs attendus sur le long terme de l'exploitation pétrolière par une immigration incontrôlée.

Carte n°34 : La ruée vers l'or noir

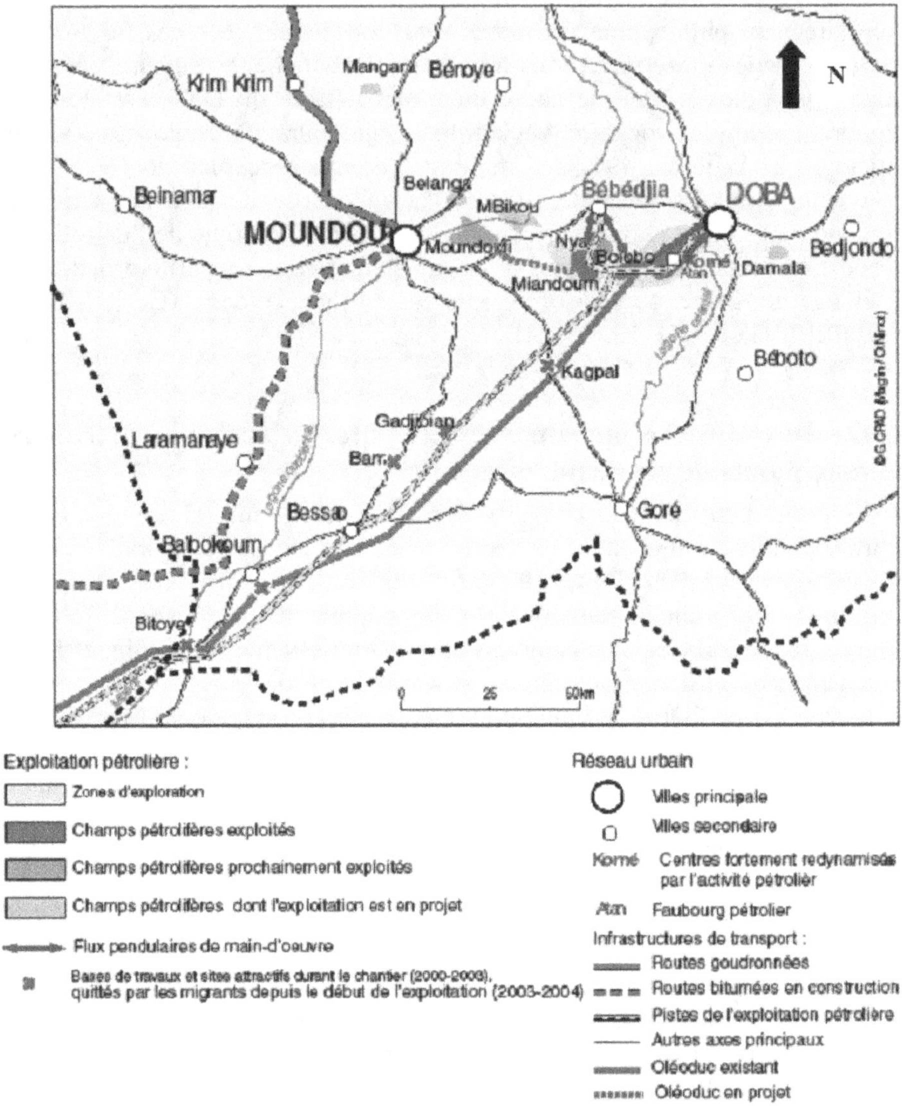

Source : Esso

L'observation de la carte n°34 permet de savoir que les migrants s'installent dans les principales villes de la région les plus proches du chantier pétrolier (Doba et Bébédjia) et sur les sites des activités pétrolières (Komé Base, Kagpal, Gadjibian, Bam et Mbitoye). Dans les quatre dernières localités, les migrants sont partis après les travaux de construction de la route et du pipeline. Par contre, à Komé base, ils s'installent de manière définitive, entraînant des impacts négatifs sur l'environnement. C'est ainsi qu'ils ont créé le quartier « Satan », devenu quartier « Atan ». La création de nouveaux villages a des effets sur les ressources foncières.

En effet, les ressources naturelles sont sous pression, du fait de la croissance démographique et de l'urbanisation. L'arrivée de nouvelles personnes réduit les jachères et accroît les prélèvements de bois. Cela conduit à un appauvrissement des sols et de la végétation. Une estimation du nombre de migrants attendus est proposée dans une étude en annexe du PGE. On y considère qu'un emploi pour une entreprise du projet devait attirer entre 1,5 et 5,25 personnes, à partir d'observations réalisées dans d'autres situations pionnières comparables. Ce qui fournirait au Tchad entre 5 000 et 24 000 migrants. Ceux-ci se concentreraient essentiellement à Doba et Bébédjia, lieu de regroupement de la main-d'œuvre non logée directement sur les bases pétrolières. Avec 16 000 migrants, on considère que la population de Bébédjia pourrait doubler.

Les impacts négatifs sur les plans sociaux et environnementaux sont concentrés sur les espaces ruraux, à savoir la zone des puits, les espaces riverains de l'oléoduc, mais aussi sur les bases arrières urbaines les plus proches comme Doba et Bébédjia. Ces impacts négatifs sont, entre autres, l'inflation, la pression sur l'eau, le logement, le foncier, les transports, l'énergie, les menaces en termes de sécurité alimentaire, de santé et d'hygiène publiques. Un ensemble de mesures d'urgence sont prévues pour limiter le nombre de migrants, réduire les impacts environnementaux et veiller à ce que les mesures prises n'attirent pas davantage des migrants. Ces mesures n'ont pas été respectées par les différents acteurs, entraînant la ruée vers l'or noir avec des conséquences négatives sur les systèmes fonciers.

8.2.3. Les immigrants, créateurs de quartiers spontanés

Ces villages n'existaient pas pendant le recensement de 1993, c'est-à-dire avant les activités pétrolières. Ils ont été créés de toutes pièces par les immigrants, venus des régions voisines et lointaines, avec le développement des activités pétrolières comme l'a souligné MOUTEDE-MADJI V. (2002): *« La région de Doba devient un pôle d'attraction par excellence, un Eldorado et pour les Tchadiens et pour les étrangers »*. Le cas du quartier « Atan » est éloquent. On y rencontre des commerçants, des chercheurs d'emploi, des vendeurs d'alcool, des employés du projet, des prostituées venues de l'intérieur et de l'extérieur du pays. A l'origine de sa création en 1994, lorsqu'on a transféré la base de Sarh à Komé, des chercheurs d'emploi et d'anciens employés ont suivi ce mouvement. Des vendeurs d'alcool, des tenanciers de restaurant, des chercheurs d'emploi et des prostituées sont concentrés dans des hangars construits en matériaux sommaires, en pleine forêt, les exposant ainsi aux pluies (MOUTEDE-MADJI V. 2002). D'où le nom « quartier satan » donné à ce site. Par la suite, le nom quartier « Atan » a été attribué à ce village car, selon le chef de quartier, le nom « Quartier

Satan » est mauvais, donc, il faut un nom qui désigne les gens en attente d'emploi[131]. Dès lors, le quartier a pris de l'ampleur et s'est développé comme un nouveau village, plus particulièrement pendant la phase de construction, malgré les trois incendies qu'a connus la localité.

Une étude, réalisée en février 2002 par GEPFE, évalue la population de ce quartier spontané à 1717 habitants, répartis dans 28 ethnies. Ces personnes vivent dans 540 cases. L'étude vise à comprendre la raison d'être à « Atan » des 180 chefs de ménage. Sur cet effectif, 68 personnes sont en quête d'emploi. Ce qui représente environ 38%. Les 38 personnes, soit 21%, sont venues pour un motif commercial ; 42, soit 18%, évoquent la raison de distance qui les amène à rester à proximité du camp, et le reste pour diverses activités. Une autre étude, menée en juin 2003 par COOGEL S., KOPPERT G., MOUTEDE-MADJI V. et al. (2004) pendant la phase de chantier, montre qu'environ 60% des habitants du quartier Atan étaient constitués de personnes venues du centre (28%) et du Nord du Tchad (31%). Les étrangers constitués des Camerounais, des Congolais, des Centrafricains, etc., représentent 5%. Le reste (20%) est constitué des habitants du Logone oriental venus de différents départements (Tableau n°27).

Tableau n°27 : Origines des chefs de ménage du quartier spontané de « Atan » (Juin 2003)

Logone oriental	**Nombre de ménages**	**Pourcentage de la population**
Préfectures voisines du Sud	145	23,88%
Région élargie autour de N'Djaména (Chari-Baguirmi)	201	33,11%
Les Préfectures du Nord du Tchad	221	36,40%
Pays étrangers	40	6,59%
Total	**607**	**100**

Source : Enquête socio-économique de suivi du projet au Tchad, 2003.

Le tableau n°27 présente l'origine des chefs de ménage dans le quartier Atan. Ce quartier n'existait pas avant l'exploitation pétrolière. De moins de 28 personnes en 1999, le quartier « Atan », bien connu sous le nom de « quartier Satan », a augmenté de manière exponentielle pour atteindre 1784 habitants en 2002 puis 2913 en juin 2003. Avec la fin des travaux, l'installation d'une gendarmerie et du sous-préfet, la dynamique démographique d' « Atan » s'est atténuée et le quartier est en voie de s'urbaniser. De maisons sommaires ont disparu au profit des maisons en semi-dur et dur.

131 Entretien réalisé avec un immigrant, chef de quartier d'Atan.

8.3. LES 5% COMME REDEVANCE FONCIÈRE ET OUTILS DE DÉVELOPPEMENT ALLOUÉS À LA RÉGION DU LOGONE ORIENTAL

Le projet pétrole de Doba a consacré 5% des revenus pétroliers à la région productrice. Après des débats au sujet de la définition de la région productrice, c'est enfin la région administrative du Logone oriental qui a été retenue comme région productrice du pétrole. Cette région bénéficie des 5% des revenus pétroliers, en vertu du droit accordé par la Constitution, confirmé dans la clef de répartition et appliqué par décret. Ce chapitre cherchera à montrer comment ces ressources, considérées non seulement comme redevance foncière mais aussi comme un outil de développement de la région, ont un impact limité sur le milieu rural, pourtant pourvoyeur du pétrole et qui subit directement les effets négatifs. Les rapports trimestriels et annuels du Comité de Gestion des 5% et le CCSRP[132], le forum bilan sur les 5% organisé par le GRAMP/TC en 2007 et le récent rapport d'étude menée par la Commission permanente pétrole locale (CPPL) offrent des données précieuses pour l'analyse de l'impact des 5% sur le Logone oriental. Cette sous-partie traite donc des fondements des 5%, sa répartition et de son impact sur la région productrice en général et plus particulièrement dans le milieu rural.

8.3.1. Les fondements des 5% alloués à la région productrice

Les activités pétrolières ont des effets négatifs sur l'environnement et sur la vie socio-économique de la région productrice, souvent oubliée dans la répartition des revenus du pétrole (Cf Annexe 5.3), extrait de son sous-sol. C'est ainsi que, dans le cas du projet pétrole de Doba, les acteurs ont accordé 5% des revenus pétroliers, devant servir comme outil de développement à cette région productrice. A ce titre, ils jouent non seulement le rôle d'outil pour atténuer les impacts environnementaux du projet pétrole de Doba, mais aussi d'une redevance foncière accordée à la zone productrice. Cela a été possible après un long débat entre les acteurs.

8.3.1.1. Les fondements politiques des 5%

L'une des principales motivations des 5% accordés à la région productrice est d'ordre politique. Cette mesure tire les leçons des expériences négatives des autres pays riches en ressources naturelles. En effet, le fait que les populations des zones d'exploitation des ressources ne perçoivent pas les bénéfices des revenus tirés de l'exploitation des ressources de leur terroir est à l'origine de frustrations, d'exclusions et d'injustice, et cela pousse à des mouvements de révolte, des mouvements

---

132 Collège de contrôle et de surveillance des revenus pétroliers.

insurrectionnels, voire sécessionnistes (guerre du Biafra, conflit au Sud Soudan et ailleurs). La situation qui prévaut actuellement dans le delta du Niger est révélatrice et symptomatique des injustices et frustrations bien que le Nigeria alloue 13% des revenus à cette région. *« Pour rendre la paix au Sud Soudan possible, le partage équitable des revenus pétroliers a été au cœur de l'accord de Naivasha » (*GRAMP/TC, 2009) [133]. Enfin, l'une des causes de la crise du Darfour, dont le Tchad connaît les répercussions négatives, est l'exclusion des populations de cette région du partage des ressources nationales. L'article 212 de la Constitution vise donc à prévenir ce genre de situation. En instituant par loi les 5% de revenus pétroliers destinés à la région productrice, le législateur n'a fait que se conformer à cette disposition constitutionnelle.

8.3.2. Les débats autour de la définition de l'aire du plan de développement régional (PDR) de la région productrice

La détermination de l'aire du PDR, considérée comme outil de mise en œuvre des 5% alloués à la région productrice, a fait l'objet de débats entre des acteurs du projet pétrole de Doba. Différents cadres géographiques ont été envisagés pour le PDR : celui-ci aurait pu se limiter aux 9 cantons et 5 communes directement concernés par les infrastructures pétrolières (champs et oléoduc), voire à l'ensemble de la région du Logone oriental. Cela présentait l'inconvénient de concentrer les investissements sur des espaces restreints déjà bénéficiaires de différentes interventions ou mesures d'urgence comme le Fonds d'action concertée des initiatives locales (FACIL) qui ne fonctionne plus. Il y a aussi les compensations d'Esso et les 5% des revenus pétroliers affectés au Logone oriental. L'aire géographique retenue pour le PDR comporte quatre régions administratives : le Logone Occidental, le Logone oriental, la Tandjilé et le Mandoul. Il s'agit pratiquement de la zone du projet d'exportation tchadien définie dans l'annexe 8 de l'accord de crédit de 1999 (CTNSC, 2005). Cependant, le décret mettant en place le comité chargé de gérer les 5% a retenu finalement le Logone oriental comme région productrice.

8.3.3. Les 5% comme redevance foncière allouée aux collectivités décentralisées

C'est conformément aux dispositions de l'article 212 de la Constitution de la République du Tchad que les 5% sont accordés à la région productrice

[133] En 2009, un projet de loi a été soumis à l'Assemblée nationale du Tchad en vue de modifier les 5% à 2% et partager les 3% avec les autres collectivités locales. C'est ainsi que le GRAMP/TC a écrit une Lettre d'information et de recommandation à l'attention de la commission économie, développement et plan de l'Assemblée nationale

du pétrole, en l'occurrence la région du Logone oriental. En effet, la Constitution de la République du Tchad du 31 mars 1996, modifiée par la loi constitutionnelle de 2005, prévoit dans son article 212 que « les ressources des collectivités territoriales décentralisées sont constituées notamment par (....) le pourcentage sur le produit des ressources du sol et du sous-sol exploitées sur leur territoire ». Conformément à cette disposition de la loi fondamentale, la loi 001/PR/99 du 11 janvier 1999 modifiée par la loi 002 du 11 janvier 2006 portant gestion des revenus pétroliers définit la clé de la répartition des revenus pétroliers de la manière suivante : 65% destinés aux secteurs prioritaires, 30% sont réservés au fonctionnement de l'Etat et 5% pour la région productrice.

En principe, ce sont les collectivités territoriales décentralisées qui doivent gérer les 5% attribués à leur région. En l'absence de celles-ci, un Comité provisoire de gestion des revenus pétroliers (CPGRP) a été créé par décret n°457/PR/MDMEF/2004 du 20 septembre 2004. Le CPGRP a été mis en place pratiquement une année après, et a commencé à fonctionner effectivement vers la fin 2005. Après quelques difficultés au démarrage, le comité provisoire a réalisé quelques infrastructures dans la région productrice et d'autres investissements sont en cours (Cf. Rapport trimestriel juin 2008 du CCSRP). Ce droit accordé aux collectivités territoriales décentralisées constitue une redevance foncière de celles-ci.

8.3.4. Les 5% comme mesure d'atténuation des effets environnementaux du projet pétrole

Pour atténuer les effets négatifs du projet sur l'environnement, plusieurs mesures ont été mises en place, notamment la création du FACIL[134] qui a échoué comme le CTNSC. Les 5% obéissent également à cette logique d'atténuation des effets négatifs du développement des activités pétrolières sur la région productrice. En effet, les populations riveraines de la zone d'exploitation sont les plus directement touchées et affectées par les impacts socio-économiques et socio-environnementaux négatifs (pollution, perte des terres, propagation des maladies, inflation, dégradation de leurs conditions de vie et des écosystèmes, etc.). Certains de ces impacts sont irréversibles comme plates-formes et carrières et peuvent affecter les communautés locales durant toute leur vie. L'allocation des 5% des revenus pétroliers vise donc à atténuer les impacts néfastes des grandes exploitations sur les populations des régions qui en sont dotées.

---

[134] Fonds d'action concertée des initiatives locales mis en place sur financement de départ de la Banque mondiale. Mais n'a pas pu fonctionner comme prévu, une fois les ressources de la Banque terminées.

8.3.5. Les 5% comme outil de lutte contre la pauvreté

L'exploitation des champs pétrolifères de Doba au Sud du Tchad répond au besoin premier de réduire la pauvreté au Tchad. C'est ainsi que la mise en route du projet a mobilisé plusieurs parties prenantes dont les gouvernements tchadien et camerounais, les compagnies pétrolières, les institutions financières internationales, notamment la Banque mondiale, et les organisations de la société civile au Tchad.

Pour la région productrice du pétrole, une des dispositions, prévues dans les mécanismes de gestion pour garantir une utilisation efficiente des 5% des revenus pétroliers alloués à la région productrice, est le plan de développement régional (PDR). « *Aussi, son élaboration a fait l'objet d'un processus particulièrement participatif pendant la période allant de 2003 à 2005 dans le cadre du Programme de renforcement des capacités de gestion du secteur pétrolier (PRCGSP) et sur la base du plan stratégique de développement comme de réduction de la pauvreté dont les axes prioritaires sont :*

- ✓ *promouvoir la bonne gouvernance pour renforcer la cohésion sociale et l'efficacité des politiques ;*
- ✓ *créer un environnement favorable à une croissance économique robuste et diversifiée ;*
- ✓ *valoriser le potentiel de croissance du secteur rural ;*
- ✓ *faire des infrastructures un levier de croissance ;*
- ✓ *valoriser les ressources humaines* » (DJERALAR M. 2010)

Les 5% constituent donc un moyen de lutte contre la pauvreté dans la région productrice du pétrole, à travers un outil, le PDR, élaboré par le CIRAD en 2005, qui tient compte des axes prioritaires de la SNRP[135] en fonction des spécificités locales.

Le Plan de développement régional (PDR) est un document synthétique organisé en trois parties :

- le diagnostic régional, la vision des populations sur l'avenir de leur région, les choix stratégiques qui en découlent et une réflexion sur les enjeux régionaux de moyen et long termes ;
- des propositions d'action organisées en composantes et sous-composantes ;
- un schéma de mise en œuvre, de financement et de suivi ;

Cependant, cet outil, qui a vu la participation de tous les acteurs de la région, n'est pas encore mis en œuvre par les autorités du pays. En l'absence d'un outil, les investissements sont mal répartis dans l'espace et n'obéissent pas aux aspirations des bénéficiaires.

[135] Stratégie nationale de réduction de la pauvreté

8.3.6. Création et objectifs du CPGRP

Etant donné que les collectivités territoriales ne sont pas en place, un Comité provisoire de gestion des 5% des revenus pétroliers affectés à la région productrice (CPGRP) a été créé par décret n°457/PR/MEF/2004 du 20 septembre 2004 pour assurer la gestion de ces ressources. Ce Comité fut réorganisé par décret n°533/PR/MF/2007 du 13 Juillet 2007 et a pour mission de :

- d'identifier, de sélectionner et de approuver les projets d'intérêt général en cohérence avec la stratégie nationale de développement ;
- de programmer les projets susceptibles d'être financés ;
- de décider de l'exécution des projets après avis du Collège de contrôle et de surveillance des ressources pétrolières (CCSRP) ;
- de veiller à la mise en œuvre, à l'exécution et à la supervision des projets.

Dans le cadre de sa mission, le CPGRP s'appuie sur des objectifs tirés de la stratégie nationale de réduction de la pauvreté et de la programmation financière sectorielle des projets 2007-2011, pour mener des actions de nature à améliorer les conditions de vie de la population et amorcer le développement durable de la région productrice. Ces actions sont, entre autres, la mise en place des infrastructures de base, l'octroi des microcrédits et l'assistance aux populations sinistrées.

8.3.7. Que représentent les 5% du Logone oriental par rapport à l'ensemble des ressources pétrolières ?

Sept ans après le début de l'exportation pétrolière, la production quotidienne du Logone oriental oscille entre 125 000 et 200 000 barils par jour en dépit de l'accroissement du nombre de puits pétroliers et de l'extension des champs mis en production. A ce jour, la production vendue est évaluée à 331 272 752 de barils. L'essentiel des recettes issues de cette production (85%) reste en dehors du Tchad, au profit des compagnies pétrolières, comme nous l'avons vu avec Kounou M. (2006) : *« la rente agricole comme pétrolière ne se réinsère pas spontanément au lieu où elle est extraite »*. Elle correspond *« au prix payé pour l'épuisement des ressources »* (MAGRIN G. 2007) et, 15% seulement des recettes pétrolières restent au Tchad dont une infime partie pour le Logone oriental. Cependant, *« … les miettes que reçoit le Tchad »* (DEBY I. I. 2006),[136] représentent une part importante du budget de l'Etat et dépassent même, en cinq ans seulement, ce que le pays attend en 25 ou 30 ans d'exploitation. *« Les recettes encaissées sur la période 2004-2008 s'élèvent à 1 856, 238*

[136] C'est le chef de l'Etat tchadien. Ce propos du président a été tenu lorsqu'il dénonçait le contrat pétrolier qui lie son pays au consortium, bénéficiaire au détriment du Tchad.

milliards de F CFA sans compter les prévisions de 2009 estimées à 486,700 milliards de francs CFA. Un chiffre qui dépasse largement les prévisions de 2 milliards sur les 25 ans du projet pétrole de Doba » (GRAMP/TC 2009). La proportion des recettes pétrolières dans le budget de l'Etat représente 38,67% en 2004, 42,34% en 2005, 64,94% en 2006, 73,21% en 2007, 72,88% en 2008 et 56,88% en 2009 (prévision). Mais, suivant le tableau de la répartition des revenus pétroliers directs depuis l'année 2004 jusqu'à la fin de l'année 2008, le ministère des Finances et du Budget a rapatrié au total 687 314 204 702 F CFA dont 34 259 664 167 F CFA (CCSRP, 2009)[137] pour la région productrice. Cette somme constitue, selon la philosophie de sa mise en place, une ressource additionnelle pour la région productrice. Comment ces ressources ont-elles été utilisées et quel a été leur impact sur le milieu rural ?

En 2014, le cumul des 5% s'élève à environ quatre-vingts milliards (80 000 000 000) de FCFA mais cette somme n'a pas permis de lancer les bases du développement de la région, du fait à la fois de sa mauvaise utilisation et de son insuffisance pour faire face aux nombreux besoins de la population. Pour la population rurale du Logone oriental, elle n'est pas bénéficiaire des revenus pétroliers en général (Carte n°35). Il en est de même des 5% des revenus pétroliers alloués à la région productrice. Ces ressources pétrolières sont destinées aux gens de la ville et non à toute la région productrice.

[137] Collège de contrôle et de surveillance des revenus pétroliers, contrôle et ordonne les dépenses des secteurs pétroliers.

Carte n°35 : A qui profite l'or noir ?

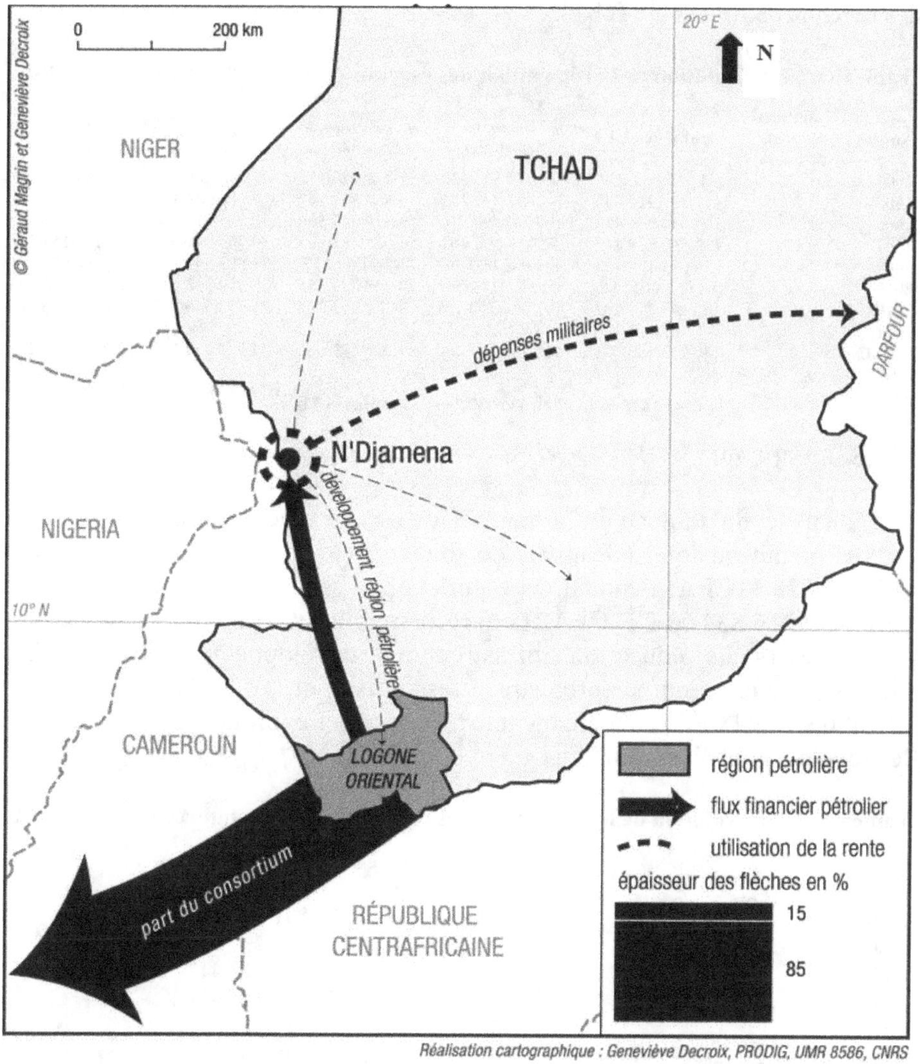

Source : MAGRIN G. 2008.

L'analyse de la carte n°35 montre que 85% des revenus pétroliers du Logone oriental reviennent aux compagnies pétrolières. Comme nous l'avons vu avec KOUNOU M. (2006), la part du Tchad ne représente que 15% de l'ensemble des revenus pétroliers. Ce qui est inscrit dans le budget de l'Etat (Cf. Annexe 7, p. 420). Ces revenus restent dans la capitale mais aussi vont à l'Est du pays pour alimenter la guerre et les multiples négociations avec les rebelles, la construction de la ville du Président, Amdjaras[138]. La partie qui retourne dans la région

[138] Un observateur de la gestion des ressources publiques relève que plus de 500 milliards sont investis pour la construction de cette ville déserte, habitée que par les militaires

productrice est très infime, moins de 5%. Le tableau n°28 présente la répartition des revenus pétroliers du Tchad.

Tableau n°28 : Evolution de la répartition des revenus pétroliers directs de 2004 à 2011

Années	Nombres d'appels de fonds	Montant en CFA	Secteurs Prioritaires	Région Productrice	Trésor public	Compte Stabilisation
2004	4	44 566 463 039	35 653 170 630	2 228 323 152	6 684 969 456	
2005	13	117 297 222 982	93 837 778 386	5 864 861 147	17 594 583 445	
2006	7	154 086 579 438	100 221 081 107	7 639 524 500	46 225 973 830	
2007	12	132 509 639 842	82 114 000 467	6 625 481 993	39 752 891 953	4 017 265 431
2008	10	238 611 139 133	138 000 000 000	11 901 473 375	71 583 341 739	18 295 420 375
2009	6	86 964 663 088	71 527 031 008	4 348 233 155	26 089 398 926	-15 000 000 000
2010	9	185 445 154 107	101 064 750 107	9 272 257 705	75 633 546 232	-525 399 830
2011 (18/11/ 2011)	8	180 733 593 731	114 741 600 000	9 036 679 686	54 220 078 120	2 735 235 924
TOTAL	**69**	**1140 457 615 628**	**771 606 930 743**	**56 916 834 714**	**337 784 783 702**	**2 967 303 596**

Source : CCSRP, 2011.

L'analyse du tableau n°28 permet de savoir que, de 2004 à 2011, le CCSRP a fait au total 69 appels de fonds, pour un montant total de 1140 457 615 628 F CFA. Pendant cette période, la part de la région productrice est de 56 916 834 714 F CFA. Le Trésor public et le compte des secteurs prioritaires (santé, éducation, infrastructures, développement rural, affaires sociales, etc.) ont enregistré respectivemet 337 784 783 702 et 771 606 930 743 FCFA. Le tableau n°29 montre l'évolution de la répartition des revenus pétroliers indirects.

Tableau n°29 : Evolution de la répartition des revenus pétroliers indirects (2006 – 2011)

Années	Revenus Pétroliers Indirects (FCFA)
2006	186 891 321 127
2007	217 671 794 541
2008	588 064 117 447
2009	200 729 175 471
2010	969 117 283 853
(A la date du 12/12/2011) 2011	590 749 167 161
TOTAL	**2753 222 859 600**

Source : CCSRP, 2011.

La lecture du tableau n°29 montre que, de 2006 à 2011, le Tchad a encaissé au total 2 753 222 859 600 F CFA de revenus pétroliers indirects. Le montant le plus élevé a été enregistré en 2010. Il faut noter que ces revenus pétroliers indirects ne font pas l'objet de contrôle du CCSRP. Ils sont directement versés au Tésor public du Tchad. En cumulant les revenus directs et indirects, de 2003 à 2011, le Tchad a encaissé environ 5,6 mille milliards de F CFA. Cela représente une énorme somme pouvant permettre de lutter contre la pauvreté du pays. Comment les revenus pétroliers sont-ils utilisés dans le Logone oriental ?

8.3.8. Des investissements essentiellement concentrés dans les centres urbains et peu orientés vers le monde rural

Le plan quinquennal d'activités pour la gestion des 5% des revenus pétroliers est axé principalement sur l'éducation, la santé, l'adduction d'eau potable, l'électrification des grandes villes, la culture et la jeunesse, les projets généraux de modernisation des grands centres urbains et d'aménagements hydro-agricoles, comme l'on peut le voir dans le tableau n°30.

Tableau n°30 : Les réalisations sur financement des 5% dans le Logone oriental

N°	DOMAINES	ACHEVES	EN COURS	A ETUDE	TOTAL PAR DOMAINE
1	Education nationale	34	07	36	77
2	Sante publique Hopitaux de district Centres de santé	 02 12	 02 00	 02 20	 06 32
3	Adduction d'eau potable	06	05	07	18
4	Electrification	03	00	02	05
5	Culture, jeunesse et sport	02	01	00	03
6	Raccordement eau et électricité	01	00	00	01
7	Projets généraux	05	01	00	06
8	Forages manuels	00	00	60	60
9	Aménagement des plaines	00	00	06	06
	Totaux selon etat des travaux	**65**	**16**	**133**	**214**
TOTAL GENERAL					**214**

Source : CPGRP, 2009.

La lecture du tableau n°30 montre que seuls 6 projets d'aménagement des plaines pouvant permettre aux paysans d'exploiter la culture du riz sont prévus, mais restent toujours à l'étude. Ces réalisations n'ont pas eu des effets significatifs sur la vie de la population.

Par ailleurs, il est évident que ces sommes injectées dans la réalisation de ces ouvrages, dont la qualité et la durabilité sont souvent remises en cause, ne sont que la partie visible du gigantesque iceberg formé par les revenus de l'or noir tchadien. Comme Déby Itno l'a rappelé à l'ouverture du CIOME 2008, « les revenus de l'or noir servent en grande partie à alimenter la guerre contre les mercenaires à la « solde du Soudan ». Et plus qu'une simple coïncidence, la résurgence des rébellions ces cinq dernières années prouve à suffisance que le pétrole est devenu le nerf de la guerre dans notre pays »[139]

[139] Propos du chef de l'Etat tchadien tenu au CIOME, rapporté par N'Djaména Bi-hebdo, mars 2008

8.3.8.1. Répartition des ressources par domaine / secteur

Le rapport d'étude de la CPPL fournit des données sur les investissements des 5% par secteur qui se présentent comme suit :

- domaine des grands projets d'infrastructures : 9 230 369 952 F CFA dont 2 200 000 000F CFA pour le stade omnisport, 4 287 245 000 F CFA pour la construction des marchés ;
- domaine éducation : 8 242 665 275 F CFA dont 4 275 495 064 F CFA en bâtiments pour les écoles primaires et 3 967 170 211 F CFA pour les écoles secondaires ;
- domaine santé : 3 553 470 900 F CFA dont 1 322 883 737 en centres de santé et 2 230 587 163 en hôpitaux de district ;
- domaine électrification : 4 443 056 698 F CFA ;
- domaine adduction d'eau potable : 6 211 812 188 F CFA ;
- domaine micro crédit et fonds de solidarité : 1 150 000 000 F CFA.

Les données de ces réalisations par domaine sont encore mieux perceptibles sur le graphique n°13.

Graphique n°13 : Proportion des investissements réalisés par domaine

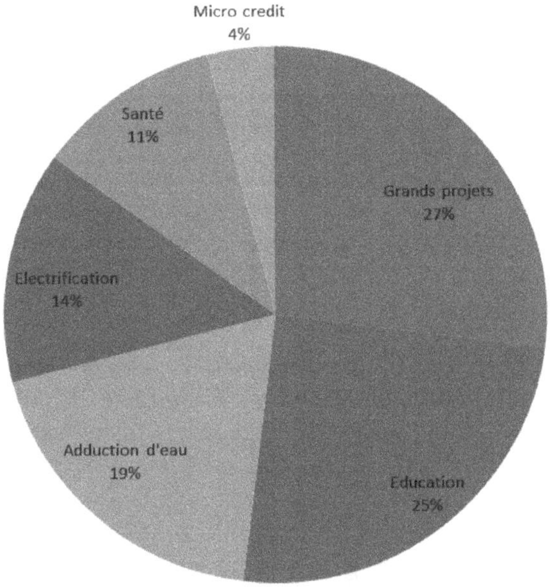

Source : CPGRP, 2009.

Comme nous pouvons l'observer sur le graphique n°13, les grands projets représentent 27 %, suivis de l'éducation 25% et de l'adduction d'eau potable 19%. Ces grands projets concernent les marchés dits modernes et le stade. L'éducation ne concerne que la construction des bâtiments scolaires souvent non équipés, pour des écoles qui ne disposent pas de maîtres et de fournitures scolaires. Le tableau n°31 présente la situation des secteurs d'activités appuyés avec les 5% de la région productrice du pétrole de Doba.

Tableau n°31 : Situation des secteurs d'activités appuyés

Secteurs d'activités appuyés Montant total des investissements 33 199 875 013 F CFA						
Année	**Contrôle – Etude**	**Construction**	**Adduction d'eau**	**Electrification**	**Micro-Crédit**	**Fonds Solidarité**
2005	184 000 000	2 928 595 000	423 500 000	0		0
2006	263 749 767	4 875 000 000	0	0		0
2007	0	4 924 284 107	4 102 902 226	4 443 056 698	30 000 000	20 000 000
2008	1 209 921 043	6 586 156 210	2 108 909 962	0	1 000 000 000	100 000 000
Total	**1 657 670 810**	**19 314 035 317**	**6 635 312 188**	**4 443 056 698**	**1 030 000 000**	**120 000 000**
Pourcentage	**4,99%**	**58,17%**	**19,99%**	**13,38%**	**3,10%**	**0,36%**

Source : CPGRP, 2009.

D'emblée, le secteur de construction l'emporte sur les autres en termes de montant des investissements dans les infrastructures (58,17%). Il s'agit de la construction des infrastructures ou des grands ouvrages : stade omnisport, marchés modernes, hôpitaux de district et lycées bâtis pour la plupart dans les grandes villes et les chefs-lieux de département comme Doba, Bébédjia, Baïbokoum, Goré, Béboto et Bodo. La qualité de ces ouvrages réalisés ont a l'objet de vives critiques de la population, des ONG et du CCSRP.

8.3.8.2. Répartition spatiale inégale des 5%

La répartition dans l'espace de ces infrastructures réalisées est inégale comme nous pouvons le constater dans le tableau n°32.

Tableau n°32 : Investissements réalisés par département de 2005 à 2008

Départements Montants	**La Pendé**	**La Nya**	**Nya-Pendé**	**Kou-Est**	**Kouh-Ouest**	**Mts de Lam**
Montant réalisations	8 921 600 077	6 479 794 871	4 425 619 360	2 532 486 947	989 219 255	8335 171 390
Montant crédit	236 000 000	112 000 000	96 000 000	117 000 000	116 000 000	104 500 000
Totaux	9 157 600 077	6 591 794 871	4 521 619 360	2 649 486 947	1105219255	8 439 671 390
Pourcentage	**28,20%**	**20,30%**	**13,93%**	**8,17%**	**3,40%**	**26%**

Source : Collège de contrôle, 2009.

L'analyse du tableau n°32 permet de savoir que le montant total des réalisations dans les six départements du Logone oriental est de 32 465 391 900 F CFA. Les départements de la Pendé, des Monts de Lam et de la Nya ont plus bénéficié des revenus pétroliers issus des 5% des revenus pétroliers que les autres. Le Département des Monts de Lam a bénéficié des infrastructures presque à la hauteur de celles de la Pendé. Cela s'explique par les grandes structures construites à Doba et à Baïbokoum : Stade omnisport, hôpitaux de district, électrification, châteaux d'eau, gare routière, lycées, etc. Le département de la Nya, site des trois grands champs pétroliers (Komé, Miandoum, Bolobo), vient en troisième position. Là aussi, la grande partie des investissements réalisés (plus de 65%) concerne les grandes structures construites à Bébédjia : le marché moderne, l'électrification de la ville. La situation est la même dans le département de la Nya-Pendé où le gros des investissements a été réalisé à Goré (adduction d'eau potable, électrification de la ville et construction d'un hôpital de district). Les nouveaux départements de Kouh-Est (Bodo) et Kouh-Ouest (Béboto) sont les deux départements qui ont le moins profité des 5%. Les quelques réalisations en cours concernent l'hôpital de district et l'adduction d'eau potable. *« L'analyse approfondie montre que seulement 4 118 542 984F CFA (soit 21,32%) sur 19 313 835 317 F CFA du secteur construction ont été investis dans les villages pour construire les bâtiments pour 28 écoles »* (DJERALAR M., 2010).

En considérant que les constructions ont été effectivement réalisées dans les villages, nous pouvons estimer que 28 villages ont bénéficié de nouveaux bâtiments d'écoles primaires sur 1027 villages que compte la région, soit 2,7 % des villages. Par ailleurs, les bâtiments scolaires construits sont localisés essentiellement le long de l'axe principal Doba-Moundou, au détriment des villages situés plus en profondeur dans les champs et qui sont les plus impactés par le projet. Selon les entretiens que nous avons eus à Doba avec les responsables, c'est le chef de l'Etat qui aurait personnellement instruit le nouveau Comité de gestion des 5% qu'il a mis en place, de déguerpir des écoles en hangar au bord de l'axe principal qui vient d'être bitumé. Ce qui est vraisemblable en raison du déguerpissement similaire des maisons en matériaux sommaires le long des rues de N'Djaména pour masquer la vraie face des habitations le long des rues par des briques et parpaings.

Des villages comme Maïnkeri, Mouarom, Madjo, Béro, Bégada, Moundouli, etc., qui abritent des puits pétroliers, n'ont pas bénéficié des réalisations des 5%. Il en est de même pour l'agriculture et l'élevage, deux principales activités de la population rurale.

8.3.8.3. Les 5%, principale source de financement des projets réalisés par le gouvernement dans la région

Les 5% ont perdu leur caractère additionnel. En lieu et place des projets prévus dans le Logone oriental sur les 65% des ressources pétrolières, les autorités du pays amènent le Comité de gestion des 5% à financer lesdits projets. C'est une utilisation arbitraire des 5% des revenus pétroliers en lieu et place des 65% des redevances et 70% des dividendes qui devraient financer les secteurs prioritaires. Les équipes du CPGRP, qui se sont succédé, ont utilisé les 5% des revenus pétroliers pour réaliser des constructions gigantesques dans les grands centres urbains qui relèvent plutôt de l'utilisation des 65% des redevances et des 70% des dividendes (DJERALAR M. 2010).

Ces investissements réalisés obéissent à des objectifs politiques et non de développement. Par ailleurs, il y a une mauvaise construction des infrastructures comme le cas de la bibliothèque du lycée moderne de Baibokoum, du stade et du palais de justice de Doba. Les bâtiments scolaires et autres ouvrages suintent aussitôt après leur construction comme le note le rapport de mission du collège de contrôle et de surveillance des revenus pétroliers. Ces réalisations sont parfois faites sans une étude préalable. C'est le cas, par exemple, de la construction du lycée moderne de Baibokoum par le Comité des 5%. « *On peut dire qu'il y a trop de lycées pour rien* »

Photo n°43 : Lycée de Baibokoum construit sur fonds pétrolier de la région productrice

Source : Cliché MOUTEDE-MADJI V., vue prise en avril 2009.

La photo n°43 présente les Monts de Lam (en arrière-plan) et les bâtiments scolaires du lycée de Baibokoum, construits avec les 5% alors que cette petite ville dispose déjà de grands bâtiments scolaires construits par les prêtres italiens (photo n°44). Dans le même temps, de nombreuses agglomérations du Logone oriental manquent de ces infrastructures scolaires. Il s'agit là d'une mauvaise utilisation des ressources de la région.

Photo n°44 : Lycée de Baibokoum construit par les prêtres italiens

Source : Cliché MOUTEDE-MADJI V., vue prise en avril 2009.

8.3.8.4. De grands investissements en ville au détriment des zones les plus touchées par les travaux d'exploitation du pétrole et des villages reculés

Lors d'un atelier organisé par le GRAMP/TC à Doba, les populations des trois cantons de Miandoum, Komé et Béro qui abritent des puits et installations pétrolières ont adressé une recommandation aux autorités et au Comité de gestion des 5%. Il ressort de cette recommandation que lesdits cantons sont oubliés dans la distribution des revenus issus du pétrole de leur sous-sol alors qu'ils font partie des victimes immédiates des pollutions et des pertes des terres agricoles. Cette préoccupation est également relevée par d'autres rapports. « Normalement, les populations des grands espaces pétroliers de Miandoum, Bolobo, Ngalaba et Komé devraient figurer au premier rang des bénéficiaires des 5% des revenus pétroliers alloués à leur région. Comme les compensations, une infime partie, issue des 5% des revenus pétroliers, a été mise en œuvre pour améliorer les conditions de vie de ces communautés sur lesquelles retombent les risques directs de l'exploitation. Et si nous ne les aidons pas à prendre des dispositions particulières pour se faire entendre, alors elles continueront à souffrir de ces privations drastiques encore des années » (DJERALAR M. 2010). Nous l'avons constaté aussi bien pour les grandes infrastructures que pour les structures de base, les communautés de Miandoum et autres situées sur le site pétrolier n'ont pas fait l'objet d'attention particulière de la part des différentes équipes de CPGRP qui se sont succédé. Ce que relève une femme de Ngalaba, bien que son village ait bénéficié d'un bâtiment scolaire à cycle complet de la part du CPGRP « *Les 5% des revenus pétroliers alloués à la région productrice ne prennent pas en compte les souffrances de la population de la zone de développement des champs. Ce sont les grandes villes qui en profitent alors que nous, nous souffrons de manière directe des effets du projet. C'est injuste. Aujourd'hui, nous nous sommes révoltés. Nous ne voulons plus nous soumettre aux questions des gens qui viennent et à qui nous disons tout, mais qui ne font rien pour nous aider. Nous préférons qu'on nous laisse tranquilles dans notre souffrance* ». De même que les villages des champs pétrolifères, ceux qui sont en dehors de la zone pétrolière n'ont pas ressenti les effets de l'exploitation du pétrole dans leur vie quotidienne. Cela s'explique par l'absence des investissements réalisés dans le cadre des des 5% et par Esso et l'Etat sur fonds pétroliers. Les quelques rares infrastructures qui existent dans ces villages sont le fruit des associations villageoises ou des ONG. La photo n°45 annonce la construction d'un stade.

Photo n°45 : Pancarte signalant la construction du stade de Doba sur fonds pétrolier

Source : Cliché MOUTEDE-MADJI V., vue prise en avril 2009

La photo n°45 présente une pancarte signalant la construction du stade omnisports de Doba, sur les fonds des 5% alloués à la région du Logone oriental. Alors que les besoins actuels de la population bénéficiaires s'expriment en termes d'eau potable, de santé, de sécurité alimentaire, etc., le Comité de gestion des 5% a investi de l'argent dans le domaine des grands projets comme le marché moderne, le stade, considérés par la population bénéficiaire comme étant des besoins non prioritaires.

8.3.8.5. Les microcrédits distribués essentiellement dans les chefs-lieux de départements et de sous-préfectures

Trois types de crédit sont octroyés dans le Logone oriental durant la période des activités pétrolières.

- Le premier, et le plus ancien, est celui octroyé sur les Fonds d'actions concertées pour les initiatives locales (F.A.C.I.L.), une des mesures d'atténuation des effets non souhaités du projet. La gestion et le suivi des crédits dans ce cadre ont été confiés à des ONG nationales, intermédiaires que sont ACODE et CEPRIC. Ces fonds n'existent plus aujourd'hui. Quelques groupements féminins rencontrés et qui ont accédé à ces fonds disent ne pas profiter de ces crédits. Aujourd'hui, ils sont attraits en justice, leurs biens arrachés pour le remboursement.
- Le deuxième type de crédit, signalé dans la région, n'est pas lié au projet pétrole. Il est gouvernemental et financé sur le budget général de l'Etat. Il est octroyé et géré par le ministère de la solidarité et de micro-crédit ;
- Le troisième, enfin, est celui qu'octroie le Comité provisoire de gestion des 5% alloués à la région productrice (CPGRP). Les entretiens avec les responsables de CPGRP mentionnent que, dans la programmation pour la période de 2007-2010, est prévu, au titre des microcrédits, un montant de trois milliards (3 000 000 000 F CFA), soit un milliard par an. Jusqu'en janvier 2009, trois opérations d'octroi de crédits d'un montant total de cent soixante millions cent soixante-sept mille sept cent dix F CFA (160 167 710 F CFA) dont vingt-sept millions cent soixante-sept mille sept cent dix F CFA (27 167 710 F CFA) en 2007 et 133 millions F CFA en 2008 ont été organisées (CCSRP, 2008). Ces microcrédits sont accordés aux groupements. Sur instruction du chef de l'Etat pendant son passage à Doba, un fonds de l'ordre de 3 milliards était prévu dans le programme pour être distribué à hauteur d'un milliard par an pendant trois ans en crédit. Ainsi, sur la base des résultats de l'opération test, une deuxième tranche de microcrédits a été lancée, cette fois-ci dans sept grandes zones de la région du Logone oriental toujours sur les fonds des 5% des revenus pétroliers pendant la période allant de septembre 2008 à février 2009. Les principaux domaines concernés sont :

- domaine agricole, notamment les équipements de transformation et les tracteurs représentant 53% du montant total des crédits octroyés ;
- domaine pastoral axé sur l'embouche bovine représentant 21% du montant total des crédits octroyés ;
- domaine des services articulés autour des activités génératrices de revenus telles que : les ateliers de couture et de soudure, les salons de coiffure, les moulins, les cabines téléphoniques..., représentant 26% du montant total des crédits octroyés.

En dehors des crédits octroyés pour l'achat des tracteurs dont la durée de remboursement s'étale sur une année et demie, le reste est à court terme.

Selon le CCSRP, deux opérations de crédit d'un montant global de plus d'un milliard (45 000 000 F CFA en 2007 et 961 326 499 F CFA en 2008) ont été octroyées dans les six départements et plus particulièrement dans les chefs-lieux de sous-préfectures. Pour un montant total de sept cent quatre-vingt un millions cinq cent mille (781 500 000 F CFA) de crédits octroyés, environ 6 000 personnes (dont 3623 femmes) en sont bénéficiaires. Ces personnes sont issues de 413 groupements répartis dans les six départements de la région et la commune de Doba (DJERALAR M. 2010). Ainsi, d'après les données détaillées, recueillies auprès de l'expert en micro crédit sur un montant total de sept cent quatre-vingt un millions cinq cent mille F CFA (781 500 000 F CFA) distribués :

- Les six chefs-lieux de départements (Doba, Bébédjia, Goré, Baïbokoum, Beboto, Bodo) ont reçu un montant total de quatre cent cinquante-six millions cinq cent mille (456 500 000 F CFA);
- Les seize chefs-lieux des sous-préfectures ont reçu trois cent vingt-cinq millions F CFA (325 000 000 F CFA). Une moyenne de vingt millions trois cent douze mille cinq cents F CFA (20 312 500 F CFA) par chef-lieu de sous-préfecture. Avec des disparités difficiles à expliquer, variant d'un montant de sept millions F CFA (7 000 000 F CFA) à Béboni et quarante-sept millions F CFA (47 000 000 F CFA) à Larmanaye. Des faibles montants de crédits ont été également distribués à Miandoum, Komé et Donia, dans la zone de développement des champs pétrolifères. Par contre, des villages ont été oubliés dans cette distribution. Notons au passage que les outils de mise en œuvre de crédit qui ont été développés ne sont pas non plus pris en compte, rendant difficile le recouvrement. Selon le même rapport, le taux de recouvrement se situe entre 20% et 30%[140].

[140] Entretien avec un agent de crédit de CPGRP, 2010

8.3.9. Un comité qui dispose de très peu de pouvoir de décision

Les acteurs impliqués dans la prise des décisions pour les fonds alloués à la région productrice sont la présidence de la République, le ministère des Finances, le CPGRP, le CCSRP et les communautés locales. Le tableau n°33 présente le niveau de décision de chaque acteur dans le temps.

Tableau n°33 : Niveau de décision selon le type d'acteur

Année	Montant et niveau de décision Montant total des engagements : 33 199 875 013F CFA Sources : CPGRP				
	Présidence	Ministère	CPGRP	Autres	Observations par année
2005	3 535 895 000	0	0	0	100% présidence de la République
2006	4 854 000 000	212 515 000	72 234 767	0	94,46% présidence et 1,41% CPGRP
2007	4 335 375 643	8 201 534 572	195 065 816	788 267 000	32,07% présidence ; 60,66% ministère
2008	7 400 460 883	0	1 172 902 853	2 431 623 479	67,25% présidence ;
Total	20 125 731526	8 414 049 572	1 440 203 436	3 219 890 479	10,66% CPGRP et autres 22,10%
%	60, 62%	25,34%	4,34%	9,70%	100%

Source : CCSRP.

Le tableau n°33 illustre les principaux décideurs que sont la présidence de la République, le ministère des Finances et le CPGRP avec respectivement 60,62%, 25,24 %, 4,34 % de niveau de prises de décisions. Nous constatons que les communautés locales qui sont les principaux acteurs n'ont pas pris part au processus de décision sur les fonds alloués à leur région. Les décisions importantes sont prises à partir de N'Djaména. L'analyse annuelle montre que, pendant les deux premières années, les décisions d'engagements relatifs à l'utilisation des 5% ont entièrement été prises par la présidence : 100 % en 2005 et 94,46% en 2006. Les décisions et les engagements de 2007 ont été largement pris par le ministère des Finances (60, 66%). Les engagements relevant du CPGRP sont très faibles : seulement 1, 41% d'engagement du CPGRP en 2006 et 10,66 % en 2007. Nous avons constaté que d'autres acteurs (les bailleurs de fonds) ont engagé 22,10% des opérations d'investissements en 2008. Il ressort donc clairement que le Comité de gestion des 5% ne dispose ni d'autonomie, ni de pouvoir de décision. C'est d'ailleurs ce qui explique le fait que les résultats de la communication sociale, organisée dans l'ensemble des cantons, sous-préfectures et départements de la région, avec l'appui technique du GRAMP/TC, n'ont pas été pris en compte. Alors que cette campagne a vu la participation des représentants de l'ensemble des villages du Logone oriental, qui ont formulé leurs priorités quant à la gestion des 5%.

8.4. DES OPPORTUNITÉS D'AFFAIRES ET DES EFFETS INDIRECTS POSITIFS TRÈS LIMITÉS

8.4.1. Des opportunités d'affaires peu nombreuses pour les entreprises locales

Le chantier pétrolier de Doba a créé des opportunités d'affaires pour les entreprises nationales et internationales. Cependant, ces opportunités d'affaire ont été très peu nombreuses pour les entreprises locales. Les quelques marchés qui sont fournis aux entreprises locales concernent les commandes de produits locaux, de locations de services, de ventes des produits locaux, de location des maisons auprès de la population locale, etc. Ces opportunités d'affaires ont fait l'objet d'une étude réalisée en 2004[141], à la fin des travaux de construction par le GRAMP/TC. Cette étude, couplée avec les données de la chambre de commerce, fournit des informations permettant d'analyser l'impact des activités pétrolières sur les entreprises locales. Selon cette étude, plus de 30% des entreprises nationales n'ont pas accès à l'information sur les opportunités d'affaires. La même étude, précise que, pour accéder aux marchés auprès des compagnies pétrolières, il y a des conditions, « la principale condition, reconnue par plus de la moitié des entreprises, est la régularisation de la situation administrative. Ensuite, par ordre d'importance, le professionnalisme, la qualité du matériel, la caution financière, le volume de l'offre » (GRAMP/TC, 2004). Cette étude a montré qu'un nombre non négligeable d'opérateurs économiques méconnaissent ces conditions, car 69% des entreprises enquêtées ont été créées entre 1995 et 2003. De plus, dans le milieu rural, le secteur informel domine et nous ne pouvons pas parler de véritables entreprises dans les villages du Logone oriental. 30% seulement des entreprises enquêtées ont accédé aux marchés. Hormis les conditions administratives, les entrepreneurs justifient leur faible accès aux marchés du projet pétrole par le fait que les marchés sont complexes ; il y a le refus volontaire de certaines entreprises de soumissionner ; la faiblesse financière et le manque d'information ; le manque de parrain ; l'opacité des marchés, etc. Mais, d'après Esso, pendant la phase de construction, de 2000 à 2003, le projet pétrole de Doba a dépensé 248,5 milliards de F CFA pour l'achat de biens et de services locaux auprès des commerçants tchadiens (Esso, 2005). Selon la même source, plus de 1000 entreprises tchadiennes ont fourni des biens et services lors de la phase de construction du projet pétrole de Doba. Cette fourniture a concerné les bâtiments, la construction, le forage de puits d'eau, la mécanique, l'électricité, l'équipement, l'outillage, les produits alimentaires, le transport, l'alimentation, le défrichage de sites et le traitement des déchets. Etant donné que ces services n'existent pas dans les villages, ils sont fournis par des entreprises internationales et nationales, venues de N'Djaména, Moundou et

---

[141] Etude des opportunités d'affaires dans la phase de construction du projet pétrolier de Doba sur les entreprises locales

Doba. Pour permettre aux opérateurs nationaux de gagner davantage de marchés comme leurs collègues internationaux, la chambre de commerce, à travers son Centre de développement des entreprises (CDE), a mis en place un programme de formation pour les entreprises nationales dont l'objectif est de leur fournir des techniques de gestion et méthodes de travail adaptées aux procédures du consortium et de ses sous-traitants.

A l'échelle locale, la culture d'entrepreneuriat est très faible. Il n'existe pas dans les villages des entreprises reconnues auprès des services compétents, pouvant gagner le marché auprès d'Esso. Cependant, quelques marchés ont permis aux paysans de se faire un peu d'argent. Il s'agit, par exemple, de la vente de pierres. Le fait que le projet pétrole de Doba ait un impact positif limité sur le monde rural amène les compagnies pétrolières à réfléchir sur quelques initiatives en faveur des paysans.

8.4.2. Quelques initiatives louables en faveur des paysans

Après avoir tiré les leçons de la gestion des compensations individuelles et surtout les échecs des mesures mises en place pour atténuer les effets négatifs du projet, Esso a entrepris la réalisation de quelques initiatives au profit de la population. C'est ainsi qu'il a créé la fondation Exxon Mobil.

8.4.2.1. Des subventions de la fondation Exxon Mobil : initiative à encourager

L'ONG Africare pilote le projet Fondation Exxon Mobil dans le cadre d'IRPEF, initiative de renforcement des capacités des femmes entrepreneuses. Africare est implantée depuis 2008 dans la région et s'occupe de la formation, de la subvention en fonction des projets soumis, de la construction des bergeries, des achats des moulins, machines à coudre (atelier), etc. « *Dans le département de la Nya, il y a huit (8) groupements dont dix-sept à vingt (17 à 20) membres ont bénéficié d'un appui de ce projet. L'aspect microcrédit n'est pas encore opérationnel. A Miandoum, le groupement « Melom », composé de 11 personnes, a bénéficié d'un appui en matériel de construction d'une valeur de plus de 2 millions et de l'achat de 30 têtes de moutons* »[142]. Actuellement, il ne reste que 13 têtes pour l'engraissement, car les responsables du groupement soulignent que certains animaux sont malades. C'est ainsi qu'elles ont vendu une partie pour le stockage et la commercialisation des céréales. Cela a permis également aux membres du groupement de participer aux formations, de construire, etc. Cette initiative mérite d'être encouragée et étendue sur toute la zone pétrolière.

[142] Entretien avec une femme, responsable d'un groupement à Miandoum

8.4.2.2. L'électrification des sous-préfectures et chefs-lieux de canton

Certains sous-préfectures et chefs-lieux de canton de la zone pétrolière du Logone oriental sont électrifiés grâce au projet électrification des chefs-lieux de sous-préfecture, initié par le ministère du Pétrole. Ce projet d'électrification a débuté en 2010 par l'identification des villes, des structures bénéficiaires et l'installation de panneaux solaires. Les bénéficiaires sont des structures étatiques, les centres communautaires, les centres de santé, les écoles et les résidences des chefs de canton et sous-préfets. Au total, dix-sept sous-préfectures sont concernées. Les chefs de canton, les sous-préfets ont aussi bénéficié de frigos. Par ailleurs, les principales voies de ces centres sont également électrifiées. Il faut noter que cette électrification ne concerne que les structures précitées et l'axe principal du centre concerné. Des centaines de ménages de ces sous-préfectures ne sont pas concernées. Ce qui a un effet très limité. Malgré la distribution de l'électricité dans quelques structures des sous-préfectures, le problème d'énergie n'est pas encore réglé dans les grands centres urbains où les coupures d'électricité sont monnaie courante. Ainsi, en août 2011, les organisations de la société civile du Logone oriental, réunies au sein de ROSOC[143], ont lancé une grève ville morte à Doba, pour protester contre l'absence de courant dans la ville pétrolière de Doba pendant deux semaines. Ce tableau socio-économique reste encore sombre dans les « villages enclavés ».

Retenons que les paysans du Logone oriental n'ont pas profité des opportunités d'emploi et des affaires liées à l'exploitation pétrolière. Le nombre de personnes de la région, qui ont travaillé dans le secteur pétrolier, ne dépasse guère 10 par village et la durée de l'emploi est en général d'un mois, voire moins. Cependant, l'emploi pétrolier est source d'immigration et d'implantation de villages spontanés qui exercent une pression supplémentaire sur les ressources foncières. En outre, le milieu rural n'a pas bénéficié des 5% des revenus pétroliers destinés à la région productrice. De 2003 à 2011, le compte des 5% des revenus pétroliers, alloués au Logone oriental, a enregistré un montant de cinquante-six milliards neuf cent seize millions huit cent trente-quatre mille sept cent quartoze F CFA (56 916 834 714 F CFA) (CCSRP, 2011). Cet argent a servi à la réalisation de quelques infrastructures de qualité médiocre dans les centres urbains (stade, marché moderne, palais de justice, etc.), au détriment des investissements sociaux, sur décision des plus hautes autorités du pays. Les cantons et villages des champs pétrolifères, pourvoyeurs du pétrole, n'ont pas bénéficié de cet argent. Les quelques rares initiatives d'Esso ne répondent pas aux attentes des populations de plus en plus nombreuses. Cet argent devrait logiquement être géré par les collectivités territoriales décentralisées. Mais, en l'absence de celles-ci, un comité nommé, qui n'a

[143] Réseau des organisations de la societé civile du Logone oriental

pas les mains libres, est chargé de gérer les 5% des revenus pétroliers. Les quelques rares investissements réalisés par ce comité ne répondent pas aux besoins des bénéficiaires. Les élections municipales vienent d'être organisées en début de cette année 2012. Nous espérons qu'à l'avenir, les choses vont changer. En attendant, voyons quelle est la situation socio-économique et environnementale des « villages enclavés » qui regorgent de puits et d'installations pétrolières.

CHAPITRE 9

Situation socio-économique des « villages enclavés » dans les champs pétrolifères, très affectés par les activités pétrolières

Ce chapitre est consacré à l'étude des cas des villages encerclés par les installations de surface des champs pétrolifères. Ces villages, très impactés, sont essentiellement localisés dans trois canton à savoir Miandoum, Komé et Béro dans le département de la Nya (Carte n°36), riches en puits pétroliers. Ces cantons sont touchés par les activités pétrolières des anciens champs mais aussi les champs satellites de Nya, de Maïnkeri, de « Timber » et la densification des puits qui se poursuit actuellement sur le terrain. Dans les champs pétrolifères du Logone oriental, « *selon l'organisation administrative de 2008, l'acquisition des terres pour le projet pétrole a touché au total 61 localités dont 47 sont des villages administratifs. Géographiquement, ces villages sont au nombre de 32, dont 7 sont sévèrement affectés par le projet, et 3 moyennement affectés* » (Esso, 2009). Ces dix villages géographiques les plus affectés sont scindés en 15 villages administratifs et sont les plus affectés par les activités pétrolières, en termes d'occupation des terres et d'effet sur l'environnement. Ces villages affectés par les installations pétrolières sont une soixantaine dans les champs pétrolifères, et plus de cent si nous prenons en compte les villages touchés par le tracé du pipeline et de la route. Il ne s'agit pas ici d'étudier l'ensemble de ces villages mais de relever quelques cas emblématiques des villages qui sont au cœur des centres des opérations des activités pétrolières. L'analyse vise à montrer la situation socio-économique de ces villages, eu égard à l'exploitation des richesses de leur sous-sol. Cette étude de cas nous permettra de mieux apprécier les effets des activités pétrolières sur la région productrice.

L'analyse de la situation socio-économique des « villages enclavés » sera focalisée sur les cantons de Miandoum, Komé, Béro et Miladi, qui constituent le centre des opérations pétrolières du Logone oriental.

Carte n°36 : Localisation du Département de la Nya et des cantons très affectés par le projet dans le Logone oriental

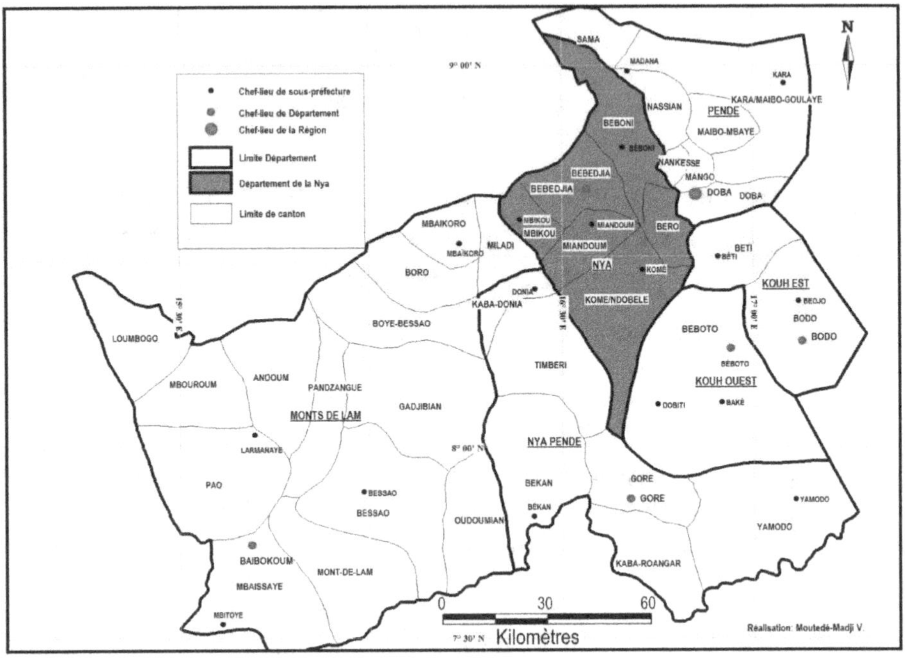

Source : Données de terrain, 2010

La carte n°36 localise le département de la Nya. Ce Département regroupe les trois cantons des champs pétrolifères, à savoir Béro, Komé et Miandoum. Seul, le canton de Miladi se trouve dans le département des Monts de Lam. Il est important d'analyser la situation socio-économiques des « villages enclavés » de ces cantons.

9.1. SITUATION SOCIO-ÉCONOMIQUE DES « VILLAGES ENCLAVÉS » DU CANTON DE MIANDOUM

Ce sous-chapitre traite des cas particuliers des « villages enclavés » du canton de Miandoum. Il s'agit essentiellement de Maïnkeri et de Ngalaba qui ont plus ou moins un même terroir.

9.1.1. La situation socio-économique du « village enclavé » de Maïnkeri

Maïnkeri est un village localisé dans le canton de Miandoum, dans le Département de la Nya. De villages limitrophes de Maïnkeri sont : Bendoh, Ngalaba, Bekia, Bembaida, Pouteguem, Morkedé, Mermeouel. La plupart de ces villages voisins se trouvent à 2 ou 3 km seulement de Maïnkeri. Le village limitrophe le plus éloigné se trouve à 7 km, et le plus proche à 1 km. C'est dans cet espace limité que la population pratique les activités agricoles et pastorales. C'est également dans ce même espace que sont construites les infrastructures pétrolières qui ont totalement encerclé le village.

9.1.1.1. Maïnkeri, un village enclavé par les installations pétrolières

L'enclavement de Maïnkeri peut être observé facilement sur l'image Google. Le village est entouré d'infrastructures pétrolières. Au Nord du village, à environ 2 km, il y a l'unité de collecte de Miandoum et plusieurs puits pétroliers dont le puits de Miandoum 1, des pistes d'accès aux puits, et une route principale. A l'Est, le village est également ceinturé par les puits pétroliers et les pistes d'accès. Au Sud, le terroir de Maïnkeri est occupé par deux grandes carrières dont une encore en exploitation. A l'Ouest du village, le terroir est occupé par un manifold, deux pipelines annexes, des puits pétroliers, une route d'accès et des lignes à haute tension (Schéma n°1). D'où l'appellation de « village enclavé » par les infrastructures pétrolières. Ces infrastructures pétrolières occupent de manière permanente l'espace agricole qui constitue le capital de production de la population qui vit essentiellement des activités agricoles. Au total, le village compte 60 puits pétroliers. Des travaux de recherches et d'intensification des puits pétroliers se poursuivent actuellement à l'Est du village, à la limite de son terroir avec celui de Pouteguem.

Schéma n°1 : Terroir de Maïnkeri

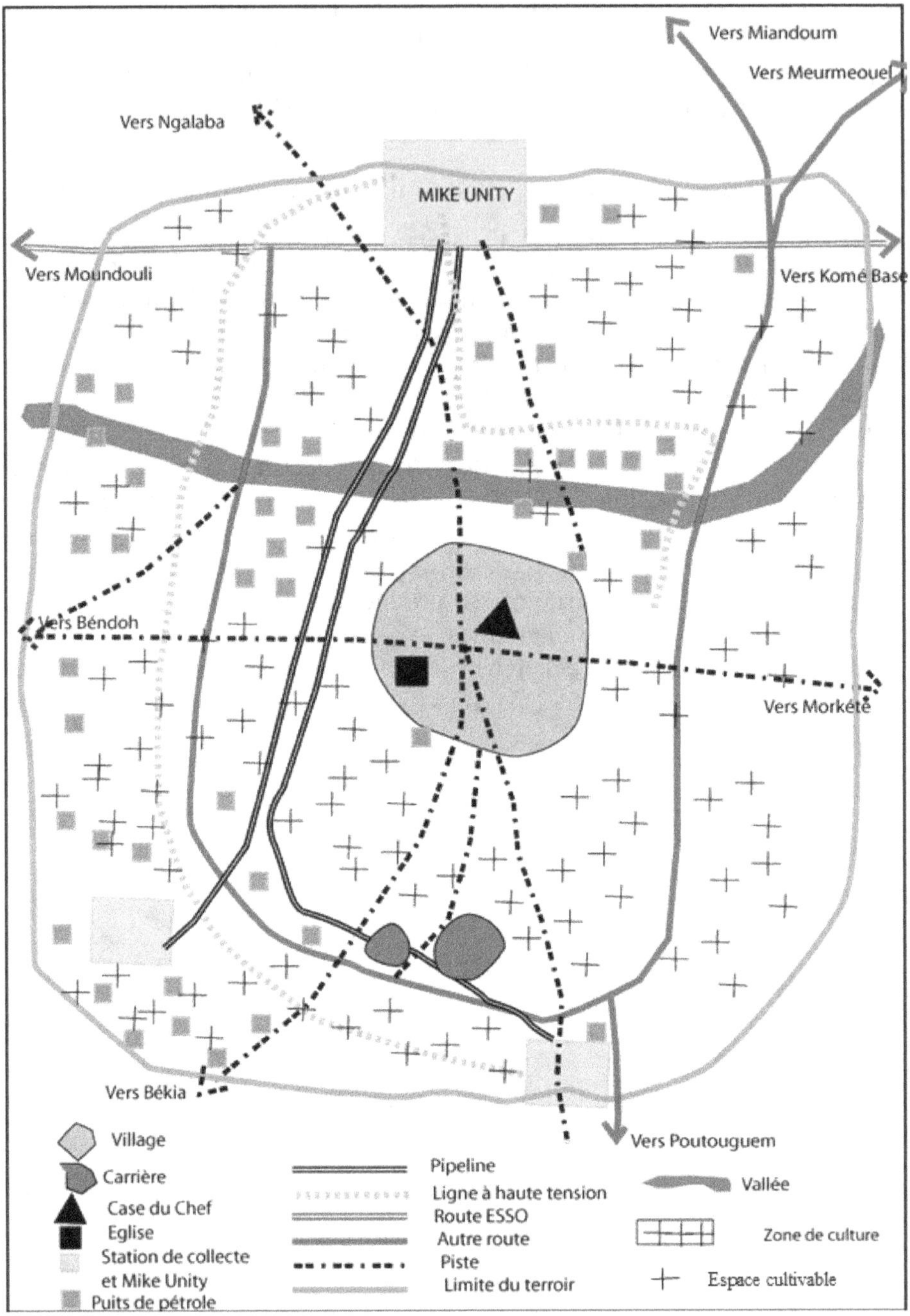

Source : Données de terrain, 2010.

Le schéma n°1 montre le terroir de Maïnkeri, l'un des villages les plus affectés et les plus étudiés dans le cadre des activités pétrolières. Il abrite

798 personnes réparties dans 134 ménages. La carte participative montre que les puits de pétrole sont éparpillés sur tout le terroir. Il comporte une soixantaine de puits pétroliers, 2 grandes carrières, 2 manifolds et une station de collecte (Mike Unity). Ces installations pétrolières sont reliées par des pipelines principaux et des pipelines intermédiaires. Deux lignes à haute tension bordent l'Ouest et l'Est du village. Le terroir est cerné par une route construite par ESSO sous forme de ''U'' et qui se relie à la route principale. Aucune partie du terroir n'est dégagée à part celle reservée aux activités agricoles, sources de survie de la population. Selon les analyses sur l'occupation du sol, il n'y a plus de réserves de sol dans le terroir. Cette situation est si préoccupante que la population exprime une certaine amertume en regardant les installations pétrolières et en songeant à l'impossibilité de trouver, dans l'immédiat, une solution rapide à sa situation.

D'un côté, nous avons une population dont le cadre de vie pose problème. De l'autre, nous assistons à l'intensification et à la densification des activités sur le même terroir sans qu'aucune mesure appropriée ne soit prise pour pallier cette situation de contraste. Malgré ce niveau d'impact, et devant les cris incessants de la population envers le consortium et le gouvernement, le village n'a pas reçu de mesures alternatives conséquentes. Ainsi, la population estime être laissée à la merci des effets indésirables des installations pétrolières pour se trouver dans l'obligation de quitter d'elle-même le terroir. L'opérateur n'aura donc rien à payer pour ce départ « volontaire ».

9.1.1.2. Un village autrefois riche en ressources foncières, offrant de hauts rendements agricoles

Le terroir de Maïnkeri était en grande partie dominé par les savanes et la forêt. La partie Est du village est occupée par la forêt. Le village était petit et la zone de cultures n'était pas si grande. « *Les espèces animales vivant dans cet espace étaient en sécurité* » (MADJIGOTO R. 2007). La production agricole, bien que sur des petites surfaces, était abondante. A cela, s'ajoute la cueillette. Ce qui fait que la famine n'existait pas dans le terroir de Maïnkeri. Il n'existe pas de données sur la production par village pour apprécier les rendements agricoles. Cependant, les propos des anciens villageois ayant vécu dans cet espace permettent de comprendre que les rendements étaient bons par le passé. « *Au départ, nous cultivions même sur une superficie de 50 m^2 et cela suffisait pour récolter divers produits agricoles comme melon, sorgho, mil, courge, concombre, taro etc., pour la consommation de la famille. Mais, de nos jours, les terres ne sont plus fertiles comme par le passé. Mes fils et petits-fils, que vous voyez, cultivent 3 à 4 hectares, mais cela ne leur permet pas d'avoir 2 ou 3 sacs pour nourrir la famille au cours de l'année. La vie est devenue très difficile. Moi, je ne travaille plus, mes fils* *aussi sont fatigués de se lamenter, la situation n'est pas comme avant* »[144]. Actuellement, le terroir de Maïnkeri est presque totalement exploité par la population.

9.1.1.3. Un peuplement lié à la recherche des ressources naturelles

L'histoire du village de Maïnkeri est étroitement liée à celle des ressources naturelles. En effet, ce village a été fondé vers 1953 par des personnes originaires de Békia, dans le même canton, venues s'installer en pleine savane dense à la recherche de ressources foncières pour l'agriculture. Mais celles-ci seront chassées par la suite par les éléphants, comme le décrit l'ancien chef de village, un homme d'environ cent ans. *« L'histoire du village Maïnkeri remonte à mon grand-père, Yohoundoguira Dolaoti, et son fils nommé Baou, qui étaient venus s'installer d'abord à Bébemein pour des raisons agricoles. Quand ils se sont installés, les éléphants sont venus détruire leurs champs. J'étais encore célibataire mais j'étais ensemble avec eux et comme je ne me rappelle pas l'année, ils mettaient leurs récoltes dans des greniers. Il fut un temps où les éléphants sont venus détruire des récoltes et des habitations. Après réflexion, certaines personnes, comme Mbainodji qui est mon grand frère et d'autres, ont quitté Ngalaba, un village voisin. Mon père, mes frères et le grand-père, ont décidé de quitter le village, car ils étaient menacés par ces pachydermes. C'est ainsi que mon père, ses frères et leur petit-fils ont effectivement quitté Bebemein, village envahi par les éléphants, pour fonder un nouveau village, nommé Maïnkeri, qui signifie littéralement « j'ai fui l'éléphant » faisant ainsi référence à leur situation de Bebemein. C'est ainsi que mes ascendants étaient venus s'installer, beaucoup se sont mariés et multipliés pour fonder ce gros de village Maïnkeri* »[145]. Ces informations sont confirmées par les travaux de *MADJIGOTO R. (2007)*, qui indiquent que : « *Vers les années 1930, certains habitants de Békia avaient des exploitations agricoles vers Ngalaba à environ trois kilomètres. Certains se sont rapprochés de leurs exploitations et ont créé le village de Bébemein (village dans la brousse). En 1950, les éléphants ont surpris, de nuit, les habitants de Bébemein et détruit tous leurs champs ainsi que leurs greniers. En 1951, les habitants se sont rassemblés sur un autre site où l'un des leurs avait creusé un puits. Ce nouveau village est baptisé Maïnkeri (maï : je fuis et ker : éléphant). Le premier à défricher la brousse devint chef de terre et celui qui avait creusé le puits devint chef de village. La majorité de la population était chrétienne et vivait paisiblement une vie communautaire. En 1963, les habitants de ce village partirent pour s'installer au bord de la grande voie allant de Ngalaba à Béndoh. Mais s'étant rendu compte qu'ils rencontraient beaucoup de malheurs sur ce*

[144] Entretien avec l'ancien chef de village de Maïnkeri, décembre 2010
[145] Idem

nouveau site, ils retournèrent en 1970 à Maïnkeri » (MADJIGOTO R., 2007).

Il n'existait pas de données démographiques de ce village avant 1993. Au RGPH1, ce village a une population totale de 485 habitants et compte 67 ménages. En 2003, cette population a été évaluée à 602 habitants. En 2010, elle est passée à 877 habitants dont 565 femmes. La population de Maïnkeri a donc doublé entre 1993 et 2010. Cette croissance de la population influe sur les ressources foncières déjà limitées en termes de morcellement des unités d'exploitation. Ces habitants, devenus plus nombreux, ont par ailleurs un besoin en infrastructures de plus en plus grand.

9.1.1.4. Des infrastructures communautaires inexistantes ou non fonctionnelles lorsqu'elles existent

Bien que nombreuse, vivant en zone pétrolière et disposant d'un effectif de soixante (60) puits pétroliers sur son terroir, la population du village de Maïnkeri ne possède pas d'infrastructures socio-économiques. Par rapport à l'alimentation de la population en eau, le village est doté de 7 puits d'eau traditionnels. Dans le cadre des premières compensations communautaires, le village a bénéficié, en 2000, d'une connexion d'un château d'eau équipé d'un panneau solaire sur la pompe manuelle réalisée par le village, grâce aux revenus du coton. Ce château n'a fonctionné que quelques mois et les panneaux solaires ont été volés. « *Les châteaux existaient à Maïnkeri, à Miandoum avant que je ne vienne ici. Aucun de ces châteaux n'a fonctionné six mois. Deux à trois mois après réception, c'est la panne. Les forages équipés de pompe manuelle, il y en a moins de 5 sur une quinzaine au total qui fonctionnent dans le canton de Miandoum. Le problème est qu'il n y'a aucun comité local de gestion. Quand Esso tourne le dos, c'est fini et quand il y a panne, il n'y a pas d'argent pour réparer* »[146]. Actuellement, le village se contente de ses puits d'eau traditionnels (photo n°46) pour son alimentation en eau.

[146]Entretien avec un sous-préfet à Miandoum

Photo n°46 : Un puits d'eau traditionnel de Maïnkeri

Source : MOUTEDE-MADJI V., vue prise en décembre 2010.

La photo n°46 présente un puits traditionnel, source d'alimentation en eau de la population de Maïnkeri. La consommation d'eau des puits non amenagés et non protégés augmente les risques de maladies hydriques. Alors que, pour les soins de santé, la population du village de Maïnkeri se rend au centre de santé de Miandoum, à 12 km. Ce qui est au-delà des normes requises par l'Organisation mondiale de la santé (OMS) qui est de 5 Km. Par rapport à l'éducation, il y a une école primaire gérée par les maîtres communautaires. En l'absence d'un bâtiment scolaire digne d'un village de 60 puits pétroliers, les élèves se contentent de faire les cours sous les hangars (Photo n°47) construits chaque année au début de la rentrée scolaire.

Photo n°47 : Une vue des élèves de Maïnkeri en plein cours

Source : cliché MOUTEDE-MADJI V., vue prise en décembre 2010.

La photo n°47 présente les élèves en plein cours à Maïnkeri, un village qui dispose de plus de 60 puits pétroliers. Ce hangar, qui sert de salle de classe, contraint les élèves à arrêter les cours dès les premières pluies. Cette situation joue sur la formation des enfants. D'abord, les cours débutent tard à cause de l'attente de la construction des hangars. Ensuite, ils finissent les cours avant la fin de l'année académique. Peut-on dire que ces enfants, qui étudient dans de telles conditions sont véritablement assis sur des gisements pétroliers qui sont exploités depuis sept ans ? Peut-on croire que le projet pétrole vise un développement lorsqu'on observe l'eau que boivent ces enfants et les conditions dans lesquelles ils étudient ?

Pendant les campagnes d'information publique, les compagnies pétrolières et les autorités ont fait miroiter les effets bénéfiques de l'or noir dans le village. Aujourd'hui, c'est le contraire qui s'observe sur le terrain, comme l'on le peut constater dans la réaction d'un habitant du village. *« Avant l'exploitation du pétrole, les gens étaient venus nous rassembler ici et disaient : « quand on va exploiter le pétrole, vous serez bien à l'aise. On va vous construire des maisons en tôle, vous donner de l'eau potable », mais, aujourd'hui, rien n'est fait. Pourtant, ils ont trouvé 60 puits de pétrole chez nous mais ils ne pensent pas à nous pour notre bien-être. Le pétrole ne nous arrange pas. Nos sols ne sont plus riches. Ils ne produisent pas. Nos arbres ne produisent plus et deviennent secs. On nous traite de voleurs. On ne peut pas quitter Maïnkeri pour aller à Ngalaba à côté sans avoir de problème ni être arnaqués. Ils nous tapent et nous envoient en prison. Pour les maladies qui nous rendent faibles, il n'y a pas d'hôpitaux pour nous soigner. Les militaires nous empêchent de sortir du village la nuit. Si tu es arrêté, tu paies cher avant d'être libéré. Le gaz pollue l'eau et l'air, notre environnement est malsain. On est malades. On a de l'anémie, la dysenterie, la toux, etc. Nos bœufs d'attelage meurent pour rien alors qu'on les a payés cher. Esso a promis de construire des maisons en tôle pour tous les chefs de village, mais c'est seulement à Ngalaba qu'ils ont construit. On nous a promis beaucoup de choses, mais rien n'est fait, on souffre trop* »[147].

Sous la pression des organisations de la société civile, Esso vient de construire un bâtiment scolaire de deux salles en juin 2011 pour la population de Maïnkeri. Etant donné qu'un bâtiment de deux salles ne peut pas contenir des élèves d'un cycle complet, ce hangar continuera à servir de salle de classe.

9.1.1.5. Des produits chimiques qui tuent les bœufs d'attelage à Maïnkeri

Pendant les activités pétrolières, l'opérateur et ses sous-traitants abandonnent des produits chimiques de couleur blanchâtre sur les plates-formes pétrolières. Ces produits ou boues de forage sont toxiques. Les bœufs d'attelage viennent les lécher et en meurent (photo n°48). Nous craignons que ces produits puissent polluer les eaux de surface et les eaux des puits traditionnels consommées par la population.

Photo n°48 : Des bœufs lèchent des déchets toxiques et meurent

Source : Cliché MOUTEDE-MADJI V., vue prise en 2010.

Ces animaux visibles sur la photo n°48, après avoir léché le produit toxique, meurent comme nous pouvons l'observer sur cette photo n°46 à

[147] Entretien avec un habitant de Maïnkeri, décembre 2010

droite. Plusieurs bœufs d'attelage de Maïnkeri sont morts en léchant les déchets pétroliers.

9.1.1.6. Autres effets socio-économiques indirects de l'exploitation pétrolière à Maïnkeri

Avant les activités pétrolières, la population de Maïnkeri récoltait du miel. Mais, depuis le développement de ces activités, les abeilles abandonnent leur site traditionnel pour se réfugier à l'intérieur des poteaux électriques, inaccessibles à la population. Il importe de mener une étude scientifique sur la vie des abeilles dans ce nouveau milieu artificiel et son impact environnemental. Enfin, à cause des bruits des engins des compagnies pétrolières et de la destruction de l'écosystème des animaux, la petite chasse autrefois abondante a disparu. Il est rare de trouver des hérissons, des lièvres, des rats, des varans, des écureuils, etc., sources d'alimentation complémentaire de la population. Il en est de même pour certains insectes comestibles : chenilles, criquets, termites, etc.

9.1.2. Le « village enclavé » de Ngalaba

Ngalaba est également localisé dans le canton de Miandoum, dans le département de la Nya. Il est situé à neuf kilomètres de Miandoum. Les villages limitrophes de Ngalaba sont Maïnkeri, Bendoh, Kairati, Dogoï, Ndoheri, Miandoum, Mermeouel, Morketté et Pouteguem. Le terroir de ce village est également occupé en grande partie par les installations pétrolières qui réduisent considérablement la disponibilité en terres cultivables de ce village (Carte n°29, p 204) qui vit essentiellement de l'agriculture.

9.1.2.1. Ngalaba, un village fondé par les agriculteurs Ngambaye de Miandoum

Le village Ngalaba a été créé vers 1940 par un certain Mbaiwa, venu de Miandoum, chef-lieu du même canton, à la recherche de terres cultivables. Il y avait, dans ce terroir qui allait devenir celui de Ngalaba, de l'eau de mare appelée « Ngalab ». Autour de cette mare, vivaient les éléphants, les lions et les hommes qui en assassinaient d'autres. *« Mbaiwa a été le premier à quitter Miandoum pour venir habiter derrière la mare Ngalab. Il a fait venir ses frères pour pratiquer l'agriculture »*[148]. Ce sont les Ngambaye dans leur majorité qui sont venus rejoindre Mbaiwa pour habiter cette terre riche et pratiquer l'agriculture. C'est donc le nom de cette mare que porte le village, Ngalaba. Il compte une population de 1527 habitants, répartis dans 275 ménages.

---

[148] Entretien avec un chef de village

9.1.2.2. L'enclavement du village de Ngalaba comme facteur de multiples problèmes

Ngalaba est dit enclavé du fait que, sur son terroir, il y a une centaine de puits pétroliers dont certains se trouvent à moins de cent mètres derrière le village, il y a l'unité de collecte de Miandoum avec son « torchage » qui se trouve à environ cent cinquante mètres à l'Est du village. Cette unité de collecte reçoit plusieurs pipelines annexes en provenance des puits pétroliers qui entourent le village ; le pipeline Nya-Moundouli côtoie le village dans sa partie Sud et touche même la cour de l'école ; la route et les pistes d'accès aux puits, les lignes électriques à haute tension, etc. entourent complètement le village. Ces infrastructures occupent de manière permanente les terres, entraînant une réduction des terres cultivables. Il se pose donc un problème de terres cultivables pour la population, qui est obligée d'aller cultiver sur les autres terroirs voisins. Les activités pétrolières menées sur le terrain par Esso sont considérées comme sources des problèmes pour la population. La réaction des deux femmes suivantes résume tout : « *Je suis A. C'est mon père qui était le chef et qui demandait aux paysans d'aller nettoyer et entretenir les puits de pétrole, là où il y a plein d'épines. Les épines les ont blessés. Nos pères et grand-pères sont tous morts, je suis laissée entre les mains de Dieu. Je suis veuve, je suis allée pour défricher mon champ pour labourer. Les agents de sécurité d'Esso sont venus m'arrêter. Ils m'ont fait payer une amende et empêchée d'aller labourer ce champ. Je souffre avec les orphelins. Je ne leur trouve pas à manger et je n'arrive pas à les soigner parce qu'Esso m'a exproprié les terrains. A propos de l'agriculture, ça ne marche pas du tout et on a tenté de varier les cultures mais la production n'est pas bonne. Aujourd'hui, il n'y a plus de solidarité dans le village, par suite de la pauvreté organisée par Esso. Le manioc, la patate, le taro, etc. n'existent plus. Esso a détruit nos sols et nos arbres, c'est inadmissible, ce qu'Esso nous a fait* »[149]. L'autre de dire « *Je m'appelle N. R. Pour nous, les femmes, l'exploitation du pétrole a causé du tort à nos enfants, nos maris et nous-mêmes.... Nos enfants ne travaillent pas et ils vendent leurs bœufs pour chercher le travail mais ils n'en trouvent pas. Esso nous a rendu la vie difficile et nous sommes pauvres. Ngalaba ne ressemble pas à un village pétrolier et même nos maigres compensations sont détournées par les intermédiaires. Personne ne travaille ici et nous souffrons. Esso ne nous arrange pas, il n'a qu'à partir* »[150].

Il faut également noter que le développement des activités pétrolières dans le secteur s'est accompagné de problèmes sécuritaires à cause du déploiement des gendarmes pour la protection des installations pétrolières. « *Dans la zone, pour la sécurité des installations pétrolières, un certain nombre de gendarmes ont été déployés sur le terrain. Lorsqu'un cas de vol*

149 Entretien avec une femme de Ngalaba, décembre 2010.

150 Idem

est signalé, après renseignements, le voleur ne vient pas directement du village. De fois, ce sont des gens qui viennent de loin. Et, comme ils viennent de loin, ils trouvent des personnes complices pour faire des opérations. Et, lorsque ces opérations se font et que vous trouvez quelque chose avec un paysan, ce dernier ne connait même pas la valeur de l'objet, en fait, il y a une autre personne derrière celle-ci. C'est ce qui fait que des paysans qui se faufilent entre des puits, parfois ils sont interceptés. Mais ces gendarmes sont d'abord pour le bien de la population et les installations pétrolières. C'est ainsi que nous demandons à la population de signaler au chef toute présence étrangère dans le village. Des objets volés ont été retrouvés au domicile des populations et pour le besoin d'enquête on les prend, aussi avec les objets volés »[151]. Il faut souligner, que pour les années 2011 et 2012, deux jeunes du canton de Béro ont été abattus par les militaires affectés à la protection des installations.

9.1.2.3. Les activités pétrolières comme facteur de mutations socio-économiques à Ngalaba

Nous voulons montrer, à ce niveau, comment l'exploitation pétrolière a entraîné une mutation socio-économique à Ngalaba, en particulier dans le domaine du mode d'accès à la terre et des rendements agricoles.

9.1.2.3.1. De l'octroi gratuit ou l'héritage à la commercialisation des terres cultivables

Le mode d'accès à la terre dans le village est l'héritage, l'octroi par un ami ou une connaissance ou encore par simple défrichage. Le défrichage ne donne plus droit de propriété de la terre aujourd'hui, car il n'y a pas d'espaces encore non occupés dans le terroir. Mais, depuis le développement des activités pétrolières dans le secteur, un nouveau mode d'accès à la terre est apparu dans le village, l'achat des terres cultivables. « *Le pétrole a été exploité avant mon installation. Aujourd'hui, en ce qui concerne les terres, elles ont été prises certainement. A plusieurs reprises, j'ai signé les fiches de restitution des terres retournées à l'usage de la population, une partie des surfaces qui ont été prises par Esso pour l'exploitation à un certain moment. Les gens ont essayé de restreindre la surface et procèdent à la restitution d'une partie des terres. C'est pourquoi, si vous descendez au terrain, vous allez voir des champs qui sont à moins de 20 m des puits pétroliers. Le projet s'intensifie bien et les techniciens peuvent expliquer mieux que nous* »[152]. Malgré la restitution d'une partie des terres occupées par Esso, le problème des terres cultivables s'accentue et amène certaines personnes à acheter des terres pour mettre en valeur. Actuellement, plus d'une trentaine

[151] Entretien avec un sous-préfet
[152] Idem

de personnes de Ngalaba ont acheté des terres cultivables dans les villages voisins comme Pouteguem. A l'intérieur même du village de Ngalaba, certaines personnes vendent leurs terres à celles qui ont bénéficié de la compensation. Le prix d'une corde c'est-à-dire un demi-ha varie entre cent mille et cent cinquante mille F CFA (100 000 et 150 000 F CFA), soit en moyenne cent vingt-cinq mille F CFA (125 000 F CFA). Ces ventes sont souvent notifiées chez le chef de village, le chef de canton et parfois même chez le sous-préfet qui délivrent aux intéressés une attestation de vente pour garantir ainsi la transaction effectuée.

9.1.2.3.2. Des rendements agricoles en baisse sous l'effet des activités pétrolières

Selon les habitants de Ngalaba, le « torchage » et la poussière des véhicules sont à l'origine des baisses des rendements agricoles. « *Avant, un seul hectare suffisait pour nourrir sa famille. Mais, aujourd'hui, les terres sont rendues pauvres par Esso. 3 à 4 hectares ne suffisent plus pour nourrir la famille. Les difficultés sont nombreuses. Les gendarmes d'Esso nous emprisonnent. J'étais cultivateur. Deux hectares seulement suffisaient pour remplir deux à trois greniers, soit vingt à trente sacs. Cela nous permettait de nous nourrir et nous habiller. J'ai perdu mes champs et mes arbres fruitiers au profit d'Esso et il m'a donné peu d'argent. Quand on ose parler de cette injustice, ils vont amener les gendarmes pour nous arnaquer* »[153]. De nombreux paysans évoquent la même situation et affirment que la baisse des rendements agricoles constatée ces dernières années est due aux effets des activités pétrolières qui agissent négativement sur le sol et les plantes cultivées.

9.1.2.3.3. Des infrastructures socio-économiques peu viables malgré la participation des ONG locales dans le processus des réalisations

Dans le cadre de la compensation communautaire, le village a bénéficié d'un bâtiment scolaire (Photo n°49); d'une pompe à eau manuelle, d'une salle dite polyvalente. La salle polyvalente est abandonnée par la population qui n'en connaît pas l'utilité. Le Comité de gestion des 5% a également construit une école à cycle complet avec deux bâtiments de trois salles, un magasin, puis le bureau du directeur. Ces infrastructures scolaires sont par contre utilisées par les élèves.

[153] Entretien à Ngalaba avec un cultivateur, décembre 2010

Photo n°49 : Bâtiment scolaire de Ngalaba

Source : Cliché MOUTEDE-MADJI V., vue prise en décembre 2010

La photo n°49 présente un bâtiment scolaire de Ngalaba, construit par l'opérateur Esso dans le cadre des compensations communautaires. Dans le même cadre, le village a reçu une pompe à eau manuelle qui ne fonctionne plus (photo n°50). Celle-ci, à l'exemple des autres ouvrages hydrauliques réalisés dans le cadre des compensations communautaires par Esso, est tombée aussitôt en panne. Etant donné qu'il n'y a pas un comité chargé de gérer cette pompe, il n'était pas possible de la réparer.

Photo n°50 : Pompe manuelle de Ngalaba en panne

Source : Cliché MOUTEDE-MADJI V., vue prise en avril 2009.

La photo n°50 présente la pompe manuelle de Ngalaba, forée grâce à la compensation communautaire mais qui n'est plus fonctionnelle depuis 5 ans. Ce qui oblige les femmes à puiser de l'eau des puits traditionnels (photo n°51).

Photo n°51 : Utilisation d'un puits traditionnel par les femmes de Ngalaba

Source : Cliché MOUTEDE-MADJI V., vue prise en décembre 2010

La photo n°51 montre deux femmes de Ngalaba en train de puiser de l'eau dans un puits traditionnel, en l'absence d'un château d'eau ou d'un forage opérationnel. Etant donné que la pompe manuelle est tombée en panne, la population est obligée de s'alimenter en eau grâce à des puits traditionnels. Dans le cadre des 5% des revenus pétroliers alloués à la région productrice du Logone oriental, deux bâtiments scolaires ont été également construits à Ngalaba (Photo n°52).

Photo n°52 : Bâtiments scolaires de Ngalaba construits avec les 5%

Source : Cliché MOUTEDE-MADJI V., vue prise en décembre 2010

La photo n°52 montre deux bâtiments scolaires de Ngalaba, construits grâce au financement des 5% des revenus pétroliers alloués à la région productrice. Ngalaba est le seul des villages, qui disposent de puits pétroliers, à bénéficier d'un ouvrage réalisé sur le fonds pétrolier de la région productrice.

9.1.2.3.4. Des compensations individuelles mal utilisées à Ngalaba

Ngalaba est l'un des villages des champs pétrolifères qui a reçu le plus d'argent dans le cadre de la compensation individuelle. Comment cette somme a-t-elle été gérée ?

Lors de nos enquêtes sur le terrain, en général, les enquêtés répondent que l'argent a été partagé, utilisé pour le mariage ou le paiement de la dot, pour l'achat de motos, de bœufs, etc., mais, en réalité, le niveau de vie de ces personnes ne ressemble guère à celui de gens qui ont bénéficié d'une somme importante. « *Il y a des gens qui ont reçu de quinze millions à vingt millions F CFA (15 000 000 à 20 000 000 F CFA), voire même plus, mais quand tu viens chez eux aujourd'hui, tu ne trouves même pas un lit traditionnel.Quand Esso verse la compensation individuelle, ils prennent et s'en vont* »[154].

[154] Entretien avec un responsable administratif de Miandoum

9.1.2.3.5. Un emploi local qui se fait de plus en plus rare et ne profite pas au village

L'une des grandes attentes des populations de Ngalaba et Maïnkeri est l'emploi. Mais, comme nous l'avons vu, ces villages n'ont pas pu bénéficier de l'emploi conformément aux attentes de la population. Les emplois locaux ne sont pas seulement rares, mais disparaissent aujourd'hui avec la fin des travaux de construction des infrastructures du projet. Le seul emploi local qui reste aujourd'hui pour le village est le « *Bongor* », c'est-à-dire l'emploi des femmes chargées de défricher les pieds des poteaux électriques (Photo n°53).

Photo n°53 : Les femmes défrichent les pieds des lignes électriques à haute tension

Source : Cliché MOUTEDE-MADJI V., vue prise en décembre 2010

La photo ci-dessus présente une équipe de femmes employées par Esso pour défricher les pieds des poteaux électriques en vue d'éviter des risques d'incendie liés au feu de brousse. Actuellement, une dizaine de femmes de Ngalaba sont recrutées pour faire ce travail quotidiennement dans des conditions très difficiles.

9.2. SITUATION SOCIO-ÉCONOMIQUE DES « VILLAGES ENCLAVÉS » DES CANTONS DE KOMÉ ET BÉRO

Les cantons de Komé et Béro abritent l'essentiel des infrastructures pétrolières (le centre des opérations de Komé 5 et l'aéroport dans le canton de Béro et Komé Base dans le canton de Komé ainsi que de nombreux puits pétroliers, pipelines, routes et lignes à haute tension qui piègent certains villages). Dans ces deux cantons, il y a, de manière durable, l'implantation de nouveaux villages en face des camps.

9.2.1. Le terroir de Begada, un village enclavé et riche en puits pétroliers

De tous les villages des champs pétrolifères de Doba, Bégada n'a pas bénéficié des revenus issus de la vente de ses ressources naturelles, en dépit des nombreux puits pétroliers dont il dispose. Comme le cas de Maïnkeri dans le canton de Miandoum, Bégada est oublié dans la répartition des ressources financières du pétrole ainsi que des ouvrages socio-économiques réalisés dans le cadre des compensations et donations d'Esso.

9.2.1.1. Localisation et importance du village en puits pétroliers

Bégada est localisé dans le canton de Komé dans le département de la Nya. Il est limité au Nord par Mbanga situé à quatre kilomètres de Bégada, mais localisé dans le canton Béro, au Sud par Maïnani dans le canton de Komé, à l'Ouest par Bela dans le canton de Komé, distant respectivement de un et quatre kilomètres et à l'Est par la rivière Loul. A travers une cartographie participative que nous avons réalisée avec les paysans qui maîtrisent parfaitement leur terroir, nous avons dénombré 246 puits pétroliers dans le seul terroir de ce village. Nous pouvons également y rencontrer de nombreuses pistes et pipelines annexes qui relient chaque puits pétrolier, des pipelines principaux qui traversent le terroir, des carrières, des lignes à haute tension, l'ancien aéroport, les manifolds, etc. qui dessinent un réseau maillé sur le terroir (Schéma n°2).

Schéma n°2 : Occupation du sol sur le terroir agricole de Bégada

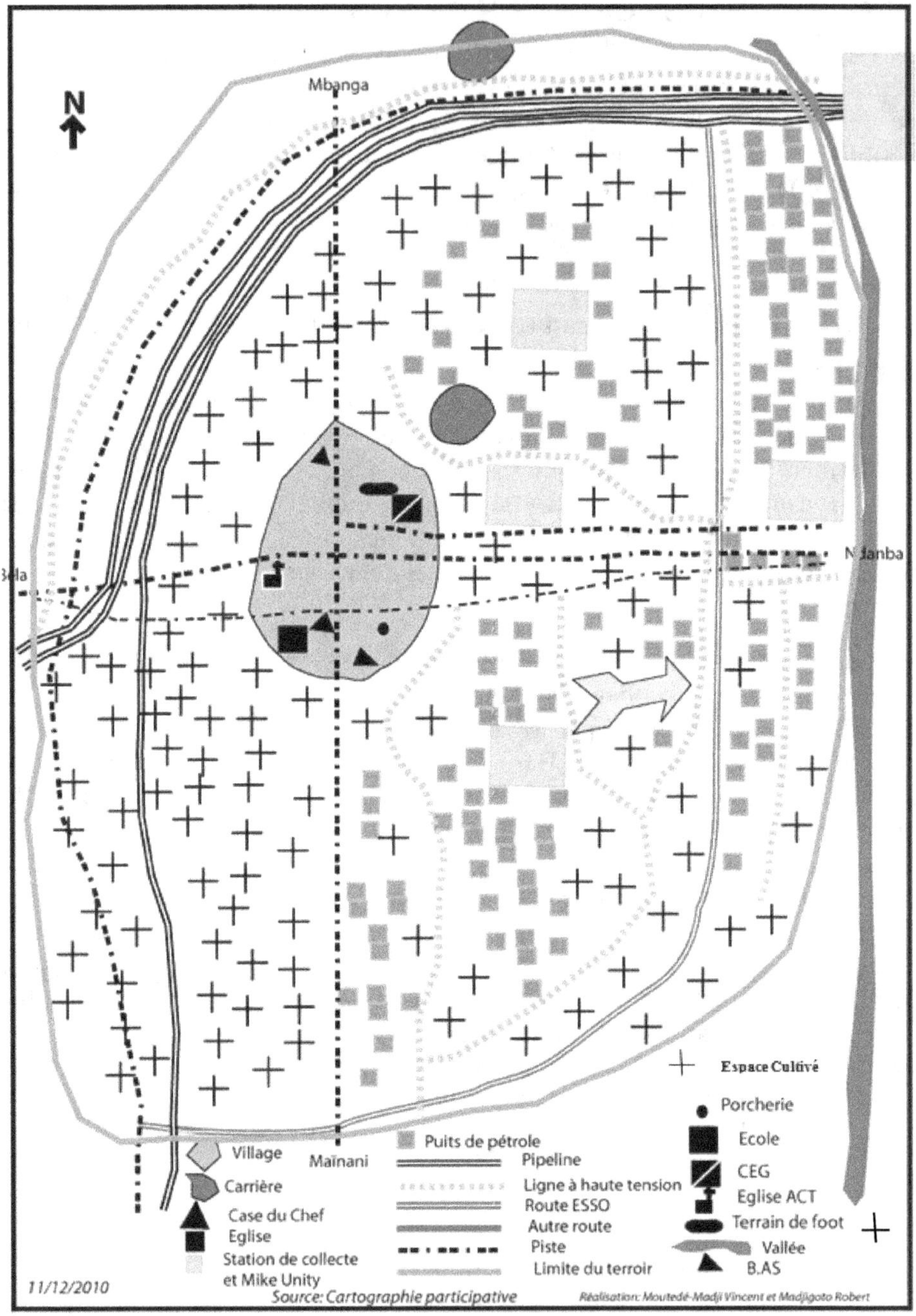

Source : Cartographie participative réalisée sur le terrain, 2010.

Bégada est un grand village, plus grand même que le chef-lieu du canton de Komé et peuplé de 1285 habitants et 259 ménages en 2009. Il est administrativement sous la responsabilité de 2 chefs : Son terroir est l'un des plus exploités par les infrastructures pétrolières. Ce constat est partagé par l'opérateur Esso, grâce à son étude, réalisée par LUMAP[155]. L'analyse du schéma n°2 montre que le terroir peut être scindé en 2 parties :

- L'espace des champs pétroliers occupant les 2/3 du terroir, situé à l'Est du village et
- L'espace non occupé par les installations pétrolières situé à l'Ouest du village.

Bordé par un cours d'eau (la Loul), cet espace est occupé par deux cent quatre-vingt-six (286) puits dont une dizaine de puits d'injection d'eau et le reste constitué des puits de production de pétrole. Il y a, en outre, quatre Manifolds et deux grandes carrières. Il est traversé par plusieurs lignes à haute tension et une route principale construite par ESSO. Les nombreux puits sont reliés entre eux par des pipelines intermédiaires qui charcutent le terroir. La population est tout de même obligée de cultiver sur les interstices des puits. La partie non occupée par les installations pétrolières est cernée par trois (3) pipelines dont deux (2) drainent le pétrole vers le collecteur principal et un (1) pipeline principal qui conduit le brut vers Kribi (Cameroun). Ces pipelines sont accompagnés de nombreuses lignes à haute tension dont l'emprise au sol est estimée à 18 m de large pour chaque itinéraire. L'occupation du sol dans ce terroir aux dires des acteurs, selon les observations sur le terrain et les conclusions du plan cadastral de l'opérateur Esso, est la plus critique car il n'existe plus d'espace pour pratiquer la jachère. Or, la pauvreté des sols occasionne de faibles rendements. La production ne suffisait pas à assurer le besoin alimentaire de la population.

A propos, voici les témoignages de quelques enquêtés qui s'expriment. *« Aujourd'hui, il y a beaucoup de pétrole chez nous mais cela ne nous profite pas. Même le Comité de gestion des 5%, qui construit des écoles partout, ne pense pas à construire une école chez nous. Un puits d'eau a été construit par GEYSER, l'autre puits par ESSO, mais, pour ce qui est du puits au sein de l'école, c'est avec notre argent de compensation communautaire qu'on a foré »*[156]. Un autre rappelle les promesses faites par les compagnies pétrolières. *« Quand ESSO est venu, il nous a promis la construction de voies butimées, d'écoles, de châteaux d'eau, etc., mais jusqu'à présent il n'y a rien. Nos animaux ont fui parce que les moteurs d'ESSO font trop de bruit. Notre environnement est dégradé »*[157]. Ces problèmes ont amené la population riveraine du pétrole de Doba à porter

---

[155] Land Use Map

[156] Entretien avec un paysan de Bégada, décembre 2010.

[157] Idem

plainte contre les parties prenantes de l'exploitation pétrolière auprès du mécanisme CAO[158] du groupe de la Banque mondiale.

9.2.1.2. Contexte historique de Bégada

L'entretien de groupe, que nous avons réalisé avec les sages et les hommes âgés du village, a permis de reconstituer l'histoire de Bégada, l'un des plus anciens villages du canton de Komé. Les fondateurs du village de Bégada sont venus de Beboto. Le premier s'appellerait ALLAOUDJE GADJI. Il aurait quitté Beboto pour cause de rivalité. Etant cultivateur, il avait trouvé ce terroir riche en terres cultivables et en ressources fauniques, nécessaires à la chasse. Il serait venu à cet endroit vers 1545. Il avait fondé une famille et s'était installé dans ce terroir auquel il avait donné le nom de « Begar », par la suite francisé en Begada qui signifie littéralement (« Be » c'est-à-dire village et « Gar » qui signifie ceux qui ne s'entendent pas). Autrement dit, le village de ceux qui ne s'entendent pas. Au départ, il n'y avait pas de chefferie, alors les gens se regroupaient en famille, comme ce fut le cas des sociétés égalitaires. Quand ALLAOUDJE est décédé, c'est son fils Laouba qui lui a succédé comme chef, et il comptait sous son règne 12 tribus et il commandait ses voisins de Mainani jusqu'à Béla. Sous le règne de Laouba, la terre était encore très riche, il y avait des animaux sauvages et même des poissons. Aujourd'hui, tout a changé avec l'exploitation du pétrole et suite à l'explosion démographique non contrôlée, la terre devient rare et pauvre car les gens l'exploitent à outrance. De nos jours, il n'y a plus d'animaux ni de poissons, car l'eau a tari. Après Laouba, viennent Mbaikoss, Mbaiigal ... jusqu' à Dadnadji qui est encore en fonction.

9.2.1.3. Des rendements agricoles qui décroissent avec les activités pétrolières

Une diversité de cultures est pratiquée sur le terroir de Bégada. Selon les exploitants du village que nous avons interrogés, depuis le développement des activités pétrolières, les rendements agricoles ont considérablement baissé (tableau n°34).

---

158 Compliance advisor ambudsman (CAO) est un mécanisme chargé de contrôler la conformité des projets financés par la Societé financière internationale (SFI) et ses impacts sur la population concernée.

Tableau n°34 : Rendements moyens des principales cultures à Bégada avant et pendant les activités pétrolières

Types de cultures	Rendement moyen avant 2000 (Kg/ha	Rendement moyen en 2010 (Kg/ha)
Sorgho (Dali)	1800	800
Pénicillaire	1200	300
Arachide	1950	560
Sésame	800	400
Haricot	500	200

Source : Données MOUTEDE-MADJI V., entretien de groupe sur le terrain, décembre 2010.

Comme nous pouvons le lire dans le tableau n°34, les rendements, aux « dires des acteurs »,[159] ont considérablement baissé avec le développement des activités pétrolières. Ils sont descendus, pour la plupart des cultures, en deçà de la moitié, entre 2000 et 2010. Les enquêtés, qui maîtrisent bien le fonctionnement de leur terroir, expliquent cette baisse de rendement par le développement des activités pétrolières. Pour eux, cela est dû à :

- la lumière permanente sur le terroir qui empêche les plantes de se développer normalement. Cette lumière semble perturber, à notre avis, le cycle de photosynthèse de la plante. Il serait intéressant qu'une étude soit menée sur la question pour confirmer ou infirmer les faits ;
- la fumée liée au « torchage » du gaz du centre des opérations de Komé 5 qui étouffe les plantes ;
- la poussière soulevée par la circulation de nombreux véhicules sur le terroir qui couvre les plantes et empêche leur éclosion ;
- l'effet des terres restaurées par les compagnies pétrolières qui ne produisent que pendant la première année. A la seconde année, il y a apparition de la terre rouge, latéritique, dure à travailler, et qui donne de mauvaises productions, car elle n'est pas bonne au développement des plantes.

A ces raisons intimement liées aux activités pétrolières, il faut ajouter la destruction des exploitations agricoles par les animaux des éleveurs Misseriés et Foulata Ndakar qui se sont installés à environ un (1) kilomètre du village. Ils sont une trentaine de personnes disposant d'un important troupeau. Ils pratiquent la culture du sorgho et du maïs également, contribuant ainsi à la réduction des terres cultivables pour la population autochtone.

9.2.1.4. De l'octroi gratuit des terres à la location et à la vente des terres agricoles

Bégada est le village le plus touché par les infrastructures pétrolières. Comme Maïnkeri et Ngalaba, d'une manière générale, avant les activités

[159] C'est-à-dire les informations fournies par les acteurs qui vivent les faits sur le terrain

pétrolières, l'accès à la terre à Bégada se faisait par le défrichage de la savane boisée ou par l'octroi gratuit des terres mises en jachère par le propriétaire ou le chef de village. Mais, depuis une dizaine d'années, avec les travaux pétroliers qui ont occupé une grande partie du terroir de ce village ayant pour conséquence la compensation individuelle des exploitations touchées par les activités pétrolières, le statut de la terre a évolué à Bégada comme partout ailleurs dans les villages des champs pétrolifères. Aujourd'hui, des terres cultivables ne peuvent plus être octroyées gratuitement. Elles se louent entre cinq mille et quinze mille F CFA (5 000 et 15 000 F CFA), soit, en moyenne, dix mille F CFA (10 000 F CFA) par corde. Quant à la vente, un demi-hectare coûte entre cent cinquante mille et deux cent cinquante F CFA (150 000 à 250 000 F CFA). Actuellement, une cinquantaine de personnes ont acheté les terres qu'elles exploitent.

Par ailleurs, après trois ans de culture, la terre est mise en jachère de deux à trois ans mais cela n'existe plus aujourd'hui. Chaque année, les paysans qui ont encore des terres cultivables défrichent sans véritablement y cultiver, pour montrer que le terrain est en préparation. Car Esso ne paie pas la terre non défrichée qui est comptée dans le domaine villageois et entre donc dans le cadre de la compensation communautaire. Ceci, en perspective d'éventuelles compensations individuelles si les travaux pétroliers arrivent à toucher cette « exploitation en préparation ».

9.2.1.5. Des compensations individuelles qui touchent plus de 60% des ménages mais sont mal gérées

Comme à Ngalaba dans le canton de Miandoum, la population de Bégada a également beaucoup bénéficié de la compensation individuelle. Mais celle-ci n'a pas permis de lancer les bases du développement dans le village. *« Les concessions ayant reçu la compensation individuelle dépassent largement celles qui n'en ont pas bénéficié. Mais certaines personnes inscrivent aussi leurs frères à leur place comme s'ils étaient eux-mêmes propriétaires, dans la perspective de leur accorder la chance de bénéficier de la formation comme éligibles »*[160]. La même personne peut gagner plusieurs fois la compensation dans ce village. Un exploitant affirme avoir gagné environ 30 fois la compensation individuelle et la somme cumulée est d'environ 9 millions. Selon l'enquête par questionnaire que nous avons réalisée, le montant de la compensation individuelle à Bégada varie de cinquante mille F CFA (50 000 F CFA) à quatre millions de F CFA (4 000 000 F CFA), soit une moyenne de deux millions vingt-cinq mille F CFA (2 025 000 F CFA) dans ce village. Ce qui représente une somme importante par rapport aux revenus agricoles très aléatoires de ces dernières années. Mais cet argent n'a pas servi à améliorer les conditions de vie de ce village. Beaucoup ont utilisé

[160] Entretien avec un paysan de Bégada, décembre 2010

cet argent pour l'achat de motos, la consommation de boissons alcoolisées, pour doter de nouvelles femmes, etc. Environ 25% de ces personnes compensées ont utilisé l'argent de la compensation pour acheter des bœufs d'attelage, construire une maison en matériaux modernes ou acheter d'autres terrains.

9.2.1.6. Une population qui a plus que doublé en une douzaine d'années

La population de Bégada était évaluée à 592 habitants au RGPH1 de 1993. Cette population a augmenté rapidement pour atteindre 962 habitants en 2000 et 1285 habitants en 2009 repartis dans 259 ménages. L'accroissement de cette population s'explique non seulement par un accroissement naturel mais aussi et surtout par un accroissement migratoire lié au projet pétrole. Des personnes sont venues s'installer dans le village pour guetter les opportunités d'emploi. Beaucoup de gens pensent qu'en restant proches du cœur des opérations pétrolières, ils peuvent avoir la chance d'obtenir un emploi. Ce qui n'est pas toujours le cas.

Selon Esso, « *Bégada possède, en décembre 2008, 3 019 ha de terres y compris celles occupées par le projet de manière permanente et temporaire, encore non retournées. En 1993, il y a 0,18 hab./km², passant à 0,30 hab./km² au début du projet en 2000 et actuellement à 0,43hab./km²* » (Esso, 2009).

9.2.2. La situation socio-économique du « village enclavé » de Mbanga

Ce sous-chapitre traite de la situation socio-économique de Mbanga, « village enclavé » par les puits et autres infrastructures pétrolières.

9.2.2.1. Mbanga : un village créé par les lépreux

Mbanga est localisé dans le canton de Béro, sur l'axe Komé-Béro, à côté de la rivière Loul. L'histoire de Mbanga, rapportée par l'un des deux chefs de village, montre que ce village a été créé vers 1934 par les lépreux, installés par les missionnaires blancs qui donnaient des soins à Doba. Selon ce dernier, Mbanga était au départ une savane boisée. Ce sont ces missionnaires blancs qui ont réuni les malades de la lèpre de Goré et de Baibokoum à Doba pour les soigner. Après avoir reçu des soins, ces malades ont décidé de retourner chez eux. C'est ainsi que les Blancs ont choisi, entre Béro et Begada, espace plein d'arbres et de terres riches pour l'agriculture pour les installer, là où ils pouvaient facilement tirer leur subsistance, dans ce milieu riche en ressources naturelles. Le premier homme qui est venu s'appelait DERMBAYE, (le premier chef). Ce dernier était à Dodoun dans le canton de Béboto avec les lépreux pendant un an avant de contracter cette maladie. Après lui, ils ont désigné Ngabol pour le remplacer. C'était Ngarnguinem, qui était encore chef du canton de Doba, qui couvrait ce secteur. Les gens de Béro ont installé Ngabol pour commander à ceux de Mbanga comme chef de carré et non chef de village, car le village n'existait pas encore. Il a régné comme chef de carré avant de devenir chef de village. Parmi ceux qui étaient venus au départ, beaucoup sont morts, d'autres sont repartis aussi dans leurs villages respectifs. Ils se sont ainsi dispersés, y compris les Ngambaye qui sont aussi rentrés. Toutefois, aujourd'hui, Mbanga est devenu un grand village et ceux qui y habitent sont tous des descendants de Mbanga. Les malades qui étaient venus et ceux qui les avaient suivis sont tous morts. La population actuelle est composée de leurs fils, petit-fils, etc., qui ne sont pas malades comme leurs grands-parents.

9.2.2.2. Des terres qui deviennent de plus en plus pauvres avec l'exploitation du pétrole

Le terroir de Mbanga, comme celui des autres villages des champs pétrolifères était par le passé très riche en ressources foncières. On y cultivait de l'arachide, du sorgho, des courges, du sésame, du coton, du mil, du haricot, du gombo, etc. C'est cette richesse qui a justifié l'installation des malades sur ce site. Car ils ne pouvaient pas déployer beaucoup d'efforts pour produire. « *Quand nos parents cultivaient une superficie de 75 m², ils remplissaient des greniers et il n'y avait pas de famine* »[161]. Depuis l'installation des activités pétrolières, la situation a changé. Les ressources foncières n'existent pas comme par le passé. Des terres cultivables ont été occupées de manière permanente par les activités pétrolières pour l'installation d'une centaine de puits pétroliers dont certains se trouvent à moins de 300 m du village, deux grandes carrières, deux manifolds, des centaines de pistes d'accès à ces puits, des pipelines principaux et annexes, des lignes à haute tension, etc. ; ces installations ont réduit les terres cultivables de la population.

Par ailleurs, *« avec l'exploitation du pétrole, la terre ne produit plus comme avant. Quand on y cultive du mil, ça ne produit plus et devient comme la « tige de reggae ». On s'efforce à cultiver trois à quatre hectares pour trouver deux ou trois sacs pour la nourriture de la famille nombreuse pour toute l'année. Maintenant, pour faire face à cette situation, les Blancs nous ont apporté une variété de sorgho précoce qui nous sauve un peu, ça ne marche pas du tout avec l'exploitation du pétrole »*[162].

Dans un passé récent, juste avant les activités pétrolières, la jachère durait entre trois et quatre ans au minimum. Mais, aujourd'hui, il n'y a pas de jachère. Non seulement parce que une bonne partie des terres était occupée et qu'on ne peut pas laisser le reste en jachère, mais aussi parce qu'une terre

---

[161] Entretien avec un exploitant de Mbanga, décembre 2010

[162] Entretien avec une femme à Mbanga

non défrichée est considérée comme une brousse et donc non compensée lorsqu'Esso l'occupe. Pour cela, même ceux, qui ont encore des terres, sont obligés de défricher chaque année, sans les cultiver. C'est un phénomène nouveau dans le village. En outre, la terre cultivable, qui s'octroyait gratuitement, se loue aujourd'hui à trente mille F CFA (30 000 F CFA) par demi-hectare, pour une saison agricole ou s'achète à trois cent cinquante mille F CFA (350 000 F CFA).

9.2.2.3. Un environnement physique, socio-économique et sécuritaire défavorable à l'exploitation des ressources foncières du terroir

A ces problèmes de terres cultivables et de la baisse des rendements évoqués, les paysans de Mbanga, comme ceux d'autres villages enclavés, ont identifié d'autres problèmes majeurs qui empêchent leur libre circulation, leur accès à la santé, bref, leurs conditions nécessaires à l'exploitation des ressources foncières. *« La principale difficulté est que les gendarmes d'Esso nous accusent souvent de vol. Quand on revient du champ vers 17h, ils nous arrêtent, nous accusent ; nous frappent, nous amènent en prison et ils nous font payer une amende arbitrairement. Nous ne sommes pas des voleurs de carburants. Nous aspirons aussi des poussières qui nous causent des maladies graves. Nous n'avons pas la possibilité de nous soigner avec nos enfants. Les enfants ont de l'anémie, nous souffrons et nous étouffons, Esso veut nous renvoyer. Il n'y a pas d'hôpitaux, pas de forages, pas d'écoles pour nos enfants, pas de routes, où devons-nous aller ? Esso a construit une petite salle de classe soi-disant à vingt-sept millions de F CFA (27 000 000 F CFA), ce n'est pas bien. Le pétrole nous apporte malheur, nous n'avons pas d'habitat, où trouver de quoi manger, pas d'infrastructures chez nous, rien ne nous prouve que nous sommes dans la zone pétrolière, même le gouvernement ne tient pas compte de nous »*[163].

9.2.2.4. La compensation communautaire des ressources foncières comme source d'incompréhension entre population, ONG et Esso

Comme nous l'avons vu, la compensation communautaire supplémentaire a vu la participation des ONG nationales qui ont amené la population, à l'aide d'outils MARP, à leur permettre de faire un choix objectif en fonction des besoins prioritaires du village. Ensuite, Esso à travers JMN s'engagera à construire l'infrastructure qui sera choisie. Mais le choix des bénéficiaires est souvent mis de côté en raison de l'enveloppe allouée. Le cas de Mbanga est éloquent, comme nous pouvons le constater avec la réaction de ce paysan. Le BELACD de Doba a tenu des réunions avec nous par rapport à nos besoins. « *On a proposé au BELACD de nous construire un centre d'élevage, une école et nous installer un moulin. Il a rejeté nos trois*

[163] Entretien avec une paysanne de Mbanga, décembre 2010

propositions, il est venu nous dire qu'il allait construire un centre polyvalent pour nous. Le centre est imposé par le BELACD et coûte vingt-quatre millions de F CFA (24 000 000 F CFA). Si nous ne voulons pas, il va repartir avec son argent et on est obligés d'accepter le centre »[164].

9.2.2.5. Des compensations individuelles qui concernent plus de la moitié des concessions

Le terroir villageois de Mbanga est l'un des plus touchés par les activités pétrolières. « *Plus de la moitié des ménages ont bénéficié de la compensation individuelle* »[165]. Beaucoup de paysans ont perdu ainsi leur terre. Pour permettre aux paysans de se convertir à d'autres métiers ou avoir des moyens de production, Esso a formé plus de quatre cents éligibles[166].

9.2.2.6. Des formations et des équipements qui n'arrangent pas les éligibles

A Mbanga, Esso a formé au total 25 personnes, de 2006 à 2009, dans divers métiers, à savoir la mécanique, la couture, la maçonnerie, etc. Les formations ont eu lieu à Sarh (09), Moundou (3), Doba (5) et sur place dans le village (8), en ce qui concerne le métier agricole ou la culture maraîchère. A l'issue de la formation, les éligibles ont reçu une somme de cinq cent mille F CFA (500 000 F CFA) chacun, comme capital d'installation et d'équipement. Esso a également fourni à chaque éligible une paire de bœufs d'attelage et une charrette mais les bénéficiaires ont remis en cause la qualité de ce qui leur a été donné. « *Je suis éligible. On m'a formé pour l'élevage. Esso a promis de nous donner de l'argent. Mais, après, il nous a imposé des bœufs et des charrettes de mauvaise qualité. Il doit nous donner de l'argent pour le gérer à notre manière. On n'a pas de terrains pour labourer. Leurs bœufs et charrues ne nous avantagent pas, ce sont des bœufs malades, des charrues et charrettes de mauvaise qualité qu'on nous a donnés* »[167].

Ces formations n'ont pas aidé les paysans de ce village car ils ne pratiquent pas le nouveau métier appris. Ils sont tous revenus à la terre, bien qu'ils n'aient pas suffisamment de terres à cultiver (moins de 2/3 par membre de la famille). En 2009, par exemple, deux habitants de ce village ont choisi d'être compensés par des terres cultivables mais jusqu'aujourd'hui, ils n'ont rien reçu.

---

[164] Entretien avec un paysan de Mbanga, décembre 2010

[165] Idem

[166] Un éligible est une personne affectée par le projet pétrole et qui n'a pas suffisamment de terres à exploiter

[167] Entretien avec un éligible à Mbanga, décembre 2010

9.2.2.7. Des emplois locaux et nationaux qui ne profitent pas au village de Mbanga

Mbanga, comme les autres villages de la zone pétrolière, n'a pas pu bénéficier de l'emploi du projet. Les attentes de la population étaient largement en deçà des offres d'emploi local. Depuis le début des activités pétrolières, 23 personnes du village ont été recrutées à TCC[168]. Sur ce nombre, 7 personnes ont été recrutées dans le cadre des emplois non qualifiés d'Esso, les autres *« ont obtenu l'emploi par un arrangement. On peut prendre un enfant de Mbanga à la place de celui de Béro par exemple sur la liste, s'il négocie avec de l'argent. Actuellement, trois enfants seulement de Mbanga travaillent sur le site pétrolier »*[169].

9.3. SITUATION SOCIO-ÉCONOMIQUE DES « VILLAGES ENCLAVÉS » DU CANTON DE MILADI

L'analyse concerne les cas des « villages enclavés » de Moundouli et Béguirakol.

9.3.1. Moundouli, un « village enclavé » par les installations pétrolières et le fleuve Logone

Moundouli, Maïnkiro et Béguirakol sont les seuls villages enclavés par les infrastructures pétrolières qui se trouvent dans le canton de Miladi, sous-préfecture de Mbaikoro, département des Monts de Lam. Les autres se trouvent dans le seul département de la Nya. Ces villages sont bordés au Nord par le fleuve Logone, au Sud et à l'Est par les infrastructures pétrolières des champs de Moundouli. Ces infrastructures que nous pouvons trouver sur ces terroirs sont les puits pétroliers, l'unité de collecte de Moundouli, un camp, les pipelines annexes, les pistes d'accès, les carrières, etc. De ce champ, un pipeline Nya-Moundouli a été posé pour collecter l'ensemble du brut issu de ces puits pétroliers vers l'unité de collecte de Miandoum.

9.3.2. Une diversité d'activités qui cohabitent dans un espace restreint

Bien que le terroir de ces villages soit restreint, plusieurs activités (l'agriculture, l'élevage et les activités pétrolières) cohabitent curieusement dans un même espace avec les habitations (photo n°54).

---

[168] Tchad Cameroon Constructors.

[169] Entretien avec un éligible

Photo n°54 : Cohabitation entre pétrole, cultures et élevage

Source : cliché MOUTEDE-MADJI V., vue prise en novembre 2009.

L'observation de la photo n°54 permet d'identifier, en arrière-plan, les habitations, les poteaux électriques et les exploitations de pénicillaire. Au premier plan, il y a les bœufs d'attelage avec les bouviers et un puits pétrolier. Selon le témoignage des habitants de Moundouli, ce puits pétrolier a été découvert dans la concession du chef de village. Mais, pour éviter de déplacer le village à un coût élevé, Esso a trouvé une solution en faisant un puits oblique en dehors du village pour accéder à ce pétrole. Ce puits n'est pas le seul, il y a beaucoup d'autres puits pétroliers qui sont à proximité du village et qui occupent une bonne partie du terroir de ces villages (photo n°52).

Il faut noter que ce puits résulte d'un forage oblique. Il s'agit d'une technique qui consiste à réduire l'impact du forage sur l'environnement humain en faisant des puits obliques pour atteindre le pétrole qui se trouve en dessous d'une infrastructure ou une agglomération, sans la détruire ou la déplacer. Le puits que nous voyons est réalisé à 150 m environ pour éviter de le forer dans le village. La tête du puits se trouve même dans la cour du chef de village. Pour éviter de forer dans la concession, le forage oblique est réalisé en dehors du village. Cette technique utilisée par Esso permet donc de minimiser l'impact visible mais essaie de cacher le nombre exact de ces puits pétroliers que seul Esso connait, bien que l'on puisse observer leur emprise sur le sol.

9.4. LES TERROIRS PÉTROLIERS QUI NE BÉNÉFICIENT PAS DE L'ARGENT DU PÉTROLE

Les terroirs des villages des cantons de Komé, Béro, Miandoum et Miladi que nous venons d'étudier n'ont pas bénéficié des revenus pétroliers. Ni les 5%, destinés à la région productrice, ni les 65%, devant servir aux secteurs prioritaires sur l'ensemble du pays, n'ont profité à ces villages. Comme nous l'avons dit, les 5% constituent une redevance foncière accordée à la région productrice pour lui permettre d'atténuer les effets négatifs des activités pétrolières et de lancer les bases du développement de la région. Cependant, les villages producteurs du pétrole n'ont pas bénéficié de cette ressource due à leur collectivité locale. Dans l'ensemble des villages qui ont fait l'objet de notre étude, seul Ngalaba a bénéficié de la construction d'une école à cycle complet avec les 5%, sur recommandation du GIC. « *Le constat est négatif pour les 5% ici à Miandoum. Il n'y a pas de réalisation à part l'école de Ngalaba construite grâce au GIC. Par rapport au crédit, le chef de canton est bénéficiaire mais, quand on lui demande, il dit que c'est l'argent du pétrole donc il ne va pas rembourser. Les bornes fontaines d'Esso même sont toutes en panne* »[170]. Ce qui fait que les villages des champs pétrolifères continuent à consommer de l'eau des puits traditionnels à ciel ouvert et même de l'eau des rivières.

La population des « villages enclavés » par les installations pétrolières consomme essentiellement de l'eau des puits traditionnels. Les quelques rares pompes (Mbanga, Ngalaba, etc.) ou château (Maïnkeri) qui sont réalisés dans le cadre de la compensation communautaire ne fonctionnent pas. La plupart des personnes interrogées estiment que les ouvrages réalisés sont de mauvaise qualité. Pour d'autres, il manque l'entretien de ces ouvrages par les bénéficiaires.

En définitive, il faut retenir que, dans la zone pétrolière, les compensations individuelles ont été accordées à plus de 4000 propriétaires pour plus de 3500 ha de terres des individus occupées. Sur les 400 chefs d'exploitation que nous avons enquêtés dans le Logone oriental, 151, soit 37,75%, ont reçu la compensation individuelle pour un montant total de 114 539 447 F CFA. Ce qui donne une moyenne de 1 169 578 F CFA par personne compensée. Cette somme est cependant modeste, quand nous répartissons équitablement à toute la population étudiée, c'est-à-dire aux 400 personnes interrogées. La moyenne globale est de 286 348 F CFA, ce qui n'équivaut qu'au revenu d'une bonne exploitation cotonnière. Par ailleurs, faute d'encadrement préalable des bénéficiaires, cet argent, versé aux personnes non habituées à l'économie monétaire, n'a pas pu transformer véritablement leur vie. Certains ont vu leur niveau de vie baisser. Car ils ont dépensé la compensation de manière sommaire et ne disposent plus suffisamment de terre, capital de production en monde rural. Les ressources

---

170 Entretien avec un employé d'Esso, avril 2009

foncières ont ainsi pris une valeur monétaire avec l'exploitation pétrolière dans le Logone oriental. Il en résulte des réclamations et des contestations des propriétaires terriens. De multiples conflits naissent entre parents, propriétaires et exploitants, etc., liés au partage et à la gestion des revenus issus de la compensation individuelle. En outre, chaque année, les paysans défrichent leur terre cultivable non seulement pour exploiter mais pour « guetter » les compagnies pétrolières dans le but de gagner une éventuelle compensation. Les jachères tendent à disparaître à cause de ces compensations individuelles et de l'occupation des terres par le projet.

Par ailleurs, les jachères occupées par les compagnies pétrolières sont payées en nature (école, forage d'eau, centre de santé, grenier communautaire, etc.), en fonction du choix de la population. Il faut relever qu'une importante somme a été mobilisée par Esso dans le cadre de la réalisation de ces infrastructures socio-économiques. Cependant, une bonne partie de cet argent a servi à payer les intermédiaires, et les populations cibles n'ont reçu que des miettes. Pour un marché de construction, Esso signe un contrat avec JMN qui, à son tour, sous-traite avec BELACD qui anime juste pour le choix d'un ouvrage et un autre sous-traitant, l'entrepreneur qui va réaliser la construction de l'ouvrage. Malgré la participation des ONG locales, ces ressources n'ont pas aidé les villages des champs pétrolifères, mais les acteurs impliqués dans cette chaîne. Ces villages n'ont plus bénéficié des réalisations avec les revenus pétroliers.

En outre, nous pouvons retenir que les 5% alloués à la région productrice ont représenté une modeste somme par rapport à l'ensemble des ressources pétrolières, car les 5% ne portent que sur les redevances accordées au Tchad. Cet argent était censé lancer les bases du développement du Logone oriental, en particulier du milieu rural à travers des investissements dans l'agriculture, principale activité de la population. Mais, comme nous l'avons vu, cet argent a été utilisé dans la réalisation de grands ouvrages de qualité médiocre, « des éléphants blancs », dans les centres urbains au détriment du milieu rural. Les villages qui subissent directement les effets négatifs des activités pétrolières sont classés au second rang, loin derrière les villes qui s'accaparent l'essentiel des investissements. Il en est de même pour les villages situés en dehors de la zone pétrolière qui sont sceptiques quant à l'utilisation des 5%. Les quelques rares réalisations, qui touchent les villages, concernent essentiellement les bâtiments scolaires, visibles le long du principal axe Moundou-Doba et les microscrédits qui représentent une faible proportion de l'ensemble des fonds destinés à la région productrice.

Par ailleurs, la gestion de ces revenus alloués à la région est faite par les autorités centrales en fonction de leurs choix politiques qui ne coïncident pas avec les réalités des bénéficiaires. Les CGRP qui se sont succedé, nommés par ces autorités, ne disposent pas de pouvoir de décision et se contentent de n'ordonner que des dépenses de fonctionnement. Attendons de mieux voir avec la mise en place des collectivités territoriales décentralisées. Car, les élections viennent d'être organisées au début de l'année 2012 pour une quarantaine de communes. De plus, le Logone oriental est oublié dans la répartition des 65% des ressources pétrolières, provenant de la vente du brut de son sous-sol. Comme conséquence, les enfants étudient sous les hangars et la population consomme de l'eau des puits traditionnels et des rivières, source de maladies hydriques, en dépit des milliards encaissés par le gouvernement. Comme les compensations, les revenus issus de la vente du pétrole ont un effet positif limité sur le monde rural de la région productrice du pétrole.

Ainsi, les « villages enclavés » dans les champs pétrolifères, dans les cantons de Komé, Miandoum, Béro et Miladi, qui regorgent de nombreux puits pétroliers, de pistes d'accès, de lignes à haute tension, de pipelines, de carrières, d'unités de collecte, de centres d'opérations et d'autres installations pétrolières sur leur terroir n'ont pas profité de l'exploitation pétrolière. Les effets socio-économiques positifs de cette exploitation pétrolière sur le monde rural restent très faibles sur la région productrice, directement affectée par les effets négatifs de ce projet.

CONCLUSION

Le Logone oriental, comme nous l'avons vu, est l'une des régions du Sud du Tchad, qui dispose encore de conditions naturelles favorables au développement des activités du secteur primaire. La pluviométrie varie entre 900 et 1200 mm en moyenne par an, relativement régulière, ce qui constitue un avantage important. En dehors de l'extrême Sud-Ouest constitué des Monts de Lam, le Logone oriental est une vaste plaine alternée de bas plateaux ou « Koro ». Cette plaine est drainée par l'un des principaux cours d'eau du Tchad, le Logone, et ses nombreux affluents. Les ressources en eau de surface sont importantes, à travers le dense réseau des cours d'eau (appelés « Kou » et « Nya » localement) du bassin supérieur du Logone qui offre sur la plaine un pâturage attractif pour les éleveurs transhumants, repoussés, par les conditions naturelles hostiles, du Sahel tchadien. Ces éleveurs transhumants finissent par se sédentariser dans le Logone oriental pour profiter des ressources naturelles encore disponibles.

Les savanes du Logone oriental étaient un lieu d'échange pour les peuples nomades du Nord et sédentaires du Sud à travers les transhumances périodiques. Les pratiques culturales utilisées permettaient une symbiose entre les différents constituants de l'écosystème, dont l'homme. La terre, moyen d'existence durable de la population, ne pouvait ni être louée, ni être vendue.

Dans le Logone oriental, la terre est considérée comme un bien communautaire. Elle est répartie, par les chefs de lignage, aux membres de la communauté qui l'exploite. A cet effet, elle se transmet de génération en génération par héritage. La terre pouvait aussi se prêter ou être donnée entre alliés, parents et amis, la vente n'était pas connue. La gestion des ressources que porte la terre, dont l'eau et la forêt, obéit en général à une même règle que celle de la terre. Les litiges sur la terre n'étaient pas inexistants mais leur résolution obéissait à des mécanismes privilégiant la négociation et la conciliation.

L'agriculture est la principale activité qui occupe plus de 80% de la population. Elle est la base de toute la vie socioculturelle, socio- économique et alimentaire. Les principales cultures vivrières sont les céréales (sorgho, mil, pénicillaire) et l'arachide qui occupent plus de 80% des surfaces des exploitations agricoles. La principale technique de culture est la culture sur brûlis et la jachère. Le sol et le sous-sol de la région du Logone oriental sont riches car ils ne sont pas seulement adaptés aux activités agricoles, mais disposent aussi de ressources minières et pétrolières qui attirent de plus en plus les compagnies multinationales étrangères pour leur mise en valeur. L'intérêt, que les autorités accordent actuellement aux activités pétrolières, a relégué au second plan les activités agropastorales du Logone oriental, qui soutiennent depuis toujours l'essentiel de l'économie du pays. L'exploitation du pétrole de Doba, au lieu d'être un moteur pour le développement des activités agropastorales, présente plutôt des risques de leur destruction. Que l'exploitation d'une ressource tarissable, le pétrole, ne mette pas en péril celles qui sont pérennes, l'agriculture et la pêche. Les réflexions à venir devraient s'orienter, de manière concertée, vers l'intégration de l'exploitation pétrolière au développement agricole en vue de soutenir la croissance économique actuelle du Tchad, sans compromettre la sauvegarde de ses ressources pérennes.

L'augmentation de la population et, par conséquent, l'accroissement, des densités se sont traduits également par une demande supplémentaire de terres cultivables, une exploitation accrue des ressources foncières et une création de nouveaux villages. C'est ainsi que les surfaces cultivées en sorgho, principale culture vivrière, sont passées de 50 000 ha en 1994/95 à 85 000 ha entre 2004 et 2005. Il en est de même pour l'arachide ou la penicillaire. Ce qui a dû permettre une augmentation de la production, nécessaire à la satisfaction des besoins de la population devenue nombreuse. Il est vrai que l'accroissement des surfaces cultivables permet d'augmenter la production agricole pour faire face aux besoins de la population mais quelle est donc la place reservée à l'environnement naturel ? L'une des pistes de solution, pour faire face à cette situation, est la promotion des activités génératrices de revenus, grâce aux revenus pétroliers, alloués à la région.

Dans la zone d'implantation des activités pétrolières, comme nous l'avons dit, les exploitations agricoles se marient difficilement et se disputent l'espace avec les infrastructures pétrolières. D'après la population locale, le problème crucial est celui des rendements. Pendant le cycle végétatif des plantes, le développement se fait normalement. Ce qui surprend, c'est que la montaison dure plus de temps qu'il le faut et que les plantes ne connaissent pas une évolution normale. Comme conséquences, les plantes vertes ne produisent pas de fruits et, par conséquent, ne servent que de fourrage. L'explication la plus plausible est à chercher dans l'éclairage continu des plantes. Nous savons que la synthèse chlorophyllienne se passe en présence de la lumière le jour. Pendant la nuit, la plante transforme le carbone capté le jour par photosynthèse en nutriments pour s'alimenter et passer d'un stade à un autre. Or, quand la plante est exposée de façon perpétuelle à la lumière, elle continue à réaliser la photosynthèse qui lui permet de croître, mais elle n'a pas le temps nécessaire pour transformer les substances en aliments pour fleurir en vue de donner des fruits.

L'avènement du pétrole dans le Logone oriental a été accueilli, par la population rurale, comme seule alternative aux maux que connaît la région. Les premières campagnes de sensibilisation tripartite de la Banque mondiale, d'ESSO et du gouvernement tchadien ont marqué la population. La sensibilisation a essentiellement porté sur les opportunités qu'offrira le projet et les autres effets positifs pour la population. Cette sensibilisation a toujours été accompagnée de nombreuses promesses, notamment : la construction et le bitumage des routes dans la zone ; l'électrification des villages ; la construction des écoles et des centres de santé ; l'emploi pour tous, la distribution mensuelle des revenus pétroliers, etc. Ces populations ont été nourries d'espoirs et d'attentes au-delà de la réalité. Aujourd'hui, c'est la désillusion.

En effet, dans le Logone oriental, le périmètre pétrolier est occupé par les plates-formes, les bases-vie, les centres des opérations, les pipelines principaux et les pipelines secondaires, les routes de chantiers, les routes inter-champs et les lignes à haute tension. Ces infrastructures pétrolières occupent des surfaces cultivables et réduisent ainsi l'espace vital des populations du Logone oriental. Etant donné que l'espace dans lequel se greffe le projet pétrolier est saturé ou en voie de l'être avec des densités qui dépassent localement les 100 hab. /km^2, celui-ci est disputé entre les exploitants agricoles et les compagnies pétrolières, si bien qu'exploitations agricoles et champs d'infrastructures pétrolières s'entremêlent. Il en résulte une forte pression sur les ressources foncières. Sur le terrain, nous constatons que les puits, les pipelines, les pistes et les lignes électriques à haute tension s'entremêlent et prennent en sandwich les villages des champs pétrolifères comme Maïnkeri, Ngalaba, Bégada, Mouarom, etc. que nous qualifions de « villages enclavés » ou « villages piégés » par les installations de surface du projet.

Du point de vue agronomique, il est démontré que, pour bien produire, il faut que les exploitations agricoles d'un tenant aient une certaine superficie appelée SAU (Superficie agricole utile). Dans cette zone pétrolière, la SAU par personne peut être estimée à 0,5 ha (une corde ou un piquet) cultivé chaque année par le plus démuni. La réalité sur le terrain révèle que les parcelles entre les puits, pipelines et lignes à haute tension n'atteignent pas les surfaces nécessaires cultivables. Certains paysans sont obligés de les abandonner. Une exploitation unique est facile d'entretien et plus productive que des morceaux d'exploitation éparpillés.

Globalement, l'emprise du projet a dépassé de plus de deux à trois fois les prévisions d'occupation des surfaces estimées nécessaires pour les travaux de construction des infrastructures de production et de transport du brut. Cela est dû à l'extension des champs et à la densification croissante des puits dans les anciens champs pétrolifères de Komé, Bolobo et Miandoum. De 2000 ha prévus, nous sommes aujourd'hui à plus de 4000, voire 7 000 ha de terres occupées. Bien des terres cultivables ont été occupées et la population, malgré les compensations, a perdu ses moyens d'existence durables. Des formations ont été données par Esso aux éligibles dont le nombre est passé de 150 personnes prévues à plus de 450 personnes. Les échecs constatés à l'issue de la formation des éligibles, attirés seulement par la bourse accordée par Esso, doivent servir de leçon. Des formations de proximité comme celles en cours dans le domaine de l'agriculture devraient être encouragées.

Des explorations sont actuellement en cours dans le Logone Occidental sur la rive droite du Logone dans les départements de Gueni et de Ngourkosso encore plus denses et la future connexion de ces champs aux installations actuelles de Doba va accentuer la dynamique foncière en cours avec des conflits fonciers encore plus récurrents. De nouveaux éligibles seront encore plus nombreux. C'est pourquoi il faudrait des techniques et moyens appropriés, permettant de mettre en valeur des zones inondables encore peu ou pas exploitées comme les plaines de la Nya ou de la Pendé.

Les activités pétrolières ont eu également des effets négatifs sur les ressources que porte la terre, en particulier l'eau et la végétation. Les activités pétrolières ont nécessité le déplacement et la réinstallation des personnes. Elles sont également à l'origine de la création de carrières, de pollutions et de déversements de brut aux effets négatifs sur l'environnement. De même, ces activités ont eu des conséquences sur les sites culturels. Les tentatives de résolution de ces problèmes par Esso à travers de nombreuses initiatives n'ont pas permis d'annihiler ces effets négatifs. L'un des effets négatifs de l'exploitation pétrolière sur l'environnement est le déversement du brut sur le sol et dans la mare. Les dispositifs mis en place par Esso n'ont pas permis de les détecter automatiquement à temps. Il y a déjà eu plus de six déversements. Chaque fois qu'il y a eu déversement du brut, ce sont toujours les paysans, qui les ont constatés et en ont informé Esso, les autorités administratives et les ONG. C'est ainsi qu'Esso a recruté des paysans pour surveiller et détecter les cas éventuels de déversement. Bien que les installations de surface soient encore neuves, il y a déjà eu plusieurs cas de déversements. Mais quelle sera la situation d'ici 20 à 30 ans quand les infrastructures de transport du brut seront vétustes ?

L'exploitation pétrolière a entraîné aussi des perturbations importantes dans le quotidien de la population, causées par un changement rapide de leur environnement. Certaines conséquences ne peuvent pas être chiffrées facilement comme le cas de l'impact des pylônes de transport de l'électricité sur le paysage, les lumières qui brillent jour et nuit, le trafic routier ayant pour corollaire la poussière, etc. A cela s'ajoutent les éventuels problèmes de sécurité des animaux, des personnes, et une présence plus importante des forces de l'ordre qui limitent les déplacements habituels de la population. Les jeunes ne peuvent pas aller s'amuser dans un village voisin au clair de lune comme par le passé ou des malades ne peuvent être transportés la nuit dans un centre de santé qui se trouve en général dans un centre urbain. Cette situation est particulièrement inquiétante pour les « villages enclavés ». Les effets des activités pétrolières sur les ressources foncières sont aussi perceptibles à travers l'emploi et les compensations.

En définitive, il faut aussi retenir que l'occupation des terres et la destruction des arbres ont donné droit à deux types de compensations : individuelle et communautaire. Nous avons considéré ces compensations comme des redevances foncières et des mesures d'atténuation des effets négatifs de l'exploitation pétrolière. Ces compensations individuelles sont versées directement aux individus ayant subi des dommages. Aussi, d'importantes sommes ont été versées aux populations de la zone pétrolière. Cependant, l'observation sur le terrain a montré que cette masse d'argent n'est pas utilisée de manière durable, à cause du manque de préparation des paysans à recevoir de telles sommes. Celles-ci ont, au contraire, déstructuré les familles, les modes d'accès aux ressources et les pratiques agricoles. Les compensations communautaires, quant à elles, ont vu la participation des ONG mais la logique commerciale d'Esso qui consiste à dépenser peu d'argent au profit des communautés ne leur a pas rendu la tâche facile. Ceci a retardé et même modifié la réalisation des ouvrages choisis par la population, notifiés par les représentants d'Esso présents à l'Assemblée de choix et contresignés par les autorités administratives. Ces compensations sont sources de multiples conflits observés dans la zone pétrolière. Même si certains conflits, comme ceux qui opposent les agriculteurs et les éleveurs, ont toujours existé dans la plupart des villages du Logone oriental, ils ont été accentués dans la zone pétrolière par l'implantation des ferricks avec les activités pétrolières et le versement des compensations individuelles aux éleveurs. Par ailleurs, l'accès à la terre et aux ligneux qui, jadis, ne posait pas de problèmes dans cette zone où les terres sont relativement disponibles ainsi que l'occupation des terres par le projet et le versement des compensations pour les arbres sont à l'origine de multiples conflits qui opposent plusieurs acteurs allant des compagnies pétrolières aux individus, en passant par les familles et des communautés villageoises. Par rapport aux compensations, le système de paiement des terres utilisé par le projet, de manière permanente ou temporaire, repose sur plusieurs critères de base dont les lois foncières du Tchad qui reconnaissent que l'essentiel des terres appartiennent à l'Etat. Cependant, avant l'acquisition de ces terres par le projet, les particuliers et les communautés riveraines bénéficiaient du droit d'usage, lequel leur donnait droit à la compensation.

De plus, faute d'information et de sensibilisation suffisantes de la population avant la perception des sommes d'argent inhabituelles à travers ces compensations individuelles, plus de 60% des bénéficiaires les ont utilisées de manière non durable. Les autorités locales prélèvent 10% sur le montant des compensations individuelles. Une pratique qui fut interdite par un arrêté ministériel en 2001, mais qui a refait surface à partir de 2005 et persiste encore aujourd'hui dans la zone pétrolière. Ce qui fait que les compensations individuelles n'ont pas pu améliorer de manière sensible la condition de vie des bénéficiaires. Rares sont ceux qui ont utilisé cet argent pour acheter des bœufs, des charrettes, facteur de production agricole ou acheter et construire des maisons, etc.

De plus, dans le Logone oriental, même si ces arbres ont toujours été protégés, ils le sont encore davantage aujourd'hui dans les champs pétrolifères, non pas à cause de leur utilité alimentaire, mais surtout à cause d'une éventuelle compensation. Un propriétaire ne peut ni défricher des touffes d'arbustes de karité ou de néré pour aérer son exploitation agricole, ni prêter une exploitation riche en ces arbres compensables par Esso à un autre exploitant, au risque de rater la compensation si l'activité pétrolière se développe sur son terrain.

En ce qui concerne les compensations communautaires, la situation n'est pas rose. D'abord, la base utilisée pour déterminer l'enveloppe attribuée au village affecté pose problème. Ensuite, la qualité des premières infrastructures réalisées n'est pas bonne. Plus de 50% des ouvrages réalisés, en particulier les ouvrages d'hydraulique, n'ont pas seulement été contestés mais sont tombés en panne. Les cas les plus emblématiques sont le château d'eau de Bémoulati dans le canton de Békan, connecté au forage villageois existant et qui n'a fonctionné que le seul jour de sa remise officielle à la population. C'est aussi le cas du forage d'eau de Dokaidilti dans le canton de Béro qui n'a jamais été utilisé à cause de la mauvaise qualité de l'eau qui en est issue. Il en est de même pour la pompe de Koudja II dans le canton de Timberi et de la pompe de Ngalaba et Maïnkeri dans le canton de Miandoum. A cette liste, nous pouvons ajouter les maisons construites pour les éligibles de Béro où les organisations des droits de l'homme ont contraint Esso à reconstruire de nouvelles maisons pour ces personnes réinstallées. Enfin, les dernières compensations communautaires complémentaires, qui ont débuté en 2009 avec l'implication et la participation des ONGs locales, d'Esso et de ses sous-traitants, n'ont pas été appréciées par les bénéficiaires. Comme nous l'avons vu, Esso n'a pas respecté le choix des bénéficiaires et a réalisé, dans certains villages, à faible coût, des structures qui n'ont pas d'utilité pour la population. C'est le cas des salles dites polyvalentes de Ngalaba, Bégada, Mbanga, etc., ou des maisons du directeur comme à Doheuri, Kilanga, etc. alors que le village a besoin de bâtiments scolaires ou de matériels agricoles. Les compensations ne constituent pas les seuls impacts socio-économiques du projet pétrole de Doba, il y a aussi les 5% alloués à la région productrice, l'emploi et les opportunités d'affaires.

Et puis, les 5% alloués à la région productrice ont représenté une modeste somme par rapport à l'ensemble des ressources pétrolières. De 2004 à 2014, la région productrice a reçu environ quatre-vingts milliards de F CFA (80 000 000 000 F CFA), alors que les besoins sont plus élevés et le CPGR n'a pas les mains libres pour gérer localement cet argent. Cette somme était censée déclencher les bases du développement du Logone oriental, en particulier le milieu rural à travers des investissements dans l'agriculture, principale activité de la population. Mais, comme nous l'avons constaté, cet argent a été utilisé dans la réalisation de grands ouvrages aux qualités médiocres, souvent contestés par les bénéficiaires, les « éléphants blancs ». De plus, ces structures n'existent que dans les centres urbains au détriment du milieu rural qui subit directement les effets environnementaux et sociaux de l'exploitation pétrolière. Les villages, qui subissent directement les effets négatifs des activités pétrolières, sont classés au second rang, loin derrière les villes qui accaparent l'essentiel de ces investissements. Il en est de même pour les villages situés en dehors de la zone pétrolière qui sont sceptiques quant à l'utilisation des 5%. Les quelques rares réalisations, qui touchent les villages, concernent essentiellement les bâtiments scolaires et les microscrédits qui représentent une faible proportion de la totalité des fonds destinés à la région productrice. Comme les compensations, les 5% alloués à la région productrice ont un effet positif limité sur le monde rural de notre secteur d'étude. Par rapport à l'emploi, les villages de notre zone d'étude n'ont pas pu en profiter. Non seulement l'exploitation pétrolière a nécessité des emplois qualifiés qui n'existent pas dans les villages, mais la période de grand chantier, où il y a eu recrutement, n'a duré que deux ans et demi. Pendant cette période, 5 à 20 jeunes par village situé dans les champs pétrolifères ou le long du tracé du pipeline et des routes, soit en moyenne 15 personnes, ont été recrutés pour un emploi de deux semaines à un mois. Rares sont ceux qui ont eu la chance de travailler pendant deux à trois mois dans le projet. Dans les villages témoins, aucun recrutement n'a eu lieu. Ce qui montre que l'exploitation pétrolière n'a pas apporté de l'emploi durable pour le monde rural. De même, pour des emplois qualifiés, les personnes ont été recrutées à Doba, Bébédjia, Moundou, N'Djaména et même en dehors du pays comme le cas des Philippins, des Camerounais, des Américains et des Français.

A la fin du chantier, les employés nationaux ont été remerciés sans mesures de protection appropriées. Pourtant, dans le cadre du projet pétrole de Doba, le gouvernement du Tchad avait, à l'époque, dans le cadre du renforcement des capacités, contracté un crédit IDA (3373-CD) auprès de la Banque mondiale. Ce crédit devait servir à rechercher les solutions aux problèmes de réinsertion sociale, morale, professionnelle et matérielle des travailleurs du projet d'exportation tchadien, arrivés à la fin du contrat. Mais le gouvernement n'a rien fait pour faire aboutir ce projet à caractère social. Ce qui est à l'origine de multiples crises des ex-travailleurs qui ont attrait Esso à la justice et ont gagné le procès. Suite à la plainte portée, Esso a été condamné à verser une somme de 6,2 milliards de F CFA à quelque 4013 ex-employés de TCC. Aujourd'hui, il y a une crise liée aux problèmes de ces ex-travailleurs qui réclament encore auprès du gouvernement une somme de neuf millions pour chaque employé d'Esso. De même, ils demandent à Esso de payer leurs primes de bonne fin de chantier ; les écarts de salaire et les primes de réinstallation.

Aussi, pendant le chantier, pour avoir la chance d'obtenir un emploi ou de profiter des autres opportunités de l'exploitation pétrolière, de nombreux migrants se sont installés à proximité des sites de travaux comme Komé 5,

Komé base, Kagpal, Gadjibian, Mbitoye, etc. Bien que plus de la moitié (voire 100% pour les cas des sites situés le long du tracé du pipeline et de la route) de ces immigrants soient partis après la phase de construction, d'autres se sont installés de manière définitive dans la zone pétrolière, créant ainsi de nouveaux villages comme « Atan » localisé en face de Komé base et qui compte environ 3 000 habitants. Il en est de même pour celui de « Moudadoigne » en face de Komé 5.

Hormis le consortium pétrolier, il y a d'autres acteurs impliqués dans l'exploitation du pétrole de Doba. Il y a les gouvernements du Tchad et du Cameroun, la Banque mondiale à travers ses organes de contrôle et de suivi environnemental ; les organisations de la société civile nationales et internationales. Les deux derniers acteurs ont contribué davantage à réduire les effets négatifs de l'exploitation du pétrole sur la population riveraine et à accroître les effets bénéfiques de ce projet. Grâce à l'appui des organisations de la société civile et de la Banque mondiale, le prix d'un manguier fixé, par le gouvernent et le consortium en 1999, à 3500 F CFA est passé à 550 000 F CFA. Le suivi environnemental à travers le GIC et l'ECMG a amené Esso à développer des stratégies en vue de réduire les surfaces occupées et en retourner une partie à la population. Grâce aux recommandations du GIC, le Comité de gestion des 5% a construit deux bâtiments scolaires à Ngalaba. Cependant, il faut noter que le mécanisme de suivi environnemental mis en place n'a pas fonctionné tel que prévu malgré la diversité des acteurs. Tous les acteurs prévus ne sont pas aujourd'hui actifs sur le terrain. C'est le cas du CTNSC, seul organe gouvernemental chargé du contrôle et du suivi environnemental et socio-économique sur le terrain qui n'existe pas depuis 2005, faute des ressources nécessaires à son fonctionnement.

Par ailleurs, avec le retrait de la Banque mondiale et, *de facto,* de ses structures, le mécanisme prévu est en panne, abandonnant, sur le terrain, les organisations de la société civile parfois mal organisées et sans ressources, face aux compagnies, disposant de moyens et des technologies nécessaires mais qui se préoccupent prioritairement de maximiser leurs profits. Avec l'extension des activités pétrolières et la densification des puits sur le terrain, les situations environnementales et socio-économiques suscitent encore davantage des inquiétudes. Il y a beaucoup d'outils élaborés par la Banque mondiale, mais, après son retrait, ces outils sont restés inactifs, comme c'est le cas de FACIL, du CTNSC, etc. La Banque mondiale est non seulement considérée par les interlocuteurs comme une caution morale et financière du projet mais un levier pour les organisations de la société civile. Certains la considèrent plutôt comme un commerçant qui n'a cherché que son argent, un complice de l'Etat tchadien dans l'exploitation des ressources du pays qui ne profite, en grande partie, qu'aux compagnies pétrolières, au détriment de la population ; son départ est considéré aussi bien comme un échec pour le modèle pétrolier de lutte contre la pauvreté que comme une porte ouverte à la destruction de l'environnement. Les interlocuteurs soulignent aussi que la Banque mondiale a raté son engagement dans le projet pétrole de Doba.

En bref, eu égard à ce qui précède, nous retenons que l'exploitation pétrolière dans la région du Logone oriental n'a pas apporté les changements positifs attendus. Elle a au contraire transformé les paysages de savane agricole, modifié l'environnement et les modes d'accès aux ressources foncières en leur donnant une valeur marchande, cause de nombreux conflits. En outre, l'exploitation pétrolière de Doba a permis à l'Etat tchadien de recevoir des compagnies, entre 2003 et 2008, les sommes de plus de 4,3 milliards de dollars, soit environ 2 mille milliards de francs CFA (GIC, 2009) de recettes pétrolières dépassant largement les estimations de départ. Ce montant représente 250% des recettes attendues sur 25 ans, à cause de la flambée du prix du baril sur le marché international. En dépit de la mobilisation depuis 2005 des ressources issues des 5% des revenus pétroliers (34 milliards de F CFA), la région productrice est placée troisième parmi les régions les plus pauvres au Tchad (64,7% des pauvres) derrière le Moyen-Chari (69,3% des pauvres) et le Mayo-Kebbi (71,7% des pauvres), selon le document de stratégie de croissance et de réduction de la pauvreté, (SNRP2, 2008 -2011).

De ce qui précède, nous pouvons dire que notre hypothèse de départ « L'exploitation pétrolière dans le Logone oriental a des effets positifs limités. Au contraire, elle est source de profondes mutations spatiales et de transformation des systèmes fonciers à travers l'occupation croissante des terres agricoles au profit des installations pétrolières et l'introduction de la compensation qui a donné une valeur marchande à la terre et à l'arbre, source de conflit » est confirmée.

De plus, les autorités tchadiennes n'ont pas une maîtrise des quantités de pétrole effectivement produites, exportées et vendues. Les seuls chiffres sur lesquels sont calculés les montants de redevances versées au Tchad sont ceux du consortium pétrolier dirigé par Esso.

Alors que le Logone oriental dispose encore de potentialités pétrolières non maîtrisées par les autorités tchadiennes, qui se contentent des données fournies par Esso, une compagnie commerciale, de nouvelles compagnies pétrolières comme Griffits (compagnie canadienne) mènent des travaux préliminaires à l'exploitation pétrolière dans le canton de Donia au Logone oriental et à Bémangra au Logone occidental. Des compagnies taïwanaises sont en pleine activité dans le département de Ngourkosso au Logone occidental. D'autres bassins pétrolifères attendent leur mise en valeur par les Chinois, etc. C'est pourquoi l'exploitation pétrolière de Doba devrait servir d'expérience aux Tchadiens. Ainsi, en perspective, les autorités devraient former les ressources humaines nationales, capables de maîtriser les quantités de pétrole produit, exporté et vendu, ainsi que les revenus issus de la vente de ces ressources nationales. En tirant les leçons de Doba, les acteurs devraient discuter et trouver, au préalable, d'autres exploitations, un barème unique et consensuel des compensations, qui prend en compte la valeur des ressources foncières et l'intérêt de la population. Des mesures appropriées devraient être prises en faveur des éligibles. Car quel sera l'avenir des paysans sans terre ? Il n'est jamais trop tard et, pour que les projets futurs au Tchad soient des projets de développement durable dans l'intérêt de la population tchadienne, nous suggérons ce qui suit :

Il n'y a pas de techniciens tchadiens du ministère du Pétrole ou de celui de l'Environnement qui suivent de manière autonome les activités pétrolières sur le terrain pour exercer une contre-expertise. Le gouvernement se contente des données et informations fournies par l'opérateur, ce qui, à notre avis, n'est pas normal. C'est pourquoi nous proposons la mise en place d'un comité interministériel composé d'agents du ministère de l'Environnement et des Ressources Halieutiques, du Ministère du Pétrole, du Ministère de l'Energie, des Finances, etc. Cet organe gouvernemental, à l'image du CTNSC en panne, sera financé sur le budget de l'Etat à travers les revenus pétroliers. Il aura pour charge de contrôler les aspects environnementaux et socio-économiques sur le terrain, dans les zones actuellement en exploitation et pour les futurs champs pétrolifères qui seront mis en valeur. Le comité pourrait solliciter des études spécifiques auprès de cabinets d'étude renommés et ayant l'expérience en la matière.

Mettre en place un système précis de collecte, de traitement et d'évaluation des dommages en ayant recours à des techniques et des équipements adaptés comme les ordinateurs, des logiciels SIG, des GPS, etc., permettant ensuite de constituer une base de données complète, interactive et évolutive tout au long du projet. Sur les revenus pétroliers, le gouvernement devrait investir des moyens pour l'acquisition de données satellites et de matériel de travail pour le Système d'informations géographiques (SIG), permettant de présenter des informations localisées géographiquement, contribuant ainsi notamment à la gestion de l'espace. Cette structure technique, chargée de l'informatisation de la base de données sur l'occupation des terres, les compensations individuelles et communautaires, sera placée sous tutelle du ministère de l'Environnement ou du Comité interministériel. Ce qui permettra de faire une évaluation plus précise et plus rapide de l'empreinte terrestre du projet et du niveau d'impact sur les populations riveraines en général et plus particulièrement dans les « villages enclavés ». Ces données vont constituer des sources d'informations alternatives à celles des compagnies pétrolières, entreprises commerciales qui ne visent pas l'intérêt de la population.

Par rapport à l'extinction des arbres sur le lit de la Nya, à l'improductivité des plantes cultivées à proximité des sites pétroliers où le gaz est brûlé en permanence, et à la qualité des eaux suite aux multiples déversements de brut, nous proposons qu'une étude soit réalisée très rapidement par les ministères de l'Environnement, de l'Agriculture et de l'Eau. Cette étude peut être confiée à un cabinet ou à une ONG ayant une compétence dans le domaine. Cette étude doit être financée par les compagnies pétrolières et/ou par les revenus pétroliers de l'Etat.

La convention signée avec le consortium Esso ne peut pas servir de modèle à d'autres accords futurs, car elle n'est pas avantageuse pour le pays.

Il sera important pour le gouvernement de revoir la convention de 2004 en fonction du contexte, en introduisant la SHT comme actrice clef, chargée de protéger les intérêts du pays et de prendre en compte un certain nombre d'avantages sociaux comme le bitumage des routes, la construction des infrastructures durables et le type de contrat de partage, qui pourront avantager la population riveraine et tchadienne à la fin des chantiers pétroliers. Ce Comité interministériel devrait également contrôler les processus de passation des marchés pour que cela puisse s'effectuer de manière transparente.

S'agissant du manque d'énergie dont souffre le Logone oriental, les turbines de Komé, sous-exploitées, pourraient être mises à la disposition du Logone oriental pour la fourniture en électricité. Etant donné que le carburant est disponible, ces turbines devraient être connectées au réseau d'électrification de tous les chefs-lieux des cantons, des sous-préfectures, des départements et des chefs-lieux de région, à un coût accessible à tous les citoyens. Ce réseau pourrait être étendu aux régions voisines comme le Logone Occidental, le Mandoul, la Tandjilé, etc., en fonction de la capacité de ces turbines.

En ce qui concerne la gestion des 5% alloués à la région du Logone oriental, étant donné que les collectivités locales viennent de se mettre en place, il faut rendre autonome le CPGRP dans la gestion des ressources allouées à la région productrice. Ce Comité composé des différents acteurs du Logone oriental doit être stable. Il doit disposer d'un manuel de procédures et d'un plan de développement local mettant un accent particulier sur les investissements dans le milieu rural et prioritairement la zone pétrolière et celle des fortes densités humaines. L'argent devrait servir prioritairement à la construction d'infrastructures hydrauliques pour doter chaque village du Logone oriental en eau potable. Ce qui permettrait de limiter les maladies hydriques. Ensuite, cela servira à améliorer la production agricole, principale activité et source d'alimentation de la population cible. Nous pensons que la construction de bâtiments scolaires, sanitaires et la formation de ressources humaines sont nécessaires pour le moyen et le long termes. Mais la baisse actuelle du prix du baril constitue un autre facteur limitant.

Pour permettre d'assurer la sécurité de la population ainsi que celle des installations pétrolières, le gouvernement peut retirer les militaires présents partout autour des villages qui constituent une source d'insécurité. Pour pallier leur absence dans certains endroits, il doit contraindre les compagnies pétrolières à recruter une dizaine de jeunes dans chaque village qui abrite des infrastructures pétrolières sur son terroir. Ces jeunes, formés et équipés de radio ou téléphone à l'image des agents de sécurité d'Esso, seront chargés d'assurer, par rotation, la sécurité des installations pétrolières sur leur terroir. Cette façon de faire sera également une possibilité pour Esso d'offrir un emploi local dans les villages affectés.

Etablir des règles consensuelles de compensations équitables, assorties d'un mécanisme de réclamation simple, accessible et qui, autant que possible, privilégie les procédures à l'amiable. Pour le suivi des recours, nommer un tiers indépendant convenu de commun accord entre les parties prenantes.

La construction de la route N'Djaména-Moundou en 2005, Moundou-Doba (2009) et Doba-Koumra (2010) avec l'argent du pétrole, a été saluée par la population même si le problème de qualité de ces routes reste à vérifier. Nous suggérons que ce réseau bitumé soit étendu entre d'autres régions du Sud du Tchad, Doba-Laï ; Kélo-Frontière Cameroun ; et à l'intérieur du Logone oriental (Doba-Bodo-Béboto-Goré-Baibokoum) pour désenclaver la région. Pour faciliter la circulation des personnes et des biens dans la sous-région, la construction, avec l'appui des compagnies pétrolières et des Etats voisins du Tchad, d'un réseau de chemins de fer reliant en priorité le Tchad à l'Afrique de l'Ouest à partir du Nigeria et des pays d'Afrique centrale à partir du Congo. De par sa situation géographique, le Tchad pourrait disposer de marchés potentiels. Ce moyen de transport permettra également d'exporter les produits de la raffinerie.

Définir des compensations respectant les coutumes locales, répondant aux besoins des populations et pouvant être appliquées dans des délais raisonnables pour rétablir durablement le niveau de vie et le bien-être des populations concernées. Il sera donc important d'organiser les éventuelles personnes compensées pour leur permettre de mieux gérer leurs compensations. A cet effet, il faut une campagne de sensibilisation sur la bonne gestion des indemnisations avant leur effectivité. Il en est de même pour l'octroi des crédits. Pour mieux régler le problème des terres cultivables et canaliser les ressources pétrolières destinées à la région productrice du pétrole, il est important d'élaborer des Plans de développement locaux (PDL), du moins pour les quatre cantons des champs pétrolifères.

Enfin, il est urgent et souhaitable d'actualiser et de mettre en œuvre le Plan de développement régional du Logone oriental puis de redéfinir le plan de gestion de l'environnement, PGE, du projet pétrole de Doba, pour prendre en compte des effets inattendus actuels de l'exploitation pétrolière. Ceci, en vue de rendre viables les villages des champs pétrolifères, pris en otage par les infrastructures pétrolières et de prendre en compte l'éventuelle connexion des champs pétrolifères de Mangara au pipeline Tchad-Cameroun. Car, le premier PGE a été sous-évalué. Cela permettra de mieux apprécier les impacts réels et potentiels de l'exploitation pétrolière au Logone oriental. Dans l'avenir, il serait important, dans la perspective de mise en œuvre de nouveaux projets pétroliers en cours, de préparer la population à se positionner pour profiter des opportunités d'affaires liées à l'exploitation pétrolière, plutôt que d'attendre la manne pétrolière, qui n'est pas toujours redistribuée. Pour éviter la malédiction des ressources pétrolières, il faut raffiner le pétrole au Tchad pour profiter de la chaîne de valeurs et également améliorer la gouvernance publique.

La connexion des champs pétrolifères de Mangara et Badila, mis en chantier par GRIFFITHS, une compagnie canadienne et, en perspective, celui des champs de Bémira (Bénoye) par OPIC, une compagnie taïwanaise, aux infrastructures pétrolières de Doba, offre une opportunité pour d'autres études. Car ces compagnies ont des standards et normes environnementales différents de ceux d'Esso, une compagnie américaine. La répartition spatiale des revenus issus des exploitations de pétrole au Tchad constitue également un objet d'étude pour mieux apprécier les impacts du pétrole aux niveaux régional et national.

BIBLIOGRAPHIE

1. ABLAYE ROASNGAR T., (2008) : L'accès à la terre au Tchad. Rapport d'étude, CEFOD, N'Djaména, 89 p.
2. ABOTCHI T., (1998) : Dynamisme économique et évolution du milieu rural dans l'Est de la région des plateaux au Togo. Thèse de doctorat en géographie tropicale, Université Michel Montaigne-Bordeaux III, Bordeaux III, 377 p.
3. ABOTCHI T., AFLOU D., AKIBODE A.K., (1999) : Crise d'espace agricole et développement rural au Togo : cas du canton de Kpekplémé. Université de Lomé, Département de Géographie, Centre des Etudes et des Recherches sur les Mutations en Milieu Rural et sur les Risques en Agriculture (CERMRA), Lomé, 20 p.
4. ABOTCHI T., (1998) : Activités agricoles et environnement dans l'Est de la région des Plateaux au Togo. In travaux et recherche géographiques : environnement et développement en Afrique, Revue de Géographie, Université du Bénin, Lomé pp. 184 à 198.
5. Agir ici et Survie (1999): Projet pétrolier Tchad-Cameroun : Dés pipés sur le pipeline ; Dossiers noirs de la politique africaine de la France N°13. Editions l'Harmattan, Paris, 63 p.
6. AKIBODE A. K., (1989) : Pratiques paysannes et développement rural dans les savanes septentrionales du Ghana. Thèse de Doctorat de Géographie, volume 2, Université de Paris 8, Paris, pp. 234 à 530.
7. AKIBODE A. K., (1998) : Environnement et développement : un couple a priori paradoxal. In *: travaux et recherche géographiques : environnement et développement en Afrique*. Revue de Géographie, Université du Bénin, Lomé, pp. 8 à 30 ;
8. ARDITI C., (1971) : Les populations de la moyenne vallée du Chari (Tchad): vie économique et sociale. In *Cahiers d'Études africaines*, Volume 11, Numéro 44, Paris, pp. 614-643.
9. ARDITI C., (1999) : Paysans Sara et éleveurs arabes dans le Sud du Tchad : du conflit à la cohabitation ? In *Actes du colloque du réseau Méga-Tchad*, Orléans, 15-17 octobre 1997, Paris, IRD, PP555-573.
10. AUBERVILLE A. : Flore forestière soudano-guinéenne. AOF-Cameroun-AEF, Société d'édition géographique, maritime et coloniale, Paris, 523 p.
11. BADOUIN R., (1979) : Systèmes fonciers et développement économique. Editions Cujas, Paris, 141p.
12. BANGUI R. A. (1980): Prisonnier de Tombalbaye. Collection Monde Noir Poche, Editions l'Harmattan, Paris, 160 p.

13. BAUD P., BOURGEAT S. ET BRAS C. (1997) : Dictionnaire de Géographie. 2e édition, Hatier, Paris, 509 p.
14. BEAUVILAIN A., (1996) : La population du Tchad. Travaux et documents scientifiques du Tchad, CNAR, N'Djaména, 165 p.
15. BEAUVILAIN A. (1996) : Tableau de la population du Tchad des années vingt à 1993. Travaux et documents scientifiques du Tchad, CNAR août 1993, N'Djaména, 112 p.
16. BEMADJI K. B., (2001) : Études d'impacts de la mise en place du projet pétrolier tchadien sur l'agriculture et l'élevage dans sa zone soudanienne : cas des villages de Ndaba-Bébo, Ndaba-Ndildo et Bam. Mémoire de DESS d'Aménagement du Territoire et Développement Économique Local, Université de Poitiers, Poitiers, 128 p.
17. BERNIER X., (1997): Les mutations des espaces ruraux dans les pays en voie de développement. Editions Economica, Paris, 112 p.
18. BLANC-PAMARD C. ET CAMBREZY L. (1995) : Dynamique des systèmes agraires : terre, terroir, territoire, les tensions foncières. ORSTOM : Collection colloques et séminaires, Paris, 472 p.
19. BONNECASSE V., (2001) : Les étrangers et la terre en Côte d'Ivoire à l'époque coloniale ». IRD, Montpellier, 57 p.
20. BOULAINE J., (1980) : Pédologie appliquée. Collection science agronomique, Masson, Paris, 220 p.
21. BOUQUET, C., (1978) Le pétrole au Tchad d'après des informations de CONOCO, *Annales de l'Université du Tchad*, Paris.
22. BOUTIN C., EMARD C. Lalonde and al (1996): Iso 14 000 : systèmes de management environnemental, collection formation continue, Ecole polytechnique de Montréal, 255 p.
23. BOUTRAIS J., (1978) : L'élevage en zone tropicale humide. ORSTOM, Paris, 194 p.
24. BOUTRAIS J. (1988) : Des Peul en savanes humides : développement pastoral dans l'Ouest centrafricain. ORSTOM, Collection Etudes et Thèses, Paris, 383p.
25. BOUTRAIS J., (1992) : L'homme dans son environnement : l'élevage, une activité dégradante ? In *: Afrique contemporaine,* n°161, pp. 109-125.
26. BRUNET R., FERRA R., THERY H., (1993) : Les mots de la Géographie. Dictionnaire critique, Collection Dynamique du territoire, Nouvelle Edition RECLUS. La Documentation française (3ème édition), Montpellier-Paris, 520 p.
27. CABOT J., (1965) : Le bassin du Moyen Logone. Thèse de Doctorat de Géographie, ORTOM, Paris, 327 p.
28. CEFOD (2002) : Tchad, quarante ans d'indépendance : bilan et perspective de la gouvernance et du développement. *Actes du colloque de N'Djaména du 25 au 28 février*, CEFOD, N'Djaména 206 p.
29. CEFOD (2004) : Recueil de textes sur le droit foncier au Tchad. Banque tchadienne des données juridiques, Collection le droit par les textes, CEFOD, N'Djaména, 109 p.
30. CEFOD ET OBSERVATOIRE FONCIER AU TCHAD (2004) : La question foncière au Tchad. *Actes du colloque scientifique de N'Djaména du 28 juin au 1er juillet 2004*, Département Etudes et Médias du CEFOD, N'Djaména, 249 p.

31. CEFOD (2006) : La gestion et le règlement des conflits au Tchad : de la famille aux institutions. *Actes du colloque de N'Djaména du 03 au 06 juillet, CEFOD, N'Djaména, 190 p.*
32. CEFOD (2007) : Loi n°006/PR/07 du 2 février 2007, relative aux hydrocarbures. Collection le droit par les textes, CEFOD, N'Djaména, 72 p.
33. CHAUVEAU J.-P., (1996) : Pressions foncières, cycle domestique et crise économique : étude de cas en Cote d'Ivoire forestière, tiré de : terre, terroir et territoire : les tensions foncières, Paris, Karthala, pp. 107-130.
34. CHRISTIAN B., (1990) : Insulaires et riverains du lacTchad. Tome 1, L'Harmattan, Paris, 412 p.
35. CIRAD, UIBE, GRAMPTC (2012): Une compagnie pétrolière chinoise face à l'enjeu environnemental au Tchad. Focales 09, AFD, Paris, 251 p.
36. CCSRP (2005) : Rapport annuel 2005. CCSRP, N'Djaména, 72 p.
37. CCSRP (2005) : Rapport de mission sur sites des projets financés sur les ressources pétrolières, N'Djaména, 10 P.
38. CCSRP (2007) : Rapport annuel 2007. CCSRP, N'Djaména, 116 p.
39. CCSRP (2008) : Rapport annuel 2008. Tome 1, CCSRP, N'Djaména, 93 p.
40. CCSRP (2009) : Rapport annuel 2009. CCSRP, N'Djaména, 111 p.
41. CNODC, (2006): Management manual for HSE Management System. China National Oil and Gas Exploration and Development Corporation, Pékin, 108 p.
42. CPPL (2002) : Quelques constats faits sur le terrain. Rapport de mission, Moundou, 6 p.
43. COUTY Ph., (1968) : La structure des économies de savane africaine. Cahier ORSTOM, série Sciences Humaines, Volume II, Paris, pp 23-43.
44. CPGRP (2011) : Rapport de mission effectuée par la nouvelle équipe du CPGRP dans la région du Logone oriental, 10 au 31 mars 2011, Secrétariat permanent CPGRP, Doba, 12p.
45. CTNSC (2003) : Enquête de suivi de l'évolution sociodémographique et sanitaire des populations de la zone pétrolière. Analyse des résultats du recensement de base, N'Djaména, 97 p.
46. CTNSC (2003) : Evaluation Environnementale Régionale (EER). Rapport provisoire, CIMA International, N'Djaména, 86 p.
47. CTNSC (2003) : Rapport trimestriel n°3, troisième trimestre, N'Djaména, 60 p.
48. CTNSC (2003) : Rapport trimestriel n°2, deuxième trimestre, N'Djaména, 69 p.
49. CTNSC, (2005) : Plan de développement régional de la zone pétrolière. Rapport définitif, CTNSC, N'Djaména, 117 p.
50. CTNSC (2005) : Rapport trimestriel. Premier trimestre, N'Djaména, 50 p.
51. DERRUAU M. (1996) : Géographie humaine. 6ème édition mise à jour, Armand Colin/Masson, Paris, 467 p.
52. DIVISION DE LA POPULATION (2000) : Etat de la population du Tchad en 1999 : croissance démographique et dégradation de l'environnement. Rapport d'étude, Ministère de la Promotion économique et du Développement, N'Djaména, 53 p.
53. DJEMON M. (2009) : Evaluation des conséquences socio-économiques et environnementales de l'exploitation du pétrole de Doba : cas des villages de Moundouli et de Ngalaba. Mémoire de maîtrise de géographie, Université de N'Djaména, N'Djaména, 116 p.

54. DJERALAR M., (2010): Pour une utilisation efficiente des 5% des revenus pétroliers. Synthèse du rapport d'étude du 27 mars 2010, CPPL, Moundou, 30 p.
55. DORIS D., MARKUS B., (1996) : Shell au Nigeria : les groupes multinationaux dans le Tiers-Monde à l'exemple de Shell dans le delta du Niger, Lagos/ Pologne. pp. 3-28.
56. DONNER, N., (2003) : Chad development project, Approche d'un projet pétrolier à l'heure du développement durable. Le projet Exxon Mobil au Tchad. Mémoire de maîtrise de géographie, Université Joseph Fourier, Grenoble 1.
57. DSA (2002) : Annuaire statistique des prix des céréales, légumes et oléagineux. SIM, mai 2002, N'Djaména, 93 p.
58. DSIS (2004) : Annuaires des statistiques sanitaires du Tchad. Ministère de la Santé publique. Tome A, 17ème édition, Année 2003, N'Djaména, p 214.
59. ECMG, (2003) : Projet de développement pétrolier Tchad-Cameroun, neuvième visite, rapport de mission d'octobre et novembre 2003, Canada, 108 p.
60. ECMG, (2005) : Première visite postérieure à l'achèvement du projet de développement pétrolier Tchad-Cameroun. Rapport de mission de décembre 2004, Canada, 62 p.
61. ESSO (1997) : Plan de gestion de l'environnement. Document technique, Dames & Moore, N'Djaména.
62. ESSO/TOTCO, COLONG, CIRAD (1998) : Dossier pétrole : Plan de mesure de compensation de manguiers. N'Djaména, le 04 mars 1998, N'Djaména, 23 p.
63. ESSO, (1999) : Projet d'Exportation Tchadien : Résumé de l'Etude d'Impact sur l'Environnement, Dames et Moores, version actualisée, N'Djaména.
64. ESSO, (1999): Projet de développement Tchad/Cameroun. Rapport semi-annuel de mise à jour du projet n°26, N'Djaména.
65. ESSO, (1999): Projet d'Exportation Tchadien. Document annexe, Volume 1, Dames et Moores, N'Djaména.
66. ESSO, (2001) : Projet de développement Tchad-Cameroun. Rapport n°05 ; 4ème trimestre 2001, N'Djaména, 127 p.
67. ESSO, (2002) : Rapport n°09 sur le Projet d'Exportation Tchadien, 4ème trimestre 2002. Rapport Annuel 2002, N'Djaména.
68. ESSO, (2003) : Rapport trimestriel n°13, Projet d'Exportation Tchadien ; 4ème trimestre, Rapport Annuel 2003, N'Djaména, 87 p.
69. ESSO, (2004a) : Projet de développement Tchad-Cameroun. Rapport annuel n°17. Voir www.essochad.com.
70. ESSO, (2004b), Projet de gisement satellite de Moundouli (Logone oriental et Logone occidental). Étude d'impact sur l'environnement E.P. Brown, N'Djaména.
71. ESSO (2005): Chad export project: Prompted population growth in the OFDA. E.P. Brown, N'Djaména.
72. ESSO (2007) : Projet de développement Tchad-Cameroun, Mise à jour du Projet n°23, Rapport annuel 2007, N'Djaména, 93 p.
73. ESSO (2010) : Plan de Gestion de l'Environnement. Support de présentation d'Esso à la CPPL, Moundou le 19 mai 2010, N'Djaména, 52 p.
74. FAURE G., (1990) : Pression foncière et individualisation des systèmes de production en zone cotonnière au Togo. Thèse de doctorat en agronomie, ENSAM, Montpellier, 433 p.

75. FRANGNIERE J. P., (1986) : Comment réussir un mémoire, comment présenter une thèse, comment rédiger un rapport. Bordas, Paris, 142 p.
76. FILLON J. B., (1988) : Potentialité du milieu naturel, densité de la population et occupation des sols dans le Nord-Ouest ivoirien. In séminaire sur la dégradation du paysage en Afrique de l'Ouest, Dakar, pp. 253-264.
77. GEERT V. et MAGRIN G., (2005) : Greffe pétrolière et dynamiques territoriales : L'exemple de l'onshore tchadien. *In Afrique contemporaine*, Paris, pp. 87-225.
78. GRAMPTC (2004) : Etudes des opportunités d'affaires dans la phase de construction du projet pétrolier de Doba sur les entreprises locales. Recherche-Action pour le Développement, GRAMPTC, N'Djaména, 96 p.
79. GRAMPTC (2004) : Situations de non-conformité sociale et environnementale. Rapport de recherches n°002/04, Editions Sao, N'Djaména, 75 p.
80. GRAMPTC (2004) : Régimes thérapeutiques du paludisme et de la tuberculose dans le contexte de la globalisation : Réponses des systèmes, politiques et mesures de santé et choix des ménages de la zone pétrolière du Tchad en matière de prévention et de traitement. Rapport de recherches n°001/04, Editions Sao, N'Djaména, 71 p.
81. GRAMPTC (2006) : Inventaire et évaluation des ressources naturelles dans les nouveaux bassins pétrolifères du Tchad. Rapport de recherches, synthèse des notes thématiques, Volume 1, Editions Sao, N'Djaména, 167 p.
82. GRAMPTC (2006) : Inventaire des ressources floristiques et fauniques. Rapport de recherches n°003/06, note thématique n°003/2, Editions Sao, N'Djaména, 52 p.
83. GRAMPTC (2006) : Inventaire des ressources naturelles dans les bassins pétrolifères du lacTchad, de Dosséo et de Doba : ressources hydrogéologiques et minières. Rapport de recherches n°003/06, note thématique n°003/4, Editions Sao, N'Djaména, 81 p.
84. GRAMPTC (2006) : Inventaire des ressources naturelles dans les bassins pétrolifères du Lac Tchad, de Dosséo et de Doba : données sur les aspects sociologiques et socio-économiques. Rapport de recherches n°003/06, note thématique n°003/1, Editions Sao, N'Djaména, 73 p.
85. GRAMPTC (2007) : Campagne de communication sociale sur les mécanismes de gestion, d'utilisation et de contrôle des 5% des revenus pétroliers alloués à la région productrice. Rapport final, GRAMPTC, N'Djaména, 118 p.
86. GRAMPTC (2009) : Inventaire des ressources halieutiques dans les nouveaux bassins pétrolifères du Tchad. Rapport de recherches n°003/06, note thématique n°003/5, Editions Sao, N'Djaména, 69 p.
87. GRAMPTC (2011) : Industries extractives au Tchad : après le pétrole, l'uranium…et les autres minéraux ? Rapport de monitoring, Editions Sao, N'Djaména, 44 p.
88. GIC, (2001, 2002, 2003, 2004, 2005, 2006) : Rapports de mission au Tchad. www.gic-iag.org.
89. GIC, (2009) : Projet d'Exportation et d'Oléoduc Tchad-Cameroun. Rapport bilan, juin 2009, Canada ; 47 P.
90. GIC, (2009): Projet d'Exportation et de l'Oléoduc Tchad-Cameroun. Rapport Final, 49 p.

91. GU-KONU E. Y., (1986) : Une pratique foncière dans le Sud-Ouest du Togo : Le 'Dibi-ma-dibi' in Espaces disputés en Afrique noire, pratiques foncières locales. Editions Karthala, Paris, pp. 243-252.
92. HARRISON P., (1991) : Une Afrique verte. Karthala-CTA, Paris, 448 p.
93. IAN G., NIKKI R., (2004) : Le pétrole tchadien : miracle ou mirage ? Suivre l'argent au dernier-né des pétro-États d'Afrique. Etude, Catholic Relief Services et Bank Information Center Washington, 118 p.
94. IGUE J. O., (1985) : Rente pétrolière et commerce des produits agricoles à la périphérie du Nigeria : Le cas du Bénin et du Nigeria. INRA, Laboratoire d'Economie Internationale, Montpellier, 44 p.
95. INED (2008) : Répartition et évolution de la population mondiale. In population mondiale et africaine, INED, http://www.ined.fr
96. INSEED (2009) : Deuxième Recensement Général de la Population et de l'Habitat. Résultats provisoires (RGPH2), INSEED, N'Djaména, 88 p.
97. INSEED (2007): Profil de la pauvreté au Tchad. Deuxième Enquête sur la Consommation et le Secteur Informel au Tchad - ECOSIT 2, N'Djaména, 100 p.
98. ISSA, S., (2004) : L'embuscade sur les routes des abords Sud du lac Tchad », *Politique africaine*, no 94, pp. 82-104.
99. JOUVE P., (2006) : Croissance démographique, transitions agraires et intensification agricole en Afrique sub-saharienne, Centre national d'études agronomiques des régions chaudes, Paris, 59 p.
100. KOKUVI MOSSI L., (2007): Impacts des multinationales de pétrole sur l'économie du Nigeria. Ethical Information Analyst, Université du Bénin, Lomé, Genève, 4 P.
101. KOLAWOLE S. A., (1993) : Dynamique de l'environnement dans le Golfe du Bénin. *In l'Alizé,* Revue de Géographie, UNB, Cotonou, pp. 3-16.
102. KOPPERT G. COOGELS S., MOUTEDE-MADJI V., (2004): Enquêtes socio-économiques de suivi du projet pétrolier au Tchad. Etude socio-économique, Paris, Bruxelles, GEPFE, 41 p.
103. KOULA, Y., (2006) : Pétrole et violences au Congo-Brazzaville : les suites de l'affaire Elf. Rapport d'étude, Paris, l'Harmattan, Points de vue, 254 p.
104. KOUNOU, M. (2006) : Pétrole et pauvreté au Sud du Sahara. Analyse des fondements de l'économie politique du pétrole, Editions CLE, Yaoundé, 137 p.
105. KPANTE B., (1997) : Dynamique paysanne et système agraire en pays N'Tcham : le cas du terroir de Bangeli (Nord-Ouest du Togo). Mémoire de DEA de géographie, Université de Lomé, Lomé.
106. LAVIGNE D. P., CHAUVEAUX J. P., (1998*) :* Quelles politiques foncières en Afrique noire rurale ? Réconcilier légalité, légitimité et pratiques. Economie et développement, Karthala, Paris, 744 p.
107. LE MEUR P. Y., CHRISTIAN L., (2001) : Gouvernance foncière au quotidien en Afrique. *Bulletin n°22*, APAD, Londres, 171 P.
108. LEO DE HAAN (1997) : Agriculteurs et éleveurs au Nord-Bénin. Ecologie et genre de vie. Karthala, Paris, 217 p.
109. LEO DE HAAN (1993): La région des savanes au Togo, l'Etat, les paysans et l'intégration régionale (1885-1985). Traduit du néerlandais par Evelyne C., Karthala, Paris, 353 p.

110. LE PROGRES (2003) : Le Tchad en chantier : Après le pétrole, le travail, supplément : Dossier sur le pétrole de Doba, *Quotidien n°1340* du lundi 13 octobre 2003, N'Djaména, 8 p.
111. LE BRIS E., LE ROY E., MATHIEU P., (1991) *:* L'appropriation de la terre en Afrique noire : mensuel d'analyse, de décision et de gestion foncière, Karthala, Paris, 359 p.
112. LE ROY A., (1993) : Place du coton dans le développement d'une économie africaine, le cas de la République centrafricaine. Thèse de doctorat en science économique, Université Paris X, Paris, 479 p.
113. MADJIOUDOU L. L. (2008) : Les stratégies de prévention et de gestion des conflits fonciers en zone pétrolière. *In la question foncière liée aux activités et perspectives pétrolières au Tchad, actes du colloque scientifique de N'Djaména du 29 au 31janvier 2008*, Editions Sao, GRAMPTC, N'Djaména, pp. 206-214
114. MADJIGOTO R., (1999) : Le Logone oriental à l'aube de l'ère pétrolière : état des lieux. Mémoire de DEA de géographie, Université de Paris I, Paris, 179 p.
115. MADJIGOTO R., (2007) : Evolution socio-économique et environnementale du Logone oriental. Thèse de doctorat de géographie, Université de Paris I, Paris, 405p.
116. MAHAMAT A. M., (1990) : Les impacts des grands aménagements sur quelques composantes de l'environnement. Mémoire de DEA de Géographie, Université Cheik Anta Diop, Dakar, 45 p.
117. MAGNANT J. P., (1978) : Quelques grands types de systèmes fonciers traditionnels au Tchad. *Cahiers d'Outre-Mer*, Paris, pp. 171-189.
118. MAGNANT J. P., (1981) : Terres de lignage et L'Etat chez les populations dites « Sara » du Sud du Tchad (XIXème-XXème siècle) : l'Etat et la Société en Afrique noire, Colloque, Comptes rendus, Revue Française en Afrique d'Outre-Mer, Tome LXVII, n°250-250, Paris, pp. 394-425 p.
119. MAGNANT J. P., (1986) : La terre Sara, terre tchadienne, Editions l'Harmattan, Paris, 380 p.
120. MAGRIN G., (2000) : Le Sud du Tchad en mutation : des champs de coton aux sirènes de l'or noir. Thèse de géographie, Université de Paris I, Panthéon Sorbonne, 427 p.
121. MAGRIN G. (2001) : Les enjeux d'un enrichissement pétrolier en Afrique centrale : le cas du Tchad. Observatoire européen de géopolitique, Sépia - CIRAD 98 p.
122. MAGRIN G., (2003) : Les enjeux d'un enrichissement pétrolier en Afrique centrale. Le cas du Tchad. *Graphigéo n°22*, collection Mémoires et documents de l'UMR PRODIG, Paris, 93 p.
123. MAOUNDONODJI G., (2009) : Les enjeux géopolitiques et géostratégiques de l'exploitation du pétrole au Tchad. Thèse de doctorat en sciences politiques, Université catholique de Louvain, Louvain, 491 p.
124. MAOUNDONODJI G., MOUTEDE-MADJI V., NADJIRAMBAYE N., (2010): Suivi des aspects économiques et environnementaux des activités extractives dans le bassin de Doba. Rapport de suivi n°010/CD/GRAMPTC/2010, Editions Sao, 37 p.
125. MAOUNDONODJI G., MOUTEDE-MADJI V., NADJIRAMBAYE N., (2010) : Projet pétrole « Rônier » et la raffinerie de Djarmaya :

préoccupations environnementales et violations des droits des populations riveraines », GRAMPTC, Editions Sao, N'Djaména, 40 p.
126. MAOUNDONODJI G., MOUTEDE-MADJI V., NADJIRAMBAYE N., (2011): Une nouvelle compagnie pétrolière explore un bassin au Logone occidental : un puits test, dont les indices promettent, est en cours de forage dans le département de Ngourkosso. Rapport de monitoring n°012/CD/GRAMPTC/2011, Editions Sao, N'Djaména, 31 p.
127. MAOUNDONODJI G., MOUTEDE-MADJI V., N'GAMINE J., and al., (2008) : La question foncière liée aux activités et perspectives pétrolières au Tchad. *Actes du colloque scientifique de N'Djaména du 29 au 31janvier 2008*, GRAMPTC, Editions Sao, N'Djaména, 233 p.
128. MARCHAL J. Y., (981): L'option pour l'extensif de l'agriculture Mossi : Cas de Yatenga. *In Agriculture n°75,* novembre 1981, mensuel d'information agricole, Ouagadougou, pp. 36-40.
129. MAZOYET M., ROUDART L., (1997) : Développement des inégalités agricoles dans le monde et crise des paysanneries comparativement désavantagées. Bulletin Réforme agraire, colonisation et coopératives agricoles, FAO, Paris, 11 p.
130. MINISTERE DES MINES, (1997) :Avenant n°2 à la convention de recherches, d'exploitation et de transport des hydrocarbures du 19 décembre 1988 entre la République du Tchad, d'une part, et le consortium constitué par les sociétés Esso, Shell et Elf, CEFOD-Documentation, N'Djaména.
131. MINISTERE DU PLAN ET DE L'AMENAGEMENT DU TERRITOIRE (1998): La population du Logone oriental en 1993. Monographie, Division de la population, N'Djaména, 107 p.
132. MINISTERE DU PLAN, DU DEVELOPPEMENT ET DE LA COOPERATION (2003) : Document de stratégie nationale de réduction de la pauvreté. Comité de pilotage de la SNRP, N'Djaména, 125 p.
133. MOUTEDE-MADJI V., (2002) : Les impacts environnementaux et les conséquences socio-économiques du projet pétrole de Doba : Cas de l'immigration dans la ville de Bébédjia et les villages de Bam et Atan. Mémoire de maîtrise de géographie, Université de N'Djaména, N'Djaména, 115 p.
134. MOUTEDE-MADJI V., (2004) : Dynamique de l'environnement dans le Logone oriental. Mémoire de DEA de Géographie, Université de Lomé, Lomé, 64 p.
135. MOUTEDE-MADJI V., N'GAMINE J., (2006) : Menace sur les ressources naturelles de base et les systèmes de production en relation avec le projet pétrole. Rapport de recherches n°003/06, note thématique n°003/3, GRAMPTC, Editions Sao, N'Djaména, 74 p.
136. MOUTEDE-MADJI V., (2008) : Formes et manifestations des conflits fonciers dans le bassin du Lac. *In la question foncière liée aux activités et perspectives pétrolières au Tchad, Actes du colloque scientifique de N'Djaména du 29 au 31janvier 2008*, GRAMPTC, Editions Sao, N'Djaména, pp 123-141.
137. MONNIER Y., (1990) : La poussière et la cendre : paysages, dynamique des formations végétales et stratégies des sociétés en Afrique de l'Ouest. Focal Coop, ministère de la coopération et du développement, ACCT, Muséum National d'Histoire Naturelle, Paris, 264 p.

138. N'DJAMÉNA HEBDO, (2008) : Le mirage de l'or noir. Article du journal N'Djaména Bi-hebdo n°1143 du lundi 13 au mercredi 15 octobre 2008, N'Djaména, 16 p.
139. N'DJAMÉNA HEBDO : PETROLE, (1999) : Déclaration de Bébédjia. Article du journal n°375 du 29 avril 1999, N'Djaména, p. 4.
140. NGAMINE J.., ALTOLNA M., GUIBERT H. (1998): Au Tchad, le projet Terroir-Exploitation : un exemple de collaboration étroite entre la recherche et le développement in Agriculture et Développement N°20, ISSN 1249-9901, pp 33-46.
141. NGAMINE J., DJERALAR M., (1999) : Etude sur les mesures de compensation et d'indemnisation : évaluation des montants des arbres, constats-suggestions. CILONG/COLONG/Commission Permanente Pétrole, N'Djaména, 25 p.
142. NGAMINE J., DJERALAR M., (2003) : Fertilité, enclavement des villages et gestion des déchets en zone pétrolière. Rapport d'étude, Commission Permanente Pétrole Locale (CPPL) Moundou, 24 p.
143. OLADOKOUN W., (2000) : La dimension sociale et économique de la culture cotonnière au Togo : l'exemple de l'Est de la région des plateaux. Thèse de doctorat de géographie rurale, Université du Bénin, Lomé, 507 p.
144. PELISSIER P., (1995) : Transition foncière en Afrique noire : du temps des terroirs au temps des finages. *In Dynamiques des systèmes agraires : Terre, Terroirs ; les tensions foncières.* ORSTOM, Paris, pp 19-34.
145. PÉTRY M., BAMBÉ N., (2004) : Le pétrole du Tchad. Rêve ou cauchemar pour les populations ? Livre, Karthala, Paris, 415 p.
146. PIERI C., (1991*) :* Savanes d'Afrique, terres fertiles ? Rencontres Internationales Savanes d'Afrique, terres Fertiles, Montpellier du 10-14 décembre *1990.* Focal Coop, Paris, La Documentation française, 587 p.
147. PIAS J., (1970) : Les formations sédimentaires tertiaires et quaternaires de la Cuvette tchadienne et les sols qui en dérivent. Mémoire ORSTOM, Paris, 407 p.
148. PIAS J., (1970) : La végétation du Tchad, ses rapports avec les sols, variations paléobotaniques au quaternaire. ORSTOM, Paris, 47 p.
149. POMEROL C., RENARD M., (1989) : Eléments de géologie. 9ème édition, Armand Colin, Paris, 615 p.
150. POURTIER R., (1992) : Migration et dynamique de l'environnement. In Afrique contemporaine n°161 Janvier-Mars pp.167-176.
151. PROJET DE DEVELOPPEMENT TCHAD/CAMEROUN, (2007) : Mise à jour du projet n°23. Rapport annuel 2007, Esso, N'Djaména, 93 p.
152. PROJET DE DEVELOPPEMENT TCHAD/CAMEROUN, (2009) : Mise à jour du projet n°26. Rapport semi-annuel, 70 p.
153. PROJET D'EXPORTATION TCHADIENNE, (1997) : Etude d'impact sur l'environnement. Sommaire, Partie tchadienne, Esso, N'Djaména, 14 p.
154. PROJET D'EXPORTATION TCHADIEN, (1999) : « Plan de gestion de l'environnement », Partie tchadienne. Volume 2, Exigence et spécifications techniques dans les domaines biophysiques-socio-économiques santé. EEPCI, Washington.
155. PROJET D'EXPORTATION TCHADIEN, (1999) : Plan de gestion de l'environnement. Partie tchadienne. Rapport d'étude, Volume 4, plan de gestion des revenus pétroliers, N'Djaména, 75 p.

156. PROJET D'EXPORTATION TCHADIEN, (1999), « Plan de gestion de l'environnement », Partie tchadienne. Rapport d'étude, Volume 5, plan de gestion des déchets, N'Djaména, 65 p.
157. PROJET NYA/MOUNDOULI, (2005) : Etude d'impact sur l'environnement. Document sur l'environnement, volume 2, Esso, N'Djaména, 84 p.
158. PROJET NYA/MOUNDOULI, (2005) : Etude d'impact sur l'environnement. Consultation publique, révision 4.1, Document sur l'environnement, volume 6, Esso, N'Djaména, 91 p.
159. QUESNEL A., (2001) : peuplement rural, dynamique agricole et régimes fonciers. Documents et Manuels du CEPED, Paris, 14 p.
160. QUIVY R., VAN CAMPERNHOUDT L., (1988) : Manuel de recherche en sciences sociales. Bordas, Paris, 271 p.
161. REOUNODJI F., (2003) : Espaces, sociétés rurales et pratiques de gestion des ressources naturelles dans le Sud-Ouest du Tchad, Vers une intégration agriculture-élevage, Thèse de doctorat de géographie, Université de Paris 1 Panthéon-Sorbonne, 406 p.
162. REPUBLIQUE DU TCHAD, (1995) : Décret N°822/PR/MET/95 portant Création d'un haut comité national pour l'environnement, N'Djaména, 4 p.
163. REPUBLIQUE DU TCHAD, (1998) : « Loi N°014/PR/98 définissant les principes généraux de la protection de l'environnement, N'Djaména, 24 p.
164. REPUBLIQUE DU TCHAD, (2001) : Arrêté N°052/MEE/DG/2001, portant création des délégations régionales du ministère de l'Environnement et de l'Eau et détermination des régions d'intervention, N'Djaména.
165. REPUBLIQUE DU TCHAD, (2004): Arrêté N°0034/MEE/SG/DPFLCD/04 portant règlementation des défrichements anarchiques, N'Djaména, 7 p.
166. REPUBLIQUE DU TCHAD, (2008) : Arrêté N°1702/PR/PM/2008 Portant mise en place d'un Comité interministériel de lutte contre la dégradation de l'environnement et le braconnage, N'Djaména, 6 p.
167. REPUBLIQUE DU TCHAD, (2009) : Décret N°904/PR/PM/MERH/2009, portant règlementation des pollutions et des nuisances à l'environnement, 40 pages.
168. SAMA O., (2003) : Bébédjia, d'une zone de cohabitation pacifique à un espace disputé au Sud du Tchad. Mémoire de maîtrise de géographie, Université de N'Gaoundéré, N'Gaoundéré, 118 p.
169. SHT MAGAZINE (2008) : Bientôt la raffinerie. Dossier CIOME 2008, Trimestriel d'information et de communication de la SHT, N°001, décembre 2008.
170. STEINBERG J. (2002) : Cartographie, systèmes d'information géographique et télédétection, Collection campus, Editions Armand Colin Lassay-les-Chateaux, 159 p.
171. SUD ECHOS (2010) : Interview du ministre du Pétrole. *Article du journal mensuel N°005 du lundi 28 juin 2010*, 4 p.
172. SWARTS A., *(1982) :* Les grands projets de développement et pratique foncière en Côte d'Ivoire. Exemple de l'opération San Pedro, tiré des enjeux fonciers en Afrique Noire, Karthala, Paris, pp. 293-300.
173. TCHAD ET CULTURE, (1999) : Doba dort, les campagnes se réveillent ; Dossier : Zoom sur le Logone oriental ; Revue mensuelle d'analyse et d'informations générales n°180, mai 1999, pp 11-18.

174. TCHAD ET CULTURE (2003) : Collège de contrôle et de surveillance des ressources pétrolières (CCSRP) : les difficultés commencent. Mensuel n°220 d'octobre 2003, N'Djaména, pp. 6-7.
175. VÉRON (2009) J.-B. : Editorial. In *Afrique contemporaine* N°229, Paris, pp. 5-8.
176. WATTS M., (2004): Resource Curse? Governmentality, Oil and Power in the Niger Delta, Nigeria. *Article In Géopolitics*, 9:1, Pp. 50-80
177. WORD BANK (2010): Development and climate change. World development report, World banK, Washington, 417 p.
178. YOMBATINA B. S., (2008). Les enjeux écologiques du foncier liés au développement des activités pétrolières au Tchad. *In la question foncière liée aux activités et perspectives pétrolières au Tchad, actes du colloque scientifique de N'Djaména du 29 au 31janvier 2008*, Editions Sao, GRAMPTC, N'Djaména, pp. 143-161.

ANNEXES

ANNEXE 1. LISTES DES CARTES, GRAPHIQUES, TABLEAUX ET PHOTOS

1.1. Liste des cartes

1.1.1. Liste des schémas

1.2. Liste des graphiques

1.3. Liste des tableaux

1.4. Liste des photos

ANNEXE 2. OUTILS DE COLLECTE DES DONNEES

2.1. Fiche signalétique des villages et de levée des coordonnées des infrastructures communautaires et pétrolières

Villages/Cantons	Noms infrastructures	Coord X	CoordY	Observations

2.2. Questionnaire *Chef d'exploitation*

1- Date :......./......./.................Village d'enquête ....
2- Sous-préfecture : Département :
3- Nom et prénom de l'enquêteur :
4- Personne enquêtée :
Sexe
Age
Nombre de personnes vivant sous le même toit :
Nombre d'années de résidence dans le village :
Statut dans le village : ☐ Autochtone ☐ Migrant
Avez-vous bénéficié de la compensation individuelle ? ☐ Oui ☐ Non
Raisons de la compensation (préciser les superficies, s'il s'agit de champs ou le nombre et l'espèce s'il s'agit d'arbres):...
Montant de la compensation :..

5- **Principales activités de la personne enquêtée**
☐ Agriculture, ☐ Elevage ☐ Pêche ☐ Emploi au projet
☐ Enquête d'emploi ☐ Autres (préciser)
Superficie totale exploitée avant 2000 (ha):
Superficie totale exploitée après 2000 (ha) :
Si changement, pourquoi ? ....
Principales cultures (par ordre d'importance) :

Répartition des superficies cultivées par culture :

Cultures	**Superficies (ha)**
Sorgho	
Arachide	
Pénicillaire	
Sésame	
Niébé	
Coton	
Riz	
Maïs	
Autres (préciser)	

Rendements des principales cultures

Cultures	**Rendements (kg/ha)**
Sorgho	
Arachide	
Pénicillaire	
Sésame	
Niébé	
Coton	
Riz	
Maïs	
Autres (préciser)	

Espèces d'animaux élevés

ESPECES	NOMBRE
Bovins	
Ovins	
Caprins	
Porcins	
Equins	
Asins	
Volaille	
Autres (préciser)	

Utilisation des engrais minéraux (préciser avec quelles cultures)
Utilisation des engrais organiques (préciser avec quelles cultures)
Type d'engrais : ....
Mode de production :...
Mode d'utilisation : ....
Quantités utilisées à l'Ha :
Fréquence d'utilisation : ☐ une fois/an ☐ une fois/2ans ☐ une fois/3 ans
Autre (préciser) :..
Contraintes à l'acquisition d'engrais organique : ....

6- Jachère et mode d'acquisition des terres :
Pratiquez-vous la jachère dans votre exploitation ? ☐ Oui ☐ Non
Durée moyenne de la jachère avant 2002 :
Durée moyenne de la jachère après 2000 :

Mode d'acquisition des terres : ☐ Héritage ☐ Location ☐ Octroi
Montant si loué ou acheté...
Autres (à préciser)
Dispose-t-il de réserve de terre ? ☐ Oui ☐ Non
Où est localisée cette réserve ? ☐ dans son village ☐ dans un autre village
Depuis combien de temps cette réserve existe-t-elle (nbre d'années)?

7- **Cueillette, alimentation et habitat**
Pratique-t-on des activités de cueillette dans la famille ? ☐ Oui ☐ Non
Qui pratique ces activités de cueillette ?
☐ Lui-même ☐ son ou ses épouse(s) ☐ ses enfants
Où pratique-t-on ces activités de cueillette ?
☐ Dans le village ☐ hors du village
Nature des produits de cueillette
☐ Karité ☐ Néré ☐ Tamarinier ☐ Racines et tubercules sauvages ☐ Autres (préciser)
Ces produits de cueillette sont-ils encore abondants dans le village.
☐ Oui ☐ Non
En cas de raréfaction, préciser les conséquences sur les habitudes alimentaires de la famille
Quelles sont les adaptations face à cette raréfaction des produits de cueillette ?
Où prélève-t-il des matériaux pour l'habitat ?
Ces matériaux sont-ils encore abondants (si non, dire pourquoi ?) ?

8- **Encadrement technique :**
A-t-il bénéficié d'un encadrement technique depuis 2000 ?
☐ Oui ; ☐ Non ; ☐ Autres
Organismes d'encadrement : ☐ ONDR, ☐ ONG ☐ Esso ☐ Autres
Type d'encadrement :
Contraintes :

9- **Accès au crédit :**
A-t-il bénéficié d'un crédit
Type :
Montant :
Sources (organismes de crédit) :
Procédure
Délai de remboursement :
Taux de remboursement :
Contraintes :

10- **Appréciation du projet pétrole**
Que pensez-vous du projet pétrole huit ans après son exploitation ?
Quels sont les changements positifs et négatifs liés à l'exploitation du pétrole chez vous ?...
....

2.3. Guide d'entretien de groupe dans les « villages enclavés »

1 Nom et prénom de l'enquêteur...
2 Date :......./......./.......Village......................Canton ....
3 Sous-préfecture ....
Département...
4 Date de création du village..
5 Lieu de provenance des parents pour s'implanter dans le village ....
6 Population totale : ....
7 Nombre d'immigrants avant 2000 ....
8 Nombre d'immigrants après 2000..
9 Nombre d'émigrants avant 2000...
10 Nombre d'émigrants après 2000 ....
11 Raisons de leur émigration..
12 Nombre de personnes ayant bénéficié des compensations...............................
13 Le village a-t-il bénéficié de compensation communautaire.............................
14 Le nom et l'état de l'infrastructure réalisée, si oui ....
15 Nombre de puits pétroliers dans le terroir...
16 Type et nombre d'installations de surface du projet dans le terroir ....
17 Type et nombre total de carrières dans le terroir...
18 Nombre d'arbres fruitiers détruits par les pétroliers ....
19 Nombre de personnes dont les parcelles ont été touchées par les travaux pétroliers ....
20 Les déchets pétroliers ont-ils été déversés ou enfouis dans leur terroir ?............
21 Quand ?..
22 Quels types de déchets ? ....
23 Comment sont-ils informés ? ....
24 Quelles sont les principales activités pratiquées par la population (citer par ordre d'importance)...
25 Quelles sont les principales activités perturbées par le projet pétrole ? ....
26 Quelles sont les conséquences de cette perturbation ? ....
27 Disposez-vous encore de terres cultivables ?...
28 Où sont-elles localisées (dans le terroir ; hors du terroir) ; dites pourquoi ....
29 Quelle est la superficie moyenne cultivée par exploitation depuis 2000 ?...........
30 Quelle était la superficie moyenne cultivée par exploitation avant 2000 ?.........
31 Disposez-vous de terres en jachère de longue durée ? ....
32 Où sont-elles localisées (dans le terroir ; hors du terroir) ? Pourquoi ? ....
33 Durée moyenne de la jachère dans le village ....
34 Existe-t-il des restrictions à vos déplacements dans le terroir ? (si oui préciser).
35 pratiquez-vous encore des activités de cueillette ? (si non, dire pourquoi).........
36 Où pratiquez-vous ces activités ? (dans le terroir ; hors du terroir)
Pourquoi ?..
37 Que pensez-vous de la position de votre village ? ....
38 Pouvez-vous encore y subsister grâce à vos activités de production ?................
39 Que pensez-vous de l'avenir de vos jeunes enfants ? ....
40 De quels appuis avez-vous bénéficié depuis 2000 ?
(préciser la nature de l'appui) ....
41 Quelles suggestions faites-vous par rapport à votre village ? ....
42 Quels sont les changements constatés dans votre village depuis l'exploitation du pétrole ?..

2.4. Guide d'entretien individuel

Description du projet de Doba

- Quels sont les champs pétrolifères actuellement en production dans le Logone oriental et quelles sont leurs caractéristiques géographiques ?
- Quel est le nombre de puits en production aujourd'hui ?
- D'autres forages sont-ils en cours ?
- Quels sont les termes du contrat signé entre le gouvernement tchadien et le consortium ?
- La nature du financement (rôle de la Banque mondiale), dispositions prises concernant l'oléoduc et les champs d'exploitation ;
- Quelles conditionnalités (de remboursement notamment) ?
- L'EIE et le PGE relatifs au projet de Doba ont-ils déjà été actualisés ?
- Le gouvernement tchadien pense-t-il mettre en œuvre le PDR ?
- Sur le terrain, les directives sont-elles appliquées ?
- Existe-t-il un dispositif particulier pour gérer les impacts du projet de Doba à long terme ?

Contrôle environnemental et changements constatés

- Quels sont les rôles du ministère de l'Environnement et de celui du Pétrole dans le suivi des activités pétrolières ? Depuis quand sont-ils ainsi définis ?
- Le CTNSC fonctionne-t-il encore bien comme avant ?
- Y a-t-il eu des pollutions au niveau des champs de Doba ? des déversements ? Comment les a-t-on gérés ? Le dispositif a-t-il évolué ensuite ?
- Le CTNSC est-il actuellement en mesure d'effectuer de manière satisfaisante votre travail de contrôle ?
- Depuis le début des travaux, des problèmes environnementaux ont-ils été constatés ? Quelles réponses y ont été apportées ?
- Quels sont les rôles des institutions de contrôle de la Banque mondiale (GIC ; ECMG, etc.) ?
- Qu'est-ce qui manque pour améliorer la gestion environnementale dans la zone pétrolière ?
- L'EIE-PGE de Doba, dans sa version initiale (1999-2000), était-il un bon document technique ?
- Comment a évolué la gestion environnementale avec l'augmentation du nombre de puits ? Le PGE initial a-t-il été modifié ?
- L'organisation du système de relations avec la société civile et les populations a-t-elle changé ? Comment ?
- Depuis le début du projet, quelles sont les principales difficultés qu'a rencontrées Esso en matière de gestion de l'environnement ?
- Dans le système de suivi mis en place par la Banque mondiale, quels sont les changements concrets que l'on doit à l'action des ONG ? au CTNSC ? à l'ECMG ? à GIC et d'autres ?
- Quelles ont été les conséquences des problèmes entre le gouvernement tchadien et la Banque mondiale en matière de gestion environnementale ? Comment voyez-vous l'évolution dans ce domaine ? Quelle évolution vous paraît souhaitable ?

- Y a-t-il, selon vous, des règles ou des pratiques liées à l'histoire particulière du projet de Doba qui doivent s'imposer aux autres projets au Tchad ?
- Quel regard portez-vous sur le rôle de l'ECMG ? du GIC (dans le domaine environnemental) ?
- Ces institutions ont-elles contribué à influencer votre travail d'une manière ou d'une autre ? (si oui, donnez des exemples)
- Que pensez-vous de la situation actuelle (les capacités de suivi environnemental du gouvernement sont dispersées) ? Cela change-t-il quelque chose, ou rien, à votre mode de fonctionnement ?
- Quels sont les effets de ce projet (à court et à long terme) ?

Effets socio-économiques (emploi, compensation, opportunités d'affaires, etc.)

- De quelle manière les questions relatives à l'emploi local ainsi que sociales sont-elles gérées ?
- Quelle est la politique de recrutement ?
- Comment se pose la question salariale de manière générale ?
- De quelle manière, les différents acteurs s'adaptent-ils à d'éventuelles difficultés ?
- Quelles sont les retombées socio-économiques du projet de Doba ?
- Pendant le chantier de construction (emploi, opportunités d'affaires, activités économiques induites de façon indirecte) ;
- Pendant la phase d'exploitation
- Que pensez-vous des compensations individuelles et communautaires ?
- Comment les barèmes des compensations ont-ils été fixés ?
- Quels sont les effets de ces compensations sur la population ?

Occupation des terres et densification des puits

- Peut-on avoir les chiffres sur l'occupation des terres. (initialement prévus ; actuellement et leur distribution géographique si possible) ;
- Nombre de paysans compensés depuis le début du projet (et sommes en question) et ceux élus à la formation et réinstallation ?
- Le PGE a été modifié pour prendre en compte l'augmentation du nombre de puits pour maintenir la production au niveau souhaité : comment avez-vous adapté votre planification environnementale ? Le PGE initial a-t-il été modifié ? les chiffres sur les prises de terres initiales / actuelles ?
- Depuis le début du projet, quelles sont les principales difficultés qu'a rencontrées Exxon en matière de gestion de l'environnement ? Quand (quelles sont les dates qui marquent des inflexions dans les problèmes environnementaux et la façon d'y répondre)? Comment y a-t-on répondu ?
- L'expérience de Doba influence-t-elle les autres activités pétrolières en cours au Tchad ?
- De quelle manière se dessinent les relations avec les autres compagnies pétrolières au Tchad ?
- Que proposeriez-vous pour les futures exploitations pétrolières au Tchad ?

ANNEXE 3. QUELQUES INDICATEURS GLOBAUX DE LA POPULATION TCHADIENNE ET RÉPARTITION DES DÉPUTÉS

3.1. Quelques indicateurs globaux de la population tchadienne issus des résultats provisoires du RGPH2

Indicateur	Niveau
Population totale dénombrée	
Effectif de la population totale dénombrée (Habitants)	11 175 915
Densité de la population (habitants au km^2)	8,7
Taux annuel moyen d'accroissement intercensitaire (en %)	3,6
Taux annuel moyen d'accroissement intercensitaire (hors les réfugiés) (en %)	3,5
Population par sexe	
Population masculine	5 509 522
Population féminine	5 666 393
Rapport de masculinité (Hommes pour cent femmes)	97
Proportion des femmes (en %)	50,7
Population nomade	
Effectif de la population nomade (Habitants)	387 815
Proportion de la population nomade (en %)	3,5
Taux annuel moyen d'accroissement intercensitaire (en %)	0,6
Personnes réfugiées	
Population des personnes réfugiées	291 233
Proportion des personnes réfugiées (en %)	2,6
Ménages ordinaires	
Effectif de la population vivant dans les ménages ordinaires	10 837 532
Nombre de ménages ordinaires	2 025 333
Taille moyenne des ménages ordinaires	5,4
Population urbaine (Chefs-lieux des départements et N'Djaména)	
Population urbaine (Chefs-lieux des départements)	2 423 048
Proportion de la population urbaine (en %)	21,7
Population de N'Djaména	993 492
Taille moyenne des ménages en milieu urbain	5,2
Population résidente tchadienne âgée de 18 ans et plus	
Effectif de la population tchadienne âgée de 18 ans et +	4 754 491
Proportion par rapport à la population totale (en %)	43
Proportion des femmes dans la population tchadienne de 18 ans et + (en %)	53

3.2. Tableau de répartition des sièges des députés par régions et départements

Régions	Départements	Pop	Sup	Nbre Députés
Batha	Batha o (Ati)	222243	50067	3
	Batha E (Oum hadjer)	188631	30769	3
	Fitri (yao)	116157	10882	2
				8
Borkou	Faya	72760	75721	2
	Borkou Yala (Kirdimi)	24491	165255	2
				4
Chari-Baguirmi	Baguirmi (Massenya)	226128	27354	3
	Chari (Mandalia)	191945	4696	3
	Loug Chari (Bousso)	203712	15938	3
				9
Guera	Guera (Mongo)	179609	88459	2
	Abtouyour (Bitkine)	171999	9673	2
	Bahr signaka (Melfi)	104812	32547	2
	Mangalmé	97375	10797	2
				8
Hadjer-Lamis	Dagana (Massakori)	188233	5665	3
	Dababa (Bokoro)	219686	17331	3
	Haraze El Biar (Massaguet)	155038	10797	2
				8
Kanem	Kanem (Mao)	160223	9822	2
	Nord Kanem (Nokou)	97868	59648	2
	wadi Bissam (Mondo)	96512	2895	2
				6
Lac	Mamdi (Bol)	232242		
	Wayi (Ngouri)	214579	14039	3
			7870	3
				6
Log. Occidental	Lac Wey (Moundou)	226496	3152	5
	Djodé (Bainamar)	105126	3054	2
	Guéni (Krim-krim)	94529	1054	2
	Ngourkousso (Bénoye)	157142	1655	2
				11
Log. Oriental	La Pendé (Doba)	169049	2516	2
	Kouh Est (Bodo)	100401	1558	2
	Kouh Ouest (Béboto)	50509	2090	2
	La Nya (Bébédjia)	139381	2868	2
	La Nya Pendé (Goré)	111459	4540	2
	Monts de lam(mbaibokoum)	225654	10249	3
	$			
MANDOUL	Mandoul or(Koumra)	262485	7052	13
	Bahr sara (Moissala)	225827	8459	4
	Mandoul occ (Bédiondo)		8459	3
				9
MAYO-KEBBI Est	Mayo Boneye (Bongor)	242845	8678	4
	kabbia (gounou gaya)	216151	3211	3
	Mayo Lemié (Guelendeng)	81816	3604	2
	Monts Illi(Fianga)	228366	2878	3
				12
MAYO-KEBBI, Ouest	Mayo Dallah(Pala)	338487	8435	6
	Lac Léré (Léré)	226600	4505	3
				9

MOYEN-Chari	Barh koh(sarh)	319087	16907	5
	Grande Sido(Maro)	105375	5597	2
	Lac Iro(kyabe)	173822	17903	2
				9
OUADDAI	Ouara(Abeche)	333309	17371	5
	Abdi(Abdi)	114055	4472	2
	Assongha(Adre)	282315	8226	4
				11
SALAMAT	Barh Azoum(Am-timan)	184984	26915	2
	Aboudeia(Aboudeia)	65772	11493	2
	Haraze Mangueigne	57849	30872	2
				6
TANDJILE	Tandjilé Est (Laï)	259241	5085	4
	Tandjilé Ouest (Kélo	423576	12575	7
				11
WADI FIRA	Biltine (Biltine)	159323	23696	2
	Dar tama(guéréda)	179095	9579	2
	Kobé (Iriba)	156515	30872	2
				6
BAHR EL GHAZAL	BEG-SUD(Moussoro)	196043	14922	3
	BEG-NORD(SALAL)	64822	35919	2
				5
ENNEDI	Ennedi (Fada)	59744	85176	2
	Wadi Hawar(Amdjarass)	113862	126247	2
				4
SILA	Ki imite (Goz beida)	310304	21228	5
	Djourouf Al Amar(Amdam)	71472	14773	2
				7
TIBESTI	Tibesti Est(Bardai)	14984	41479	2
	Tibesti Ouest(Zouari)	6986	87639	2
				4
COMMUNE DE NDJAMENA				
	1er Arrondissement	77817		2
	2ème Arrondissement	67989		2
	3ème Arrondissement	41305		2
	4ème Arrondissement	75096		2
	5ème Arrondissement	103019		2
	6ème Arrondissement	47420		2
	7ème Arrondissement	290905		3
	8ème Arrondissement	189916		3
	9ème Arrondissement	78241		2
	10ème Arrondissement	81790		2
				22
TOTAL GENERAL				188

Source : Le Progrès, 2011

ANNEXE 4. NATURE ET ÉTAT DES INFRASTRUCTURES RÉALISÉES DANS LE CADRE DE LA COMPENSATION COMMUNAUTAIRE

Villages	Nature infrastructures	Etat infrastructures	Source financement	Année	Observations
Miandoum_5	Pompe	?	Esso		Donation. Un projet de construction d'un château est en cours de réalisation par 5%
Bendoh	Puits traditionnel	Fonctionnel			
Ngalaba	Pompe	Non fonctionnel	Esso	2005	Une autre pompe a été forée par 5%
Miandoum 2					
Maïnkeri	Château	Non fonctionnel	Esso	2004	Compensation communautaire
Mermeouel	Pompe	Non fonctionnel	Esso		
	Pompe	Fonctionnel	Esso	1999	Donation
	Pompe	Non fonctionnel	Village		
Madana Nadpeur	Puits traditionnel	Fonctionnel	Village		Le village consomme l'eau des deux puits traditionnels à ciel ouvert et non aménagés
Danmadjia	Puits traditionnel	Fonctionnel	Village		Le village consomme l'eau des deux puits traditionnels à ciel ouvert et non aménagés
Maïnani	Puits traditionnel	Fonctionnel	Village		Le village consomme l'eau des quatre puits traditionnels à ciel ouvert et non aménagés
Bela	Pompe	Non fonctionnel	Esso		Le village consomme l'eau des huit puits traditionnel
	Puits traditionnel	Fonctionnel	Village		
Bémou (Mouarom)	Puits traditionnel	Fonctionnel	Village		Le village consomme l'eau des puits traditionnels
Komé	Pompe	Fonctionnel	UNICEF	2008	Donation
	Château	En construction	5%	2009	Les travaux ont commencé sur le terrain
Dokaidilti	Pompe	Non fonctionnel	Esso	2003	Compensation communautaire : L'eau issue de la pompe devient rouge quelques minutes après et la population consomme l'eau du fleuve Pendé
	Puits traditionnel	Fonctionnel	Village		13 puits traditionnels au village
	Fleuve	Fonctionnel	Nature		
Dildo	Pompe	Non fonctionnel	Esso		
	Puits traditionnel	Fonctionnel	Village		La population préfère l'eau du fleuve au puits traditionnel
	Pompe	Non fonctionnel	Esso		
Madjo (Béro)	Pompe	Un fonctionnel et un non fonctionnel			Le village dispose de deux pompes dont une fonctionnelle

Source : Moutedé-Madji V., enquête de terrain 2009

ANNEXE 5. RÉCLAMATIONS DES PAYSANS VICTIMES DES ACTIVITÉS PÉTROLIÈRES

5.1. Réclamation pour destruction d'une exploitation agricole et des arbres fruitiers

FAUSTIN
NGALABA II
CANTON : MIANDOUM
S/P DE MIANDOUM
DEPARTEMENT DE
LA NYA

Monsieur le
Superviseur SOCIO-ECONOmique, EMP/ESSO

Monsieur

J'ai l'honneur de venir très respectueusement auprès de votre haute personnalité déposer une lettre de reclamation contre Esso qui avait détruit l'une partie de mon champ de Sorgho et une karité productif, sans pourtant me payer, c'était le 14 octobre 2010.

Depuis ce jour, j'ai déposé trois fois cette lettre.

Veuillez agréer monsieur le superviseur SOCIO-ECONOMIQUE EMP/ESSO, l'expression de mes sentiments les plus dévoués.

Vu le chef de village

REPUBLIQUE DU TCHAD – LE CHEF DU VILLAGE DE NGALABA – MINISTERE DE LA JUSTICE

L'intéressé

5.2. Réclamation pour occupation des terres

République du Tchad : Unité-Travail-Progrès.
Département de la Nya Bébédjia
Sous-préfecture de Miandoum.
Canton Miandoum
Village Maïkeri

Dje Roudoumbaye Princesse
à
Maïkeri

Objet : Doléance

A
Monsieur le président
du Bureau local ADICAM

Monsieur !

J'ai l'honneur de venir très respectueusement auprès de votre haute personnalité vous solliciter mon doléance sur la mise au point du terrain occupé par le projet sur 22m sur 9m au puits « M 112 » « new ».

Ce terrain a été occupé illégalement par le projet. Après avoir ~~reg~~ rédigé une lettre de réclamation, le projet a dit que c'est non fondé.

Je voudrai que vous demandiez à ceux qui ont des appareils de venir vérifier, est-ce que le ronier a été payé ?

Veuillez agréer, Monsieur le président l'expression de mes sentiments les plus respectueux.

Fait à Maïkeri le 13 Mai 2011

L'Interessé

le chef de village
P.O

5.3. Réclamation des chefs coutumiers : Déclaration des Chefs de Cantons du Logone oriental

Nous, chefs de cantons du Logone oriental, signataires de la présente déclaration, apportons tout notre soutien au Cadre de concertation et de dialogue du Logone – CCDL. Nous lui donnons mandat pour entreprendre les actions de toute nature susceptibles d'aider au respect des droits des populations de la région Productrice du pétrole du Logone oriental.

En effet, le Projet d'exportation tchadien nous a été présenté comme un modèle de développement. Les responsables d'ESSO, les autorités tchadiennes, à différents niveaux et les responsables de la Banque mondiale, nous ont fait croire que le Projet dexportation tchadien sortirait les populations tchadiennes d'une manière générale, et, en particulier, les populations de la zone de production, de l'état de pauvreté dans lequel elles croupissent. Nous ne parlons même pas des promesses mensongères qui nous ont été faites en tant que Chefs de Cantons pour obtenir notre adhésion à la cause du projet pétrole.

Pratiquement dix (10) ans après la disponibilité des revenus pétroliers, nous, chefs de cantons de la région productrice, constatons avec regret l'aggravation des conditions de vie de nos populations. Nos populations sont devenues plus pauvres qu'avant. En effet, ayant pour l'essentiel perdu les terres de culture, la brousse qui était le réservoir de nourriture additionnelle, de plantes médicinales et source d'activités lucratives saisonnières, nos populations n'arrivent plus à subvenir à leurs besoins. **Que peut faire un paysan sans terre ?** En outre, les populations ainsi que leur bétail vivent en insécurité permanente avec les installations pétrolières qui les entourent. Nos populations sont forcées de vivre un état d'urgence en permanence, caractérisé par les interdictions de mouvements, même en plein jour.

Nous, chefs de cantons, avons recherché des solutions aux impacts négatifs du Projet sur les populations auprès des différents responsables d'ESSO et des autorités tchadiennes mais sans succès. Bien au contraire, personne ne nous a écoutés, nous avons même été ridiculisés. Nous avons été transportés dans des bennes comme du bétail pour les besoins des cérémonies. Nous sommes à la merci des commandants de brigade, des sous-préfets, préfets et autres agents de l'Etat qui n'hésitent pas à nous menacer de représailles dès que nous ouvrons la bouche pour exprimer les souffrances de nos populations, etc. Notre effort pour le maintien de la tranquillité dans nos communautés pendant la phase des travaux, et ce, malgré toutes les vexations dont ont été victimes les populations, n'a pas été reconnu. Nous entendons seulement parler des milliards qui sont investis mais sans en ressentir les effets. Nos populations n'ont récolté du projet pétrole que les conséquences négatives.

Nous étions dans le désespoir quand la réflexion a conduit à la création du Cadre de concertation et de dialogue du Logone auquel nous adhérons entièrement et que nous soutenons fermement. Porté par des personnalités morales reconnues par les différentes composantes de notre société, le cadre de concertation et de Dialogue du Logone oriental est représentatif et a tout notre soutien.

Nous espérons, enfin, que le cadre de concertation et de dialogue du Logone sera écouté par les différents acteurs du projet pétrole et que des décisions dans le sens de la réparation des préjudices subis par nos populations seront prises, que nos populations pourront, à l'instar des autres, bénéficier des retombées positives du projet pétrole en termes d'actions de développement durable cohérent.

Fait à Bébédjia, le 26 avril 2011.

ANNEXE 6. SIGNES DE TENSION SOCIALE LIÉE À LA GESTION DES REVENUS PÉTROLIERS ENTRE ORGANISATIONS DE LA SOCIÉTÉ CIVILE ET AUTORITÉS LOCALES

6.1. Communiqué de ROSOC appelant à une ville morte suite à la rupture du courant à Doba

ROSOC **Réseau des Organisations de la Société Civile du Logone Oriental**

BP. 22 DOBA-TCHAD/ Tel: (+235) 66 25 49 70 /66 25 55 97

E-mail: rosocassociation@yahoo.fr

Réf 086 /ROSOC/2011.

A son Excellence Monsieur le Gouverneur du Logone Oriental

Objet : information relative à l'appel du ROSOC à une journée ville morte en lien avec la rupture de fourniture d'électricité dans la ville de Doba

Excellence,

Nous venons par la présente vous informer qu'après plusieurs démarches faites auprès de vous et du personnel de la STEE par notre organisation en vue de trouver des solutions durables aux problèmes d'accès de manière permanente à l'eau et a l'électricité dans la ville, nous avons malheureusement constaté avec amertume que la situation évolue de mal en pire. C'est ainsi que de l'alimentation des secteurs 24 heures d'électricité et 24 heures d'obscurité, nous sommes arrivés depuis quelques temps à l'arrêt total dans la fourniture d'électricité, plongeant toute la ville dans l'obscurité et obligeant également les opérateurs économiques à réduire leurs activités voire fermer systématiquement leurs portes.

Aussi, faut-il le faire remarquer, cette situation de rupture totale de fourniture d'électricité dans la ville de Doba renforce également le phénomène de banditisme urbain et crée de fait sinon accentue l'insécurité surtout les nuits.

Devant cette situation qui met à mal la vie, la sécurité des personnes, de leurs biens ainsi que leurs activités économiques, conformément à l'article 29 de la constitution du Tchad, adoptée par le Référendum du 31 mars 1996, révisée et modifiée par la loi constitutionnelle N°08/PR/2005 du 15 juillet 2005, le ROSOC de commun accord avec ses organisations membres, à l'issue de l'assemblée extraordinaire tenue ce jour 04 aout 2011 décident d'observer une journée ville morte le mercredi 10 aout 2011 pour exprimer ainsi notre mécontentement.

Par ailleurs, de concert avec les opérateurs économiques, toutes les activités économiques seront arrêtées et la population sera restée terrée chez-elle ce jour. Car, l'eau et l'électricité se sont les premiers facteurs de développement économique et social. Sans l'eau et l'électricité, la vie n'a pas de sens : l'eau c'est la vie et l'électricité, la vue et la sécurité.

Comptant sur votre sens élevé de responsabilité, nous vous prions de croire, Excellence, à l'expression notre sincère collaboration.

Pour le ROSOC

Le président

Réseau des Organisations de la Société Civile du Logone Oriental (ROSOC-LOR)
Le Président
B.P. DOBA

6.2. Positionnement des organisations de la société civile

ROSOC Réseau des Organisations de la Société Civile du Logone Oriental

BP. 22 DOBA-TCHAD/ Tel: (+235) 66 25 49 70 /66 25 55 97

E-mail: rosocassociation@yahoo.fr

Réseau des Organisations de la Société Civile du Logone Oriental (ROSOC-LOR) Le Président B.P. DOBA

POSITIONNEMENT DES ORGANISATIONS DE LA SOCIETE CIVILE DU LOGONE ORIENTAL PAR RAPPORT :

1. A la gestion des 5% des revenus pétroliers affectés à la Région Productrice ;
2. A la construction des infrastructures dans la Région ;
3. A la gestion de l'électricité dans le Logone Oriental ;
4. Aux mesures prises pour la lutte contre la cherté de vie.

Nous, organisations de la société civile, membres du Réseau des Organisations de la Société Civile, en abrégé ROSOC, réunies ce jour 29 janvier 2011, en assemblée générale extraordinaire dans la salle de réunion du BELACD de Doba, après analyse et examen de la situation socio économique et politique de la Région, faisons remarquer et suggérons ce qui suit :

1. Au titre de la gestion des revenus pétroliers alloués à la Région productrice

Les organisations membres du Réseau des Organisations de la Société Civile (ROSOC) ont constaté que depuis 2004, plusieurs comités provisoires qui ont été mis en place en vue de gérer ces revenus, sont souvent démis de leur fonction. Les raisons de ces multiples révocations desdits comités par le pouvoir central, ne sont pas élucidées. Mais tout porte à croire qu'elles tournent autour des défaillances sévères relevées dans la gestion optimale et efficiente de ces ressources.

Face à ce constat, les organisations de la société civile demandent à son Excellence Monsieur le Gouverneur du Logone Oriental et à l'actuelle équipe d'organiser dans les meilleurs délais, avec les différents acteurs intervenant dans la zone, un atelier-bilan de toute la période de gestion de ces fonds allant de 2004 à 2010. Cet atelier-bilan permettra aux différents acteurs et à la nouvelle équipe, d'apprécier ensemble le parcours des différents comités, les réalisations faites afin de dégager les forces et les faiblesses et de définir les nouvelles priorités d'actions.

C'est une étape importante pour éviter à cette nouvelle équipe la répétition des erreurs du passé et avoir une feuille de route claire, en cohérence avec les réelles aspirations et vrais besoins de la population.

Par ailleurs, les Organisations de la Société Civile du Logone Oriental expriment leur mécontentement pour ne pas être préalablement consulté pour le choix et la

Logone Oriental puissent accéder, dans les meilleurs délais et de manière permanente à l'eau et l'électricité

Par ailleurs, la société civile demande la relance dans un bref délai, des négociations avec Esso pour connecter la région aux turbines de Komé V afin d'offrir l'électricité à toutes les populations.

Au quel cas, nous serons amenés à engager dans les jours avenir des actions pacifiques et citoyennes pour le dénouement de cette situation, qui n'a fait que trop durer ; et qui pénalise sérieusement le développement de la région.

4. Au titre des mesures prises pour la lutte contre la cherté de la vie

Les organisations de la société civile expriment leur satisfaction et se disent prêtes à soutenir toutes mesures ou initiatives législatives, réglementaires ou administratives qui visent à protéger les citoyens contre les spéculations et autres actes de spoliation de leurs biens.

Toutefois, elles font aussi remarquer que les mesures prises pour la lutte contre la cherté de la vie dans le Logone Oriental et spécifiquement à Doba, ne sont pas globalement respectées.

Le constat est que, ces mesures, du fait qu'elles ne sont pas globalement appliquées par tous les acteurs de la vie économique, pénalisent sérieusement les producteurs du monde rural.

Devant cette situation, nous exhortons son Excellence, Monsieur le Gouverneur du Logone Oriental, de réunir dans les meilleurs délais tous les acteurs de la vie économique et les organisations de la société civile afin de faire l'état de lieu de la situation et faire des propositions adéquates.

Enfin, nous sommes disposées à apporter notre contribution pour traduire dans les faits la réalisation de toutes ces propositions et suggestions.

Fait à Doba, le 29 janvier 2011.

Les organisations signataires

N°	Noms et prénoms	Organisations	contacts	Signatures
01	Mbaitelsem Bétel Esaie	ATADER	66 25 55 97	
02	Ngarédjimti Ngarmian Arnaud	BELACD	66 25 49 70	
03	Zenaba Oumar	CELIAF	66 48 62 87	
04	Clément Ngarnguinam	Collectif AER/Doba	66 64 01 01	

05	Laoussingar Tobemgar David	ATPDH	66 64 18 56	
06	Demba Naomie	AFML	66 41 34 37	
07	Nérandam Esaie	ATNV	66 36 19 80	
08	Yorongar Mboibé	SET	66 47 18 74	
09	Naldomal Jacques	ADC	66 70 55 05	
10	Mbailassèm Laoumian	APLFT	66 74 67 82	
11	Moyombay Urbain	ADICAM	66 25 47 75	
12	Firmin Djimodal	Association des Jeunes Ressortissant du LOR pour la Recherche de l'Emploi	63 63 42 83	
13	Ngandol Samuel	Commission Justice et Paix	63 98 79 06	
14	Rilengar Simon	ATPDH	66 67 46 30	
15	Didenan Jéremie	ATPDH	63 04 02 32	
16				

NB : Large diffusion

Réseau des Organisations de la Société Civile du Logone Oriental
Le Président
B.P. [redacted]
DOBA
(ROSCE-LOR)

6.3. Communiqué officiel du Gouverneur du Logone oriental

REPUBLIQUE DU TCHAD
PRESIDENCE DE LA REPUBLIQUE
PRIMATURE
MINISTERE DE L'ADMINISTRATION DU TERRITOIRE
GOUVERNORAT DU LOGONE ORIENTAL
SECRETARIAT GENERAL

UNITE – TRAVAIL – PROGRES

COMMUNIQUE OFFICIEL
(Large diffusion)

Suite au mot d'ordre lancé par les responsables du Réseau des Organisations de la Société Civile (ROSOC) appelant la population de la ville de Doba à observer une journée ville morte le 10 août 2011, pour protester contre la crise énergétique que connaît la ville de Doba, le Gouverneur de la Région du Logone Oriental porte à la connaissance de l'opinion publique que les causes de cette crise sont purement techniques pour lesquelles les autorités administratives consentent des efforts pour y trouver des solutions durables. Très préoccupé par la situation qui prévaut et marquant sa disponibilité pour le dialogue et la concertation, le Gouverneur, a reçu personnellement les membres du bureau du ROSOC pour échanger de long en large sur la question et les perspectives qui s'y rattachent.

Nul n'ignore que la solution pérenne à cette crise se trouve dans le plaidoyer du Gouverneur, dans son mot de bienvenue adressé à Son Excellence Monsieur le Président de la République lors de sa dernière visite à Doba. Il vise la connexion de la centrale de Komé à la Ville de Doba pour une fourniture permanente en énergie électrique.

Soucieux du maintient de la paix et de la quiétude au sein de la population, le Gouverneur est tout aussi surpris de l'attitude des responsables du ROSOC à vouloir remettre en cause les acquis des démarches entreprises qui sont pourtant prometteuses. Ceux-ci tiennent absolument à entraîner la population dans des actions périlleuses. Toutes les conséquences qui adviendront leur seront imputables.

De ce qui précède, le Gouverneur demande à tous les agents de l'Etat, aux employés du secteur privé et aux opérateurs économiques, bref à toute la population de vaquer normalement à leurs activités le mercredi 10 août 2011.

Fait à Doba le 09 Août 2011
Le Gouverneur P.I.

MBAÏ-AOUSSEM MADJI KIDUBU

6.4. Note de service du CPGRP pour rencontrer les chefs de cantons

REPUBLIQUE DU TCHAD

MINISTERE DES FINANCES
ET DU BUBGET

COMITE PROVISOIRE DE GESTION DES
REVENUS PETROLIERS AFFECTES A
LA REGION PRODUCTRICE

SECRETARIAT PERMANENT

N°178-MFB/CPGRP/SP/11

Unité – Travail – Progrès

Doba, le 25 Août 2011

Le Président du Comité Provisoire de
Gestion des Revenus Pétroliers affectés à
La Région Productrice De Doba
(CPGRP)
A
Monsieur le Président du Réseau des Organisation de la
Société Civile du Logone Oriental /Doba

__Objet__ : *Rencontre avec les Chefs de Canton de la région*

Dans le cadre de la mise en œuvre de son programme d'activités en faveur du développement de la Région Productrice, le Comité Provisoire de Gestion des Revenus Pétroliers affectés à la Région Productrice entend organiser du 08 au 09 septembre 2011 à Baibokoum, dans les Monts de Lam, une rencontre d'échange avec l'ensemble des Chefs de Canton de la Région, quelques responsables de la Société Civile, religieux et des personnes ressources.

La rencontre a pour objectif principal d'informer ceux-ci la vision de la nouvelle équipe sur la gestion des 5% avec comme toile de fond la réorientation des actions en faveur du monde rural. C'est dans cette perspective que le Comité envisage d'échanger avec ces différents responsables, sur les nouvelles orientations des projets d'investissement du CPGRP. A cette occasion, le Comité donnera d'amples informations sur les ressources et les charges du Comité, aussi bien que sur les contraintes dans la programmation de 2011 et la question de la relance du volet microcrédit.

Aussi, compte tenu de l'importance et du rôle que joue la Société Civile dans les actions de développement de la Région, je vous saurais gré des dispositions que vous voudriez bien prendre pour désigner trois autres membres de votre organisation pour se joindre à ceux précédemment désignés pour la tournée du CPGRP dans la région en vue de prendre part à la dite rencontre. Ceux-ci doivent prendre attache avec le CPGRP pour le calendrier de la rencontre et les modalités pratiques de voyage.

Le Président

__Contacts__ :

66310948/99963146

66268203/90161788

__MYARO BERAMGOTO__

ANNEXE 7. LES RECETTES PÉTROLIÈRES AU TCHAD 2004-2009

Année	**2004**	**2005**	**2006**	**2007**	**2008**	**2009**
Total des recettes budgétaires	**214 168 772 764**	**296 483 000 000**	**590 538 000 000**	**764 742 000 000***	**673 848 000 000****	**855 718 000 000***
Montant des redevances pétrolières	82 810 741 000	117 473 000 000	154 086 000 000	132 512 000 000	172 817 000 000	145 800 000 000
Montant des Impôts sur le bénéfice des sociétés (IS) des compagnies pétrolières	0	0	229 421 000 000	427 357 000 000	357 564 000 000	340 900 000 000
Montant total des ressources pétrolières (redevances +impôt sur les sociétés des compagnies pétrolières)	**82 810 741 000**	**117 473 000 000**	**383 507000 000**	**559 869 000 000**	**530 381 000 000**	**486 700 000 000**
Cumul des recettes pétrolières	**82 810 741 000**	**200 283 741 000**	**583 790 741 000**	**1 143 659 741 000**	**1 674 040 741 000**	**2 160 740 741 000**
Part des redevances dans le budget de l'Etat en %	38,67%	39,62	26,09	17,33	25,65	17,04
Part des recettes pétrolières dans le budget de l'Etat (redevances+impôt sur les sociétés des compagnies pétrolières) en %	38,67%	39,62	64,94	73,21	78,71	56,88

Source : GRAMPTC, ministère des Finances, rapport d'exécution du budget de l'Etat au 31 décembre 2005, rapport d'exécution du budget de l'Etat au 31 décembre 2006 et rapports d'exécution du budget de l'Etat au 31 décembre 2007, rapports d'exécution du budget de l'Etat au 30 septembre 2008, budget général du Tchad

TABLE DES MATIÈRES

Le Tchad
aux éditions L'Harmattan

Dernières parutions

FORCED TO FLEE
Stories of asylum seekers from Darfur, Sudan
Tubiana Marie-José – Translated from the french by Philip O'Prey
I only met those who managed to get through. Those who witnessed the attacks on their villages, the burning down of their homes. Those who buried their dead. Those who were caputured, imprisoned or tortured. Those who crossed the Sahara. Those who worked illegally in Libya to pay for the crossing of the Mediterranean. Those who do not speak the language of the country whre they arrive. Who are these men and sometimes women who ask for asylum in France ?
(10.00 euros, 114 p.)
ISBN : 978-2-343-12413-1, ISBN EBOOK : 978-2-14-004123-5

QUAND LES HOMMES EN ARMES S'IMPOSENT AUX POLITIQUES
Tchad (1975-1982)
Haggar Bichara Idriss
À partir de 1975, les hommes en armes s'imposent aux politiques sur la scène tchadienne, plongeant le peuple dans le désarroi. Les militaires tout comme les rebelles issus du Frolinat sont à l'origine d'un chaos qui va durer des décennies, mettant à mal l'unité nationale. Cette situation génère dans le pays des guerres civiles, l'ingérence des puissances étrangères et une instabilité politique chronique sur lesquelles des conférences nationales et internationales n'auront que très peu de prise.
(Coll. Pour mieux connaître le Tchad, 22.50 euros, 208 p.)
ISBN : 978-2-343-12283-0, ISBN EBOOK : 978-2-14-004069-6

LE TCHAD DE NOS RÊVES
La saveur de l'espoir
Ndiaye Yousra A., Ndiaye Bouchra A.
Ce livre constitue la vision de deux jeunes Tchadiennes nées au milieu des années 1980 et qui, sur la base des expériences qu'elles ont vécues au Tchad et ailleurs, veulent apporter leur pierre à l'édification d'une société tchadienne plus juste et débarrassée des nombreux maux qui la minent et la divisent.
(12.50 euros, 128 p.)
ISBN : 978-2-343-11621-1, ISBN EBOOK : 978-2-14-003451-0

PARTIS, POUVOIR ET OPPOSITION AU TCHAD : LA DÉMOCRATIE À L'ÉPREUVE
Une analyse de l'antagonisme partisan dans le système politique
Ramadji Alfred - Préface de Michel Hastings
Comme toute question politique, celle des partis, du pouvoir et de l'opposition passionne autant l'opinion publique que les praticiens de la politique eux-mêmes. Il est ainsi fréquent de les voir s'offusquer, s'indigner et s'interroger : « Y a-t-il une opposition dans ce pays ? », « À quoi sert-elle ? », « À quoi servent ces multiples partis politiques ? », etc. Voici un regard global sur la dynamique politique du Tchad, il apporte un éclairage stimulant sur ses vraies logiques de fonctionnement.

Comment parvenir à une meilleure mobilisation idéologique ? L'affrontement partisan au Tchad offre-t-il une alternative claire, un espace de choix aux électeurs tchadiens ?
(Coll. Études africaines, 28.00 euros, 268 p.)
ISBN : 978-2-343-10968-8, ISBN EBOOK : 978-2-14-003189-2

LES NGAM
Histoire et culture
Ramsès Nanalmadine
Cette étude présente les Ngam, une communauté ethnique se trouvant dans deux pays à cause des frontières nationales héritées de la colonisation. Il s'agit de la République centrafricaine et du Tchad. Cet ouvrage est présenté sous forme de chapitres qui regroupent des sujets autour de thématiques homogènes : la question de l'origine de cette communauté, les mythes et légendes, les pratiques sociales, les rites, l'organisation politico-administrative sociale et économique, les pratiques artistiques et les grandes figures Ngam.
(Coédition Al Mouna, 19.50 euros, 180 p., Illustré en noir et blanc)
ISBN : 978-2-343-05744-6, ISBN EBOOK : 978-2-14-001422-2

TURBULENCES D'UNE VIE D'ENFANT DANS LA SOCIÉTÉ TCHADIENNE
Bechir Mahamat Mahamat Nour - Préface de Khayar Oumar Defallah
Ce livre est le témoignage d'un monde qui, peut-être, n'existe plus. On y découvre le courage, la solidarité, et la résistance contre ce qui n'est pas juste. C'est également un témoignage d'amour aux parents qui ont su rester dans la dignité et le respect des valeurs positives qui fondent les relations entre les membres d'une famille et d'une société humaine à la tchadienne ! Il peut, par ailleurs, aider les jeunes et les adultes à y déceler cette recherche éternelle du temps qui passe, afin de défricher l'avenir qu'ils laisseront en héritage à leurs descendants.
(Coédition Al Mouna, 27.00 euros, 266 p.)
ISBN : 978-2-343-08197-7, ISBN EBOOK : 978-2-14-001418-5

POUR LE TCHAD
Récit au cœur de la révolution
Medella Youssouf Moussa - Préface de Hassan Mahamat Abbas
Ce livre porte un jugement sans complaisance sur certains événements de la révolution tchadienne. L'auteur, actuellement chef de canton de Médéléa (Kanem), et coordinateur adjoint des autorités traditionnelles du Tchad, ancien membre du Front de Libération Nationale, a été ministre, conseiller chargé de mission à la présidence, ambassadeur au Soudan, puis promu général de brigade en 2006. Il dévoile ici des informations historiques inédites et des secrets qui éclairent les zones obscures de cette période dite « de révolution ».
(Coédition Al Mouna, 19.00 euros, 190 p.)
ISBN : 978-2-343-03025-8, ISBN EBOOK : 978-2-336-38095-7

LES NGAMBAYES
Une société de la savane arborée du Tchad
Maikoubou Dingamtoudji
Les Ngambayes forment l'une des populations de la savane arborée à l'extrême sud du Tchad. Ce livre parle de tout ce qui les entoure, de la terre et du fleuve, des différents types de végétation et du climat. On y découvre aussi leurs coutumes, leurs traditions, leur langue, leurs croyances et leurs pratiques magiques ainsi qu'un grand nombre de renseignements sur le territoire ngambaye, son organisation politique, sa monnaie, son artisanat, sa richesse naturelle et beaucoup d'autres détails surprenants.
(Coll. Études africaines, 24.00 euros, 254 p.)
ISBN : 978-2-343-03837-7, ISBN EBOOK : 978-2-336-37346-1

DICTIONNAIRE PRATIQUE DU FRANÇAIS DU TCHAD
Djarangar Djita Issa
Ce dictionnaire est conçu pour permettre à l'utilisateur de s'exprimer en français tout en continuant à regarder le monde et à penser dans les langues tchadiennes : avec lui, le français

devient langue tchadienne. Pour le touriste de passage comme pour l'étranger qui vit au Tchad, posséder cet ouvrage c'est déjà mettre un grand pays en poche pour un tourisme linguistique et culturel. Pour l'enseignant et l'apprenant, il est un outil pédagogique qui leur donne les moyens de se comprendre.
(Coll. Études africaines, 39.50 euros, 416 p.)
ISBN : 978-2-343-04070-7, ISBN EBOOK : 978-2-336-35476-7

TCHAD LES PARTIS POLITIQUES ET LES MOUVEMENTS D'OPPOSITION ARMÉS DE 1990 À 2012
Haggar Hissein Idriss
Le multipartisme intégral, tel qu'il existe au Tchad, ne rime pas forcément avec démocratie et a donné naissance à plus de 150 partis n'ayant aucune influence sur la vie politique. Afin d'éviter que le pays ne sombre dans un chaos généralisé et incontrôlable, l'auteur propose une démocratie éducative et constructive en limitant le nombre des partis politiques. Une fois la démocratie bien enracinée auprès des populations par la formation, l'éducation et le civisme et rendue possible l'alternance politique par les urnes, la limitation se fera d'elle-même.
(Coll. Pour mieux connaître le Tchad, 31.00 euros, 302 p.)
ISBN : 978-2-343-04796-6, ISBN EBOOK : 978-2-336-36481-0

L'AFFAIRE HISSÈNE HABRÉ
Aspects judiciaires nationaux et internationaux
Sall Alioune - Préface de Abdoul Gourmo Lô
Cet ouvrage est celui d'un décryptage ordonné, méthodique d'une instance judiciaire en déploiement hégélien... L'auteur nous invite à un presque récit philosophique d'un droit en perpétuelle réinvention, du fait des nécessités de notre temps dont l'Affaire Habré est une belle illustration.
(12.00 euros, 96 p.)
ISBN : 978-2-296-99549-9, ISBN EBOOK : 978-2-296-52994-6

BATAILLE (LA) DE N'DJAMENA – 2 FÉVRIER 2008
Récit
Koulamallah Abderaman
Abderaman Koulamallah raconte ici la folle chevauchée motorisée de plus de 1000 kilomètres, qui a permis la prise de N'Djamena, le 2 février 2008, à laquelle il a participé au cœur d'une coalition rebelle déterminée à renverser Idriss Déby, ainsi que les événements qui ont suivi, et le repli de l'expédition. La victoire de N'Djamena, fait d'armes exceptionnel, a surpris tout le monde, mais l'expédition a fini en repli. Que s'est-il passé ? Comment expliquer ce gâchis ?
(18.00 euros, 282 p.)
ISBN : 978-2-343-05077-5, ISBN EBOOK : 978-2-336-36771-2

CONFLITS (LES) SOCIAUX AUX RIVAGES DU LAC TCHAD DUS À LA RÉGRESSION DU NIVEAU DES EAUX
Le cas des populations du canton de Bol (nouvelle édition)
Ndadoum Nadmian
Le lac Tchad, quatrième en Afrique et septième dans le monde, a connu une régression rapide dans les quarante dernières années. La raréfaction des ressources en terres cultivables et en eau ainsi que le manque de coopération entre les acteurs impliqués dans la gestion des ressources en eau du lac expliquent la recrudescence des conflits entre cultivateurs, éleveurs et pêcheurs. Qui sont ces acteurs ? Quels rôles jouent-ils ? Comment communiquent-ils les uns avec les autres ?
(Coédition Al Mouna, 12.00 euros, 106 p.)
ISBN : 978-2-336-30973-6, ISBN EBOOK : 978-2-336-36510-7

RELATIONS (LES) ENTRE FRONTALIERS
Cameroun-Tchad
Domo Joseph
Les frontières nées de la colonisation séparent des groupes sociaux qui ont toujours partagé un environnement commun. Désormais, les peuples se reconnaissent comme appartenant à des

réalités différentes. La tendance est à la poursuite d'une coopération soutenue et au renforcement des liens à travers la densification et la modernisation des moyens de communication. La mobilité des populations, rendue plus fluide, autorise une meilleure approche des rapports interindividuels dans le cadre formel de la CEMAC.
(Coll. Études africaines, 21.00 euros, 210 p.)
ISBN : 978-2-296-99781-3, ISBN EBOOK : 978-2-296-53172-7

DES GROTTES DU DARFOUR À L'EXIL
Chronique d'une lutte inachevée
Haggar Hissein Idriss - Préface d'Acheikh Ibn-Oumar
De juin 1992 à 1995, une guérilla oppose l'armée tchadienne, épaulée par les Soudanais, aux combattants du Conseil national de redressement du Tchad, dirigé par le colonel Abbas Koty Yacoub. Ce petit groupe armé, retranché dans les grottes du Darfour, mena une résistance acharnée et courageuse contre le régime dictatorial et clanique du président Idriss Déby, avec des moyens dérisoires. Ce sont les mouvements de ces combattants, leur vie quotidienne jalonnée d'attentes, d'emprisonnements et de combats, que décrit cette chronique.
(Coll. Pour mieux connaître le Tchad, 31.00 euros, 302 p.)
ISBN : 978-2-336-29162-8, ISBN EBOOK : 978-2-296-51599-4

NOMS (LES) DE PERSONNES CHEZ LES NGAMBAYES DU TCHAD
Maikoubou Dingamtoudji
Cet ouvrage dresse un répertoire des noms propres de personnes chez les Ngambayes du Tchad. Chaque nom peut être considéré comme un message qui nous renseigne, soit sur les circonstances qui ont présidé à la naissance de l'enfant, soit sur des expériences vécues par les parents ou le clan au moment de la naissance. Les noms ngambayes parlent. Voici mis en valeur ces joyaux du génie de la langue ngambaye.
(Coll. Etudes africaines, 13.50 euros, 126 p.)
ISBN : 978-2-336-00506-5, ISBN EBOOK : 978-2-296-51186-6

CINQUANTE ANS DE LA VIE DE L'EGLISE CATHOLIQUE AU TCHAD
Épreuves et espérance
Vandame Charles
Missionnaire au Tchad depuis plus de 50 ans, l'auteur livre ses réflexions. Les missionnaires catholiques ont-ils vraiment respecté les cultures et religions africaines traditionnelles ? Comment l'Église catholique gère-t-elle ses relations avec les Eglises protestantes et avec le culte musulman ? Comment se passe la rencontre entre la culture africaine, marquée par un fort esprit communautaire, et la culture moderne, marquée par un extrême individualisme ?
(Coédition Al Mouna, 14.00 euros, 136 p.)
ISBN : 978-2-336-00109-8, ISBN EBOOK : 978-2-296-50902-3

DÉVELOPPEMENT (LE) DE L'ÉDUCATION EN AFRIQUE SUBSAHARIENNE
Exemple du Tchad
Hagam Salé
Après avoir démontré que les acquisitions des élèves restent inférieures aux ressources mobilisées, cette étude, à travers l'exemple du Tchad, propose des pistes en vue de l'amélioration organisationnelle des systèmes éducatifs des pays d'Afrique subsaharienne.
(Coll. Éducations et sociétés, 30.00 euros, 304 p.)
ISBN : 978-2-336-00310-8, ISBN EBOOK : 978-2-296-50953-5

ÉLOGE DE L'AMITIÉ FRATERNELLE
Abdel-Rhamane Haggar Ali
L'auteur, militant des droits de l'homme et de la non-violence, s'interroge dans cet ouvrage sur ce qu'est être tchadien aujourd'hui.
(Coédition Al Mouna, 16.50 euros, 162 p.)
ISBN : 978-2-336-00067-1, ISBN EBOOK : 978-2-296-50854-5

L'HARMATTAN ITALIA
Via Degli Artisti 15; 10124 Torino
harmattan.italia@gmail.com

L'HARMATTAN HONGRIE
Könyvesbolt ; Kossuth L. u. 14-16
1053 Budapest

L'HARMATTAN KINSHASA
185, avenue Nyangwe
Commune de Lingwala
Kinshasa, R.D. Congo
(00243) 998697603 ou (00243) 999229662

L'HARMATTAN CONGO
67, av. E. P. Lumumba
Bât. – Congo Pharmacie (Bib. Nat.)
BP2874 Brazzaville
harmattan.congo@yahoo.fr

L'HARMATTAN GUINÉE
Almamya Rue KA 028, en face
du restaurant Le Cèdre
OKB agency BP 3470 Conakry
(00224) 657 20 85 08 / 664 28 91 96
harmattanguinee@yahoo.fr

L'HARMATTAN MALI
Rue 73, Porte 536, Niamakoro,
Cité Unicef, Bamako
Tél. 00 (223) 20205724 / +(223) 76378082
poudiougopaul@yahoo.fr
pp.harmattan@gmail.com

L'HARMATTAN CAMEROUN
TSINGA/FECAFOOT
BP 11486 Yaoundé
699198028/675441949
harmattancam@yahoo.com

L'HARMATTAN CÔTE D'IVOIRE
Résidence Karl / cité des arts
Abidjan-Cocody 03 BP 1588 Abidjan 03
(00225) 05 77 87 31
etien_nda@yahoo.fr

L'HARMATTAN BURKINA
Penou Achille Some
Ouagadougou
(+226) 70 26 88 27

L'HARMATTAN SÉNÉGAL
10 VDN en face Mermoz, après le pont de Fann
BP 45034 Dakar Fann
33 825 98 58 / 33 860 9858
senharmattan@gmail.com / senlibraire@gmail.com
www.harmattansenegal.com

www.ingramcontent.com/pod-product-compliance
Lightning Source LLC
LaVergne TN
LVHW011134061026
849535LV00003B/482
* 9 7 8 2 3 4 3 0 8 6 5 8 3 *